항균잉크란?

코로나19 바이러스 "친환경 99.9% 항균잉크 인쇄" 전격 도입

언제 끝날지 모를 코로나19 바이러스
99.9% 항균잉크(V-CLEAN99)를 도입하여 「**안심도서**」로
독자분들의 건강과 안전을 위해 노력하겠습니다.

SD에듀
(주)시대고시기획

Clean Zone

본 도서는 항균잉크로 인쇄하였습니다.

항균 + 99.9%

안심도서

항균잉크(V-CLEAN99)의 특징

- 바이러스, 박테리아, 곰팡이 등에 항균효과가 있는 산화아연을 적용
- 산화아연은 한국의 식약처와 미국의 FDA에서 식품첨가물로 인증받아 **강력한 항균력**을 구현하는 소재
- 황색포도상구균과 대장균에 대한 테스트를 완료하여 **99.9%의 강력한 항균효과** 확인
- 잉크 내 중금속, 잔류성 오염물질 등 **유해 물질 저감**

TEST REPORT

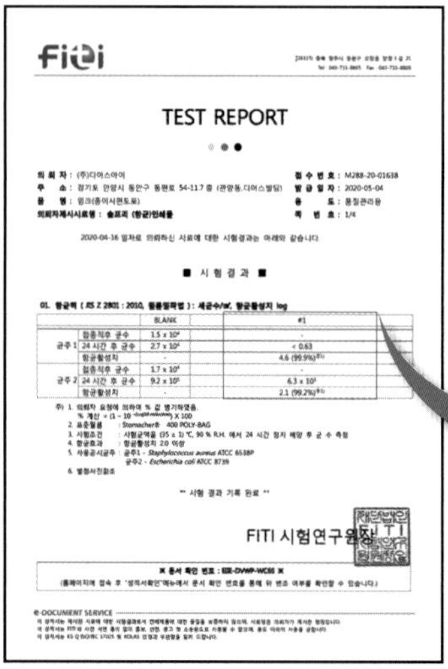
FiTi

TEST REPORT

접수번호 : M288-20-01638

발급일자 : 2020-05-04

쪽번호 : 1/4

■ 시험결과 ■

01. 항균력 (JIS Z 2801 : 2010) : 세균수/㎠, 항균활성치 log

		BLANK	#1
균주 1	접종직후 균수	1.5 x 10^4	-
	24 시간 후 균수	2.7 x 10^4	< 0.63
	항균활성치	-	4.6 (99.9%)주1)
균주 2	접종직후 균수	1.7 x 10^4	-
	24 시간 후 균수	9.2 x 10^5	6.3 x 10^3
	항균활성치	-	2.1 (99.2%)주1)

2. 표준필름 : Stomacher® 400 POLY-BAG

4. 항균효과 : 항균활성치 2.0 이상

5. 사용공시균주 : 균주1 - Staphylococcus aureus ATCC 6538P

균주2 - Escherichia coli ATCC 8739

FITI 시험연구원장

e-DOCUMENT SERVICE

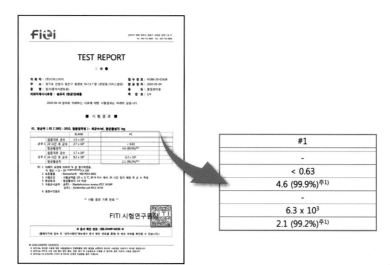

#1
-
< 0.63
4.6 (99.9%)주1)
-
6.3 x 10^3
2.1 (99.2%)주1)

유튜브와 함께하는 계리직

전과목 파이널 핵심정리

한국사 / 우편상식 / 금융상식 / 컴퓨터일반 (기초영어 · 상용한자 포함)

SD에듀
(주)시대고시기획

계리직 가이드

우정사업본부에서 하는 사업은?

우정사업본부(지방우정청)는 과학기술정보통신부 소속기관으로, 핵심 업무인 우편물의 접수 · 운송 · 배달과 같은 우정사업을 비롯하여 우체국 보험 등 금융 관련 사업에 관한 정책을 수립하고 집행하는 일을 담당합니다.

계리직 공무원이 하는 일은?

계리직 공무원의 직무는 우체국 금융업무, 회계업무, 현업창구업무, 현금수납 등 각종 계산관리업무와 우편통계관련업무입니다.

계리직 공무원을 선호하는 이유는?

하나. 시험 부담 DOWN

계리직 공무원의 필기시험 과목은 한국사, 우편상식, 금융상식, 컴퓨터일반 4과목으로 타 직렬에 비하여 비교적 시험과목이 적어 수험생들에게 인기 있는 직렬 중 하나입니다.

둘. 업무 만족도 UP

계리직은 대부분 발령이 거주지 안에서 이루어지므로 거주지 이전의 부담이 적습니다. 또한 업무 특성상 명절 기간 등을 제외하고는 야근을 하는 일이 드물어 업무 만족도가 높은 편입니다.

주관처

우정사업본부 및 지방우정청

응시자격

학력 · 경력	제한 없음
응시연령	만 18세 이상
결격사유	다음에 해당하는 자는 응시할 수 없음 ① 「국가공무원법」 제33조의 결격사유에 해당되는 자 ② 「국가공무원법」 제74조(정년)에 해당되는 자 ③ 「공무원임용시험령」 등 관계법령에 의하여 응시자격을 정지당한 자(판단 기준일 : 면접시험 최종예정일)
구분모집 응시대상자	① 장애인 구분모집 응시대상자 「장애인복지법 시행령」 제2조의 규정에 의한 장애인 및 「국가유공자 등 예우 및 지원에 관한 법률 시행령」 제14조 제3항의 규정에 의한 상이등급 기준에 해당하는 자 ② 저소득층 구분모집 응시대상자 「국민기초생활보장법」에 따른 수급자 또는 「한부모가족지원법」에 따른 보호대상자에 해당하는 자로서, 급여 실시가 결정되어 원서접수마감일 현재까지 계속해서 수급한 자
거주지역 제한	공고일 현재 모집대상 권역에 주민등록이 되어 있어야 응시할 수 있음

시험과목 및 시험시간

시험과목	① 한국사(상용한자 포함) ② 우편상식 ③ 금융상식 ④ 컴퓨터일반(기초영어 포함)
문항 수	과목당 20문항 ※ 상용한자는 한국사에, 기초영어는 컴퓨터일반에 각 2문항씩 포함하여 출제됨
시험시간	80분(문항당 1분 기준, 과목별 20분)

※ 필기시험에서 과락(40점 미만) 과목이 있을 경우 불합격 처리됨

※ 상세 시험 내용은 시행처의 최신 공고를 확인해 주세요.

시행 정보

총평

우정사업본부에 따르면 2021년 3월 20일에 치러진 우정 9급 계리직 필기시험은 지원자 24,364명 중 16,046명이 응시하여 65.9%의 응시율을 기록했다고 합니다. 이는 지난 2019년 공채 시험(59.4%)보다 6.5%p 상승한 수치입니다. 이에 따라 이번 시험 경쟁률은 당초 73.6대 1에서 48.5대 1로 하락하게 됐습니다.

또한 시험 난이도는 높았다는 수험생들의 평이 많았습니다. 2021년의 합격선은 일반 모집의 경우 전국 평균이 63.51점을 기록했으며, 이는 역대급으로 어려웠다는 평가를 받았던 2019년의 57.96점보다 대략 5점 이상 올라갔습니다. 다만 80점 내외의 합격선을 보였던 2018년 이전의 합격선보다는 여전히 20점 가량 낮은 편입니다.

지역별로는 경인지역이 96.9%로 가장 경쟁률이 높았으며, 강원우정청이 19.8%로 가장 낮았습니다. 다만 합격선은 경쟁률과 달리 서울, 경인 우정청이 68.33으로 가장 높았고, 전남이 52.77로 가장 낮았습니다.

계리직 시험은 2022년 5월 14일 시행되는 시험부터는 필기시험 과목이 변경됩니다. 2021년까지 계리직 시험은 '한국사', '컴퓨터일반', '우편 및 금융상식'으로 3과목이었는데, 기존의 '우편 및 금융상식' 과목이 '우편상식', '금융상식'으로 분리돼 총 4과목 80문항으로 진행됩니다.

우편 및 금융상식 과목이 분리되고 문항이 늘어나 배점이 늘어난 만큼 2022년에 치러지는 시험에서는 우편상식과 금융상식에 대한 세밀하고 꼼꼼한 준비가 필요합니다.

2022년 1월에 공개된 우편상식, 금융상식 학습자료에서는 이전에 공개되었던 학습자료보다 우편상식 부분이 대거 보강이 되었고, 금융상식 과목에서도 보험 등에서 많은 변화가 있었습니다. 이전의 학습자료로 공부하셨던 수험생이라면 비교적 짧은 시간이지만 새로 보강된 학습자료 부분을 빠르게 파악하여, 달라진 부분을 학습하셔야 합니다.

또한 기존의 문제들은 달라진 학습자료를 반영하지 못한 부분들도 많으니 최신 학습자료에 맞춰 개편한 문제들로 학습해야 잘못된 자료로 공부하는 혼선을 줄일 수 있습니다.

2021년 계리직 지역별 지원자 및 응시율

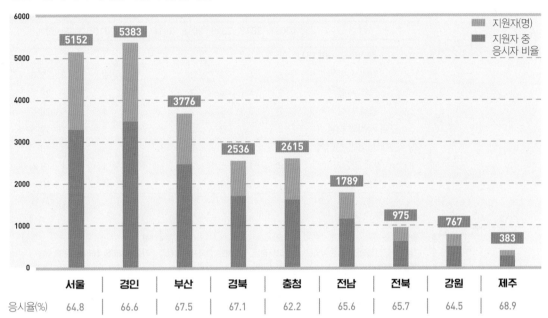

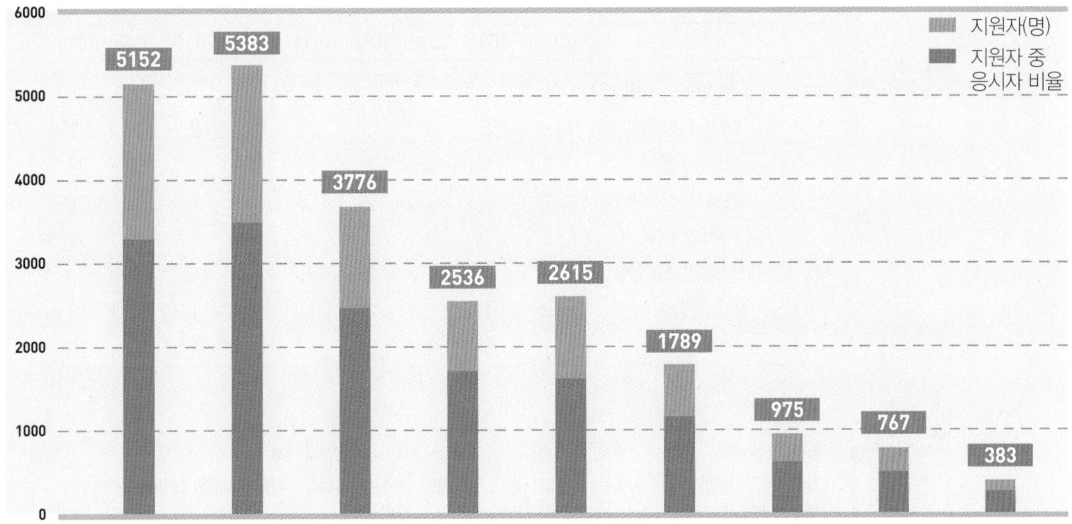

	서울	경인	부산	경북	충청	전남	전북	강원	제주
응시율(%)	64.8	66.6	67.5	67.1	62.2	65.6	65.7	64.5	68.9

2021년 계리직 시험 지역별 합격선 및 경쟁률

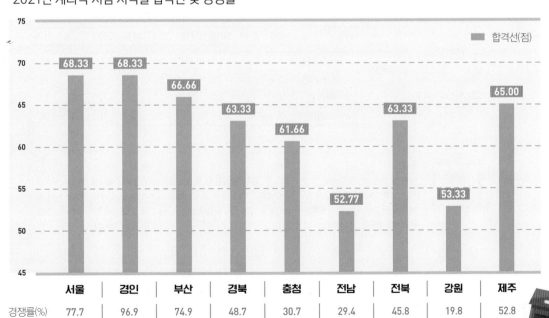

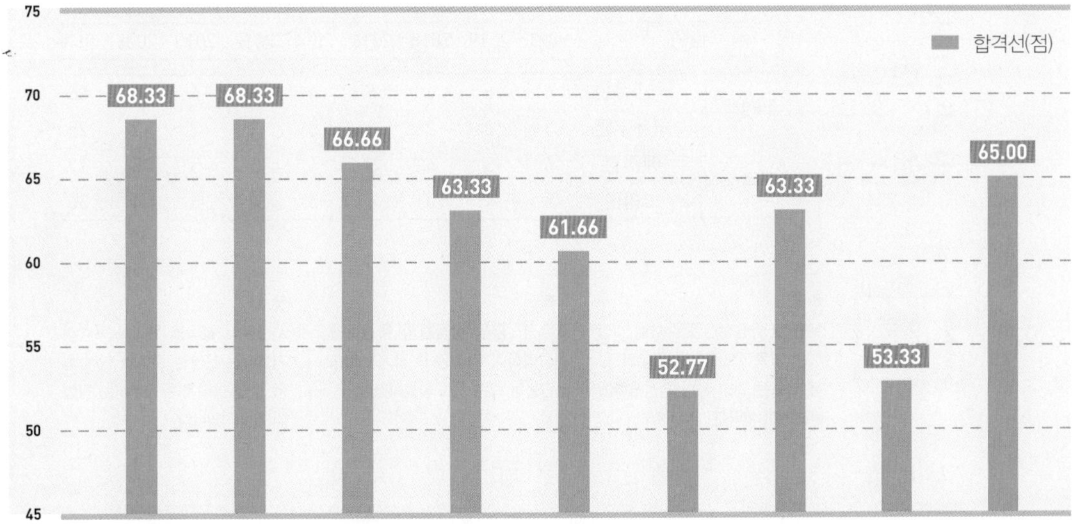

	서울	경인	부산	경북	충청	전남	전북	강원	제주
경쟁률(%)	77.7	96.9	74.9	48.7	30.7	29.4	45.8	19.8	52.8

기출 분석

한국사

단원	2021	2019	2018	2016	2014	2012	2010	2008	합계
선사 시대 문화와 국가의 형성	1	2	–	2	1	1	1	1	9
고대 사회	3	4	3	3	2	3	2	2	22
중세 사회	3	4	4	3	2	4	4	4	28
근세 사회	2	3	1	2	5	3	1	3	20
근대 사회의 태동기	3	1	3	2	3	1	3	3	19
근대 사회의 진전기	2	2	1	2	3	2	5	1	18
일제 강점기	3	1	5	2	1	3	1	2	18
현대 사회	1	1	1	2	1	1	1	2	10

학습 포인트

하나.
한국사의 전체적인 흐름 파악은 물론 우정청과 관련된 역사적 사건과 인물들의 특징을 꼼꼼히 파악하여야 합니다.

둘.
고득점을 위해서는 한국사의 각종 사건을 테마별, 시대별로 나누고 비교 · 연계하여 암기하는 연습을 하여야 합니다.

셋.
기출된 사료를 정리하여 반복 학습하고 제시된 자료에서 핵심 단어를 찾는 연습을 통해 생소한 자료에 대한 적응력을 키우도록 합니다.

우편 및 금융상식

단원		2021	2019	2018	2016	2014	2012	2010	2008	합계
우편상식	국내우편	6	6	6	6	4	6	6	6	46
	국제우편	3	3	3	3	5	3	2	3	25
금융상식	예금편	4	5	4	5	4	5	5	5	37
	보험편	5	4	5	4	5	4	5	4	36

학습 포인트

하나.
우편 및 금융상식은 수시로 개정되는 과목이므로 시험공고와 함께 발표된 개정 사항을 꼼꼼하게 체크해야 합니다.

둘.
우편 · 금융 상품들의 특징들을 정리하여 자기만의 암기노트를 만들어 보는 것이 좋습니다.

셋.
처음부터 통독을 목표로 독학하기보다는 온라인 강의와 함께 회독 수를 늘려가며 공부하는 방법이 효율적입니다.

컴퓨터일반

단원	2021	2019	2018	2016	2014	2012	2010	2008	합계
컴퓨터구조 일반	3	2	4	2	2	6	3	4	26
운영체제 일반	3	3	1	2	2	3	4	3	21
데이터베이스 일반	3	1	3	3	3	1	3	1	18
정보통신과 인터넷	4	2	3	4	5	2	2	6	28
자료 구조	2	1	1	4	2	3	3	1	17
소프트웨어 공학	2	6	6	1	4	2	–	1	22
프로그래밍 언어	1	3	2	3	1	2	4	3	19
스프레드시트	2	2	–	1	1	1	1	1	9

학습 포인트

하나.
컴퓨터의 기본이 어려운 수험생은 기본서를 가볍게 1회독하며 용어에 대한 적응력을 높인 후 본격적으로 학습에 임하기를 권합니다.

둘.
비전공자라면 처음부터 통독을 목표로 독학하기보다는 온라인 강의와 함께 회독 수를 늘려가며 공부하는 방법이 효율적입니다.

셋.
전산직 · 정보처리기능사 · 정보처리기사 등 당해 시험과 유사한 직렬의 기출문제를 풀어보며 시험에 익숙해지도록 합니다.

구성과 특징

01 빈출키워드

2021~2008의 기출문제를 분석하여
빈출키워드를 선별하고 중요도 표시

빈출키워드 10 ★★★★ **고려의 정치** 회독 ■■■

02 Check Point

빈출키워드와 연관된
학습 포인트 체크

CHECK POINT

견훤, 궁예, 왕건, 역분전, 광종, 과거제, 노비안검법, 승과 제도, 광덕 · 준풍, 성종, 경학박사, 의학박사, 2성 6부, 중추원, 도병마사, 어사대, 삼사, 대간, 5도 양계, 별무반

03 기출문제로 실력 확인

실제 기출문제를 풀면서
간략한 보조 설명을 통해
알기 쉽게 학습

○ 기출 문제로 실력 확인

다음에서 고려 시대의 정치제도에 대한 설명으로 옳은 것을 모두 고른 것은? 10. 문3

㉠ 6조는 왕권에 따라 실무처리 권한이 강화되기도 하였다.
조선 태종과 세조 때 6조 직계제 → 강력한 왕권 행사
㉡ 식목도감은 대내적인 법령 문제를 다루는 재추의 회의기관이었다.
㉢ 지방관이 파견된 주현보다 파견되지 않은 속현이 더 많았다.
㉣ 면리제를 실시하여 촌락주민에 대한 지배를 원활히 하고자 하였다.
조선 시대에는 면리제와 오가작통제를 통해 촌락 주민을 지배

① ㉠, ㉡ ❷ ㉡, ㉢ ③ ㉢, ㉣ ④ ㉠, ㉣

04 핵심 정리로 개념 확인

기출과 연관된 핵심이론을 통해
개념 정리

○ 핵심 정리로 개념 확인

1 고려의 건국과 국가 기틀의 확립

① 고려의 건국과 후삼국의 통일

- 후삼국의 성립 : 신라말 사회 혼란 → 견훤의 후백제(완산주) 건국, 궁예의 후고구려 건국
  (궁예가 송악(개성)에 도읍하여 건국 → 철원 천도, 국호를 태봉으로 개칭)
- 후삼국 통일 과정 : 후백제 건국(900) → 후고구려 건국(901) → 고려 건국(918) → 발해 멸망(926) → 신라 항복, 견훤 귀순(935) → 후백제 정복(936)
- 주요 전투

공산 전투	후백제의 견훤이 신라의 금성 급습, 경애왕 살해 후 공산 전투에서 고려에 승리하여 세력 확장(927)
일리천 전투	견훤의 귀순 후 신검의 후백제군과 왕건의 고려군이 일리천 일대 전투에서 고려군의 승리(936) → 후백제의 멸망 → 고려의 후삼국 통일

② 지방 행정 조직 10. 문3

5도	일반 행정 구역, 안찰사 파견, 전국 5도 아래 주 · 군 · 현 설치 후 지방관 파견
양계	군사 행정 구역(국경 지역), 병마사 파견, 국방상 요충지에 진 설치
주현 · 속현	지방관이 파견되는 주현과 파견되지 않는 속현(향리가 실제 행정 업무 담당)
향 · 부곡 · 소	특수 행정 구역(향 · 부곡 – 농업, 소 – 수공업)

③ 군사 조직 : 중앙군은 2군(국왕 친위 부대) 6위(수도 경비와 국경 방어), 지방군은 주현군(5도에 주둔)과 주진군(양계에 주둔), 특수군으로 광군(정종 때 거란 방어), 별무반, 삼별초, 연호군(홍건적과 왜구에 대비) 등 08. 문10

숙종 때 윤관의 건의로 여진 정벌 위해 구성(신기군, 신보군, 항마군)

④ 관리 등용 제도 : 과거(문과, 잡과, 승과), 음서(공신이나 5품 이상 고관들의 자손 대상, 과거 없이 관리로 등용)

⑤ 교육 기관 : 관리 양성 및 유학 교육 목적 → 개경에 국자감(양현고, 7재), 지방에 향교

예종 때 관학 교육의 진흥을 위해 장학 재단 양현고와 전문 강좌 7재 설치

05 기출 표시

기출 표시로
해당 내용의 중요도 강조

06 보충설명

주요 키워드와 관련된
보충설명을 통해
심화학습까지 가능

O 한 줄 문제로 마무리 확인

01. 고려 광종 때 개정 전시과의 제정과 경학박사와 의학박사의 지방 파견 등의 정책을 시행하였다. (　　)

02. 고려 시대 기인 제도와 사심관 제도는 통일 신라 상수리 제도와 조선 시대 경재소 제도와 시행 목적이 같다. (　　)

03. 고려 시대 여진족을 정벌하기 위해 편성된 부대인 ____________ 은/는 신기군, 신보군, 항마군으로 구성되었다.

정답

01. X
02. ○
03. 별무반

07 한 줄 문제로 마무리

OX문제, 단답형 문제를 풀면서
학습 마무리 정리

08 모든 과목을 한 권에

한국사 / 우편상식 /
금융상식 / 컴퓨터일반(4과목) +
상용한자 / 기초영어까지
한 권으로 핵심내용 학습 가능

목 차

제1과목

한국사

빈출키워드 01

★★★★★

회독 ■■■

선사 시대의 생활

CHECK POINT

농경과 목축의 시작, 씨족 사회, 빗살무늬 토기, 가락바퀴, 뼈바늘, 애니미즘, 토테미즘, 샤머니즘, 비파형 동검, 반달 돌칼, 사유 재산, 계급, 고인돌

○ 기출 문제로 실력 확인

다음 설명이 모두 해당하는 시대로 가장 적절한 것은? 14. 문5

- 부족 단위의 평등사회였다.
- 애니미즘, 샤머니즘 등의 주술적 믿음을 갖고 있었다.
- 움집 집터의 바닥은 대부분 원형 또는 모서리가 둥근 사각형이다.
- 가락바퀴나 뼈바늘의 출토로 보아 수공업이 행해졌음을 알 수 있다.

① 구석기 시대　❷ 신석기 시대　③ 청동기 시대　④ 철기 시대

○ 핵심 정리로 개념 확인

1 구석기 시대

① 사회상 및 생활 모습

- 동굴이나 강가의 막집에서 생활 → 무리를 지어 이동 생활, 사냥과 채집으로 식량 마련
- 모든 사람이 평등한 공동체 생활

② 대표적 유물 19. 문1

- 전기 : 뗀석기 사용, 사냥도구(주먹도끼, 찍개), 조리도구(긁개, 밀개 등)
- 후기 : 슴베찌르개, 뚜르개 등

2 신석기 시대

① 사회상 및 생활 모습

- 부족 단위의 평등 사회 14. 문5
- 한반도에서는 주로 강가나 바닷가에서 마을을 이룸 19. 문1

- 농경(집 근처 텃밭을 이용, 잡곡 재배)과 목축이 생활에서 차지하는 비중이 점차 높아짐 19. 문1 / 16. 문1
- 애니미즘(정령 숭배), 샤머니즘(무당과 주술), 토테미즘(동식물 숭배) 등의 주술적 믿음을 갖고 있음 16. 문1 / 14. 문5
  특정 동물을 자기 부족의 기원과 연결시켜 숭배
- 움집 집터의 바닥은 대부분 원형 또는 모서리가 둥근 사각형 14. 문5
- 씨족별로 무리지어 사냥과 고기잡이, 채집 → 공동체적 삶 영위
- 씨족의 구성원이 모두 평등하여 수확물도 공동으로 나눔 12. 문1

② 대표적 유물 : 돌보습 · 돌괭이 등 석기류(농경의 흔적), 빗살무늬 토기(식량 저장), 가락바퀴, 뼈바늘(수공업) 14. 문5

3 청동기 시대

① 사회상 및 생활 모습

- 전문 장인의 출현, 사유 재산 제도와 계급 등장 19. 문1
- 마을 주위를 토성이나 목책, 도랑 등으로 에워쌈 16. 문1
- 움집에서 점차 벗어나 지상가옥도 짓게 됨 12. 문1
- 고인돌이나 돌널무덤을 만들어 시체를 매장 12. 문1
- 농경과 목축의 확대, 정착 생활을 하며 취락을 이룸 08. 문1

② 유물 및 유적

- 반달 돌칼(추수), 민무늬 토기 12. 문1
- 기둥 구멍이 있는 장방형의 주거지
- 부여 송국리(돌널 무덤), 고령 장기리(암각화) 등 16. 문1

4 선사 시대 주요 유적지

구석기	연천 전곡리, 공주 석장리, 단양 수양개
신석기	부산 동삼동, 서울 암사동
청동기 · 철기	부여 송국리, 고령 장기리, 울주 반구대, 여주 흔암리

○ 한 줄 문제로 마무리 확인

01. 청동기 시대 사람들은 특정 동물을 자기 부족의 기원과 연결시켜 숭배하였다. (　　)

02. 청동기 시대에는 ______________ 이나 돌널무덤을 만들어 시체를 매장하였다.

정답

01. × 02. 고인돌

빈출키워드

02

★★★★

회독 ■■■

고조선과 연맹 왕국

CHECK POINT

형사취수제, 우제점법, 목갑, 성책, 국동대혈, 동맹, 읍군 · 삼로, 쌀항아리, 가족 공동 무덤, 책화, 무천, 군장(신지 · 읍차), 소도, 편두, 문신

○ 기출 문제로 실력 확인

(가), (나)의 사실로 알 수 있는 나라의 풍속에 대한 설명으로 가장 적절한 것은? 19. 문3

부여

(가) 국왕이 죽으면 옥갑(玉匣)을 사용하여 장례를 치렀다.

(나) 성책(城柵)을 둥글게 만들었는데 그 모양이 마치 감옥과 비슷하였다.

- 『삼국지』 -

① 머리 폭이 좁으며 남녀 모두 몸에 문신(文身)을 하였다.

삼한의 편두(扁頭)와 문신(文身) 풍습

❷ 전쟁을 할 경우에는 소(牛)를 잡아 그 발굽을 살펴 길흉을 점쳤다.

③ 10월에 나라 동쪽의 수혈(隧穴)에서 수신(隧神)을 모셔다 제사를 지냈다.

고구려에서는 국동대혈에 모여 제사를 지냄

④ 옹기솥에 쌀을 담아서 목곽 무덤의 한 편에 매달아 두는 매장 풍습이 있었다.

옥저의 가족 공동 무덤

○ 핵심 정리로 개념 확인

1 고조선

① 청동기 문화를 기반으로 건국

② 농경 사회 형성, 제정 일치 사회 → 『삼국유사』, 『제왕운기』, 『동국통감』

단군은 제사장, 왕검은 정치적 우두머리

③ 요령 지방에서 한반도 대동강 유역까지 발전 → 비파형 동검, 고인돌의 출토 범위와 일치

④ 생명 · 노동력 중시, 사유 재산 보호, 형벌 · 노비 존재, 화폐 사용

⑤ 8조법을 통해 사회질서 유지 → 사람을 죽인 자는 즉시 죽이고, 남에게 상처를 입힌 자는 곡식으로 갚음, 도둑질을 한 자는 노비로 삼고, 용서를 받고자 하는 자는 한 사람마다 50만 전을 내게 함

⑥ 중국의 연과 대립, 왕의 등장과 왕위 세습, 상 · 대부 · 장군 등의 관직 설치

⑦ 위만의 집권과 멸망

- 위만이 준왕을 몰아내고 왕위 차지 → 철기 문화 본격적 수용, 중계 무역 전개
- 한 무제의 침략으로 멸망 → 한의 낙랑군 설치

2 부여

① 만주 쑹화강 유역에서 성장

② 5부족 연맹체, 왕의 중앙 통치, 마가 · 우가 · 저가 · 구가의 사출도 통치

여러 가들이 다스리는 지역으로, 사방으로 뻗은 길을 따라 나눠짐

③ 말, 주옥, 모피 등 특산물 생산

④ 순장, 형사취수제, 우제점법, 1책 12법, 영고(12월, 제천 행사) 21. 문2 / 19. 문3

소를 죽인 후 그 발굽을 살펴 길흉을 점치는 풍습

3 고구려

① 동가강 유역의 졸본 지방에서 건국

② 약탈 경제 : 산악 지대로 식량 부족

③ 5부족 연맹체, 제가 회의(만장일치제 운영) 21. 문16

④ 왕 아래 상가, 고추가 등의 대가들이 있었으며, 이들은 각기 사자, 조의, 선인 등 관리를 거느림 10. 문1

⑤ 서옥제, 형사취수제, 1책 12법, 동맹(10월, 제천 행사), 국동대혈에서 제사 21. 문2 / 19. 문3 / 16. 문8 / 10. 문1

형이 죽으면 동생이 형을 대신해 형의 부인을 아내로 맞이하는 혼인 풍습

4 옥저

① 함경도 동해안에 위치

② 왕 없이 읍군 · 삼로 등 군장이 자기 부족 통치

③ 해산물 풍부(어물과 소금 등) → 고구려에 공물로 바침

④ 민며느리제, 가족 공동 무덤(골장제) 19. 문3

5 동예

① 강원도 동해안에 위치

② 왕 없이 읍군 · 삼로 등 군장이 자기 부족 통치

③ 단궁, 과하마, 반어피 등 특산물 유명

④ 족외혼, 책화, 무천(10월, 제천 행사) 10. 문1

다른 부족의 영역을 침범하면 노비나 소, 말로 배상함

⑤ 식구가 죽으면 살던 집을 헐어 버림 16. 문8

6 삼한

① 마한 · 진한 · 변한의 연맹체 국가 → 마한이 삼한 전체의 주도 세력

마한의 소국인 목지국의 지배자가 삼한 전체 주도

② 군장(신지 · 읍차) 지배, 제정 분리(제사장인 천군과 신성 지역인 소도 존재) 16. 문8

죄를 지은 사람도 이곳에 숨으면 함부로 잡아갈 수 없을 만큼 정치권력도 영향을 끼칠 수 없는 신성 지역

③ 철 생산 → 낙랑과 왜 등에 수출

④ 편두(扁頭), 문신(文身), 계절제(5월, 10월) 21. 문2 / 19. 문3 / 16. 문8

어린 아이 때부터 머리를 눌러 납작하게 함

○ 한 줄 문제로 마무리 확인

01. 고구려는 10월에 나라 동쪽의 수혈(隧穴)에서 수신(隧神)을 모셔다 제사를 지냈다. (　　)

02. 동예에는 다른 부족의 생활권을 침범하면 노비와 소, 말로 변상하게 하는 ____________ 라는 풍습이 있었다.

03. 식구가 죽으면 살던 집을 헐어 버리는 것은 ____________의 풍습이다.

04. 옥저는 왕 아래에 상가, 고추가 등의 대가들이 있었으며, 각자 자체적으로 관리를 두었다. (　　)

정답

01. ○

02. 책화

03. 동예

04. ×

빈출키워드 03

★★★★★

회독 ■■■

삼국 시대 주요 왕의 업적

CHECK POINT

왕위 세습, 수도 천도, 낙랑군 축출, 불교 공인, 율령 반포, 진대법, 한강 유역 점령, 6두품, 삼국 통일

○ 기출 문제로 실력 확인

(가)와 (나)의 사건 사이에 발생한 일로 옳은 것은? 12. 문4

(가) 왕 41년 10월에 백제왕이 군사 3만 명을 거느리고 평양성을 공격해 왔다. 왕은 군대를 내어 막다가 화살에 맞아 죽었다.
고국원왕
고국의 들에 장사지냈다.
(나) 즉위년 7월에 남쪽으로 백제를 정벌하여 10성을 함락시켰다. 10월에는 백제의 관미성을 쳐서 함락시켰다.
광개토대왕

– 『삼국사기』 –

① 국내성에서 평양으로 수도를 옮겼다. 장수왕 때
② 낙랑군과 대방군을 한반도 밖으로 쫓아냈다. 미천왕 때
❸ 불교를 공인하고, 율령을 반포하였다.
④ 빈민 구제를 위해 진대법을 처음 시행하였다.
고국천왕 때

○ 핵심 정리로 개념 확인

1 고구려

① 고국천왕 : 왕위 부자 상속, 행정적 5부 개편, 진대법 실시 12. 문4
② 미천왕 : 서안평 점령, 낙랑군 축출 12. 문4
③ 고국원왕 : 전연의 침략으로 국내성 함락, 평양성 전투에서 전사 12. 문4
④ 소수림왕 : 율령 반포, 태학 설립, 불교 공인 → 고대 국가(중앙 집권 국가)의 기틀 완성 12. 문4
⑤ 광개토대왕 : 독자적 연호 '영락' 사용, 영토 확장(요동 및 만주 지역 정복), 백제와 금관가야 공격(한강 이북 점령), 신라에 원군 파병하여 왜 격퇴(호우명 그릇) 19. 문2 / 12. 문4
아단성 등 백제의 58성 700여 촌을 공략
당시 신라와 고구려의 친교 관계를 알 수 있음

안심Touch

⑥ 장수왕 : 남진 정책, 평양 천도, 한강 유역 점령 12. 문4

- 광개토대왕릉비 : 건국 과정 최초 기록, 왕의 업적, 무덤 관리, 신라를 도와 왜구를 격퇴한 사실 기록
- 중원(충주)고구려비 : 고구려의 남한강 유역 진출 기념으로 건립, 국내에 유일하게 남아있는 고구려 비석, 신라를 '동이'로 지칭(고구려 중심의 천하관, 고구려와 신라의 국제적 위치를 보여줌)

⑦ 영류왕 : 천리장성 축조(당의 침략에 대비), 연개소문의 정변(보장왕 옹립) 16. 문12

⑧ 보장왕 : 나 · 당 연합군의 공격으로 고구려 멸망(668)

고구려 부흥 운동 : 검모잠, 안승, 고연무

2 백제

① 고이왕 : 율령 반포(6좌평제와 16관등제 정비, 관복제), 한강 유역 장악 → 중앙 집권 국가의 기틀 마련 18. 문2

② 근초고왕 : 마한 정복, 해외 진출(요서, 산둥, 규슈), 왕위 부자 상속, 고구려 평양성 공격

③ 침류왕 : 불교 수용 · 공인

④ 무령왕 : 22담로 설치(왕족 파견, 지방 통제 강화), 중국 남조 양과 교류(무령왕릉) 18. 문2

⑤ 성왕 : 사비 천도, 국호 '남부여'로 변경, 중앙 22부 정비, 불교 진흥, 나제 동맹 결렬(관산성 전투에서 전사) 16. 문12

⑥ 무왕 : 『삼국유사』 서동 설화, 익산 미륵사 창건

⑦ 의자왕 : 신라 40여 개의 성 차지(대야성 함락), 백제 멸망(660)

백제 부흥 운동 : 복신, 도침, 흑치상지, 왕자 부여풍 → 왜의 지원을 받은 백강 전투 패배

3 신라

① 내물왕 : 김씨 왕위 세습, 마립간 칭호, 왜의 침략 물리침(광개토대왕의 도움)

② 눌지왕 : 나 · 제 동맹 체결(433)

③ 지증왕 : 국호 '신라', 왕호를 왕으로 교체, 우경 장려, 우산국 정복

④ 법흥왕 : '건원' 연호, 불교 공인, 율령 반포, 병부 설치, 골품제 정비, 상대등 제도 마련, 금관가야 복속 21. 문3

⑤ 진흥왕 : 화랑도를 국가 조직으로 개편, 불교 정비, 황룡사 건립, 한강 유역 차지(나제 동맹 결렬), 대가야 정복, 함경도 지역 진출 → 영토 확장 기념비 : 단양 적성비 · 북한산비(한강 유역), 창녕비(대가야), 마운령비 · 황초령비(함경도 지역) 21. 문3 / 18. 문1 / 16. 문12

○ 한 줄 문제로 마무리 확인

01. 신라는 지방에 22개의 담로를 두고 왕족을 보내 다스렸다. (   )

02. 신라의 ____________ 은/는 대가야를 정벌하여 낙동강 서쪽을 장악하였다.

정답

01. × 02. 진흥왕

빈출키워드

04

★★★★

회독 ■■■

삼국 시대의 경제·사회·문화

CHECK POINT

우경, 진대법, 귀족 회의, 골품제, 화랑도, 무덤 양식, 국제 교류, 아스카 문화

○ 기출 문제로 실력 확인

(가) 왕과 (나) 국가에 대한 옳은 설명을 〈보기〉에서 모두 고른 것은? 19. 문2

경자(庚子)년에 (가) 왕이 보병과 기병 5만을 보내 (나)을/를 구원하게 하였다. 관군이 이르자 왜적이 물러가므로, 뒤를 급히 추격하여 임나가라의 종발성(從拔城)에 이르렀다. 성이 곧 항복하자 병력을 두어 지키게 하였다.

광개토대왕 / 신라

〈보기〉

ㄱ. (가) 왕의 왕호를 새긴 유물이 신라 왕도에서 출토되었다.

ㄴ. (가) 왕은 아단성 등 백제의 58성 700여 촌을 공략하였다.

ㄷ. (나) 국가는 포상(浦上) 8국의 공격을 받은 가야를 구원하였다.

ㄹ. (나) 국가는 왜(倭)의 아스카(飛鳥) 문화 형성에 큰 영향을 주었다.

백제는 왜의 아스카 문화 형성에 큰 영향을 줌

① ㄱ　　② ㄱ, ㄴ

❸ ㄱ, ㄴ, ㄷ　　④ ㄱ, ㄴ, ㄷ, ㄹ

○ 핵심 정리로 개념 확인

1 삼국의 경제

① 수취 제도 : 조세(곡물과 포 징수), 공물(특산물 부과), 역(15세 이상 남자 동원)

② 농업 : 철제 농기구 보급, 저수지 축조, 우경 장려, 진대법(고국천왕 때 을파소의 건의로 시행)

③ 수공업 · 상업 : 관청에서 물품 생산, 시장 설치, 시장 감독관청 설치

2 삼국의 사회상

① 신분 제도

- 귀족 : 옛 부족장 세력의 중앙 귀족화, 귀족 회의에서 국가 중대사 결정

  고구려의 제가 회의, 백제의 정사암 회의, 신라의 화백 회의

- 평민 : 대부분 농민, 조세 · 노동력 징발의 대상
- 천민 : 주로 노비로 구성

  대부분 전쟁 노비나 채무 노비

② 고구려의 사회상 : 지배층은 왕족인 고씨와 5부족 출신 귀족, 재상 대대로, 엄격한 형법(1책 12법), 형사취수제와 서옥제 18. 문2

③ 백제의 사회상 : 지배층은 왕족인 부여 씨와 8성의 귀족(16등급의 관등, 6좌평), 엄격한 형법 18. 문2

④ 신라의 사회상

- 골품제 : 엄격한 폐쇄적 신분제, 성골(왕이 될 수 있는 최고 신분), 진골(최고 귀족층), 6두품(6등급 아찬까지만 승진 가능, 학문 · 종교 분야에서 활약), 옷차림과 집 · 수레의 크기까지 제한
- 화랑도 : 원시 사회의 청소년 집단, 화랑(귀족 자제), 낭도(귀족, 평민), 계층 간의 대립과 갈등을 조절 · 완화, 진흥왕 때 국가 조직으로 확대, 원광법사의 세속 5계를 생활규범으로 함

3 삼국의 무덤양식 12. 문7

① 고구려의 무덤양식

- 초기 : 돌무지무덤(장군총) → 만주 집안(지안) 일대에 다수 분포
- 후기 : 굴식 돌방무덤(무용총) → 벽화 발견, 만주 집안, 평안도 용강, 황해도 안악 등지 분포

② 백제의 무덤양식

- 한성 시대 : 계단식 돌무지무덤(고구려의 영향, 서울 석촌동 고분)
- 웅진 시대 : 굴식 돌방무덤, 벽돌무덤(중국 남조의 영향, 무령왕릉)
- 사비 시대 : 굴식 돌방무덤

③ 신라의 무덤양식

- 통일 전 : 돌무지 덧널무덤(도굴이 어려워 껴묻거리가 많이 출토됨, 천마총)
- 통일 후 : 불교식 화장 유행, 규모가 작은 굴식 돌방무덤

4 삼국의 국제 교류

① 고구려 : 북방 민족(북중국)이나 서역 나라들과 교류

② 백제 : 중국 · 가야 · 왜를 연결하는 해상 무역의 주도권을 잡음

③ 신라 : 초기에는 고구려를 통해 중국과 교류, 한강 유역 정복 이후 중국과 직접 교류

④ 가야 : 바닷길을 통해 중국, 왜와 교류하면서 철기 문화 더욱 발전 → 신라 문화에 영향

5 삼국 문화의 일본 전파

① 고구려 : 담징(종이, 먹 제조법, 호류사 벽화), 혜자(쇼토쿠 태자의 스승), 혜관(불교 전파, 일본 삼론종의 시조)

② 백제 : 아직기(한자), 왕인(천자문, 논어), 노리사치계(불경, 불상), 고대 아스카 문화 형성에 결정적 영향 19. 문2

③ 신라 : 조선술, 축제술 전파 → '한인의 연못'

④ 가야 : 스에키 토기에 영향

○ 한 줄 문제로 마무리 확인

01. ______________ 은/는 왜의 아스카 문화 형성에 큰 영향을 주었다.

02. 굴식 돌방무덤은 돌로 널방을 짜고 그 위에 흙으로 덮어 봉분을 만든 무덤이다. (　　)

정답

01. 백제

02. ○

빈출키워드

05

★★★★

회독 ■■■

남북국 시대의 정치·경제·사회

CHECK POINT

관료전, 독서삼품과, 민정 문서, 고려 국왕, 5경 15부 62주, 해동성국, 온돌 장치

○ 기출 문제로 실력 확인

㉠, ㉡에 대한 설명으로 옳지 않은 것은? 16. 문2

통일신라에서는 신문왕 때 (㉠)을/를 설립하여 국가 운영에 필요한 학문과 기술을 교육하였다. 원성왕 때에는 유교 경전의 이해 수준을 시험하여 관리를 채용하는 (㉡)을/를 마련하였다.

국학

독서삼품과

① ㉠ – 박사와 조교를 두어 예기와 문선 등을 가르쳤다.

② ㉡ – 골품제 때문에 기능을 제대로 발휘하지 못하였다.

③ ㉠, ㉡ – 학문과 유학을 보급시키는 데 크게 이바지하였다.

❹ ㉠, ㉡ – 당의 교육제도와 과거제도를 수용하여 운영하였다.

국학은 당나라의 국자감을 본 받아 만들어진 것이지만, 독서삼품과는 관료를 뽑기 위해 새로 시행한 독자적 시험제도

○ 핵심 정리로 개념 확인

1 남북국 시대의 주요 왕의 업적

① 통일신라의 주요 왕의 업적

- 무열왕 : 최초 진골 출신 왕, 시중의 권한 강화(상대등의 세력 약화, 왕권의 전제화), 백제 멸망
- 문무왕 : 고구려 멸망, 나 · 당 전쟁 승리(삼국 통일 완수), 외사정 파견(지방 감시)
- 신문왕 : 김흠돌의 난(귀족 숙청, 왕권 강화), 제도 정비(9주 5소경), 군사 조직(9서당 10정)편성, 관료전 지급, 녹읍 폐지, 국학 설립 21. 문 17 / 16. 문2
- 성덕왕 : 정전 지급(국가의 토지 지배력 강화), 수취 체제 정비
- 경덕왕 : 녹읍 부활, 귀족 연합 정치로 왕권 약화, 국학을 태학으로 개편(박사와 조교)
- 원성왕 : 독서삼품과 시행 16. 문2

② 발해의 주요 왕의 업적

- 무왕 : '인안' 연호 사용, 당의 산둥 지방 공격(장문휴), 요서 지방에서 당군과 격돌, 돌궐 · 일본과 연계하여 당 · 신라 견제 21. 문4 / 16. 문7 / 08. 문3
- 문왕 : 수도 천도(중경 → 상경), 당 · 신라와 친선 관계 수립, 신라와 상설 교통로(신라도), '대흥' 연호 사용 21. 문4 / 16. 문7 / 08. 문3
- 선왕 : '건흥' 연호 사용, 5경 15부 62주 정비, 대부분의 말갈족 복속, 요동 지역 진출, 전성기를 누리면서 '해동성국'이라 불림 21. 문4 / 16. 문7

2 남북국 시대의 통치 체제

① 통일신라의 통치 체제

- 백제와 고구려의 옛 유민 포섭 : 중앙군인 9서당에 고구려인 · 백제인 · 말갈인 포함
- 골품제의 변화 : 3두품 ~ 1두품 사이의 구분이 사라지고 평민과 동등하게 간주
- 중앙 관제 : 시중의 권한 강화, 사정부(감찰 기구) 설치
- 지방 행정 : 9주 5소경, 상수리 제도, 특수 행정 구역(향 · 부곡)
- 군사 제도 : 9서당 10정

② 발해의 통치 체제

- 지배층 : 대씨(왕족), 고씨(귀족) 등 고구려계가 다수 차지, 말갈계 일부
- 피지배층 : 고구려에 편입된 말갈족이 대다수, 토착 세력이 말갈 주민 통치
- 중앙 관제 : 3성 6부, 중정대(감찰), 주자감(국립대학)
  당의 제도 수용, 운영 방식과 명칭은 독자적
- 지방 : 5경 15부 62주(지방관 파견), 말단 촌락은 토착 세력이 관리함
- 군사 제도 : 중앙군(10위, 왕궁과 수도의 경비), 지방군(요충지에 별도의 독립 부대 배치)

3 남북국 시대의 경제

① 통일신라의 경제

- 토지 제도 : 관료전 지급 · 녹읍 폐지(신문왕), 정전 지급(성덕왕, 토지가 없는 15세 이상의 농민에게 지급)
- 수취 제도 : 조세(생산량의 1/10 수취), 공물(특산물 징수), 역(노동력 징발)
- 민정 문서 : 신라 촌락 문서, 3년마다 작성, 촌의 면적, 토지의 종류, 전답 · 나무 · 가축의 수, 연령 · 성별에 따른 인구 수 등 자세하게 기록 08. 문3

② 발해의 경제 : 농업(밭농사 중심), 목축과 수렵

4 남북국 시대의 국제 교류

① 통일 신라의 국제 교류

- 당나라 : 당항성 통해 왕래, 산둥반도의 신라방(마을) · 신라소(관청) · 신라관(여관) · 신라원(절)
- 주요 국제항 : 울산항, 당항성 등 → 동남아시아, 서역의 물품 수입
- 청해진 : 장보고가 완도에 설치, 당 · 신라 · 일본의 바닷길 교통과 무역 장악 → 해상 무역

② 발해의 국제 교류

- 건국 초 : 돌궐, 일본 등과 활발히 교류
- 일본 : 바닷길을 통한 사신 교류 및 무역
- 당 : 유학생 파견, 활발한 무역
- 신라 : 신라도를 이용한 무역

5 발해의 고구려 계승 의식

① 옛 고구려 영토를 대부분 차지, 일본에 보낸 국서에 고려 또는 고려 국왕이라는 명칭 사용 08. 문3

② 고구려 문화와의 유사성 : 온돌 장치, 석등, 기와, 고분의 모줄임 천장 구조 등 → 고구려 계승 의식 08. 문3

○ 한 줄 문제로 마무리 확인

01. 민정문서를 보면 나무와 가축도 국가 수취 대상이었음을 알 수 있다. (　　)

02. 통일신라 신문왕은 ____________ 을/를 설립하여 국가 운영에 필요한 학문과 기술을 교육하였다.

정답

01. ○

02. 국학

빈출키워드

06

★★★★

회독 ■■■

삼국·남북국 시대의 학문과 종교

CHECK POINT

국학, 독서삼품과, 불교, 자장, 원효

○ 기출 문제로 실력 확인

다음 제시어와 관련 있는 신라 승려에 대한 설명으로 옳은 것? 10. 문16

자장

• 진골 귀족	• 중국 유학
• 양산 통도사	• 황룡사 9층 목탑

① 해동화엄종을 창설하고 대중들에게 관음신앙을 전파하였다.

의상

❷ 대국통이 되어 승정 기구를 정비하고 불교 교단을 총관하였다.

③ 당나라 승려 현장의 제자가 되어 유식학 발전에 기여하였다.

원측

④ 많은 저술을 통해 불교계의 사상적 대립을 극복하고자 하였다.

원효

○ 핵심 정리로 개념 확인

1 학문의 발달과 역사서 편찬

① 고구려

- 교육 : 중앙 태학, 지방 경당
- 역사서 : 『신집』 5권(영양왕 때 이문진이 『유기』 100권을 간추려 편찬)

② 백제

- 교육 : 오경박사, 의박사, 역박사(유교 경전과 기술학 교육)
- 역사서 : 근초고왕 때 고흥의 『서기』 편찬

안심Touch

③ 신라

- 유교 : 임신서기석 → 청소년들이 유교 경전을 공부했음을 알 수 있음
- 역사서 : 진흥왕 때 거칠부의 『국사』 편찬

④ 통일신라

- 교육 : 국학(신문왕, 유학 공부) 설립, 독서삼품과 시행(원성왕) 16. 문2
- 대표적 유학자 : 김대문(『화랑세기』), 강수(외교문서 작성), 설총(이두 정리, 『화왕계』), 최치원(빈공과 급제, 시무 10조)

⑤ 발해 : 주자감 설치(중앙 최고 교육 기관), 당에 유학생 파견(빈공과에서 신라 유학생과 경쟁)

2 불교와 기타 사상의 발전

① 고구려

- 불교 : 중국 전진에서 전래 → 소수림왕 때 공인(372)
- 도교 : 사신도

② 백제

- 불교 : 중국 동진에서 전래 → 침류왕 때 공인(384)
- 도교 : 귀족 사회의 환영, 산천 숭배나 신선 사상과 결합, 산수무늬 벽돌, 금동 대향로

③ 신라의 불교

- 고구려에서 전래, 법흥왕 때 이차돈의 순교를 계기로 공인(527)
- 왕권과 밀착(왕즉불 사상), 불교식 왕명의 사용, 원광의 세속 5계(호국 불교)
- 자장 : 통도사 창건, 황룡사 9층 목탑(선덕여왕) 19. 문5 / 10. 문16

④ 통일신라의 불교

- 대표적 승려 19. 문5

원효	일심 사상, 화쟁 사상 주장 → 불교 대중화에 기여, 종파 간 사상적 대립 조화
의상	화엄 사상 정립, 당에 유학, 부석사 건립
혜초	인도와 서역 순례 → 『왕오천축국전』 저술

- 선종 : 참선 수행 중시, 신라 말 지방 호족의 후원으로 확산 → 9산 선문 성립, 승탑 유행

⑤ 발해 : 고구려 불교 계승, 왕실과 귀족 중심의 불교 → 상경의 절터와 불상

3 대표적 문화재

① 신라 : 경주 황룡사 9층 목탑, 경주 분황사 모전 석탑

② 통일신라 : 불국사, 석굴암, 불국사 삼층 석탑, 다보탑, 감은사지 삼층 석탑, 진전사지 삼층 석탑(신라 말)

불국토의 이상 반영(유네스코 세계유산)

③ 발해 : 영광탑(전탑, 당 문화의 영향), 발해 석등(고구려 문화의 영향)

○ 한 줄 문제로 마무리 확인

01. ____________ 은/는 여러 불교 경전의 사상을 하나의 원리로 회통시키려 하였다.

02. 독서삼품과는 골품제의 한계를 완화시키는 역할을 하였다. (　　)

정답

01. 원효

02. ×

빈출키워드

07 고려와 조선의 경제

★★★★★

회독 ■■■

CHECK POINT

대동법, 영정법, 균역법, 신해통공, 역분전, 전시과, 과전법, 직전법, 관수관급제, 모내기법, 공인, 사상, 건원중보, 은병, 상평통보, 파발제, 봉수제, 조운과 조창

○ 기출 문제로 실력 확인

다음 경제 정책을 시대순으로 옳게 나열한 것은? 18. 문6

ㄱ. 신해통공으로 금난전권을 대부분 철폐하였다.
정조 때(1791), 시전상인의 금난전권 폐지

ㄴ. 공납제를 대동법으로 바꾸어 경기도에 시행하였다.
광해군 때(1608), 공납의 폐단 해결 위해 시행

ㄷ. 영정법을 시행하여 흉풍에 관계없이 전세를 확정하였다.
인조 때(1635), 전세의 부담 완화(토지 1결당 미곡 4두) 위해 시행

ㄹ. 균역법을 통해 양인의 군역 부담을 군포 1필로 낮추었다.
영조 때(1750), 군역 개혁

① ㄱ - ㄴ - ㄷ - ㄹ

❷ ㄴ - ㄷ - ㄹ - ㄱ

③ ㄷ - ㄹ - ㄱ - ㄴ

④ ㄹ - ㄱ - ㄴ - ㄷ

○ 핵심 정리로 개념 확인

1 수취 제도의 변화

① 고려의 수취 제도 : 조세(수확량의 1/10 징수), 공물(호 단위), 역(군역과 요역)

② 조선의 수취 제도의 변화 18. 문6 / 12. 문8

구분	조선 전기	조선 후기
전세	공법(연분 9등법, 전분 6등법) 세종 → 토지의 비옥도와 풍흉 기준	영정법(토지 1결당 쌀 4두)

군역	양인 개병제(방군 수포제, 군적 수포제 폐단 발생)	균역법(1년에 군포 2필 → 1필)
공납	가호별로 수취	대동법(토지 1결당 쌀 12두) 숙종 때 함경도와 평안도를 제외한 전국에서 실시 → 공인 등장, 지방 장시 발달

2 토지 제도의 변화

① 고려의 토지 제도 19. 문7

- 역분전 : 태조 때 인품과 공로에 따라 지급
- 전시과 제도 : 경종에 의해 처음 시행, 직역의 대가로 관료에게 토지를 나눠 주는 제도

관품 · 인품 기준, 산관에게 토지 제공

구분	역분전	전시과		
		시정 전시과(경종)	개정 전시과(목종)	경정 전시과(문종)
지급 대상	전 · 현직 관리	전 · 현직 관리	전 · 현직 관리	현직 관리
지급 기준	인품 + 품계	인품 + 품계	인품×, 품계○	품계

② 조선의 토지 제도 19. 문11 / 14. 문2

과전법	공양왕	• 신진 사대부의 토지 개혁 → 경기 지역에 한하여 실시 • 전 · 현직 관리에게 과전 지급 과전법의 특징 · 전주(田主)는 전객(佃客)에게 전조(田租)로 수확량의 1/10을 징수 · 양반 관료층의 경제적 보장을 위해 현임이나 퇴임을 막론하고 토지 지급 · 토지를 받았던 관리가 죽었을 경우, 수신전의 명목으로 세습 가능
직전법	세조	• 과전법에 따른 세습 토지 증가로 토지 부족 문제 발생 • 현직 관리에게만 토지 지급
관수관급제	성종	• 과도한 수취로 수조권 남용 → 국가가 수확량 조사 후 징수하여 관리에게 지급 • 토지와 농민에 대한 국가 지배력 강화
직전법 폐지	명종	관리들에게 수조권 지급 × → 녹봉만 지급

3 농업과 수공업의 발달

① 고려의 농업 및 수공업 : 농업의 발달로 우경 일반화, 시비법 발달, 고려 말 모내기법이 남부 일부 지방에 보급, 목화 전래, 수공업은 관청 · 소(所) · 사찰 · 민간에서 이루어짐

② 조선 시대 농업 및 수공업 08. 문7

- 농업 경제의 발전 : 조선 전기 농본주의 정책(민생 안정을 위해 농업 중시) → 조선 후기 모내기법의 확대로 이모작이 확산되면서 수확량 증대

  시비법 발달, 여러 지역 농민들의 실제 경험을 수집하여 정리한 『농사직설』 편찬

- 상업 및 수공업 발전 : 조선 후기 상업의 발전(장시의 발달, 사상의 증가, 공인과 보부상 등장), 조선 전기 관영 수공업
  의주의 만상(대청 무역), 개성의 송상(중계 무역), 한양에 경강상인, 동래의 내상(대일본 무역)
  발달 이후 조선 후기 민영 수공업 발달, 광산의 발전으로 덕대 등장

③ 고려와 조선의 화폐 08. 문12

- 고려의 화폐 : 건원중보(성종), 삼한통보 · 해동통보 · 은병(숙종), 쇄은(충렬왕), 소은병(충혜왕), 저화(공양왕)
  우리나라 지형을 본떠 만듦 / 종이화폐
- 조선의 화폐 : 조선통보(세종), 상평통보(숙종), 당백전(흥선 대원군)
  상공업 발달로 전국 유통

4 교통과 통신의 발달 14. 문16 / 12. 문16

① 고려의 교통 · 통신 제도 : 조운을 담당하기 위해 조창이라는 기관 설치, 군사적인 위급 사태를 알리기 위해 봉수제 실시, 공문의 전달과 관물의 운송 등을 위해 역참제를 전국적 규모로 실시, 원에 복속되면서 몽골식 역참 제도 시행

② 조선의 교통 · 통신 제도 : 역로 행정의 총괄은 병조에서 담당, 조선 초 중앙과 변방을 신속하게 연결하는 군사통신 수단으로 봉수제 시행, 기밀문서의 신속한 전달 위해 파발제 시행

O 한 줄 문제로 마무리 확인

01. 시정 전시과는 광종 때에 제정된 4색 공복제도를 참작하여 직관과 산관 모두를 대상으로 하였으며, 관직과 관계(官階)도 지급 기준이 되었다. (　　)
02. 조선 초기에는 직전제를 실시하여 관리들에게 수조권 분급제도를 확대하였다. (　　)
03. 대동법의 시행으로 관청에서 추가로 어장세와 선박세를 징수하였다. (　　)
04. 관수관급제는 수조권자의 직접적인 전조(田租)의 수취를 봉쇄하고 납조자(納租者)가 전조를 관리에게 납부하였다. (　　)

정답

01. ○
02. ×
03. ×
04. ○

빈출키워드

08

★★★★

회독 ■■■

고려와 조선의 사회적 특징(1) - 고려

CHECK POINT

문벌 귀족, 권문세족, 신진 사대부, 향리, 양민, 제위보, 의창, 상평창, 향도, 자녀 균분 상속, 여성 재가

○ 기출 문제로 실력 확인

고려 시대의 사회시책과 제도에 대한 설명으로 옳지 않은 것은? 16. 문6

① 상평창을 두어 물가 안정을 꾀하였다.

② 동서 대비원을 설치하여 환자 진료를 담당하게 하였다.

❸ 혜민국을 두어 유랑자의 수용과 구휼을 담당하게 하였다.
혜민국은 가난한 백성들에게 의약품을 나눠주는 기능 담당

④ 기금으로 운영하는 제위보를 두어 빈민을 구제하게 하였다.

○ 핵심 정리로 개념 확인

1 고려의 신분 제도 10. 문7

귀족	문벌 귀족	고려 초기 지배층, 호족과 6두품 계열, 음서와 공음전의 혜택 공신이나 5품 이상의 고위 관리의 자손들이 시험 없이 관리에 등용
	권문세족	친원적 성향, 도평의사사를 장악하여 권력 독점, 음서로 관직 독점, 대농장 소유
	신진 사대부	중소 지주층, 과거로 중앙 진출, 향리 출신, 성리학 신봉, 공민왕의 개혁 때 성장(원명 교체기)
중류층	잡류(중앙 관청의 말단 서리), 남반(궁중 실무 관리), 향리(지방 행정 실무 담당), 군반(하급 장교), 역리(지방의 역 관리) 등 → 중간 역할 담당, 신분 세습	
양민	• 일반 양민 : 농업과 상공업에 종사, 대다수는 농민(백정), 조세 · 공납 · 역 부담 • 향 · 부곡(농업) · 소(수공업) 주민 : 신분상으로는 양민이나 일반 군현의 주민에 비해 차별 대우, 과거 응시 및 거주 이전 금지 양인에 비해 많은 세금 부담	
천민	• 재산 취급, 매매 · 증여 · 상속의 대상, 교육 · 과거 응시 기회 없음 • 공노비(입역 노비, 외거 노비), 사노비(솔거 노비, 외거 노비)로 구성 양민과 비슷한 독립된 경제 생활	

안심Touch

2 고려 사회의 특징

① 사회정책 및 제도 16. 문6

- 제위보(광종) : 기금을 마련하여 그 이자로 빈민 구제
- 의창(성종) : 흉년에 빈민 구제, 고구려 진대법과 유사
- 상평창(성종) : 물가 안정 위해 개경 · 서경 · 12목에 설치
- 의료 구제 : 동서 대비원(환자 진료, 빈민 구휼), 혜민국(질병 치료 및 의약 관리) 설치
- 재난 구제 : 구제도감(질병 환자 치료, 병사자의 매장을 관장하여 감염병 확산에 대처), 구급도감 설치

② 법률 및 사회상 10. 문7

- 법률 : 중국의 당률을 참작하여 대부분 관습법에 따름
- 향도 : 불교의 신앙 조직(매향 활동), 점차 농민 공동체 조직으로 발전

  마을 노역이나 혼례와 상장례, 마을 제사 등 공동체 생활을 주도하는 농민 조직으로 발전
- 가족 제도 특징과 여성의 지위 : 자녀 균분 상속, 여성 호주 가능, 여성 재혼 가능, 사위와 외손자의 음서 혜택, 여성이 제사를 모시는 것이 가능 21. 문5

3 고려와 조선의 가족 제도 21. 문5 / 08. 문13

구분	고려	조선
호주	여성 호주 가능, 연령순으로 호적 등재	여성 호주 금지, 남녀순으로 호적 등재
상속	자녀 균분 상속	장자 중심 상속
여성 재가	여성 재가 가능	여성 재가 금지
제사	여성 제사 가능	남자만 제사(아들이 없으면 양자)
기타	사위와 외손자의 음서 혜택	부계 위주 족보, 시집살이

○ 한 줄 문제로 마무리 확인

01. 불교의 신앙 조직인 향도가 고려 후기부터 향촌 공동체의 성격이 강한 농민 조직으로 발전해 갔다. (　　)

02. 고려 시대 양인의 대다수는 농민으로 ______________이라고 불렸으며, 이들에게는 조세 · 공납 · 역이 부과되었다.

03. 고려 사회는 여성의 재가는 불가능했으나 사위와 외손자에게까지 음서의 혜택이 있었다. (　　)

정답

01. ○　02. 백정　03. ×

빈출키워드

09

★★★★★

회독 ■■■

고려와 조선의 사회적 특징(2) - 조선

CHECK POINT

양반, 중인, 백정, 부농, 광작, 서얼, 의창, 상평창, 환곡제, 사창제, 경국대전, 유향소, 혜민서, 동서 대비원, 동서 활인서, 경재소, 향리, 예학, 보학, 친영제

○ 기출 문제로 실력 확인

조선 후기 가족제도의 모습으로 가장 적절한 것을 〈보기〉에서 고른 것은? 14. 문6

〈보기〉

ㄱ. 아들이 없을 경우 양자(養子)를 맞는 풍속이 보편화되었다.

ㄴ. 호적에 아들과 딸의 구분 없이 출생 순서대로 기록하는 것이 일반화되었다.

고려 및 조선 전기

ㄷ. 사대부 가문에서의 4대 봉사(奉祀)가 점차 사라졌다.

조선 후기 4대 봉사 일반화

ㄹ. 남귀여가혼(男歸女家婚)이 점차 쇠퇴한 반면, 친영제(親迎制)가 확산되어 갔다.

① ㄱ, ㄴ
② ㄴ, ㄷ
③ ㄷ, ㄹ
❹ ㄱ, ㄹ

○ 핵심 정리로 개념 확인

1 조선의 신분 제도

① 조선 전기 이후

양반	• 15세기 양천 제도(양인과 천민으로 구분) → 16세기 반상 제도 • 문반과 무반으로 구성되어 관직 진출 및 각종 특권 향유 정치적 관료, 경제적 지주층, 고위 관직 독점, 각종 국역 면제
중인	• 양반과 상민의 중간 신분 계층 • 서리 · 향리 · 기술관(의관, 역관) : 직역 세습, 행정 실무 담당 • 서얼 : 문과 응시 금지, 무반직 등용 – 양반의 소생이나 중인의 처우 적용

안심Touch

상민	• 농민, 수공업자, 상인, 신량역천 : 신분은 양인이나 천역을 담당하는 계층 수군(해상 업무) · 조례(관청의 잡역) · 나장(형사 업무) · 일수(지방 고을 잡역) · 조졸(조운 업무) · 봉수군(봉수 업무) · 역졸(역에 근무) 등 • 조세 · 공납 · 부역의 의무, 과거 응시 가능(실제 불가능)
천민	• 백정, 무당, 창기, 공노비, 사노비 등 • 대부분 노비이며 재산으로 취급, 매매 · 상속 · 증여의 대상 조선 전기 일천즉천 → 조선 후기 노비종모법

② 조선 후기 사회 구조의 변동 18. 문9 / 08. 문8

양반층의 분화	• 양반층의 부패, 납속책 · 공명첩 등을 통해 양반 신분 획득 • 양반층에서도 중앙의 특권층과 몰락 양반 등으로 분화
농민층의 분화	• 이모작 · 이앙법 · 견종법 등으로 생산력 증대, 광작으로 일부 농민들 부농으로 성장 → 족보의 매입 등을 통해 양반으로 신분 상승 • 일부 농민들은 상업이나 임노동자로 종사
중인층의 신분 상승 노력	• 중인층의 불만 : 전문직으로서 사회 진출 제한에 불만, 서얼에 대한 적서 차별과 문과 응시 금지 등 사회적 제약에 대한 불만 • 신분 상승 추구 : 서얼의 대규모 소청 운동, 정조 때 규장각 검서관에 서얼 등용, 청과 외교 업무에 종사하는 역관들이 외래 문화 수용 주도 • 18세기 후반 중인과 서얼층의 성장과 함께 위항문학 발전 → 「규사」(이진택), 「연조귀감」(이진흥), 「호산외기」(조희룡)
노비 제도의 변화	• 노비의 신분 상승 : 신분 상승 노력, 도망 노비 증가, 노비종모법, 공노비 해방(순조) • 평등 사회로의 이행 : 노비 세습제 폐지(고종), 갑오개혁 때 사노비 해방으로 노비제 폐지

2 조선 사회의 특징

① 사회정책 및 제도

- 빈민구제책 : 의창, 상평창(1/10의 이자) 등을 설치하여 환곡제 시행, 양반 향촌 사회에서 자치적으로 사창제 시행

  고구려 진대법 → 고려(흑창 → 의창) → 조선(환곡제 → 사창제)
- 의료 시설 : 중앙에는 혜민서(약재)와 동서 대비원(서민 환자 구제)을 운영하고, 지방에는 제생원(지방민 구호와 진료), 동서 활인서(유랑자의 수용 및 구휼) 운영

② 법률 및 사법제도

- 형법 : 『경국대전』과 대명률 적용, 반역죄와 강상죄는 중죄로 연좌제 적용
- 민법 : 관습법에 의해 지방관이 처리 – 조선 초는 노비 소송, 16세기 이후 산송 · 상속(종법)
- 사법기관 : 중앙은 사헌부, 의금부, 형조, 한성부, 장례원 등에서 처리

  노비 관련 문제

양반의 이익을 대변하던 향회는 주로 수령이 세금을 부과할 때 물어보는 자문기구로 전락

③ 향촌 사회 형성 : 양반 중심의 향촌 사회 질서 확립(유향소와 경재소) → 조선 후기 양반의 향촌 지배 약화, 향전 발생, 수령과 향리의 권한 강화 10. 문10

④ 가족 제도의 변화 14. 문6 / 12. 문5 / 10. 문8

- 예학과 보학의 발달 : 성리학적 도덕 윤리를 강조하면서 가부장적 종법 질서 구현 → 부계 위주 족보 편찬, 동성 마을, 종중 의식(조선 후기)
- 혼인 제도 : 일부일처제(기본), 남자들은 첩을 들이는 것 가능, 17세기 이후 친영 제도 정착

⑤ 조선 후기 사회 변혁의 움직임 : 신분제 동요, 농민 의식의 성장과 탐관오리의 횡포에 대한 적극적 항거 → 예언 사상 유행, 천주교 전래, 동학 발생 등

○ 한 줄 문제로 마무리 확인

01. 조선 전기에는 동족 부락이 만들어져 족보 편찬이 성행하였다. (　　)
02. 조선 전기에는 여성의 재가 사실을 족보에 기록하였으며 외손이 있으면 아들이 없더라도 남의 아들로 양자 삼는 사람이 없었다. (　　)
03. 조선 후기에는 재산 상속은 자녀 균분으로 이루어졌으며 제사는 형제가 돌아가면서 지내거나 책임을 분담하였다. (　　)
04. 조선 후기에는 양반층은 향촌을 교화하고 사회질서를 확립하기 위해 향약 · 향사례 · 향음주례를 실시하기 시작하였다. (　　)

정답

01. ×
02. ○
03. ×
04. ×

안심Touch

빈출키워드

10

★★★★

회독 ■■■

고려의 정치

CHECK POINT

견훤, 궁예, 왕건, 역분전, 광종, 과거제, 노비안검법, 승과 제도, 광덕 · 준풍, 성종, 경학박사, 의학박사, 2성 6부, 중추원, 도병마사, 어사대, 삼사, 대간, 5도 양계, 별무반

○ 기출 문제로 실력 확인

다음에서 고려 시대의 정치제도에 대한 설명으로 옳은 것을 모두 고른 것은? 10. 문3

㉠ 6조는 왕권에 따라 실무처리 권한이 강화되기도 하였다.
조선 태종과 세조 때 6조 직계제 → 강력한 왕권 행사

㉡ 식목도감은 대내적인 법령 문제를 다루는 재추의 회의기관이었다.

㉢ 지방관이 파견된 주현보다 파견되지 않은 속현이 더 많았다.

㉣ 면리제를 실시하여 촌락주민에 대한 지배를 원활히 하고자 하였다.
조선 시대에는 면리제와 오가작통제를 통해 촌락 주민을 지배

① ㉠, ㉡ ❷ ㉡, ㉢ ③ ㉢, ㉣ ④ ㉠, ㉣

○ 핵심 정리로 개념 확인

1 고려의 건국과 국가 기틀의 확립

궁예가 송악(개성)에 도읍하여 건국 → 철원 천도, 국호를 태봉으로 개칭

① 고려의 건국과 후삼국의 통일

- 후삼국의 성립 : 신라말 사회 혼란 → 견훤의 후백제(완산주) 건국, 궁예의 후고구려 건국
- 후삼국 통일 과정 : 후백제 건국(900) → 후고구려 건국(901) → 고려 건국(918) → 발해 멸망(926) → 신라 항복, 견훤 귀순(935) → 후백제 정복(936)
- 주요 전투

공산 전투	후백제의 견훤이 신라의 금성 급습, 경애왕 살해 후 공산 전투에서 고려에 승리하여 세력 확장(927)
일리천 전투	견훤의 귀순 후 신검의 후백제군과 왕건의 고려군이 일리천 일대 전투에서 고려군의 승리(936) → 후백제의 멸망 → 고려의 후삼국 통일

② 국가 기틀의 확립 18. 문3 / 16. 문13

태조	• 호족 통합 · 견제 정책 : 혼인 정책, 왕씨 성 하사, 역분전(공로 · 인품) 지급, 기인 제도, 사심관 제도, 실시 지방 통치를 원활하게 하기 위해 지방 호족 출신자를 그 지역의 사심관으로 임명 호족의 자제 중 한 명을 개경에 보내게 하는 제도 실시 • 민족 통합 정책 : 발해 유민 포용, 신라와 후백제 출신 인물 수용 • 민생 안정 정책 : 조세 인하와 요역 감면, 흑창 설치(빈민 구제) • 북진 정책 : 고구려 계승 의식(서경 중시) → 청천강에서 영흥만에 이르는 국경선 • 훈요 10조(후대 왕들이 지켜야 할 정책 방향 제시), 『정계』 · 『계백료서』 등
광종	• 과거 제도 실시 : 쌍기의 건의로 실시, 신진 인사 등용 • 노비안검법 실시 : 호족 세력 약화, 국가의 수입 기반 확대 • 왕권 강화 및 통치 체제의 정비 : 공복 제정, 독자적인 연호(광덕 · 준풍) 사용, 공신 및 호족 세력 숙청, 제위보 설치, 승과 제도 시행 16. 문13
경종	중앙 집권 체제 확립을 위한 시정 전시과 제도 시행 시정 전시과(경종) → 개정 전시과(목종) → 경정 전시과(문종)
성종	• 유학의 진흥 : 최승로의 시무 28조 수용(→ 유교 정치 시행), 국자감 정비, 불교 행사 폐지, 경학박사와 의학박사 파견하여 교육 16. 문13 • 통치 체제의 정비 : 2성 6부의 중앙 관제 정비, 12목 설치 및 지방관 파견, 향리 제도 실시, 강동 6주 설치, 의창 확대 개편 및 상평창 설치, 건원중보 발행 21. 문16 물가 조절 → 개경, 서경, 12목

2 고려 통치 체제의 정비

① 중앙 통치 체제 10. 문3

2성 6부	• 당의 제도를 모방하여 2성 6부로 이루어진 중앙 관제 구성 • 중서문하성(국정 총괄)과 상서성(6부 관리, 실무 담당) → 수상은 문하시중 재신과 낭사로 구성
중추원	송의 제도 모방, 왕의 비서 기구, 군사 기밀(추밀)과 왕명출납(승선) 담당
귀족 합의체	• 도병마사(국방 문제), 식목도감(법률 · 제도의 제정) → 고려의 독자적인 기구 • 중서문하성과 중추원의 고관인 재신과 추밀의 합의제로 운영
어사대	감찰 기구, 풍속 교정
삼사	화폐 · 곡식의 출납, 회계
대간 정치 권력의 균형 유지	• 어사대의 관원과 중서문하성의 낭사가 함께 대간 구성 • 간쟁 : 왕의 잘못을 비판 • 봉박 : 잘못된 왕명은 시행하지 않고 돌려보냄 • 서경권 : 관리 임명과 법령의 개정이나 폐지 등에 동의하거나 거부하는 권한

② 지방 행정 조직 10. 문3

5도	일반 행정 구역, 안찰사 파견, 전국 5도 아래 주 · 군 · 현 설치 후 지방관 파견
양계	군사 행정 구역(국경 지역), 병마사 파견, 국방상 요충지에 진 설치
주현 · 속현	지방관이 파견되는 주현과 파견되지 않는 속현(향리가 실제 행정 업무 담당)
향 · 부곡 · 소	특수 행정 구역(향 · 부곡 – 농업, 소 – 수공업)

③ 군사 조직 : 중앙군은 2군(국왕 친위 부대) 6위(수도 경비와 국경 방어), 지방군은 주현군(5도에 주둔)과 주진군(양계에 주둔), 특수군으로 광군(정종 때 거란 방어), 별무반, 삼별초, 연호군(홍건적과 왜구에 대비) 등 08. 문10

숙종 때 윤관의 건의로 여진 정벌 위해 구성(신기군, 신보군, 항마군)

④ 관리 등용 제도 : 과거(문과, 잡과, 승과), 음서(공신이나 5품 이상 고관들의 자손 대상, 과거 없이 관리로 등용)

⑤ 교육 기관 : 관리 양성 및 유학 교육 목적 → 개경에 국자감(양현고, 7재), 지방에 향교

예종 때 관학 교육의 진흥을 위해 장학 재단 양현고와 전문 강좌 7재 설치

○ 한 줄 문제로 마무리 확인

01. 고려 광종 때 개정 전시과의 제정과 경학박사와 의학박사의 지방 파견 등의 정책을 시행하였다. ( )
02. 고려 시대 기인 제도와 사심관 제도는 통일 신라 상수리 제도와 조선 시대 경재소 제도와 시행 목적이 같다. ( )
03. 고려 시대 여진족을 정벌하기 위해 편성된 부대인 ______________은/는 신기군, 신보군, 항마군으로 구성되었다.

정답

01. ×
02. ○
03. 별무반

빈출키워드

11

★★★★

회독 ■■■

조선의 정치(1) - 조선 건국과 통치체제

CHECK POINT

이성계, 정도전, 태종, 세종, 세조, 성종, 의정부, 6조, 승정원, 의금부, 성균관, 향교

○ 기출 문제로 실력 확인

조선시대의 과거제도에 대한 설명 중 옳지 않은 것은? 08. 문9

① 문과 식년시는 초시와 복시, 왕 앞에서 실시하는 전시 등의 세 단계로 치러졌다.

❷ 무과도 문과와 같은 절차를 거쳐 치르는데 최종 선발 인원은 33명이었다.

무과는 초시 · 복시 · 전시의 3단계를 거쳐 총 28명을 선발했다.

③ 소과 합격자는 성균관에 입학하거나 문과에 응시할 수 있었으며, 하급 관리가 되기도 하였다.

④ 기술관을 뽑는 잡과는 3년마다 치렀으며 분야별로 규정된 인원이 있었다.

○ 핵심 정리로 개념 확인

1 조선의 건국과 통치 체제의 정비

① 조선의 건국 : 위화도 회군으로 이성계와 급진 개혁파 신진 사대부의 실권 장악, 과전법 실시 → 정몽주 등 온건파 신진 사대부 제거 → 조선 건국(1392)

「주자가례」를 도입하여 집에 가묘를 세워 조상의 위패를 모시고 제사를 지냈으며 동방이학의 비조로 불림

② 국가의 기틀 마련

태조	국호 '조선' 제정, 도읍 한양으로 천도(1394), 경복궁 건설, 성리학을 통치 이념으로 채택, 정도전의 재상 정치
태종	의정부 설치와 6조 직계제 실시, 사간원 독립, 사병 제도 폐지, 재상 권한 약화, 양전 사업과 호패법 실시 왕권 강화, 국가 재정 확충
세종	• 이상적인 유교 정치 추구 → 경연 제도 활성화, 의정부 서사제 실시, 집현전 설치 왕권과 신권의 조화 추구 • 민족 문화의 발달 : 훈민정음 창제와 편찬 사업 추진 ← 「고려사」, 「삼강행실도」, 「총통등록」, 「칠정산」, 「향약집성방」, 「의방유취」, 「농사직설」, 「신찬팔도지리지」, 정간보 창안 • 민생 안정과 국방 강화 : 4군 6진 설치, 대마도 정벌, 3포 개항, 연분 9등법과 전분 6등법
세조	계유정난, 6조 직계제 실시, 집현전과 경연제도 폐지, 유향소 폐지, 직전법 실시, 진관 체제 실시 언론 활동 제한
성종	홍문관 설치 · 경연 활성화, 『경국대전』 완성 · 반포(→ 유교적 법치 국가의 토대 마련), 관수관급제, 『동국여지승람』, 『동국통감』, 『악학궤범』 등 편찬

안심Touch

③ 통치 체제의 정비

- 중앙 행정 조직 14. 문15

의정부	최고 관부, 재상의 합의로 국정 총괄		
6조	직능에 따라 행정 분담(이 · 호 · 예 · 병 · 형 · 공), 정책 집행		
3사(대간)	사헌부	관리의 비리를 감찰	권력의 독점과 부정 방지
	사간원	간쟁(정사를 비판)	
	홍문관	왕의 자문(고문) 역할, 경연 주관	
승정원	왕명 출납		왕권 강화 기구
의금부	국가의 중죄인 처벌, 국왕 직속 사법 기구		
춘추관	역사서 편찬과 보관		
예문관	외교 문서, 국왕의 교서 관리		
성균관	조선의 최고 교육 기구		
한성부	수도의 행정과 치안 담당		

- 지방 행정 조직 : 전국을 8도로 나누고, 하부에 부 · 목 · 군 · 현 설치, 향 · 부곡 · 소 폐지(일반 군현으로 승격), 면 · 리 · 통 제도, 양반 중심의 향촌 사회 질서 확립, 유향소와 경재소 설치 21. 문16

  - 유향소 : 향촌 양반의 자치조직(수령 보좌, 향리 규찰, 향촌 교화 담당)
  - 경재소 : 유향소와 정부 사이의 연락 기능, 유향소 통제로 중앙 집권을 효율적으로 강화
  - 지방 통제 기구의 변천 : 통일 신라 상수리 제도 → 고려 기인 제도 → 조선 경재소

- 중앙 집권 체제의 강화 : 관찰사 파견, 오가작통법 시행, 암행어사 파견 등

2 군사 제도 및 기타 제도의 정비

① 군사 제도 16. 문16

- 군역 제도 : 양인개병제(16세 이상 60세 미만 양인 남자), 정군(현역)과 보인(봉족, 비용 부담)으로 구성, 현직 관료와 학생 · 향리 등은 군역 면제
- 군사 조직 : 중앙군(5위 → 숙종 때 5군영)은 궁궐과 수도 수비, 지방은 육군과 수군을 편성하여 배치(영진군은 세조 이후 진관 체제), 잡색군(일종의 예비군)

  진관 체제(세조) → 제승방략 체제(명종) → 속오군 체제(선조)

- 임진왜란 이후 : 비변사 기능 강화, 훈련도감 설치(유성룡의 건의, 포수 · 사수 · 살수의 삼수병), 지방군 개편과 속오군

  중종 때 왜구 침입 대비 위한 임시 회의 기구 → 왜란과 호란 이후 국정 총괄하는 최고 회의 기구

② 관리 등용 제도 14. 문15 / 08. 문9

- 과거제 : 문과의 경우 탐관오리의 아들과 재가한 여자의 자손 및 서얼에게 응시 제한, 초시 · 복시, 왕 앞에서 실시하는 전시 등의 세 단계, 소과 합격자는 성균관에 입학하거나 문과에 응시 가능, 잡과는 3년마다 분야별로 규정된 인원의 기술관을 뽑음
- 음서, 천거 등을 통해 관리 선발, 상피제와 서경제 시행

> • 상피제 : 고관을 출신지에 임명하지 않는 제도
> • 서경제 : 5품 이하 관리 등용 시 양사(사간원, 사헌부)에 관리 임명 동의 받는 제도

③ 교육 기관 : 성균관(조선 최고 교육 기관), 향교(지방 군현에 설치), 서원 · 서당(사립 교육 기관), 기술 교육은 각 해당 관청에서 담당 21. 문17 / 14. 문15

○ 한 줄 문제로 마무리 확인

01. ______________ 은/는 조선 시대에 사헌부, 사간원과 더불어 3사(三司)라고 불렸다.
02. 기술관을 뽑는 잡과는 3년마다 치렀으며 분야별로 규정된 인원이 있었다. (   )
03. 조선 시대에는 훈련도감을 설치하고 속오법에 따라 지방군을 편제한 이후 중앙에서 파견되는 장수로 하여금 방어지역의 병력을 지휘하게 하는 제승방략 체제를 수립하였다. (   )
04. 성균관에 7재(七齋)를 두어 학문을 전문화시켰으며, 양현고를 두어 후원하였다. (   )

정답

01. 홍문관
02. ○
03. ○
04. ×

빈출키워드 12

★★★★ 회독 ■■■

조선의 정치(2) - 조선의 사림과 붕당

CHECK POINT

훈구, 사림, 붕당정치, 사화, 탕평책, 환국, 숙종, 영조, 정조

○ 기출 문제로 실력 확인

다음은 붕당정치의 전개과정이다. (가)에 들어갈 내용으로 적절한 것은? 16. 문9

효종이 죽자 인조의 계비 자의대비의 복제(服制) 문제로 송시열을 비롯한 서인과 허목 등 남인 간에 예송(禮訟)이 발생하였다.

⇩

(가)

⇩

영조는 산림의 존재를 인정하지 않았으며, 이조전랑의 인사권한을 축소하였다.

① 사림이 동인과 서인으로 분당되었다.

선조 때 이조전랑직을 둘러싸고 동인과 서인으로 분당 → 붕당 정치 전개

② 소수 가문이 권력을 독점하는 세도정치가 나타났다.

탕평 정치의 붕괴로 유력 가문 출신의 인물에게 권력이 집중되는 세도 정치가 순조 때부터 철종 때까지 지속

③ 북인이 서인과 남인을 배제한 채 정권을 독점하였다.

광해군 때 북인의 정권 장악

❹ 정국이 급격하게 전환되는 환국이 나타나기 시작하였다.

○ 핵심 정리로 개념 확인

1 사림의 성장과 붕당의 형성

① 훈구와 사림 : 훈구 세력(정도전, 조준 등)은 세조 이후 정치적 실권을 장악하고 중앙 집권 체제 강조, 사림 세력(정몽주, 길재 등)은 성리학과 중국 중심 세계관을 바탕으로 향촌 자치와 왕도 정치 강조 12. 문14

② 사림의 성장과 사화의 발생

- 사림의 성장 : 성종 때 본격적으로 정치에 참여, 3사의 언관직 차지(훈구파의 비리 비판)

• 사화의 발생 12. 문14

무오사화 (1498)	• 훈구파(유자광, 이극돈)와 사림파(김일손)의 대립 • 김일손이 스승 김종직의 조의제문을 사초에 기록한 사건이 발단
갑자사화 (1504)	• 폐비 윤씨 사사 사건이 배경 • 무오사화 때 피해를 면한 사림과 일부 훈구 세력까지 피해
기묘사화 (1519)	• 조광조의 개혁 정치 • 위훈 삭제로 인한 훈구 공신 세력의 반발, 주초위왕 사건
을사사화 (1545)	• 인종의 외척 윤임(대윤파)과 명종의 외척 윤원형(소윤파)의 대립 • 명종의 즉위로 문정 왕후 수렴청정 → 집권한 소윤파가 대윤파 공격

③ 붕당 정치의 시작 : 선조 때 이조 전랑 임명권을 놓고 사림 세력이 김효원을 중심으로 한 동인과 심의겸을 중심으로 한 서인으로 분화되면서 시작됨 16. 문9

• 동인 : 개혁에 적극적, 이황 계열로 자기 수양을 통한 부패 방지 및 원칙 중시

• 서인 : 개혁에 소극적, 이이 계열로 제도 개혁을 통한 부국안민 및 현실 중시

2 붕당 정치의 변질과 탕평책

① 붕당 정치의 전개

• 남인과 북인의 분당 : 정여립 모반 사건을 계기로 온건파인 남인과 급진파 북인으로 분당

• 광해군 때 북인의 정권 장악 → 서인의 인조반정으로 북인 몰락 16. 문9

• 인조 때 서인 주도, 일부 남인 정국 운영에 참여, 붕당 간 공조관계

• 현종 때 예송 논쟁(자의대비 복상문제로 기해 · 갑인예송) → 서인과 남인의 대립 심화

② 붕당 정치의 변질과 환국 : 숙종이 여러 차례 환국 단행으로 서인과 남인 번갈아 집권 → 서인의 남인 배척으로 노론(강경파)과 소론(온건파)으로 분화 16. 문9

경신환국 (1680)	남인의 영수인 허적이 궁중에서 쓰는 천막을 허락 없이 사용한 문제로 숙종과 갈등, 이후 허적의 서자인 허견의 역모 사건으로 허적을 비롯한 남인이 몰락하고 서인 집권
기사환국 (1689)	희빈 장씨의 소생에 대한 원자 책봉 문제로 서인이 물러나고 남인 집권
갑술환국 (1694)	서인인 김춘택 등이 인현 왕후의 복위 운동을 전개하자 남인인 민암 등이 서인들을 국문하다 숙종의 불신을 받아 몰락하고 서인 집권, 이후 인현 왕후가 복위되고 장씨는 다시 희빈으로 강등

③ 영조의 정책 : 탕평책(탕평 교서 발표, 탕평비 건립) 추진, 이조 전랑 권한 축소, 붕당의 근거지인 서원 대폭 정리, 균역법
후임자를 천거하는 권한과 삼사의 관리를 선발할 수 있게 해주던 관행 폐지
실시, 군영 정비, 신문고 제도 부활, 가혹한 형벌 폐지 등 개혁 정치 실행, 『속대전』, 『속오례의』, 『동국문헌비고』 등 편찬 → 일시적 탕평책의 한계

④ 정조의 정책 : 규장각 설치, 초계문신제 실행, 장용영(친위 부대) 설치, 수원 화성 건립(정치적 · 군사적 기능 부여)
붕당의 비대화 방지, 서얼 출신 등용, 국왕의 정책을 뒷받침하는 강력한 정치 기구
새롭게 관직에 오르거나, 기존 관리들 중 능력 있는 자들을 재교육시킴

등 왕권 강화를 위한 개혁 정치 실행, 신해통공(금난전권 폐지 → 자유로운 상업 활동 도모), 『대전통편』 · 『무예도보통지』 · 『탁지지』 편찬, 적극적 탕평 추진(소론 및 남인 계열 중용) → 붕당 간 대립은 완화되었으나 근본적인 문제점 해결 × → 정치권력이 소수 정치 집단에 집중, 세도정치로 전개되는 배경이 됨 16. 문9 / 14. 문17

○ 한 줄 문제로 마무리 확인

01. 사림 세력은 중앙집권과 부국강병을 주장하였다. (　　)
02. 숙종 때 정국이 급격하게 전환되는 환국이 나타나기 시작한 이후 영조 때 산림의 존재를 인정하지 않았으며, 이조전랑의 인사권한을 축소하였다. (　　)
03. 정조 때 사림이 동인과 서인으로 분당되었다. (　　)
04. 연산군 때 김종직의 조의제문을 빌미로 사림세력들이 고초를 겪게 되는 사건은 ＿＿＿＿＿＿이다.

정답

01. ×
02. ○
03. ×
04. 무오사화

빈출키워드

13

★★★★

회독 ■■■

고려와 조선의 대외관계(1) - 고려

CHECK POINT

거란, 서희, 강동 6주, 강감찬, 귀주 대첩, 천리장성, 여진, 별무반, 윤관, 동북 9성, 몽골, 최우, 삼별초, 공민왕, 쌍성총관부, 원의 내정 간섭, 신진 사대부

○ 기출 문제로 실력 확인

〈보기〉는 고려시대 북방세력과 관련된 사건들이다. 시기순으로 배열된 것은? 12. 문13

강감찬의 귀주 대첩(1019) → 윤관의 여진 정벌과 동북 9성 축조(1108)
→ 금의 군신관계 요구, 이자겸의 수용(1126)

〈보기〉

ㄱ. 윤관은 17만 대군을 이끌고서 여진을 정벌하고 9성을 쌓았다.
ㄴ. 강감찬은 강동 6주를 점령한 것에 불만을 가진 거란군의 침입을 격퇴하였다.
ㄷ. 금나라를 건국한 아구타는 남쪽의 송나라를 제압하고, 고려에 신하가 될 것을 요구하였다.

① ㄱ → ㄴ → ㄷ
❷ ㄴ → ㄱ → ㄷ
③ ㄷ → ㄱ → ㄴ
④ ㄷ → ㄴ → ㄱ

○ 핵심 정리로 개념 확인

1 고려 전기의 대외관계

① 거란의 침입과 격퇴 18. 문8 / 12. 문13

1차 침입(993)	소손녕의 침입 → 서희의 외교 담판 → 강동 6주 획득
2차 침입(1010)	강조의 정변 구실로 침입 → 거란에 의해 개경 함락 → 양규의 활약
3차 침입(1019)	소배압의 침입 → 강감찬의 귀주 대첩 → 개경에 나성 축조, 천리장성(압록강~도련포) 축조

② 여진 정벌과 동북 9성 축조 18. 문8 / 12. 문13

- 별무반 편성 : 숙종 때 윤관의 건의로 설치, 신기군 · 신보군 · 항마군으로 구성
- 동북 9성 개척(1107) : 윤관의 별무반은 예종 때 여진족을 물리치고 동북 9성 설치 → 이후 여진족이 고려에 조공을 약속하며 동북 9성 반환 요청하자 반환해줌(1109).

③ 국내외 정세의 변화 : 여진의 성장 → 금 건국 → 고려에 군신 관계 요구 → 이자겸 등 금의 사대 요구 수용, 북진 정책 좌절 → 이후 문벌 귀족의 부패로 이자겸의 난, 묘청의 서경 천도 운동 등 사회적 혼란 발생 → 무신 정변 발생

2 대몽 항쟁과 원 간섭기

① 몽골의 침입 : 고려에 왔던 몽골 사신 저고여가 본국으로 돌아가던 중 암살당한 사건이 일어나자 몽골은 피살 사건을 핑계로 고려와 국교 단절, 6차례에 걸쳐 고려 침입(1231~1259)

② 대몽 항쟁 : 무신 정권은 강화도로 천도하고 몽골과의 항전 대비, 처인성 전투(김윤후), 충주 전투(김윤후) 등 21. 문18 / 19. 문9

초조대장경판과 황룡사 구층 목탑 등의 문화재 소실, 팔만대장경 조판 / 살리타 사살

③ 삼별초 항쟁 : 고려 정부는 몽골과 강화를 맺고 개경으로 환도(무신 정권 붕괴) → 이에 반발한 삼별초 항쟁 진행(강화도 → 진도 → 제주도) → 여몽 연합군에 의해 진압 14. 문11

④ 원의 내정 간섭 : 원의 부마국 체제, 쌍성총관부 · 동녕부 · 탐라총관부 설치로 영토 상실, 관제 격하, 일본 원정에 동원, 내정간섭과 경제적 · 인적(공녀)수탈, 풍속 변질(몽고풍)

2성은 첨의부, 6부는 4사로, 도병마사는 도평의사사로 개편

연락기관 정동행성, 부속기구로 이문소, 순마소, 감찰관으로 다루가치 파견

3 고려 후기 대외관계

① 고려 후기 공민왕의 개혁 정치

- 반원 자주 정책 : 친원 세력 숙청(기철), 몽골풍 금지, 왕실 호칭 및 관제 복구(정동행성 이문소 폐지, 도평의사사 정비), 영토 수복(쌍성총관부 탈환으로 철령 이북의 영토 수복, 요동 지방 공략) 18. 문8
- 왕권 강화 정책 : 정방 폐지, 전민변정도감 설치(신돈 등장, 권문세족의 경제 기반 약화, 국가 재정 확대 추진), 성균관 정비와 신진 사대부 등용
- 한계 : 원의 압력과 권문세족의 반발로 신돈 제거, 공민왕 시해

② 고려 말 사회 변동과 이민족의 침입

- 신진 사대부의 등장 : 권문세족의 횡포 비판, 성리학 수용, 공민왕의 반원 개혁 정책에 참여하며 성장, 불교의 폐단 지적, 온건파와 급진파로 분화
- 홍건적과 왜구의 침입(14세기) : 홍건적과 왜구의 침입 증가로 인한 신흥 무인 세력의 확대 및 성장 → 최영(홍산 전투), 최무선(진포 대첩), 이성계(황산 전투), 박위(쓰시마 섬 정벌)

③ 고려의 멸망

- 명과의 관계 : 명의 철령 이북 요구 → 최영의 요동 정벌 단행
- 위화도 회군(1388년) : 이성계의 요동 정벌 반대 → 압록강의 위화도에서 회군
- 고려의 멸망 : 위화도 회군 이후 이성계가 실권 장악 → 우왕 · 창왕 폐위 → 공양왕 옹립 → 과전법 실시 → 고려의 마지막 왕인 공양왕을 폐위시키고 조선 건국

○ 한 줄 문제로 마무리 확인

01. 대구 부인사의 초조대장경은 고려 시대 거란의 침입 때 소실되었다. ( )

02. 고려 시대에 쌍성총관부를 공격하여 철령 이북을 되찾은 이후에 동북 9성을 쌓아 여진족의 침입을 대비하였다. ( )

03. 고려 시대에 해인사에 장경판전을 짓고 팔만대장경을 소장하였다. ( )

04. 고려 말에 4군 6진을 설치하여 북방으로 영토를 확장하였다. ( )

05. 고려의 ______________ 은/는 17만 대군을 이끌고서 여진을 정벌하고 동북 9성을 쌓았다.

정답

01. ×

02. ×

03. ×

04. ×

05. 윤관

빈출키워드 14

★★★★ 회독 ■■■

고려와 조선의 대외관계(2) - 조선

CHECK POINT

여진, 일본, 4군 6진, 3포 개항, 계해약조, 임진왜란, 이순신, 행주대첩, 백두산정계비

○ 기출 문제로 실력 확인

다음 사실을 일어난 순서대로 나열한 것은? 19. 문8

ㄱ. 이몽학이 농민과 자신이 조직한 회원들을 이끌고 홍산에서 난을 일으켰다.
이몽학의 난(1596)

ㄴ. 권율이 이끄는 관군과 백성은 합심하여 행주산성에서 왜군을 물리쳤다.
행주 대첩(1593.2.)

ㄷ. 조선 정부는 전란 중에 새로운 군대의 필요성을 절감하여 훈련도감을 설치하였다.
훈련도감 설치(1593.8.)

ㄹ. 왜군이 조선 수군을 습격하여 통제사 원균(元均), 전라 수사 이억기(李億祺), 충청 수사 최호(崔湖) 등이 죽었다.
칠천량 해전(1597)

① ㄱ－ㄴ－ㄷ－ㄹ
② ㄱ－ㄴ－ㄹ－ㄷ
③ ㄴ－ㄱ－ㄹ－ㄷ
❹ ㄴ－ㄷ－ㄱ－ㄹ

○ 핵심 정리로 개념 확인

1 조선 초기 대외관계 12. 문2

① 명 : 정도전을 중심으로 추진한 요동 정벌로 인해 불편한 관계 → 태종 이후 사대 외교 추진, 문화적 · 경제적 실리를 추구하는 자주적 실리 외교

② 여진 : 세종 때 김종서와 최윤덕이 4군 6진 개척, 회유책(귀순 장려, 북평관(조공 무역))과 강경책 실시, 사민 정책(충청 · 전라 · 경상도 주민 이주, 토관제도)

③ 일본 : 세종 때 이종무가 대마도(쓰시마 섬) 정벌(1419), 3포 개항(부산포, 제포(진해), 염포(울산))(1426), 계해약조(1443)

2 임진왜란

① 임진왜란의 발발(1592) : 일본인의 무역 확대 요구 → 3포 왜란(1510년), 을묘왜변(1555년)으로 비변사 설치(군사 문제의 전담)와 사신 파견 등 대책 강구 → 일본을 통일한 도요토미 히데요시의 왜군 침입 → 부산진 정발, 동래성 송상현의 패배, 신립의 충주 탄금대 전투 패배 → 선조 의주로 피난, 명에 원군 요청

② 전개 과정 : 수군의 활약과 의병의 항전 19. 문8

- 이순신의 활약 : 옥포 해전 승리, 거북선 이용하여 사천포 해전 · 당포 해전 · 한산도 대첩(학익진 전법) 등에서 승리 → 남해의 제해권 장악, 곡창 지대인 전라도 수호
- 의병의 항전 : 곽재우, 조헌, 고경명, 정문부, 서산 대사, 사명 대사 등의 의병장 활약 → 향토 조건에 적합한 전술과 무기 사용, 의병 부대 정비하여 관군에 편입하여 관군의 전투능력 강화
- 전세의 변화 : 수군과 의병의 활약, 조명 연합군의 평양성 탈환 및 권율의 행주 대첩 승리 → 휴전 협상 → 협상 결렬 후 왜군 재침입(정유재란) → 조명 연합군이 왜군을 직산에서 격퇴, 이순신의 명량해전 대승(노량해전 때 전사) → 왜군 철수

  임진왜란 3대 대첩 : 한산도 대첩, 행주 대첩, 진주 대첩

  조선군 정비 : 훈련도감 설치, 속오법 실시로 지방군 편제 개편, 무기 정비
- 왜란의 영향 : 인명 손실 및 국가 재정 궁핍, 문화재(경복궁 · 불국사 · 사고) 손실, 비변사 강화, 민란 발생(이몽학의 난), 신분제 동요, 국외적으로 명의 쇠퇴로 명 · 청 교체, 일본 에도 막부 성립 및 획기적인 문화 발전 달성

  문화재 약탈 및 학자와 기술자들을 포로로 데려감, 성리학 · 도자기 · 활자 전래

3 호란의 발발

① 광해군의 전후 복구와 중립 외교 정책

- 전후 복구 사업 : 토지 대장과 호적 재정비로 국가 재정 확충 노력, 대동법 실시(경기도, 농민의 공납 부담 감소)
- 중립 외교 정책 : 후금 건국(1616년), 후금과 명의 충돌 → 명의 원군 요구 → 중립 외교(실리 외교)에 따라 명과 후금 사이에서 중립 추구 → 강홍립 파병, 신중한 대응과 항복
- 인조반정 : 인목 대비 폐위, 영창 대군 살해에 대한 반발 → 서인 주도로 광해군 축출(1623) → 친명배금 정책 추진(명에 대한 의리와 명분 강조)

② 정묘호란과 병자호란의 발발

구분	정묘호란(1627)	병자호란(1636)
배경	친명배금 정책, 이괄의 난(후금에 인조반정의 부당성 호소)	청의 군신 관계 요구 → 조선의 거부(척화 주전론 우세)
전개 과정	후금의 조선 침략 → 인조는 강화도로 피신, 관군과 의병(정봉수, 이립)의 활약으로 적의 보급로 차단	청의 조선 공격(1636) → 인조는 남한산성으로 피신하여 항전
결과	후금과 형제의 맹약을 맺고 강화 체결	• 청의 약탈과 살육 → 서북 지방의 황폐화 • 청과 굴욕적 강화 체결 : 삼전도 굴욕, 군신 관계, 소현 세자 등 청에 끌려감

4 양난 이후 대외관계

① 일본과의 관계 : 에도 막부 요청으로 국교 재개, 왜관 설치 및 통신사 파견, 안용복의 활약

② 청과의 관계

- 북벌 운동 추진 : 청에 볼모로 갔던 봉림 대군이 효종으로 즉위하여 어영청을 중심으로 북벌 추진(송시열, 이완 등)
- 나선 정벌 : 효종 때 러시아가 만주 지역까지 침략해오자 청은 조선에 원병 요청 → 조선에서는 두 차례에 걸쳐 조총 부대를 출병시켜 나선 정벌을 단행(1654, 1658).
- 북학 운동 : 청의 선진 문물을 수용하여 부국강병을 이루자는 주장 → 북학파 실학자들
- 백두산정계비 건립 : 숙종 때 간도 지역을 두고 청과 국경 분쟁이 발생 → 조선과 청의 두 나라 대표가 백두산 일대를 답사하고 국경 확정하고 건립(1712) 08. 문5

- 청나라는 백두산정계비에 기록된 동쪽 경계인 토문강을 두만강이라고 주장
- 백두산정계비에 기록된 토문강을 송화강 지류로 해석하면 북간도 지역은 조선의 영토가 됨

○ 한 줄 문제로 마무리 확인

01. 조선 전기에 명과는 조공을 통해 문물을 받아들이고 경제적 실리를 취하였다. (　　)

02. 훈련도감을 설치한 이후 권율이 이끄는 관군과 백성은 합심하여 행주산성에서 왜군을 물리쳤다. (　　)

03. 조선은 유구 및 동남아시아 국가와는 교류하지 않았다. (　　)

정답

01. ○

02. ×

03. ×

빈출키워드
15

★★★★★
회독 ■■■

고려의 사상과 문화

CHECK POINT

삼국사기, 삼국유사, 동명왕편, 제왕운기, 안향, 의천, 지눌, 요세, 혜심, 상정고금예문, 직지심체요절, 최무선, 화통도감

○ 기출 문제로 실력 확인

고려시대 역사서의 편찬에 대한 설명으로 적절하지 않은 것? 08. 문4

① 『삼국사기』는 유교적 합리주의 사관에 기초하여 기전체로 서술되었다.

❷ 『제왕운기』는 고려 초의 구삼국사를 기본으로 하여 중국 중심 사상을 극복하였다.
『삼국사기』에 대한 설명

③ 『삼국유사』는 우리의 고유 문화와 전통을 중시하였고 단군의 건국 이야기를 다루었다.

④ 『동명왕편』은 동명왕의 업적을 칭송한 일종의 영웅 서사시로 고구려의 전통을 중시하였다.

○ 핵심 정리로 개념 확인

1 유학의 발전과 역사서 편찬

① 유학의 발달 : 고려 전기 자주적 · 주체적으로 유교 정치사상 확립(최승로) → 고려 중기 보수적 · 사대적 성격(최충)

→ 고려 후기 안향의 소개로 성리학 전래, 성리학적 가치관 중시 21. 문17 / 19. 문12

- 자주적 · 주체적: 국자감과 향교 설립, 과거제 시행
- 최충: 송악산 아래 자하동에서 학당을 마련하여 9재로 나누고 각각 전문 강좌를 개설했으며 해동공자로 칭송받음
- 보수적 · 사대적: 최충의 9재 학당, 인종 때 김부식의 활약
- 안향: 원에서 공자 및 제자 70인의 초상을 그려오게 하고 궁궐 안의 학문 기관에서 생도들에게 경사(經史)를 가르치게 하여 성리학을 널리 전하고자 함
- 성리학적 가치관: 사회 모순을 개혁할 사상으로 삼았으며, 권문세족과 불교 비판에 이용

② 역사서의 편찬 14. 문13 / 10. 문15 / 08. 문4

고려 전기	『고려왕조실록』 『7대 실록』	자주적 사관, 현존 ×
고려 중기	『삼국사기』	김부식 편찬, 현존 최고(最古) 역사서, 유교적 합리주의, 기전체, 신라 계승 의식 → 『구삼국사』를 참조하여 편찬
무신 정권기	『동명왕편』	이규보 편찬, 동명왕의 업적 찬양한 영웅 서사시, 고구려 계승 의식 → 고려의 문화적 우위성 드러내려는 의도
	『해동고승전』	각훈 편찬, 삼국 시대 이래 승려들의 전기 수록, 화엄종 중심의 불교사 정리

안심Touch

원 간섭기	『삼국유사』	일연 편찬, 단군의 건국 이야기 수록, 불교사 중심으로 고대의 민간 설화 수록, 고조선 계승
	『제왕운기』	이승휴 편찬, 우리 역사를 단군에서부터 서술, 민족적 자주 의식의 표현, 고조선 계승 → 삼척 두타산에서 집필

2 불교와 기타 신앙의 발전

① 불교의 발달 18. 문4

- 고려 불교의 발전 : 건국 직후 교종과 선종이 공존 → 고려 전기 교종 중심(의천의 교관겸수) → 무신 정권 이후 선종 중심(지눌의 수선사 결사, 요세의 백련 결사, 혜심의 유불일치설)

의천	교관겸수, 해동 천태종 창시, 교장도감 설치, 속장경 간행, 「신편제종교장총록」 불교 관계 저술 목록 정리
지눌	수선사 결사(독경과 선 수행), 조계종 개창, 정혜쌍수 · 돈오점수 주장
요세	백련 결사(불교의 폐단과 사회 개혁 강조), 법화 신앙 강조
혜심	유불일치설 주장, 심성의 도야 강조, 성리학 수용의 사상적 토대 마련

- 대장경 간행 : 초조대장경(거란의 침입 격퇴 염원), 팔만대장경(몽골의 침입 격퇴 염원)

대구 부인사 보관 중 몽골 침입 때 소실 / 합천 해인사 보관, 유네스코 세계 기록 유산

② 도교와 풍수지리설 : 불로장생과 현세 구복을 추구하며 국가와 왕실의 번영을 기원하는 초제 성행 및 팔관회 진행(도교), 고려 초기 서경 길지설에서 고려 말 한양 명당설 대두(풍수지리설)

도교 · 민간신앙 · 불교 융합

3 과학기술의 발달

① 인쇄술의 발달 10. 문11

목판 인쇄술	고려대장경 조판 → 한 종류의 책을 다량 인쇄하는 데 적합
금속 활자	• 『상정고금예문』(1234) : 금속 활자를 이용한 최초의 책, 서양에서 금속 활자 인쇄가 시작된 것보다 200여 년 앞선 것, 현존 × • 『직지심체요절』(1377) : 청주 흥덕사에 간행, 현존하는 세계에서 가장 오래된 금속 활자본, 유네스코 세계 기록 유산으로 등재

② 화약 무기 제조와 조선 기술의 발달 : 최무선 중심으로 화통도감 설치 → 화약과 화포 제작 → 진포에서 왜구의 침입 격퇴, 해상 무역의 발달로 대형 범선 제조

③ 천문과 역법의 발달 : 사천대(서운관) 설치, 역법 사용(당의 선명력 → 충선왕 때 원의 수시력 → 공민왕 때 명의 대통력)

④ 농업 기술의 발달 : 권농 정책, 이암이 원의 『농상집요』 소개, 공민왕 때 문익점의 목화씨 유입으로 목화 재배 시작

4 귀족 문화의 발달

① 고려청자 : 순수 청자 발달(11세기) → 상감법 개발(12세기) → 쇠퇴(원 간섭기 이후)

② 조각과 건축의 발달

불상	영주 부석사 소조 아미타여래 좌상(신라 양식 계승), 논산 관촉사 석조 미륵보살 입상(자유분방하고 향토적 특색)
석탑	개성 경천사 십층 석탑(원의 영향), 평창 월정사 팔각구층 석탑(다각 다층탑)
건축	전기 주심포 양식 : 안동 봉정사 극락전(현존 최고의 목조 건물), 영주 부석사 무량수전(배흘림 기둥) → 후기 다포 양식 : 성불사 응진전(조선 시대 건축 양식에 영향)

○ 한 줄 문제로 마무리 확인

01. 『동명왕편』은 신라 계승 의식과 유교적 합리주의를 표방하였다. (　　)

02. 『삼국사기』는 고려 건국 초에 표방하였던 신라 계승 의식보다는 고구려 계승 의식을 더 많이 반영한 것이다. (　　)

03. ________ 은/는 교종과 선종의 대립을 해소하고자 천태종을 창시하였고 이론과 실천을 아울러 강조하는 교관겸수를 제창하였다.

정답

01. ×

02. ×

03. 의천

빈출키워드

16

★★★★

회독 ■■■

조선의 사상과 문화(1) - 조선 전기의 문화

CHECK POINT

성리학, 훈민정음, 동국사략, 동국통감, 조선왕조실록, 경국대전, 혼일강리역대국도지도, 삼강행실도, 농사직설, 천상열차분야지도, 칠정산, 향약집성방, 계미자, 갑인자

○ 기출 문제로 실력 확인

조선 전기의 문화에 대한 서술로 옳지 않은 것은? 18. 문7

❶ 여러 농서들을 묶어 『농가집성』을 편찬하였다.

조선 효종 때 신속이 편찬. 모내기법 소개 → 『농사직설』 · 『금양잡록』 · 『사시찬요초』의 세 농서와 부록으로 『구황촬요』를 합본하여 편술

② 한양을 기준으로 천체 운동을 치밀하게 계산한 『칠정산』을 편찬하였다.

③ 고구려 천문도를 바탕으로 「천상열차분야지도」를 만들고 이를 돌에 새겼다.

④ 우리의 풍토에 알맞은 약재와 치료 방법을 소개한 『향약집성방』이 간행되었다.

○ 핵심 정리로 개념 확인

1 조선 전기 학문의 발전

① 성리학의 발달 : 서경덕 · 조식 · 이언적 등의 성리학의 선구자 → 근본적 · 이상적 성격의 이황의 주리론(영남학파, 동인)과 현실적 · 개혁적 성격의 이이의 주기론(기호학파, 서인)

이황	• 주리론, 영남학파(동인), 관념적 도덕 세계 중시, 근본적 · 이상적 • 『주자서절요』, 『성학십도』, 『전습록변』
이이	• 주기론, 기호학파(서인), 경험적 현실 세계 중시, 현실적 · 개혁적 • 『동호문답』, 『성학집요』 , 『만언봉사』

② 한글 창제 : 세종 때 훈민정음 창제(1443)와 반포(1446), 백성을 도덕적으로 교화, 과학적인 글자 조합 원리로 백성들의 문자 생활 가능, 국문학 발전, 「용비어천가」 · 「월인천강지곡」 간행 등을 통한 보급 21. 문6

③ 주요 편찬 사업 19. 문10 / 18. 문7

역사서	• 『고려국사』 : 정도전, 편년체, 조선 건국의 정당성 및 성리학적 통치 규범 정착 • 『고려사』(기전체), 『고려사절요』(편년체, 자주적 입장에서 고려사 재정리) • 『동국사략』 : 권근, 엄격한 성리학적 명분론, 관찬 역사서 → 표전문제 수습을 위해 사신으로 명나라 방문 • 『동국통감』 : 서거정, 편년체, 고조선부터 고려 말까지의 역사 정리 삼국시대 대치 때는 삼국기(三國紀), 신라 통합 때는 신라기(新羅紀), 고려 시대는 고려기(高麗紀), 삼한 이상은 외기(外紀)라 칭함 • 『조선왕조실록』 : 편년체, 조선 태조에서 철종까지 472년 간의 역사 기록, 유네스코 세계 기록 유산 등재
법전	• 『조선경국전』 : 정도전, 재상 중심의 정치 강조 • 『경국대전』 : 세조 때 시작하여 성종 때 완성 → 통치질서 확립과 문물제도 완성에 기여, 조선의 기본 법전
지도	• 혼일강리역대국도지도 : 태종, 현존 동양 최고(最古)의 세계 지도 • 기타 : 팔도도(태종, 전국지도), 동국지도(세조, 양성지의 실측지도), 조선방역지도(명종, 만주와 대마도 표기)
지리서	『동국여지승람』 : 성종, 군현의 연혁, 지세, 인물, 풍속, 산물, 교통 등 수록
윤리서	• 『삼강행실도』 : 삼강오륜의 모범이 되는 충신 · 효자 · 열녀들의 행실을 그리고 해설을 단 책, 세종 때 편찬 • 『국조오례의』 : 국가의 여러 행사에 필요한 의례를 정비하여 편찬한 책, 성종 때 편찬

지리서와 윤리서는 중앙 집권과 국방 강화에 목적이 있음

2 조선 전기 과학기술의 발달

조선 초기 집권층은 부국강병과 민생안정을 위해 과학 기술에 많은 관심 → 중국과 아라비아의 과학 기술을 폭넓게 받아들여 우리 실정에 맞게 수용하고 국가에서 적극적으로 과학 기술 지원

① 천문의 발달과 농서 제작 18. 문7 / 16. 문3

- 천문 측정 기구(세종) : 혼천의(천체관측), 앙부일구(해시계), 자격루(물시계), 측우기(세계 최초 강우량 측정 기구) 등
- 천문도 : 천상열차분야지도(태조) → 고구려 천문도 바탕으로 제작되었고 이를 돌에 새겨 왕조의 권위 표현
- 농서 : 『농사직설』(세종 때 우리 풍토에 맞는 농사법 정리), 『금양잡록』(강희맹)
  우리 실정에 맞는 최초의 농서

② 기타 과학기술의 발전 18. 문7 / 16. 문3

- 역법 : 『칠정산』(세종, 우리 역사상 최초 한양을 기준으로 천체 운동을 계산하여 편찬)
- 의약 : 『향약집성방』(세종, 우리 풍토에 맞는 치료법 정리), 『의방유취』(세종, 의학 백과사전)
- 인쇄술 발달 : 구리 활자(태종 때 계미자, 세종 때 갑인자 주조), 주자소와 조지서 설치
  종이를 전문적으로 대량 생산하는 관청

○ 한 줄 문제로 마무리 확인

01. 우리의 풍토에 알맞은 약재와 치료 방법을 소개한 『향약집성방』이 ______________ 때 간행되었다.
02. 혼일강리역대국도지도는 태조 때 고구려 천문도를 바탕으로 제작되었다. (   )

정답

01. 세종　02. ×

안심Touch

빈출키워드

17

★★★★★

회독 ■■■

조선의 사상과 문화(2) - 실학의 발달

CHECK POINT

유형원, 균전론, 이익, 한전론, 정약용, 여전론, 정전제, 마과회통, 흠흠신서, 유수원, 홍대용, 지전설, 박지원, 열하일기, 양반전, 박제가, 북학의, 발해고, 유득공, 대동지지, 김정호, 금석과안록, 김정희

○ 기출 문제로 실력 확인

다음 각 실학자들의 주장 내용이 잘못 연결된 것은? 08. 문14

① 박지원 – 「양반전」을 저술하여 양반 중심 문벌제도의 비생산성을 비판하였다.

❷ 유득공 – 「금석과안록」을 지어 북한산비가 진흥왕 순수비임을 밝혔다.

김정희에 대한 설명

③ 유형원 – 자영농 육성을 위한 토지제도의 개혁안으로 균전론을 주장하였다.

④ 정약용 – 실학을 집대성하였으며 토지제도 개혁론으로 여전론과 정전제 등을 주장하였다.

○ 핵심 정리로 개념 확인

1 실학의 등장

① 배경 : 신분제의 붕괴, 성리학의 한계 자각 및 현실 문제 해결 노력(17~18세기), 조선 후기 서학의 전래와 청나라 고증학의 영향 → 농업 및 상공업 중심의 개혁론, 국학 연구 등을 중심으로 확산

② 중농주의 실학과 중상주의 실학

구분	중농주의	중상주의
학파	경세치용 학파	이용후생 학파, 북학파
중점 목표	농민 생활의 안정(토지 제도 개혁)	적극적 부국강병
발전 계보	유형원 → 이익 → 정약용	유수원 → 홍대용 → 박지원 → 박제가
주요 주장	토지의 균등 분배, 자영농 육성, 지주제 부정, 화폐 사용에 부정적	청과 교역 증가, 수레와 선박의 이용, 국가 통제하의 상공업 육성, 화폐 사용에 긍정적
공통점	부국강병, 민생 안정, 농업 진흥	

2 중농주의 실학자 21. 문8 / 19. 문14 / 14. 문12 / 08. 문14

① 유형원(『반계수록』) : 균전론(신분에 따라 차등을 두어 토지를 지급하되, 농민들에게 일정한 면적의 토지를 나누어 주자는 이론), 양반 문벌제 · 과거제 · 노비제의 모순 비판

② 이익(『성호사설』) : 유형원의 실학사상 계승 · 발전, 한전론, 성호학파 성립, 나라를 좀먹는 여섯 가지 폐단 지적(노비 제도, 과거 제도, 양반 문벌 제도, 사치와 미신, 게으름)

국가는 마땅히 한 집의 재산을 헤아려서 토지 몇 부(負)를 한 집의 영업전으로 삼아 당(唐)의 제도처럼 한다. 땅이 많은 자라도 빼앗아 줄이지 않고 모자라는 자에게도 더 주지 않는다.

③ 정약용 : 실학의 집대성, 이익의 실학 사상 계승

- 토지 개혁 : 여전론(마을 단위로 공동 소유, 공동 경작)

  → 정전제(일종의 토지 국유제)

  우물 정(井)자 모양으로 토지를 골고루 나누어 주자는 주장

- 저술 및 저서 : 「애절양(哀絕陽)」이라는 시를 남김(삼정의 문란 폭로), 『마과회통』(마진(痲疹)에 대한 연구), 『목민심서』, 『경제유표』, 『흠흠신서』, 『여유당전서』 등

3 중상주의 실학자 18. 10번 / 16. 문17 / 08. 문14

① 유수원(『우서』) : 중국과 우리의 문물을 비교하면서 개혁안 제시, 상공업 진흥과 기술 혁신의 중요성과 농업 중심의 산업 구조 개혁 강조, 사농공상의 평등화와 전문화 주장

② 홍대용(『임하경륜』, 『의산문답』) : 기술 혁신, 문벌 철폐, 중화사상 비판하면서 성리학 극복이 부국강병의 근본이라고 강조(지전설 주장)

실옹(實翁)과 허자(虛子)의 대담 형식을 빌려 중국 중심 세계관의 허구성 강조

③ 박지원 : 상공업 진흥과 수레와 선박 이용 및 화폐 유통의 중요성 강조(『열하일기』), 양반의 비생산성과 양반 사회의 모순 비판(「양반전」, 「허생전」, 「호질」), 농업 장려(『과농소초』)

④ 박제가(『북학의』) : 박지원의 제자, 상공업 발달과 청과의 통상 강화 및 수레와 선박의 이용 주장, 생산의 자극을 위해 절약 보다 소비 권장

4 국학 연구의 확대

① 국학 연구 확대의 배경 : 민족적 전통과 현실에 대한 관심 고조 → 민족의 역사 · 지리 · 언어 연구 발달

② 역사 연구 10. 문17

『동사강목』(안정복)	고조선부터 고려까지의 역사 서술, 우리 역사의 독자적 정통론 체계화, 편년체
『발해고』(유득공)	발해사 연구(남북국 시대), 중국 중심의 역사관 비판(민족에 대한 주체적 자각 고취)
『동사』(이종휘)	고구려와 발해의 역사 수록(고조선~고려), 기전체
『연려실기술』(이긍익)	조선의 정치와 문화, 실증적 · 객관적 정리, 기사본말체
『해동역사』(한치윤)	고조선부터 고려 말까지의 역사, 외국 자료 인용, 기전체
『금석과안록』(김정희)	금석학 연구, 북한산 순수비가 진흥왕 순수비임을 밝혀냄

③ 지리 연구 및 지도 10. 문17

- 지리서 : 한백겸 『동국지리지』, 정약용 『아방강역고』, 이중환 『택리지』, 김정호 『대동지지』
- 지도 : 정상기 동국지도(영조), 김정호 대동여지도(철종)

최초로 100리 척 사용 / 10리마다 눈금 표시하여 거리를 알 수 있게 함, 산맥 · 하천 · 포구 · 도로망 표시, 목판으로 제작되어 대량 인쇄 가능

④ 한글 연구 : 신경준 『훈민정음운해』, 유희 『언문지』, 이의봉 『고금석림』(우리 방언과 해외 언어 정리)

○ 한 줄 문제로 마무리 확인

01. 『발해고』와 『동국통감』은 비슷한 역사의식을 지닌 역사서이다. (　　)
02. ______________ 은/는 우물 정(井)자 모양으로 토지를 골고루 나누어 주자는 정전제를 주장하였다.
03. 박제가는 그의 저서 『북학의』에서 중국 중심의 세계관을 비판하면서 지구 자전설을 주장하였다. (　　)
04. 유형원은 자영농 육성을 위한 토지제도의 개혁안으로 ______________ 을/를 주장하였다.

정답

01. ×
02. 정약용
03. ×
04. 균전론

빈출키워드

18

★★★★

회독 ■■■

개화 정책과 위정척사 운동

CHECK POINT

개화파, 수신사, 영선사, 김홍집, 조선책략, 위정척사 운동, 영남만인소, 홍재학

○ 기출 문제로 실력 확인

다음 내용이 실린 책과 관련된 설명으로 옳지 않은 것은? 18. 문12

『조선책략』

조선 땅덩어리는 실로 아시아의 요충을 차지하고 있어 형세가 반드시 다투게 마련이며, …(중략)… 그렇다면 오늘날 조선의 책략은 러시아를 막는 일보다 더 급한 것이 없을 것이다. 러시아를 막는 책략은 어떠한가? 중국과 친하고, 일본과 맺고, 미국과 이어짐으로써 자강을 도모할 따름이다.

① 청의 외교관인 황쭌셴(황준헌)이 저술하였다.

❷ 조 · 일 수호 조규를 체결하는 데 영향을 주었다.

『조선책략』은 미국과 수교하게 되는 계기가 됨

③ 김홍집이 수신사로 일본에 다녀오면서 가져왔다.

④ 지방 유생들이 상소를 통해 책의 내용을 비판하였다.

○ 핵심 정리로 개념 확인

1 개화 정책의 추진

① 개화사상의 토대

- 국내 : 북학파 실학 사상의 발전적 계승
- 국외 : 청의 양무운동(중체서용), 일본의 메이지 유신의 영향

② 개화파의 대두 : 박규수와 오경석 등이 서양 기술의 우수성 경험(『해국도지』 · 『영환지략』 도입), 유홍기의 문호 개방 주장

안심Touch

③ 개화파의 형성 과정

조선 후기	1870년대	급진개화파
북학파의 실학사상		• 홍영식, 김옥균, 박영효, 서광범 • 일본의 메이지 유신을 본보기로 삼음 • 문명개화론 입장에서 급진적 개혁 • 청의 내정 간섭과 사대 외교 반대
1860년대	개화파 형성	온건개화파
통상개화론		• 김홍집, 김윤식, 어윤중 • 청의 양무운동을 본보기로 삼음 • 동도서기론 입장에서 점진적 개혁 12. 문3 • 청과 우호적 관계 유지

2 개화 정책의 추진

① 통리기무아문 설치(1880) : 실무를 담당하는 12사를 두고 국내외의 군국 기무 총괄 및 각종 개화 정책 담당

② 군제 개편 : 5군영 → 2군영(무위영, 장어영), 별기군 창설(신식 군대, 일본인 교관)

③ 해외 시찰단 파견 18. 문12 / 14. 문18

수신사	• 김기수(1차), 김홍집(2차, 『조선책략』 소개), 박영효(3차, 최초 태극기 사용) • 강화도 조약 이후 일본에 파견 → 일본의 근대화 실상 파악
조사시찰단	• 박정양, 어윤중, 홍영식 등 비밀리에 파견 • 일본 정부 각 기관의 사무 조사, 산업 · 군사 등 근대적 시설 시찰
영선사	• 김윤식을 중심으로 기술자 및 학생들 청에 파견 → 톈진에서 서양의 근대식 무기 제조 기술과 군사 훈련법 습득 • 경비 부족으로 조기 귀환 후 근대식 무기 제조 공장인 기기창 설립
보빙사	• 조 · 미 수호 통상 조약을 계기로 미국에 파견 → 일부 사절단의 유럽 순방 • 민영익, 홍영식, 유길준 등으로 구성

④ 『조선책략』 18. 문12 / 12. 문3

조선 땅덩어리는 실로 아시아의 요충을 차지하고 있어 형세가 반드시 다투게 마련이며, …(중략)… 그렇다면 오늘날 조선의 책략은 러시아를 막는 일보다 더 급한 것이 없을 것이다. 러시아를 막는 책략은 어떠한가? 중국과 친하고, 일본과 맺고, 미국과 이어짐으로써 자강을 도모할 따름이다.

- 청의 외교관인 황쭌셴(황준헌)이 저술
- 러시아의 남하정책에 대비하기 위해 조선 · 일본 · 청 등 동양 3국의 외교정책에 대해 서술
- 김홍집이 2차 수신사를 다녀오며 국내에 소개
- 이를 계기로 보수 유생들을 중심으로 거국적인 위정척사운동이 일어남
- 미국과 수교하게 되는 중요한 계기가 됨

3 위정척사 운동 18. 문12 / 12. 문3 / 10. 문4

① 전개 과정

1860년대	통상 반대 운동	• 배경 : 열강의 통상 요구, 병인양요 • 척화주전론에 근거한 통상 반대 → 이항로, 기정진 등
1870년대	개항 반대 운동	• 배경 : 강화도 조약 체결 • 개항반대 운동, 왜양 일체론 → 최익현, 유인석 등
1880년대	개화 반대 운동	• 배경 : 개화 정책 추진, 『조선책략』 유포 • 개항 반대 운동, 영남 만인소 → 이만손, 홍재학 등
1890년대	항일 의병 운동	• 배경 : 을미사변, 단발령 • 을미의병 → 유인석, 이소응 등

② 의의 및 한계

- 반외세 자주 운동의 성격
- 외세 배척을 기본 정신으로 일본과 서양의 침략성 인지 → 항일 의병 운동으로 발전
- 성리학적 전통 사회 체제 수호라는 한계 → 봉건적 사회 유지, 근대 사회로의 발전 저해

○ 한 줄 문제로 마무리 확인

01. 홍재학은 『조선책략』을 근거로 삼아 정부의 개화정책을 지지하는 상소문을 올렸다. (　　)

02. ____________ 은/는 군기제, 전신 전화 등의 기술을 배우기 위해 청나라에 파견되었다.

정답

01. ×

02. 영선사

빈출키워드 19

★★★ 회독 ■■■

흥선 대원군의 개혁 정치와 문호 개방

CHECK POINT

흥선 대원군, 경복궁 재건, 만동묘, 서원 철폐, 통상 수교 거부 정책, 강화도 조약, 조 · 일 수호 조규, 조 · 미 수호 통상 조약

○ 기출 문제로 실력 확인

㉠, ㉡에 대한 설명으로 옳지 않은 것은? 14. 문14

(㉠)은/는 "백성을 해치는 자는 공자가 다시 살아난다 하여도 내가 용서 못한다. 하물며 (㉡)은/는 우리나라의 선유에 제사 지내는 곳인데 어찌 이런 곳이 도적이 숨는 곳이 되겠느냐."라고 하면서 군졸을 시켜 유생들을 해산시켰다.

(㉠ 흥선 대원군, ㉡ 서원)

① ㉠ – 왜란 때 소실된 경복궁을 재건하였다.

② ㉠ – 노론의 정신적 지주인 만동묘를 철폐하였다.

❸ ㉡ – 조선시대 지방 수령의 자문 전담기관이다.
유향소에 관한 설명

④ ㉡ – 사액된 47소 외에는 모두 철폐하라는 명령이 발령되었다.

○ 핵심 정리로 개념 확인

1 흥선 대원군의 개혁 정치 14. 문14

① 국내외 정세

- 국외 : 제국주의 열강의 동아시아 진출, 청과 일본의 문호 개방, 러시아의 연해주 차지
- 국내 : 세도 정치의 극심한 폐단 → 민란 발생, 전국적 농민 봉기 확산, 천주교 확산

② 왕권 강화책

- 세도 정치 타파 → 안동 김씨 세력 축출, 고른 인재 등용
- 비변사 축소 · 혁파 → 의정부와 삼군부의 기능 부활
  (삼군부: 군무를 통괄하던 최고 기관)
- 『대전회통』과 『육전조례』 간행 → 통치 질서 정비

- 경복궁 중건 : 왕실의 권위 회복 목적, 원납전 징수, 당백전 발행, 통행세 징수, 백성의 노동력 강제 징발, 양반들의 묘지림 벌목 → 양반과 백성의 반발

  경복궁 중건에 필요한 재원을 마련하기 위해 발행, 화폐 가치 하락과 물가 폭등 등 경제 혼란 야기

③ 민생 안정책

- 삼정의 개혁 : 양전 사업 실시(전정), 호포제 실시(군정), 사창제 실시(환곡)
- 서원 정리 : 만동묘 철폐, 서원 철폐(47개소의 사액 서원 제외) → 붕당의 근거지 제거, 국가 재정 확충, 양반 지배층의 수탈 억제 → 농민 환영, 유생들의 반발 초래

  임진왜란 때 조선에 원군을 보낸 명의 신종을 제사 지내던 사당

④ 통상 수교 거부 정책

1866	1868	1871
병인박해	오페르트 도굴 사건	신미양요
프랑스 신부와 수천 명의 천주교도 처형	흥선 대원군이 독일의 통상 요구를 거절하자 흥선 대원군의 아버지인 남연군의 묘 도굴 시도 → 흥선 대원군의 통상 수교 거부 의지 강화, 서양 세력에 대한 반감 고조	미국이 제너럴셔먼호 사건을 구실로 침략 → 광성보 공격(어재연의 항전)
제너럴셔먼호 사건		척화비 건립
미국 상인들이 평양 민가를 약탈하자 백성들이 제너럴셔먼호를 불태움		신미양요 이후 건립, 흥선 대원군의 강경한 통상 거부 의사를 나타냄
병인양요 21. 문18		
프랑스 함대의 강화도 침입, 한성근 부대(문수산성)와 양헌수 부대(정족산성)가 프랑스군 격퇴 → 외규장각의 조선 왕조 의궤 등 문화유산 약탈		

2 개항과 강화도 조약 18. 문12

① 운요호 사건 : 일본이 조선을 개항시키기 위해 군함 운요호를 강화도에 파견하여 초지진을 공격하고 영종도에 상륙하여 노략질을 한 사건 → 강화도 조약 체결, 문호 개방

② 강화도 조약의 주요 내용

- 조선은 자주국임을 강조 → 청의 종주권 부인
- 부산(경제적 목적), 원산(군사적 목적), 인천(정치적 목적) 개항
- 일본의 해안 측량권 인정
- 개항장에서의 치외 법권(영사재판권) 인정

③ 강화도 조약의 의의 : 외국과 맺은 최초의 근대적 조약, 불평등 조약이라는 한계

조 · 일 수호 조규 부록(1876)	조 · 일 무역 규칙(1876)
일본인 거류지(외국인 무역 활동과 거주가 허용된 지역) 설정, 일본 화폐 유통	양곡의 무제한 유출, 일본의 수출입 상품에 대한 무관세 원칙 허용
조 · 일 수호 조규 속약(1882)	**조 · 일 통상 장정(1883)**
간행이정 50리로 확대	관세 · 방곡령 규정(단, 1개월 전에 통보), 최혜국 대우

3 각국과의 불평등 조약

① 조 · 미 수호 통상 조약 체결(1882) : 치외 법권, 거중 조정, 최혜국 대우 인정(최초), 불평등 조약, 서양과 맺은 최초의 조약 → 미국에 보빙사 파견

거중 조정: 양국 중 한 나라가 제3국과 분쟁이 있을 경우 다른 한 나라가 국가 간의 분쟁을 조정

② 조 · 청 상민 수륙 무역 장정(1882) : 임오군란을 계기로 청이 조선의 종주국이라는 내용 강요, 청 상인의 내륙 진출 허용(내지 통상권)

③ 영국 · 독일(1883), 러시아(1884), 프랑스(1886) 등과 불평등 조약 체결

○ 한 줄 문제로 마무리 확인

01. 흥선 대원군은 변화하는 국제 정세에 대응하면서 국외 중립을 선언하였다. (　　)
02. 『조선책략』은 조 · 미 수호 통상 조약을 체결하는 데 영향을 주었다. (　　)

정답

01. ×
02. ○

빈출키워드

20

★★★★ 회독 ■■■

근대적 개혁 노력(1)

CHECK POINT

우정총국, 급진개화파, 홍영식, 갑신정변, 동학 농민 운동

○ 기출 문제로 실력 확인

㉠에 대한 설명으로 옳은 것은? 16. 문14

> 동학도들은 각 읍에 할거하여 공해(公廨)에 (㉠)을/를 세우고 서기, 성찰, 집사, 동몽 등을 두어 완연한 하나의 관청으로 삼았다. 이른바 고을 수령은 다만 이름이 있을 뿐 행정을 맡을 수 없었다. 심지어는 고을 수령들을 추방하니 이서배(吏胥輩)들은 모두 동학당에 들어 성명(性命)을 보존하였다.
>
> -「갑오약력」-

① 사발통문의 작성에 앞장섰다.
고부농민봉기 직전인 1893년 11월, 고부지역과 인근의 농민지도자들이 전국적인 봉기를 계획하는 사발통문 작성

② 교조 신원 운동을 주도하였다.
동학교도들은 삼례 집회에서 혹세무민의 죄로 처형당한 교조 최제우의 신원 운동 전개(1892)

③ 관군과 협상하여 전주 화약을 체결하였다.
동학 농민 운동 때 농민군은 정부와 전주 화약을 체결하고 폐정 개혁안 12개조 제시 후 자진 해산(1894)

❹ 지역의 치안을 유지하고 탐관오리를 응징하였다.

○ 핵심 정리로 개념 확인

1 임오군란(1882)

① 배경 : 신식 군대인 별기군과의 차별 대우, 개화 정책 추진 반발, 일본의 경제적 침탈(양곡 유출)

② 전개 : 구식 군인의 봉기 → 민씨 정권 고관의 집과 일본 공사관 습격(도시 하층민까지 가담, 군란 규모 확대) → 궁궐 습격, 왕비의 피신 → 흥선 대원군 재집권(통리기무아문과 별기군 폐지, 5군영 복구) → 민씨 정권의 요청으로 청군 개입 → 흥선 대원군 청으로 압송, 군란 진압 → 민씨 재집권

③ 결과 : 조선에 청의 군대 주둔, 청의 내정 간섭 강화(마건상과 묄렌도르프 파견), 조 · 청 상민 수륙 무역 장정 체결, 일본과 제물포 조약 체결 이후 일본 공사관에 군대 주둔, 조 · 일 수호 조규 속약

④ 의의

- 잘못된 개화 정책과 일본의 침략에 저항
- 개화 정책의 후퇴와 청의 내정 간섭 심화
- 청이 조선을 경제적으로 침략하는 발판

2 갑신정변(1884) 21. 문12 / 14. 문18 / 10. 문2

① 배경 : 청의 내정 간섭 심화와 민씨 정권의 견제로 개화 정책 지연, 청프 전쟁 발발

② 전개 : 1884년 10월 우정총국 개국 축하연을 기회로 급진 개화파(김옥균, 박영효, 서광범)가 정변을 일으킴 → 사대당으로 지목한 고위 관료들 살해, 고종과 명성황후를 경우궁으로 옮김 → 개화당 정부 수립, 14개조 정강 발표 → 청군에게 진압(3일 천하), 청의 내정 간섭 심화

청과의 사대 관계 청산, 내각제 수립, 지조법 개혁, 재정 일원화, 인민 평등 확립 등

③ 결과

- 한성 조약 체결 : 일본에 배상금 지불, 공사관 신축비 부담
- 톈진 조약 체결 : 일본과 청의 양국 군대 철수 및 군대 파견 시 상대국에 알리도록 규정

  이후 청일 전쟁의 빌미

④ 의의 및 한계

- 의의 : 근대 국가 건설을 목표로 한 최초의 정치 개혁 운동, 근대화 운동의 선구자적 역할
- 한계 : 소수의 지식인 중심(위로부터의 개혁), 토지 개혁에 소홀(민중의 지지 부족), 일본에 지나치게 의존

3 동학 농민 운동(1894) 16. 문14

① 배경 : 일본의 경제적 침탈, 지배층의 무능과 수탈, 정부의 탄압으로 교조 최제우 처형

② 교조 신원 운동 : 정부의 탄압으로 처형당한 교조 최제우의 누명을 벗기고, 포교의 자유를 보장받으려는 목적

③ 전개

- 고부 농민 봉기 : 고부 군수 조병갑의 비리와 수탈로 인해 전봉준 등이 농민들과 봉기하여 고부 관아 습격, 만석보 파괴, 사발통문을 이용해 주동자를 숨김
- 제1차 봉기 : 안핵사 이용태의 봉기 주도자 체포에 반발 → 전봉준 · 손화중 등의 봉기(제폭구민, 보국안민 주장) → 황토현 · 황룡촌 전투 → 전주성 점령
- 전주 화약 체결 : 정부가 청에 동학 농민군 진압을 위해 파병 요청 → 청 · 일 군대의 조선 파병(톈진 조약 구실) → 정부와 농민군은 전주 화약 체결 → 폐정 개혁 12개조 제시, 자진 해산 → 집강소 설치(폐정 개혁안 실천)

  탐관오리 등 횡포한 봉건 세력 징벌, 신분제 철폐 및 고른 인재 등용, 봉건적 악습 폐지, 무명잡세 폐지, 공사채 무효화, 토지 균분, 일본과 내통한 자 징벌 등의 내용을 담은 개혁안
- 제2차 봉기 : 전주 화약 체결 후 조선 정부가 청군과 일본군의 철수 요구 → 일본이 내정 개혁을 요구하며 경복궁을 기습 점령한 후 청 · 일 전쟁을 일으킴 → 동학 농민군의 재봉기 → 논산 집결(남 · 북접 연합) → 공주 우금치 전투에서 관군 · 일본군에게 패배 → 전봉준 등 동학 농민군의 지도자 체포

④ 의의 및 한계

의의	• 농민 전쟁의 성격 • 반봉건 운동 : 탐관오리 축출, 신분제 개혁, 토지의 평균 분작 요구, 봉건질서의 붕괴 촉진(아래로부터의 개혁) → 갑오개혁에 영향 • 반침략 · 반외세 운동 : 일본의 침략과 내정 간섭에 저항, 잔여 세력은 을미의병에 가담, 농민 무장 투쟁의 활성화
한계	• 근대 국가 건설을 위한 구체적 방안을 제시하지 못함 • 각 지역 농민군들의 긴밀한 연대 형성 및 넓은 지지기반 확보 실패

○ 한 줄 문제로 마무리 확인

01. 동학 농민군은 정부와 협상하여 ______________을/를 체결하였다.

02. 임오군란은 일본의 황무지 개간권 요구에 반대하여 일어났다. (　　)

정답

01. 전주 화약

02. ×

빈출키워드 21

★★★

회독 ■■■

근대적 개혁 노력(2)

CHECK POINT

갑오개혁, 을미개혁, 대한제국, 광무개혁, 구본신참

○ 기출 문제로 실력 확인

다음 법령이 반포된 때에 시행된 개혁으로 옳은 것을 〈보기〉에서 모두 고르면? 12. 문6

제1차 갑오개혁

- 문벌과 양반, 상민 등의 계급을 타파하여 귀천에 구애됨이 없이 인재를 뽑아 쓸 것
- 남녀의 조혼을 엄금하여 남자는 20세, 여자는 16세 이후에 비로소 결혼을 허락할 것
- 과부의 재혼은 귀천을 따지지 말고 자유에 맡길 것
- 공사노비법을 혁파하고 인신매매를 금할 것

〈보기〉

ㄱ. 금본위제를 시행하였다.

광무개혁 때 실시

ㄴ. 지방의 8도를 23부로 개편하였다.

제2차 갑오개혁 때 실시

ㄷ. 궁내부가 설치되어 왕실사무를 전담하였다.

ㄹ. 과거제를 폐지하고, 새로운 관리 임용제도를 마련하였다.

ㅁ. 재판소를 설치하여 사법권을 행정기관으로부터 분리, 독립시켰다.

제2차 갑오개혁 때 실시

① ㄱ, ㄴ
② ㄴ, ㄷ
❸ ㄷ, ㄹ
④ ㄹ, ㅁ

○ 핵심 정리로 개념 확인

1 갑오개혁과 을미개혁

① 배경 및 내용 21. 문16 / 12. 문6

구분	제1차 갑오개혁	제2차 갑오개혁	을미개혁
배경	• 농민의 개혁 요구(동학 농민 운동) 일부 수용 • 자주적 개혁 추진 • 외세의 개입 → 김홍집 내각 및 군국기무처 설치	• 일본의 간섭 → 군국기무처 폐지, 김홍집·박영효 연립 내각 구성 • 홍범 14조 반포 → 청에 의존하는 관계를 청산, 조선의 자주독립을 국내외 선포	삼국 간섭 이후 친러 정책 추진, 박영효 일본 망명 → 을미사변, 친일 내각 수립
주요 내용	• 정치 : 개국 기년 사용, 내각 권한 강화와 왕권 강화(궁내부 설치, 의정부 권한 집중, 6조 → 8아문 개편), 과거제 폐지, 경무청 중심의 경찰 제도 도입 • 경제 : 탁지아문으로 재정 일원화, 은본위제, 도량형 통일, 조세의 금납화 • 사회 : 신분제 철폐(공·사 노비제 폐지), 전통적 폐습(조혼, 고문, 연좌제, 과부의 재가 불허) 타파	• 정치 : 내각제 도입, 8아문을 7부로 교체, 전국 8도를 23부로 개편, 행정구역 '군'으로 통일, 재판소 설치, 사법권과 행정권 분리, 지방관 권한 축소 • 경제 : 징세 기관 일원화, 근대적 예산 제도 도입 • 사회 : 교육 입국 조서에 따라 한성사범 학교·외국어 학교 관제	• '건양' 연호 제정 • 단발령 실시 • 태양력 사용, 종두법 실시 • 을미의병과 아관파천으로 개혁 중단

② 의의

- 근대 국가 수립을 위한 시대적 요구에 부응하는 개혁
- 개화 인사들과 농민층의 개혁 의지가 일부 반영된 자주적 근대화 개혁을 위한 노력

③ 한계

- 개혁 주도 세력이 일본의 세력에 의존
- 민중의 지지를 얻지 못함(위로부터의 개혁 시도) → 토지 개혁 미실시
- 국방력 강화와 상공업 진흥 등에 소홀

2 대한제국의 수립 19. 문17

① 배경 : 고종의 환궁 요구와 자주독립의 근대 국가를 세우려는 국민적 열망, 러시아의 세력 독점 견제

② 대한제국 선포(1897) : 국호는 대한제국, 연호는 광무로 하고, 고종을 황제라 칭하며, 자주 국가임을 선포

③ 대한국 국제 반포(1899) : 만국 공법에 의거하여 대한제국은 세계 만국이 공인한 자주 독립국이며, 황제가 군 통수권, 입법권, 행정권, 사법권 등 모든 권한을 가진다고 규정

④ 황제권 강화 : 입헌 군주제가 아닌 전제 군주제 지향(대한국 국제에 민권에 대한 언급 없음)

3 광무개혁

① 성격 : 구본신참의 복고적 성격의 점진적 개혁 → 전제 황권 강화

② 주요 개혁 내용

- 정치 · 군사 : 궁내부 확대, 군부 권한 축소, 원수부 설치, 친위대(서울)와 진위대(지방) 확대, 무관 학교 설립, 징병제 실시 추진
- 경제 : 내장원 설치하고 수익 사업 관할, 양전사업과 지계 발급 사업 추진, 상공업 진흥 정책(근대 시설 마련, 공장 · 회사 설립), 백동화 발행, 도량형 개정
- 사회 : 근대 시설 도입(전화 가설, 전차와 철도 부설), 실업학교와 기술 교육 기관 설립, 유학생 파견, 순회 재판소 설치
- 외교 : 간도 관리사 파견(이범윤), 한 · 청 통상 조약, 울릉도를 군으로 승격(대한 제국 칙령, 독도를 관할 구역에 포함)

③ 의의와 한계

- 군사력 강화, 근대적 토지 소유 제도 확립, 상공업 진흥 등 근대화 지향 → 근대 주권 국가 지향
- 황제권 강화에 치중하면서 민권 보장에 미흡, 재정 부족으로 외국 자본 도입

○ 한 줄 문제로 마무리 확인

01. 광무개혁으로 법률상 신분의 구분이 없어졌다. (　　)
02. 은본위제는 제1차 갑오개혁 때 실시되었다. (　　)

정답

01. ×
02. ○

빈출키워드 22

★★★★ 회독 ■■■

열강의 경제 침탈과 국권 피탈

CHECK POINT

대한제국의 국외 중립 선언, 러 · 일 전쟁, 가쓰라 · 태프트 밀약, 헤이그 특사, 국권 피탈

○ 기출 문제로 실력 확인

다음 운동이 추진된 시기의 활동으로 옳지 않은 것은? 16. 문11

국채 보상 운동(1907)

> 국채, 1,300만 원은 바로 우리 대한의 존망에 직결된 것이다. 갚으면 나라가 존재하고 갚지 못하면 나라가 망하는 것은 대세가 반드시 그렇게 이르는 것이다. 2천만 인이 3개월 동안 담배를 끊고 그 대금으로 1인마다 20전씩 징수하면 1,300만 원이 될 수 있다. 우리 2천만 동포 중에 애국 사상을 가진 이는 기어이 이를 실시해서 삼천리 강토를 유지하게 되기를 바란다.

❶ 관민공동회를 개최하고 헌의 6조를 채택하였다.

독립협회에 대한 설명(1898)

② 군대 해산에 반발한 의병 투쟁이 각지에서 일어났다.

일제가 헤이그 특사 사건을 빌미로 고종을 강제 퇴위시키고 군대를 해산하자 의병 투쟁이 일어남

③ 자강회 계열과 천도교 간부들이 대한협회를 조직하였다.

대한 자강회를 계승하였으나 점차 친일적 성격의 단체로 변화

④ 신교육 보급을 위한 사립학교들이 전국적으로 설립되었다.

신민회는 민족 교육 추진을 위해 대성학교와 오산학교를 설립하여 인재를 양성함

○ 핵심 정리로 개념 확인

1 열강의 경제 침탈

① 열강의 이권 침탈 : 미국 · 프랑스 · 일본(철도 부설권), 미국 · 독일 · 영국(광산 채굴권), 러시아(삼림 채벌권)

② 일본의 경제 침탈

- 화폐 정리 사업 : 일본인 재정 고문 메가타 주도, 엽전과 백동화를 일본 제일은행 화폐로 교환 → 한국 상인과 은행 타격
- 철도 부지와 군용지 확보를 구실로 토지 대량 약탈, 동양 척식 주식회사 설립, 일제의 황무지 개간권 요구

안심Touch

2 경제적 구국 운동

① 방곡령 선포(1889) : 개항 이후 곡물이 대량으로 일본에 유출되어 국내 곡물이 부족해지고 곡물 가격이 폭등하자 함경도와 황해도에서 방곡령 실시 → 통보가 늦었다는 일본의 항의로 방곡령 철수와 배상금 지급

② 상권 수호 운동

- 회사 설립 : 대동 상회(평양), 장통 회사(서울) 등 상회사 설립
- 시전 상인 : 개성 상인(수출입 유통업 확대), 경강 상인(증기선 구입), 황국 중앙 총상회(한성 시전 상인 조직)
- 은행 및 기업 육성 : 조선 은행(최초 민간 은행), 한성 은행, 대한 천일 은행 등
- 해운 회사 및 철도 회사 설립

③ 이권 수호 운동

- 독립협회의 활동 : 러시아의 절영도 조차 요구 저지, 한러 은행 폐쇄, 프랑스와 독일의 광산 채굴권 요구 반대
- 황무지 개간권 요구 반대 운동(1904) : 일부 실업인과 관리들이 농광 회사 설립, 보안회의 반대 운동 → 일제가 황무지 개간권 요구를 철회

④ 국채 보상 운동(1907) 16. 문11

- 배경 : 일본의 차관 도입 강요로 일본에 대한 경제적 예속이 심화됨
- 전개 : 대구에서 서상돈을 중심으로 시작 → 서울에서 국채 보상 기성회 조직, 전국으로 확대되어 모금 운동 전개, 「대한매일신보」·「황성신문」·「제국신문」 등 언론 기관의 지원
- 결과 : 일제의 탄압(주요 인사들 횡령죄로 재판)과 고위 관료·부유층 불참, 통감부의 탄압으로 중단

3 일본의 국권 피탈 19. 문15

러·일 전쟁	• 한반도를 둘러싼 러시아와 일본의 대립 격화, 대한 제국의 국외 중립 선언 • 일본의 기습 공격 및 선전포고
↓	
한·일 의정서	일본이 군사 전략상의 요지를 임의로 사용할 수 있는 권리 확보
↓	
제1차 한·일 협약	• 일본은 메가타를 재정 고문으로, 스티븐스를 외교 고문으로 파견 • 내정 간섭 본격화 → 고문 정치
↓	
• 가쓰라·태프트 밀약 : 일본의 한국 지배, 미국의 필리핀 지배를 서로 인정 • 제2차 영·일 동맹 : 영국이 한국에 대한 일본의 독점적 지배권 인정 • 포츠머스 조약 : 러시아가 한국에 대한 일본의 독점적 지배권 인정	
↓	
제2차 한·일 협약 (을사늑약)	• 대한 제국의 외교권 박탈 • 통감부 설치(초대 통감 : 이토 히로부미) → 통감 정치
↓	

고종의 대응	을사늑약 무효 선언, 미국에 헐버트 파견, 헤이그 특사 파견 → 고종 강제 퇴위 08. 문11
↓	
한 · 일 신협약 (정미7조약)	• 고종 강제 퇴위 이후 일본의 강요로 체결, 일본인의 내정 장악(행정권), 부속 각서를 통한 군대 해산 • 통감부가 인사권 · 외교권 장악 → 차관 정치
↓	
기유각서	사법권 및 감옥 사무권 박탈, 법부 · 군부 폐지
↓	
한 · 일 병합	• 일제가 대한 제국의 국권 강탈 • 조선 총독부 설치, 헌법 무단 통치 실시

○ 한 줄 문제로 마무리 확인

01. 보안회는 일본의 황무지 개간권 요구에 대한 반대운동을 전개하였다. (　　)

02. 일본은 미국과 ______________을/를 맺어 미국으로부터 대한제국에 대한 지배권을 인정받았다.

정답

01. ○

02. 가쓰라 · 태프트 밀약

빈출키워드 23

★★★

회독 ■■■

일제의 식민 통치

CHECK POINT

조선태형령, 치안유지법, 회사령, 황국 신민화, 병참 기지화

○ 기출 문제로 실력 확인

다음을 암송하도록 강요했던 시기에 일제가 추진한 정책으로 옳은 것? 18. 문17

1. 우리는 황국신민이다. 충성으로써 군국에 보답하련다.
2. 우리 황국신민은 신애협력하고 단결을 굳게 하련다.
3. 우리 황국신민은 인고단련의 힘을 길러 황도를 선양하련다.

① 회사령 폐지
1920년대
❷ 징병제 실시
③ 치안유지법 제정
1920년대
④ 조선 태형령 공포
1910년대

○ 핵심 정리로 개념 확인

1 1910년대 일제의 식민 통치(무단 통치)

① 무단 공포 통치

- 조선 총독부 : 일제 식민 통치의 중추 기관(행정 · 입법 · 사법권 · 군통수권 장악)
- 중추원 : 총독부 자문 기관
- 헌병 경찰 제도 시행 : 헌병 경찰의 즉결 처분권 부여 16. 문10
- 조선 태형령(조선인에게만 태형 적용) 제정 18. 문17 / 16. 문10
- 일반 관리와 학교 교원에게까지 제복을 입고 칼을 차게 함
- 기본권 박탈 : 출판 · 언론 · 결사의 자유 박탈, 한글 신문 폐간
- 교육 정책 : 제1차 조선 교육령 제정(보통 교육과 실업 교육 위주의 편성, 일본어 교육 강화), 사립 학교와 서당 탄압

일제가 조선인에게 재판 없이 태형, 벌금, 구류 등을 즉결 행사할 수 있는 처분권을 경찰서장 등에게 부여한 권리

② 토지 조사 사업

- 한국을 일본의 식량과 원료 공급지화 → 토지 수탈 계획
- 지주들의 소유권만 인정, 농민들의 관습적 경작권 부정 → 일본인 소유지와 과세지 면적 증가, 식민지 지주제 강화, 농민 몰락

③ 회사령 제정

- 민족 자본 성장 억압과 일본의 자본 독식
- 총독의 허가를 받은 후 회사 설립, 총독의 조건 위반 시 기업 해산 → 조선인의 기업 활동 억제

2 1920년대 일제의 식민통치(문화 통치)

① 시행 배경 : 일제의 무단 통치에 대한 반발로 3 · 1 운동 발생 → 무단 통치의 한계 인식, 친일파 양성을 통해 민족 분열 도모

② 문화 통치의 실체

표면 정책	실제 운영
조선 총독에 문관 출신 임명 가능	문관 총독이 임명되지 않음
헌병 경찰제를 보통 경찰제로 전환	경찰서 · 경찰관 수 증가, 고등 경찰제 실시, 치안유지법 제정 18. 문17
언론 · 출판 · 집회 · 결사의 자유 부분적 허용	신문 기사의 검열 · 삭제 · 압수 · 정간 등 탄압
제2차 조선 교육령	고등 교육 기회 부재, 한국인 취학률 저조
참정권 부여, 도 · 부 · 면에 평의회 · 협의회 설치	의결권이 없는 자문 기구에 불과

사회주의 사상 탄압 목적(1925) → 사회주의자는 물론 민족주의 계열의 독립운동가 탄압에 이용

③ 산미 증식 계획

- 일본 본토의 쌀 부족 현상 → 한국에서 쌀 수탈
- 비료 사용, 품종 개량, 수리시설 확충, 밭을 논으로 변경, 토지 개량 사업 전개 → 쌀 증산 시도
- 한국의 식량 사정 악화, 농민 몰락, 농업 구조 변화

④ 산업 정책의 변화

- 회사령 폐지 : 허가제에서 신고제로 전환 → 일본 기업 진출 18. 문17
- 관세 철폐 : 값싼 일본 제품 수입 증가, 한국 기업 타격 불가피

3 1930년대 일제의 식민 통치(민족 말살 통치) 18. 문17

① 황국 신민화 정책 : 내선일체, 일선동조론, 황국 신민 서사 암송, 신사 참배, 궁성 요배, 창씨개명 → 한국인의 민족의식 말살, 일본인으로 동화, 침략 전쟁에 동원

② 민족 말살 정책

- 한국어 · 한국사 교육 금지, 일본어 사용, 소학교를 국민학교(황국 신민의 학교)로 변경
- 한글 신문과 잡지 폐간(「조선일보」 · 「동아일보」 등 폐간) 16. 문10

안심Touch

③ 병참 기지화 정책

- 전쟁에 필요한 물자 조달을 위한 병참 기지화와 공업화 정책 시행
- 산미 증식 계획을 중단하고 농공 병진 정책 추진
- 남면북양 정책 : 남부에 면화 재배, 북부에 면양 사육 강요

④ 농촌 진흥 운동 : 소작 조건 개선, 농가 경제 개선 계획 등으로 농촌 통제 → 식민지 지배 체제 안정 추구

⑤ 전시 동원 체제 강화 16. 문10

- 국가 총동원법 : 전쟁에 필요한 인적 · 물적 자원을 마음대로 수탈할 수 있도록 한국을 전시 동원 체제로 재편 → 국민 정신 총동원 연맹 조직, 마을마다 애국반 편성, 친일파의 활동(전쟁 참여 독려)
- 인적 · 물적 수탈 : 징용, 정신대, 학도병, 징병, 전쟁 물자 공출, 금속 및 미곡 공출제 실시

○ 한 줄 문제로 마무리 확인

01. 조선 태형령은 조선인, 일본인 구분 없이 적용되었다. (　　)
02. 국가 총동원령은 인적 수탈보다는 물적 수탈에 집중되었다. (　　)

정답

01. ×
02. ×

빈출키워드

24

★★★

회독 ■■■

독립운동의 전개(1) - 항일 의병 운동과 애국 계몽 운동

CHECK POINT

을사늑약, 안중근, 보안회, 헌정 연구회, 대한 자강회, 신민회, 태극 서관, 자기 회사, 오산 학교

○ 기출 문제로 실력 확인

다음 내용을 주장한 단체의 활동으로 옳은 것을 〈보기〉에서 모두 고른 것은? 18. 문14

신민회

1조 각 소에 권유원을 파견하여 권유문을 뿌리며 인민의 정신을 각성케 할 것

2조 신문 잡지 및 서적을 간행하여 인민의 지식을 계발케 할 것

3조 정미(精美)한 학교를 건설하여 인재를 양성할 것

⋮

(중략)

⋮

7조 본회에 합자로 실업장을 설립하여 실업계의 모범을 만들 것

〈보기〉

ㄱ. 「만세보」라는 기관지를 발행하였다.

「만세보」는 천도교의 기관지

ㄴ. 평양에 대성학교, 정주에 오산학교를 설립하였다.

ㄷ. 일본의 황무지 개간권 요구에 대한 반대운동을 전개하였다.

보안회에 해당하는 설명

ㄹ. 비밀 결사 단체로 안창호, 양기탁, 신채호 등이 조직하였다.

① ㄱ, ㄴ

② ㄱ, ㄷ

❸ ㄴ, ㄹ

④ ㄷ, ㄹ

○ 핵심 정리로 개념 확인

1 을사늑약 반대 운동

① 을사늑약의 체결(1905) : 대한 제국의 외교권 박탈, 통감부 설치

② 을사늑약 폐기 운동 : 상소 운동(이상설, 최익현 등), 순국(민영환, 조병세 등), 항일 언론(「황성신문」 주필 장지연의 '시일야방성대곡')

2 항일 의병 운동과 의열 투쟁

① 의병 운동의 전개

구분	배경	주요 활동
을미의병	을미사변과 단발령	• 동학 잔여 세력 참여 • 국왕의 해산 조칙으로 자진 해산
을사의병	을사늑약	신돌석(최초의 평민 출신 의병장), 최익현(대마도에서 유배 중 사망), 민종식(홍주성 점령) 등의 의병장 활약
정미의병	고종의 강제 퇴위와 군대의 강제 해산	• 해산 군인 참여로 전투력과 조직력 강화 → 의병 전쟁으로 발전하여 전국으로 확산 • 국제법상 교전 단체로 인정해 줄 것을 요청 • 13도 창의군 결성 → 서울 진공 작전 전개 후 실패 → 남한 대토벌 작전 → 만주, 연해주로 이동

② 의열 투쟁

- 나철, 오기호 등 : 을사늑약을 체결한 5적 처단을 위해 자신회 조직(1907)
- 장인환, 전명운 : 미국 샌프란시스코에서 친일파 미국인 스티븐스 사살(1908)
- 안중근 : 만주 하얼빈에서 이토 히로부미 처단(1909)
- 이재명 : 명동 성당에서 이완용 암살 시도(1909)

3 애국 계몽 운동

① 특징 : 교육 · 언론 · 종교 등의 문화 활동과 산업 진흥을 통해 민족의 근대적 역량 배양하여 국권을 회복하려는 실력 양성 운동 → 개화 지식인, 독립 협회의 활동을 계승한 지식인 중심

② 주요 단체의 활동 18. 문14 / 10. 문18

보안회(1904)	독립 협회의 정신 계승 → 황무지 개간권 요구 반대 운동 전개
헌정 연구회(1905)	독립 협회 계승으로 입헌 정체 수립, 민권 확대 주장 → 일진회 규탄 중 해산
대한 자강회(1906)	• 국권 회복을 위해 교육 · 산업 진흥 강조, 입헌 군주제 수립 주장 • 고종의 강제 퇴위 반대 투쟁 전개 → 일제의 탄압으로 해산

신민회 (1907)	• 비밀 결사 단체, 안창호와 양기탁 등 중심으로 조직 → 공화정체 지향 • 민족 교육 실시 : 대성 학교 · 오산 학교 설립 • 민족 산업 육성 : 태극 서관 운영, 자기 회사 운영 교과서와 서적 출판 보급을 위해 설립 • 국외 독립운동 기지 건설 : 만주에 신흥 강습소 설립 • 해산 : 일제가 날조한 105인 사건으로 와해(1911)

③ 학회 및 언론 등을 통한 구국 운동

- 학회의 활동 : 서북 학회, 기호 흥학회 등 → 학교 설립 및 교과서 보급, 월보 발행 → 민족의식 고취, 민중 계몽, 신교육 보급 등
- 언론 : 「황성신문」(장지연의 시일야방성대곡), 「대한매일신보」(양기탁, 박은식 → 의병 투쟁에 호의적 기사, 국채 보상 운동 지원)

④ 의의 및 한계 : 국권 회복과 근대 국민 국가 건설을 동시에 추구하면서 실력 양성 운동으로 계승 → 일제의 방해와 탄압으로 실질적 성과를 거두지 못함

○ 한 줄 문제로 마무리 확인

01. 을미의병은 을미사변과 군대의 강제 해산에 반발하여 일어난 의병 투쟁이다. (   )
02. 신민회는 국내를 중심으로 무장투쟁 독립운동을 전개하였다. (   )
03. 헌정 연구회는 정주에 오산학교 등을 세워 민족 교육을 실시하였다. (   )

정답

01. ×
02. ×
03. ×

빈출키워드

25

★★★★

회독 ■■■

독립운동의 전개(2) - 사회적 항일 운동

CHECK POINT

민족 유일당 운동, 정우회 선언, 신간회, 6 · 10 만세 운동, 광주 학생 항일 운동, 형평 운동

○ 기출 문제로 실력 확인

다음 글과 관련이 있는 단체에 대한 설명으로 옳은 것을 〈보기〉에서 모두 고르면 12. 문12

신간회

단결은 힘이다. 약자의 힘은 단결이다. 모든 역량을 집중하여 단결을 공고히 하자. …(중략)… 조선인의 대중적 운동의 목표는 정면의 일정한 세력을 향하여 집중되어야 할 것이니 이에서 민족운동과 계급운동은 동지적 협동으로 병립 병진하여야 할 것이요, …(중략)… 해소는 확대강화의 전경만 바라보고 실로 분산와해의 허전한 광야에 헤매게만 한 것이다. …(중략)… 계급 진영의 강고한 수립은 필요할 것이다. 그러나 계급 철폐의 민족 단일당의 과오나 마찬가지로 계급 단일의 민족진영 철폐도 중대한 과오이다.

〈보기〉

ㄱ. 정우회 선언이 단체의 창립에 영향을 끼쳤다.

ㄴ. 단체가 아닌 개인만이 회원으로 가입할 수 있었다.

ㄷ. 비합법단체로서 노동쟁의와 소작쟁의를 지원하였다.

좌우 합작의 합법적인 결사

ㄹ. 광주 학생 운동에 자극받아 서울에서 민중대회를 개최하였다.

민중대회를 개최하기로 했으나 일제의 탄압으로 실패

❶ ㄱ, ㄴ

② ㄱ, ㄷ

③ ㄴ, ㄹ

④ ㄷ, ㄹ

○ 핵심 정리로 개념 확인

1 민족 유일당 운동과 신간회

① 사회주의 사상의 수용 : 3 · 1 운동을 계기로 국내 청년 지식층에 사회주의 사상이 보급되면서 조선 공산당 결성, 일제는 치안유지법 제정하여 탄압

② 민족 유일당 운동

- 배경 : 일제의 사회주의 탄압, 제1차 국 · 공 합작, 만주의 3부 통합 운동(참의부, 정의부, 신민부 통합 운동 → 국민부와 혁신 의회 결성), 자치 운동으로 인한 민족주의 진영의 분열, 6 · 10 만세 운동의 영향 등

  1930년에 한국 독립당으로 개편되고 그 아래에 한국 독립군 결성
- 정우회 선언(1926) : 사회주의 계열인 정우회와 비타협 민족주의 계열의 협동 전선 19. 문18

③ 신간회의 창립과 활동 18. 문16 / 12. 문12

창립 (1927)	• 결성 : 민족 유일당 운동의 결실 → 비타협적 민족주의 세력과 사회주의 계열이 연대하여 창립(회장 이상재, 부회장 홍명희 선출), 일제 강점기 최대의 합법적인 항일 운동 단체 • 강령 : 민족의 단결, 정치적 · 경제적 각성 촉구, 기회주의자 배격
주요 활동	• 민중 계몽 활동 : 순회 강연, 야학 등 • 항일 운동 지원 : 농민 · 노동 · 여성 · 형평 운동 등 지원, 광주 학생 항일 운동 지원(조사단 파견, 대규모 민중 대회 계획)
해체	민중 대회 사건으로 간부 대거 구속되고 타협적 민족주의와 협력으로 갈등 발생, 코민테른 노선 변화 → 해소론 대두되면서 해체(1931)

2 다양한 사회 운동의 전개

① 학생 운동 18. 문16

6 · 10 만세 운동 (1926)	• 순종의 장례식을 기해 일제의 수탈과 식민지 교육에 대한 반발로 발생한 항일 운동 → 학생과 사회주의계가 함께 추진했으나 사전 발각되어 학생 주도로 만세 운동 전개 • 민족 유일당 운동의 계기가 되었고 신간회 결성에 영향을 줌
광주 학생 항일 운동 (1929)	• 민족 차별과 식민지 교육에 대한 불만 누적, 일본인 학생이 한국인 여학생을 희롱한 사건을 발단으로 한 · 일 학생 충돌 → 한국인 편파적 처벌, 신간회에서 진상 조사단 파견, 학생과 시민의 전국적인 투쟁으로 발전 • 3 · 1 운동 이후 최대의 민족 운동

② 농민 운동과 노동 운동의 전개

- 농민 운동 : 토지 조사 사업, 산미 증식 계획 등 일제의 수탈로 농민 몰락 → 1920년대 생존권 투쟁, 암태도 소작 쟁의(1923) → 1930년대 사회주의와 연계하여 항일 투쟁으로 발전
- 노동 운동 : 회사령 철폐되면서 노동자의 수 증가와 저임금 및 열악한 노동 환경 → 1920년대 생존권 투쟁, 원산 노동자 총파업 전개(1929) → 1930년대 비합법적 항일 투쟁으로 발전, 평원 고무 공장 쟁의(강주룡)

  최대 규모의 조직적 노동 쟁의, 항일적 성격

③ 기타 다양한 사회 운동의 활성화

- 여성 운동 : 여성에 대한 봉건적 차별, 근우회(1927, 신간회의 자매 단체, 여성 의식 계몽 노력, 기관지 「근우」 발행, 노동 · 농민 운동에 참여)
- 소년 운동 : 방정환 중심의 천도교 소년회 → 어린이날 제정(1923), 잡지 「어린이」 발간 08. 문16
- 형평 운동 : 백정에 대한 사회적 차별, 신분 차별과 멸시 타파를 목표로 진주에서 조선 형평사 결성(1923) → 민족 운동의 성격으로 변화하여 전국으로 확대 14. 문8 / 08. 문16

○ 한 줄 문제로 마무리 확인

01. 순종의 인산일에 만세 시위를 계획하여 ______________이 일어났다.

02. 근우회는 일제강점기 국내에서 조직된 최대의 민족 운동 단체였다. (　　)

03. 신간회는 광주 학생 항일 운동이 발발하자, 진상 보고를 위한 민중 대회를 개최하려 하였다. (　　)

정답

01. 6 · 10 만세 운동

02. ×

03. ○

빈출키워드

26

★★★★

회독 ■■■

독립운동의 전개(3) - 무장 독립 투쟁

CHECK POINT

의열단, 김원봉, 조선 혁명 선언, 김상옥, 나석주, 한인 애국단, 김구, 이봉창, 윤봉길, 혁신 의회, 동북 항일 연군, 조선 의용대, 한국 광복군, 조선 민족 전선 연맹, 조선 독립 동맹

○ 기출 문제로 실력 확인

(가)~(다)에 해당하는 독립운동 단체를 바르게 짝지은 것은? 19. 문18

(가) 한국 독립당을 조직하고 무장 부대인 한국 독립군을 산하에 두어 북만주를 중심으로 활동하였다.

혁신 의회는 3부 통합 운동의 결과 1928년 북만주에서 조직, 1930년 한국 독립당으로 개편되고 산하에 한국 독립군 결성

(나) 중 · 일 전쟁이 일어나자 조선 민족 혁명당을 중심으로 통합에 찬성하는 단체들에 의하여 결성되었다.

조선 민족 전선 연맹은 1937년 조선 민족 혁명당을 중심으로 사회주의 계열의 정당이 연합해 결성

(다) 1938년 민족 혁명당을 중심으로 조직된 군사 단체이며 일부는 화북으로 이동하고 남은 병력은 한국 광복군에 합류하였다.

조선의용대는 1938년 중국의 한커우에서 김원봉을 중심으로 창설된 중국 관내 최초의 한국인 무장 부대 → 일본군에 대한 심리전이나 후방 공작 활동을 전개 → 1942년 한국 광복군에 합류, 김두봉이 이끄는 잔여 세력은 중국 공산당 팔로군과 연합하여 조선 의용대 화북 지대 결성

	(가)	(나)	(다)
①	국민부	조선 독립 동맹	조선 의용군
❷	혁신 의회	조선 민족 전선 연맹	조선 의용대
③	혁신 의회	조선 독립 동맹	조선 의용군
④	국민부	조선 민족 전선 연맹	조선 의용대

안심Touch

○ 핵심 정리로 개념 확인

1 의열 투쟁 18. 문15 / 12. 문9

의열단 (1919)	• 결성 : 3·1 운동 이후 강력한 무장 조직의 필요성을 인식하여 김원봉, 윤세주 등을 중심으로 만주 지린성에서 비밀 결사 조직 • 의열단의 행동 강령 : 신채호의 조선 혁명 선언 • 주요 의거 : 박재혁(부산 경찰서 투탄, 1920), 김익상(조선 총독부 투탄, 1921), 김상옥(종로 경찰서 투탄, 1923), 김지섭(일본 황궁 투탄, 1924), 나석주(동양 척식 주식회사와 식산 은행 투탄, 1926)
한인 애국단 (1931)	• 결성 : 국민 대표 회의(1923) 이후 임시 정부가 침체되자 이후 새로운 활로 모색을 위해 김구가 상하이에서 조직 • 주요 의거 : 이봉창(일왕 마차 폭탄 투척, 1932), 윤봉길(상하이 훙커우 공원에서 일본군 장성과 고관 처단, 1932) → 윤봉길 의거 이후 중국 국민당 정부의 적극적인 지원, 중국인의 한국 독립운동 재인식

2 1920년대 무장 독립 전쟁

① 주요 전투

- 봉오동 전투(1920) : 홍범도의 대한 독립군은 대한 국민회군(안동), 군무도독부(최진동) 등의 독립군과 연합하여 봉오동에서 일본군을 상대로 큰 승리
- 청산리 전투(1920) : 김좌진이 이끄는 북로 군정서군과 홍범도의 대한 독립군의 연합군 부대가 청산리에서 일본군에 큰 승리

② 독립군 부대의 시련

- 간도 참변(1920) → 독립군 이동 → 자유시 참변(1921)
- 미쓰야 협정(1925) : 조선 총독부 경무 국장 미쓰야와 만주 군벌 장쭤린(장작림)은 '만주에서 활약하는 독립군을 체포하여 일본에게 넘길 것', '이때 일본은 대가로 상금을 지불할 것' 등의 내용을 담은 미쓰야 협정 체결 → 만주 지역의 독립운동 큰 제약

③ 독립군 부대 재정비 : 3부의 성립 → 3부 통합 운동의 전개(혁신 의회 → 한국 독립당 조직 및 한국 독립군 결성, 국민부 → 조선 혁명당 조직 및 조선 혁명군 결성) 19. 문18

3 1930년대 무장 독립 전쟁

① 한중 연합 작전 21. 문13 / 19. 문18 / 10. 문6

- 한국 독립군(지청천 지휘) : 중국 호로군과 연합 작전 → 쌍성보 · 사도하자 · 대전자령 전투 승리
- 조선 혁명군(양세봉 지휘) : 중국 의용군과 연합 작전 → 영릉가 · 흥경성 전투 승리

② 만주 지역 항일 유격 투쟁 : 동북 항일 연군(보천보 전투 등), 조국 광복회 10. 문6

동북 항일 연군은 조국 광복회 국내 조직의 도움을 받아 국내 진입 작전 시도 → 1937년 보천보 전투에서 승리

③ 중국 관내 항일 투쟁 19. 문18

- 민족 혁명당 : 효과적인 항일 투쟁을 위한 민족 독립운동의 단일 정당을 목표로 한국 독립당, 조선 혁명당, 의열단 등이 참가하여 결성
- 조선 의용대 : 김원봉의 주도로 중국 국민당의 지원을 받아 중국 관내에서 조선 민족 전선 연맹 산하의 조선 의용대 창설 → 중국 관내에서 결성된 최초의 한인 무장 부대

4 1940년대 무장 독립 전쟁

① 대한민국 임시 정부의 조직 정비 : 충칭에 정착, 대한민국 건국 강령 발표

조소앙의 삼균주의

② 한국 광복군 10. 문6

- 창설 : 대한민국 임시 정부가 김구의 주도로 창설(1940), 총사령관 지청천
- 주요 활동 : 대일 선전포고, 군사력 증강(조선 의용대 흡수 · 통합), 연합 작전 전개(영국군의 요청으로 인도 · 미얀마 전선에 공작대 파견, 문서 번역 및 정보 수집과 포로 심문 등), 국내 진공 작전 준비(미국 전략 정보국의 지원, 국내 정진군 조직 → 일제의 패망으로 무산)

③ 조선 독립 동맹과 조선 의용군

- 조선 독립 동맹(1942) : 김두봉을 중심으로 대한민국 임시 정부에 편입되지 않은 조선 의용대 중 일부인 화북 지역 사회주의자들로 결성
- 조선 의용군(1942) : 중국 공산당의 팔로군과 함께 항일전 → 광복 이후 북한 인민군에 편입

○ 한 줄 문제로 마무리 확인

01. 김원봉을 중심으로 창설된 ___________ 은/는 조선 혁명 선언을 행동 강령으로 삼았으며 김상옥, 나석주 등이 활약하였다.
02. 한인 애국단에서 의열 투쟁을 전개하였던 인물은 이봉창, 김지섭 등이다. ( )
03. 한국 광복군은 조선 의용대 병력을 일부 흡수하여 조직을 강화하였다. ( )
04. 한국 독립군은 양세봉의 지휘하에 중국군과 연합 작전을 전개하였다. ( )

정답

01. 의열단
02. ×
03. ○
04. ×

빈출키워드

27

★★★★

회독 ■■■

근대 문물과 민족 문화의 발전

CHECK POINT

박문국, 기기창, 우정총국, 한성순보, 제국신문, 황성신문, 만세보, 교육 입국 조서

○ 기출 문제로 실력 확인

(가)에 대한 설명으로 옳은 것을 〈보기〉에서 모두 고른 것은? 19. 문17

> 대황제 폐하께서 갑오년 중흥(中興)의 기회를 맞아 자주독립의 기초를 확정하시고 새로이 경장(更張)하는 정령(政令)을 반포하실 때에 특히 한문과 한글을 같이 사용하여 공사 문서(公私文書)를 국한문으로 섞어 쓰라는 칙교(勅敎)를 내리셨다. 모든 관리가 이를 받들어 근래에 관보와 각 부군(府郡)의 훈령, 지령과 각 군(各郡)의 청원서, 보고서가 국한문으로 쓰였다. 이제 본사에서도 신문을 확장하려는 때를 맞아 국한문을 함께 쓰는 것은, 무엇보다도 대황제 폐하의 성칙(聖勅)을 따르기 위해서이며, 또한 옛글과 현재의 글을 함께 전하고 많은 사람들에게 읽히기 위함이다.
>
> – 「(가)」 창간사 –
>
> 「황성신문」(1898), 대한제국 선포 직후 남궁억이 창간

〈보기〉

ㄱ. 경술국치 이후 강제로 「한성신문」으로 바뀌어 발행되다가 폐간하였다.

ㄴ. 천도교 기관지로 창간되었으며 인민의 교육을 강조하고 반민족적 행위 등을 규탄하였다.

「만세보」

ㄷ. 1898년 8월 창간한 일간지로 개화 문명의 수용을 통해 근대 사회를 건설하고자 국민 계몽에 주력하였다.

「제국신문」

ㄹ. 1898년 9월에 창간되어 광무 정권이 표방한 '구본신참'의 원칙에 따라 온건하면서도 점진적인 개혁을 제시하였다.

① ㄱ, ㄷ ❷ ㄱ, ㄹ

③ ㄴ, ㄷ ④ ㄴ, ㄹ

○ 핵심 정리로 개념 확인

1 근대 문물의 도입 21. 문11 / 10. 문12

① 근대 시설 : 박문국(신문 발행), 기기창(무기 제조), 전환국(화폐 발행)

② 통신 · 전기 : 전신 · 우편(우정총국), 경복궁에 전등 설치, 한성 전기 회사 설립

③ 교통 : 철도(경인선, 경부선, 경의선) 등 도입

④ 의료 : 광혜원(이후 제중원으로 개칭), 광제원(국립 병원) 설립, 종두법 보급(지석영)

⑤ 건축 : 독립문, 덕수궁 석조전, 명동성당 건립

2 언론 기관의 발달 19. 문17 / 14. 문7

① 「한성순보」 : 순한문, 박문국에서 발행, 최초의 근대 신문, 관보의 성격, 정부 정책 홍보

② 「한성주보」 : 「한성순보」 계승, 국한문 혼용, 최초로 상업 광고 게재

③ 「독립신문」 : 서재필 등이 주도하여 만든 우리나라 최초의 민간 신문, 한글과 영문으로 발행, 민권 의식 향상에 기여

④ 「제국신문」 : 순한글, 서민층과 부녀자 대상, 민중 계몽

⑤ 「황성신문」 : 국한문 혼용체, 양반 유생 대상, 남궁억 발간, 외세 침입에 대한 항쟁을 주장, 구본신참의 점진적 개혁을 주장, 국권 피탈 이후 「한성신문」으로 이름이 바뀌어 발행되다가 폐간, 장지연의 '시일야방성대곡' 게재

⑥ 「대한매일신보」 : 영국인 베델과 양기탁이 합작하여 창간, 국채 보상 운동의 적극적인 홍보

⑦ 「만세보」 : 천도교 기관지, 국한문 혼용, 민중 계몽과 여성 교육에 관심

⑧ 「경향신문」 : 천주교 기관지

⑨ 해외 : 「신한민보」(미국), 「해조신문」(연해주)

⑩ 친일신문 : 「국민신보」, 「경성일보」, 「대한신문」, 「매일신보」

3 근대 교육과 국학 연구

① 근대 교육

- 신교육 도입 : 원산학사(최초의 근대적 사립 학교), 동문학(통역관 양성), 육영 공원(근대적 관립 학교)
- 신교육의 제도화 : 갑오개혁(교육 입국 조서)에 의해 제도화, 한성 사범 학교 · 소학교, 관립 중학교와 외국어 학교, 각종 실업 학교 설립, 기술 교육 기관 마련
  (교육 입국 조서: 1895년에 고종이 발표한 것으로 '국가의 부강은 국민의 교육에 있다'는 내용)
- 신교육의 확산 : 개신교 선교사들과 민족계 인사들이 다수의 사립학교 설립

② 국학 연구

- 국어 연구 : 국문 연구소(지석영, 주시경, 국어 문법 연구) → 조선어 연구회 → 조선어 학회 → 한글 학회
  (조선어 연구회: 한글날 제정, 『한글』 간행)
  (조선어 학회: 한글 맞춤법 통일안)

• 민족 사학의 전개

민족주의 사학	박은식	혼(魂) 강조, 『한국통사』, 『한국독립운동지혈사』
	신채호	민족주의 역사학 기반 확립, 고대사 연구, 구국 위인전기 간행, 『독사신론』, 『조선상고사』, 『조선사연구초』
사회 경제 사학	백남운	유물 사관에 바탕을 둠, 세계사의 보편 법칙에 따라 발전 강조(정체성론 비판), 『조선사회경제사』, 『조선봉건사회경제사』
실증 사학	이병도, 손진태	문헌 고증 강조, 진단 학회 조직

③ 종교 활동

- 유교 : 박은식의 『유교 구신론』 → 유교의 개혁과 유림계의 단결 주장
- 불교 : 한용운 『조선 불교 유신론』 → 불교 개혁과 불교 대중화를 위해 노력
- 천주교 : 애국 계몽 운동에 참여, 고아원 설립, 교육 기관 설립
- 천도교 : 손병희가 동학을 천도교로 개칭, 청년 · 여성 · 소년 운동 전개, 만세보 발행
- 대종교 : 나철 · 오기호 등 창시, 단군 신앙 체계화, 적극적인 항일 무장 투쟁 전개
- 개신교 : 병원 설립, 배재 학당 · 이화 학당 등 학교 설립

○ 한 줄 문제로 마무리 확인

01. 1887년 경복궁에 처음으로 전등이 점등되었다. (　　)

02. 통리기무아문 내에 설치된 박문국에서 발행한 최초의 근대 신문은 ______________ 이다.

정답

01. ○

02. 「한성순보」

빈출키워드

28

★★★★★

회독 ■■■

근대사 주요 인물

CHECK POINT

홍영식, 신채호, 박은식, 홍재학, 김구

○ 기출 문제로 실력 확인

다음과 같은 역사론을 주장한 인물이 쓴 논저를 〈보기〉에서 모두 고른 것은? 18. 문13

신채호

역사란 무엇이뇨. 인류 사회의 아와 비아의 투쟁이 시간부터 발전하며 공간부터 확대하는 심적 활동 상태의 기록이니, 세계사라 하면 세계 인류의 그리 되어온 상태의 기록이며, 조선사라하면 조선 민족의 그리되어온 상태의 기록이다.

〈보기〉

ㄱ. 『조선사연구초』

ㄴ. 『조선상고사감』

안재홍의 저서

ㄷ. 『조선상고문화사』

ㄹ. 『한국독립운동지혈사』

박은식의 저서

① ㄱ, ㄴ
❷ ㄱ, ㄷ
③ ㄴ, ㄹ
④ ㄷ, ㄹ

○ 핵심 정리로 개념 확인

1 홍영식 14. 문18 / 10. 문2

① 박정양, 조병직, 이상재, 윤치호 등과 함께 조사 시찰단의 일원으로 몇 개월간 일본에 파견 → 일본의 역체국 방문 후 우편제도의 편리함 인식

② 미국 우정성과 뉴욕 우체국 등을 방문 · 시찰하고 돌아와 우정총국을 설립, 총판으로 취임 → 고종에게 우편의 필요성 진언

③ 우정국 개국 축하연 때 갑신정변을 주도

해방 이후 우체국 대량 증설로 1면 1국 주의 달성, 1970년에 우편번호제 실시

2 신채호 18. 문13 · 문15 / 12. 문9

① 고대사 연구에 치중

② 주체적으로 한국사를 정리

③ 민족주의 역사학의 기반을 확립

④ 의열단의 독립운동이념과 방향을 체계화하여 조선혁명선언 저술

⑤ 『조선상고사』, 『조선상고문화사』, 『조선사연구초』 등을 저술

3 박은식 16. 문15

① 주자학 중심의 유학을 비판, 양명학과 사회 진화론을 조화시킨 대동사상을 주장

② 대동사상을 기반으로 민족 종교인 대동교를 창설

③ '혼' 강조 : '나라는 형이요, 역사는 정신', 혼이 담겨 있는 민족사의 중요성을 강조

④ 『한국통사』, 『한국독립운동지혈사』 저술

4 홍재학 10. 문4

① 『조선책략』이 유포되자 정부의 개화정책을 비판하는 만언소(萬言疏)를 올림

② 개화정책에 앞장섰던 김홍집에 대한 규탄뿐만 아니라 국왕까지도 노골적으로 비판

5 김구 08. 문15

① 신민회, 한인 애국단 등에서 활동, 대한민국 임시 정부 주석에 선임

② 신탁통치 반대운동을 주도, 남한만의 단독 총선거 반대

③ 통일정부 수립을 위한 남북 협상을 개최했으나 큰 성과를 거두지 못함

○ 한 줄 문제로 마무리 확인

01. 홍영식은 우정총판에 임명되어 일본, 영국, 미국의 공관에 우정국 설립을 통고하였다. ( )

02. 김구는 조선 의용대를 결성하여 대일 전선에 참가하였다. ( )

정답

01. ○ 02. ×

빈출키워드

29

★★★★★

회독 ■■■

대한민국 정부 수립

CHECK POINT

미 · 소 공동 위원회, 좌우 합작 운동, 대한민국 정부 수립, 5 · 10 총선거, 제헌 국회, 반민족 행위 처벌법, 농지 개혁법

○ 기출 문제로 실력 확인

(가) 법의 내용으로 옳은 것을 〈보기〉에서 모두 고른 것은? 19. 문16

(가) 법

농지 개혁법

[시행 1949. 6. 21.]

제1장 총칙

제1조 본법은 헌법에 의거하여 농지를 농민에게 적정히 분배함으로써 농가경제의 자립과 농업생산력의 증진으로 인한 농민생활의 향상 내지 국민경제의 균형과 발전을 기함을 목적으로 한다.

… (중략) …

제29조 본법은 공포일로부터 시행한다.

〈보기〉

ㄱ. 소유권의 명의가 분명치 않은 농지는 정부에 귀속한다.

ㄴ. 농가가 아닌 자의 농지와 자경하지 않는 자의 농지는 정부가 매수한다.

ㄷ. 분배받은 농지는 분배받은 농가의 대표자 명의로 등록하고 가산으로서 상속한다.

ㄹ. 이법에 있어 농가라 함은 가주 또는 동거가족이 농경을 주업으로 하여 독립생계를 영위하는 합법적 사회단위를 칭한다.

① ㄱ
② ㄱ, ㄴ
③ ㄱ, ㄴ, ㄷ
❹ ㄱ, ㄴ, ㄷ, ㄹ

안심Touch

○ 핵심 정리로 개념 확인

1 광복과 정부 수립 노력

① 광복 직전 한반도 관련 국제 회의 : 카이로 회담, 얄타 회담, 포츠담 선언 10. 문13

② 건국 준비 활동 : 대한민국 임시 정부('건국 강령' 발표), 조선 독립 동맹(김두봉의 사회주의 계열), 조선 건국 동맹(여운형, 안재홍 등이 중심이 된 좌우 합작 동맹)

③ 8 · 15 광복 : 우리 민족의 끈질긴 독립운동, 연합군의 승리로 일본이 무조건 항복 선언

④ 광복 직후 국내 정치 세력 : 조선 건국 준비 위원회(여운형, 안재홍), 독립 촉성 중앙 협의회(이승만), 한국 독립당(김구), 한국 민주당(김성수, 송진우)

⑤ 미 군정 : 38도선을 경계로 미국은 남한을, 소련은 북한을 각각 분할 점령

⑥ 모스크바 3국 외상 회의 10. 문13

- 한반도에 임시 민주주의 정부 수립을 위한 미 · 소 공동 위원회 설치, 미 · 영 · 중 · 소 4개국에 의한 최대 5년간의 신탁 통치를 확정적으로 결의
- 우익(반탁 운동 전개), 좌익(처음에는 반대했으나 이후 결정지지) → 좌우익 세력 대립

2 통일 정부 수립을 위한 노력

① 미 · 소 공동 위원회 : 모스크바 3국 외상 회의 협정에 의하여 설치된 한국 문제 해결을 위한 미 · 소 양국 대표자 회의로 두 차례에 걸쳐 열렸으나 모두 결렬 10. 문13

② 좌우 합작 운동 12. 문15

- 미 · 소 공동 위원회의 결렬과 이승만의 정읍발언을 계기로 김규식과 여운형을 중심으로 한 좌우 합작 위원회 결성

  제1차 미 · 소 공동 위원회가 결렬된 후 이승만이 전북 정읍에서 남쪽만의 단독 정부 수립을 주장
- 좌우 합작 7원칙(미 군정의 지원) : 좌우 합작으로 임시 정부 수립, 미 · 소 공동 위원회 속개 요청, 유상 몰수 · 무상 분배에 의한 토지 개혁, 과도 입법 기구에서 친일파 처리 등

③ 한국 문제의 유엔 상정 : 인구 비례에 따른 남북한 자유 총선거 결의 → 유엔 한국 임시 위원단 파견 → 북한과 소련의 위원단 입북 거부로 남북한 총선거 실패 → 유엔 소총회에서 접근 가능한 지역(남한)만의 총선거 실시 결의

④ 남북 협상 : 김구, 김규식이 남한 단독 정부 수립을 반대하며 남북 협상 진행 → 실패

3 대한민국 정부 수립 과정

① 5 · 10 총선거 : 우리나라 역사상 최초의 민주적 보통 선거로 제헌 국회의원을 선출(임기 2년), 무소속 당선자가 다수, 김구 · 김규식 등 남북 협상파는 남한 단독 선거 실시 반대로 불참

② 제헌 헌법 공포 : 3 · 1 운동 정신과 대한민국 임시 정부의 법통을 계승한 민주 공화국, 대통령 중심제, 국회에서 임기 4년의 대통령 간접 선거(1회에 한해 중임 허용), 단원제 국회

③ 정부 수립 : 국회에서 대통령(이승만), 부통령(이시영) 선출

4 제헌 국회의 활동

① 반민족 행위 처벌법 → 반민족 행위 특별 조사 위원회(반민특위) : 친일파 청산을 목적으로 반민족 행위 처벌법을 제정하고, 이를 위해 국회에서 특별 위원회 구성 18. 문18

② 농지 개혁법 19. 문16 / 18. 문18 / 08. 문17

- 배경 : 국민 대다수의 토지 분배와 지주제 개혁 요구, 북한의 토지 개혁
- 원칙 : 유상 매수(지가 증권 발행), 유상 분배, 가구당 농지 소유 상한을 3정보로 제한
- 결과 : 농민 중심의 토지 소유 확립, 사회적 지배 계급으로서의 지주 소멸
- 한계 : 유상 분배에 따른 농민의 부담, 지주들의 편법 토지 매각으로 개혁 대상 토지 감소

○ 한 줄 문제로 마무리 확인

01. 좌우 합작 운동은 미 군정의 인정을 받지 못하였다. (　　)
02. 제헌 국회는 유상 매수, 유상 분배의 방식으로 ____________을/를 시행하였다.
03. 친일 청산을 위해 제헌 국회는 반민족 행위 특별 조사 위원회를 구성하였다. (　　)

정답

01. ×
02. 농지 개혁법
03. ○

빈출키워드 30

★★★★ 회독 ■■■

6·25 전쟁과 통일을 위한 노력

CHECK POINT

6 · 25 전쟁, 7 · 4 남북 공동 성명, 6 · 23 평화 통일 선언, 남북 기본 합의서, 6 · 15 남북 공동 선언

○ 기출 문제로 실력 확인

다음 남북 간 합의의 배경으로 옳은 것은? 16. 문18

1972년 남북이 공동 발표한 7 · 4 남북 공동 성명 → '자주 통일, 평화 통일, 민족적 대단결'의 3대 통일 원칙에 남북 합의

> 쌍방은 다음과 같은 조국 통일 원칙들에 합의를 보았다.
> 첫째, 통일은 외세에 의존하거나 외세의 간섭을 받음이 없이 자주적으로 해결하여야 한다.
> 둘째, 통일은 상대방을 반대하는 무력 행상에 의거하지 않고 평화적 방법으로 실현하여야 한다.
> 셋째, 사상과 이념 제도의 차이를 초월하여 우선 하나의 민족으로서 민족적 대단결을 도모하여야 한다.

❶ 동아시아에 데탕트 정세가 조성되었다.

데탕트는 프랑스어로 '완화 · 휴식'을 뜻함 → 1970년대 미국과 구소련을 중심으로 한 동 · 서 진영 간의 긴장이 완화되었던 시기

② 남북 간 한반도 비핵화 공동선언이 채택되었다.

노태우 정부는 1991년 한반도 비핵화 공동선언 채택

③ 정부가 6 · 23 평화 통일 외교 정책을 선언하였다.

1973년에 남북이 남북 유엔 동시 가입, 제의, 호혜 평등의 원칙하에 모든 국가에 문호 개방, 내정 불간섭 등에 반대하지 않는 내용으로 합의

④ 공산권 국가와 수교하는 북방 정책을 추진하였다.

노태우 정부는 88 서울 올림픽을 계기로 구소련 · 중국 등과 외교 관계 수립

○ 핵심 정리로 개념 확인

1 6 · 25 전쟁

1950년 미 국무장관 애치슨이 발표한 미국의 태평양 방위선으로, 알래스카 · 일본 · 오키나와 · 대만 · 필리핀으로 구성되어 한반도는 제외되었고, 북한은 이로 인해 남한을 공격해도 미국의 개입이 없을 것이라고 판단하게 됨

① 배경 : 미국 · 소련의 군대 철수, 38도선 일대에서 잦은 무력 충돌, 북한의 군사력 강화, 냉전의 격화, 애치슨 선언

② 전개 : 북한의 기습적 남침 → 북한군의 서울 점령 및 남하 → 유엔군의 참전 → 국군과 유엔군의 연합 작전으로 남하 저지 → 최후 방어선 구축 → 인천 상륙 작전 성공 → 국군과 유엔군이 서울 수복 후 압록강까지 진격 → 중국군의 참전으로 국군과 유엔군의 후퇴 → 38도선 부근에서 전선 교착 → 미 · 소 양국의 휴전 회담 합의 → 정전 협정 체결 → 군사 분계선(휴전선) 설정 16. 문4

③ 한 · 미 상호 방위 조약 : 6 · 25 전쟁 이후 체결한 한미 상호 방위 조약으로 미군은 한국에 계속 주둔

2 남 · 북 관계의 진전 16. 문18

① 박정희 정부 : 남북 적십자 회담, 7 · 4 남북 공동 성명(1972), 6 · 23 평화 통일 선언(1973)

② 전두환 정부 : 민족 화합 민주 통일 방안, 남북 적십자 회담, 이산가족 최초 고향 방문 실현(1985)

③ 노태우 정부 : 북방 외교 추진, 남북한 유엔 동시 가입(1991), 남북 기본 합의서와 한반도 비핵화 공동 선언(1991)

④ 김영삼 정부 : 한민족 공동체 건설을 위한 3단계 통일 방안

⑤ 김대중 정부 : 대북 화해 협력 정책(햇볕 정책), 금강산 관광, 남북 정상 회담과 6 · 15 남북 공동 선언(2000)

⑥ 노무현 정부 : 제2차 남북 정상 회담(2007), 남북 관계의 발전과 평화 번영을 위한 10 · 4 남북 공동 선언

⑦ 이명박 정부 : 북한의 핵 개발, 미사일 발사 실험, 무력 도발 등으로 남북 관계 악화

⑧ 박근혜 정부 : 개성 공단 폐쇄, 대북 강경 정책

⑨ 문재인 정부 : 판문점 선언(2018)

3 주요 남 · 북 공동 선언 16. 문18 / 08. 문18

① 7 · 4 남북 공동 성명(1972) : 남 · 북의 첫 접촉, 비공식 만남, 자주 · 평화 · 민족 대단결의 통일 3대 원칙에 합의, 남북 조절 위원회 설치, 남 · 북 독재 구축에 이용

② 6 · 23 평화 통일 선언(1973) : 남 · 북 동시 유엔 가입, 호혜 평등 원칙하에 모든 국가에 대한 문호 개방 제안

③ 남북 기본 합의서(1991) : 남 · 북 간 화해, 불가침, 교류 · 협력에 관한 합의, 통일 지향 과정에서 '잠정적 특수관계'로 규정, 7 · 4 남북 공동 성명에서 합의한 3대 원칙 재확인

④ 6 · 15 남북 공동 선언(2000) : 최초 남북 정상 회담, 개성 공단 조성 사업, 경의선 철도 복원 사업, 금강산 육로 관광 시작, 이산가족 상봉

○ 한 줄 문제로 마무리 확인

01. 6 · 15 남북 공동 선언은 최초로 남북한 정상이 만나 합의한 공동 선언문이다. (　　)

02. 남북 기본 합의서에 합의하면서 남북 조절 위원회를 구성하고 직통 전화를 가설하기로 하였다. (　　)

정답

01. ○

02. ×

나는 내가 더 노력할수록,
운이 더 좋아진다는 걸 발견했다.

-토마스 제퍼슨(Thomas Jefferson)-

MEMO

MEMO

제2과목

우편상식

빈출키워드 01

★★★★★ 국내우편 회독 ■■■

우편사업의 특성

CHECK POINT

우편사업의 성질, 우편의 이용관계, 우편에 관한 법률

○ 기출 문제로 실력 확인

우편사업에 관한 내용을 설명한 것 중 옳지 않은 것은? 〈변형〉 08. 문1

① 우편사업은 국가가 경영하며, 과학기술정보통신부장관이 관장한다.

❷ 과학기술정보통신부장관은 우편사업의 일부를 개인, 법인 또는 단체 등으로 하여금 경영하게 할 수 없다.

경영하게 할 수 있다.

③ 우편사업이나 우편창구업무의 위탁에 관한 사항은 따로 법률로 정한다.

④ 과학기술정보통신부장관은 우편창구업무 외의 우편업무의 일부를 대통령령으로 정하는 바에 따라 다른 자에게 위탁할 수 있다.

○ 핵심정리로 개념 확인

1 우편사업의 성질

① 우편사업은 「정부기업예산법」에 따라 정부기업(국가기업)으로 정해져 있음 08. 문1

국민의 이익을 추구하기 위해 정부가 출자 · 관리 · 경영하는 기업

② 우편사업의 회계 제도는 경영 합리성과 사업운영 효율성을 확보하고 예산을 신축적으로 사용하기 위해 특별회계로서 독립채산제를 채택

③ 우편사업은 콜린 클라크(Colin Clark)의 산업분류에 의하면 노동집약적 성격이 강한 3차 산업에 속함

2 우편의 이용관계

① 우편 이용관계는 이용자가 우편 서비스 제공을 목적으로 마련된 인적 · 물적 시설을 이용하는 관계임

② 우편 이용자와 우편관서 간의 우편물 송달 계약을 내용으로 하는 사법(私法)상의 계약 관계임(통설) 08. 문1

③ 우편 이용관계자는 우편관서, 발송인 및 수취인이 해당 08. 문1

④ 우편관서는 우편물 송달의 의무, 요금 · 수수료 징수권 등, 발송인은 송달요구권, 우편물 반환청구권 등, 수취인은 우편물 수취권, 수취거부권 등의 권리와 의무관계를 가짐

⑤ 우체국 창구에서 직원이 접수한 때나 우체통에 넣은 때를 계약의 성립시기로 보며, 방문 접수와 집배원이 접수한 경우에는 영수증을 교부한 때가 계약 성립시기가 됨 08. 문5

3 우편사업 경영 주체 및 관계 법률

① 경영주체

- 우편사업은 국가가 경영하며, 과학기술정보통신부장관이 관장. 다만, 과학기술정보통신부장관은 우편사업의 일부를 개인, 법인 또는 단체 등으로 하여금 경영하게 할 수 있으며, 그에 관한 사항은 따로 법률로 정함(「우편법」 제2조 제1항)

  관리와 장악을 말하는데 경영주체와 소유주체를 의미

- 전국에 체계적인 조직을 갖춰 적정한 요금의 우편 서비스를 신속하고 정확하게 제공하기 위해서 국가가 직접 경영

② 우편에 관한 법률

우편법 21. 문6	「우편법」은 사실상의 우편에 관한 기본법으로서 우편사업 경영 형태 · 우편 특권 · 우편 서비스의 종류 · 이용 조건 · 손해 배상 · 벌칙 등 기본적인 사항을 규정하고 있음
우체국창구업무의 위탁에 관한 법률	• 개인이 우편창구 업무를 위임받아 운영하는 우편취급국의 업무, 이용자보호, 물품 보급 등에 대한 사항을 규정한 법령 • 우편취급국 : 국민의 우체국 이용 수요를 맞추기 위해 일반인에게 우편창구의 업무를 위탁하여 운영하게 한 사업소
우정사업 운영에 관한 특례법 10. 문1	우정사업의 경영 합리성과 우정 서비스의 품질을 높이기 위한 특례 규정임. 사업범위는 우편 · 우편환 · 우편대체 · 우체국예금 · 우체국보험에 관한 사업 및 이에 딸린 사업이며, 조직 · 인사 · 예산 · 경영평가, 요금 및 수수료 결정, 우정재산의 활용 등을 규정하고 있음
별정우체국법	개인이 국가의 위임을 받아 운영하는 별정우체국의 업무, 직원 복무 · 급여 등에 대한 사항을 규정한 법령 *별정우체국 : 우체국이 없는 지역의 주민 불편을 없애기 위해, 국가에서 위임을 받은 일반인이 건물과 시설을 마련하여 운영하는 우체국
국제법규	UPU 조약, 아시아 · 태평양우편연합(APPU) 조약, 표준 다자간 협정 또는 양자 협정 등 국제특급우편(EMS)을 교환하기 위하여 우리나라와 해당 국가(들) 사이에 맺는 표준다자간협정 또는 양자협정(쌍무협정)

○ 한 줄 문제로 마무리 확인

01. 우편사업은 국가에서 직접 경영하는 '국가기업'에 의한 사업으로 경영형태면에서 ____________ 형태에 속한다.
02. 우편이용 관계의 법적 성질은 우편이용자와 우편관서 상호 간의 송달계약을 내용으로 하는 ____________ 상의 계약관계이다.
03. 우편이용 관계자는 우편관서, 발송인 및 수취인이다. (   )
04. 우정사업의 조직 · 예산 및 운영에 관한 자율성을 확보하고 우편 · 우편대체 · 우체국 금융 및 보험사업과 이에 부대되는 사업을 보다 효율적으로 추진함으로써 우편역무에 대한 품질을 향상시키고 국민 경제발전에 기여토록 하는 법률은 ____________ 이다.

정답

01. 정부직영
02. 사법
03. ○
04. 「우정사업 운영에 관한 특례법」

빈출키워드
02

★★★★ 국내우편 회독 ■■■

우편사업의 보호규정

CHECK POINT

서신독점권, 서신독점권의 예외, 우편업무 전용 물건의 압류 금지와 부과면제, 공동 해상 손해 부담의 면제

○ 기출 문제로 실력 확인

우편사업의 보호규정에 대한 설명으로 옳은 것을 모두 고른 것은? 19. 문1

ㄱ. 지방자치단체에서 발송하는 등기우편물은 서신독점의 대상이다.
ㄴ. 우편업무를 위해서만 사용하는 물건은 압류가 금지되지만 제세공과금 부과의 대상이다.
대상이 아님
ㄷ. 우편물의 발송, 수취나 그 밖의 우편 이용에 관한 제한능력자의 행위는 능력자가 행한 것으로 간주한다.
ㄹ. 상품의 가격, 기능, 특성 등을 문자, 사진, 그림으로 인쇄한 16쪽 이상인 책자 형태의 상품 안내서는 서신독점의 대상이다.
대상에 해당하지 않음

❶ ㄱ, ㄷ
② ㄱ, ㄹ
③ ㄴ, ㄷ
④ ㄴ, ㄹ

○ 핵심정리로 개념 확인

1 서신독점권 19. 문1

① 「우편법」 제2조 제2항에서 "누구든지 제1항과 제5항의 경우 외에는 타인을 위한 서신의 송달 행위를 업(業)으로 하지 못하며, 자기의 조직이나 계통을 이용하여 타인의 서신을 전달하는 행위를 하여서는 아니 된다."라고 규정

② 서신독점권의 예외 : "서신"이라 함은 의사전달을 위하여 특정인이나 특정 주소로 송부하는 것으로서 문자 · 기호 · 부호 또는 그림 등으로 표시한 유형의 문서 또는 전단을 말함(「우편법」 제1조의2 제7호). 다만, 다음에 해당하는 경우에는 예외로 함(「우편법 시행령」 제3조)

- 「신문 등의 진흥에 관한 법률」 제2조 제1호에 따른 신문
- 「잡지 등 정기간행물의 진흥에 관한 법률」 제2조 제1호 가목에 따른 정기간행물

안심Touch

- 다음 각 목의 요건을 모두 충족하는 서적
  - 표지를 제외한 48쪽 이상인 책자의 형태로 인쇄 · 제본되었을 것
  - 발행인 · 출판사나 인쇄소의 명칭 중 어느 하나가 표시되어 발행되었을 것
  - 쪽수가 표시되어 발행되었을 것
- 상품의 가격 · 기능 · 특성 등을 문자 · 사진 · 그림으로 인쇄한 16쪽 이상(표지 포함)인 책자 형태의 상품안내서 19. 문1
- 화물에 첨부하는 봉하지 아니한 첨부서류 또는 송장
- 외국과 주고받는 국제서류
- 국내에서 회사(「공공기관의 운영에 관한 법률」에 따른 공공기관을 포함)의 본점과 지점 간 또는 지점 상호 간에 수발하는 우편물로써 발송 후 12시간 이내에 배달이 요구되는 상업용 서류
- 「여신전문금융업법」 제2조 제3호에 해당하는 신용카드

2 우편물 운송요구권, 운송원 등의 조력청구권 및 통행권

① 우편관서는 철도, 궤도, 자동차, 선박, 항공기 등의 경영자에게 운송요구권을 가짐(운송자에 대해 정당한 보상을 함)

요구대상 : 철도 · 궤도사업 경영자 및 자동차 · 선박 · 항공기 운송사업 경영자

② 우편운송원, 우편집배원과 우편물을 운송중인 항공기, 차량, 선박 등이 사고를 당하였을 때에는 주위에 조력을 청구할 수 있으며, 조력의 요구를 받은 자는 정당한 사유 없이 이를 거부할 수 없음(우편관서는 도움을 준 자의 청구에 따라 적절한 보수를 지급하여야 함)

③ 우편운송원, 우편집배원과 우편물을 운송중인 항공기, 차량, 선박 등은 도로의 장애로 통행이 곤란할 경우에는 담장이나 울타리 없는 택지, 전답, 그 밖의 장소를 통행 가능(우편관서는 피해자 청구에 따라 손실 보상하여야 함)

3 운송원 등의 통행료 면제

우편물 운송 중인 우편운송원, 우편집배원은 언제든지 도선장의 도선을 요구할 수 있으며, 우편업무 집행 중에 있는 운송원 등에 대하여는 도선장, 운하, 도로, 교량 기타의 장소에 있어서 통행요금을 지급하지 아니하고 통행 가능(청구권자의 청구 시 우편관서는 정당한 보상을 하여야 함)

4 우편업무 전용 물건의 압류 금지와 부과면제 19. 문1 / 18. 문1

① 우편업무를 위해서만 사용하는 물건과 우편업무를 위해 사용 중인 물건은 압류할 수 없음

② 우편업무를 위해서만 사용하는 물건(우편에 관한 서류를 포함)에 대해서는 국세 · 지방세 등의 제세공과금을 매기지 않음

5 공동 해상 손해 부담의 면제 18. 문1

선박이 위험에 직면하였을 때 선장은 적하되어 있는 물건을 처분할 수 있으나, 이때의 손해에 대하여는 그 선박의 화주전원이 적재화물비례로 공동 분담하는 것을 말하며(상법) 이 경우에도 우편물에 대하여는 이를 분담시킬 수 없음

6 우편물의 압류거부권, 우선검역권 18. 문1

① 압류거부권 : 우편관서에서 운송 중이거나 '발송 준비를 마친' 우편물에 대해서는 압류를 거부할 수 있는 권리

② 우선검역권 : 우편물이 전염병의 유행지에서 발송되거나 유행지를 통과할 때 등에는 검역법에 의한 검역을 최우선으로 받을 수 있음

7 제한능력자의 행위에 대한 법률적 판단 19. 문1

① 우편물의 발송 · 수취나 그 밖에 우편 이용에 관하여 제한능력자의 행위라도 능력자가 행한 것으로 간주

> 따라서 제한능력자의 행위임을 이유로 우편관서에 대하여 임의로 이용관계의 무효 또는 취소를 주장할 수 없음(다만, 법률행위에 하자가 발생한 경우에는 관련 규정에 따름)

② 제한능력자라 함은 민법상의 제한능력자를 말하며, 행위제한능력자(미성년자, 피한정후견인, 피성년후견인)와 의사제한능력자(만취자, 광인 등)를 모두 포함

○ 한 줄 문제로 마무리 확인

01. 우편업무를 위해서만 사용하는 물건은 압류가 금지되며, 제세공과금 부과의 대상이다. (　　)
02. 상품의 가격, 기능, 특성 등을 문자, 사진, 그림으로 인쇄한 16쪽 이상인 책자 형태의 상품안내서는 서신독점의 대상이다. (　　)
03. 우편을 위한 용도로만 사용되는 물건은 압류할 수 없다. (　　)
04. 우편을 위한 용도로만 사용되는 물건은 제세공과금의 부과 대상이 되지 않는다. (　　)
05. 우편물의 발송 준비를 마치기 전이라도 우편관서는 그 압류를 거부할 수 있다. (　　)

정답

01. ×
02. ×
03. ○
04. ○
05. ×

빈출키워드
03

★★★★

국내우편 회독 ■■■

우편서비스의 구분

CHECK POINT

보편적 우편서비스, 선택적 우편서비스의 구분과 서비스 대상

○ 기출 문제로 실력 확인

우편사업이 제공하는 선택적 우편서비스에 해당하는 것은? 18. 문2

① 중량이 800g인 서류를 송달하는 경우

❷ 중량이 25kg인 쌀자루를 송달하는 경우

20kg을 초과하는 소포우편물이므로 선택적 우편 서비스에 해당

③ 중량이 20g인 서신을 내용증명으로 송달하는 경우

④ 중량이 2kg인 의류를 배달증명으로 송달하는 경우

○ 핵심정리로 개념 확인

1 보편적 우편서비스

① 국가가 국민에게 제공하여야 할 가장 기본적인 보편적 통신서비스

② 전국에 걸쳐 효율적인 우편송달에 관한 체계적인 조직을 갖추어 모든 국민이 공평하게 적정한 요금으로 보내고 받을 수 있는 기본 우편서비스 제공

③ 서비스 대상 18. 문2 / 16. 문2

- 2kg 이하의 통상우편물
- 20kg 이하의 소포우편물
- 위의 두 가지 우편물의 기록취급 등 특수취급우편물
- 그 밖에 대통령령으로 정하는 우편물

2 선택적 우편서비스

① 보편적 우편서비스에 부가하거나 부수하여 제공하는 서비스로, 이용자가 선택적으로 이용할 수 있는 서비스

② 서비스 대상 18. 문2 / 16. 문2

- 2kg을 초과하는 통상우편물
- 20kg을 초과하는 소포우편물
- 위 두 가지 우편물의 기록취급 등 특수취급우편물
- 우편과 다른 기술 또는 서비스가 결합된 서비스(전자우편, 모사전송(FAX)우편, 우편물 방문접수 등)
- 우편시설, 우표, 우편엽서, 우편요금 표시 인영이 인쇄된 봉투 또는 우편차량장비 등을 이용하는 서비스
- 우편 이용과 관련된 용품의 제조 및 판매
- 그 밖에 우편서비스에 부가하거나 부수하여 제공하는 서비스

○ 한 줄 문제로 마무리 확인

01. 30kg 이하 소포우편물은 보편적 우편서비스에 해당한다. (　　)
02. 2kg을 초과하는 통상우편물은 선택적 우편서비스 대상이다. (　　)
03. 중량이 20g인 서신을 내용증명으로 송달하는 경우 선택적 우편서비스에 해당한다. (　　)
04. 중량이 2kg인 의류를 배달증명으로 송달하는 경우 선택적 우편서비스에 해당한다. (　　)

정답

01. ×
02. ○
03. ×
04. ×

빈출키워드 04

★★★★ 국내우편 회독 ■■■

우편서비스의 배달기한

CHECK POINT

우편물 배달기한

○ 기출 문제로 실력 확인

다음 우편서비스 중 배달기한이 가장 긴 것은? 〈변형〉 10. 문2

❶ 특별송달

빠른 송달 범주에 들어가지 않음

② 등기소포

③ 민원우편

④ 당일특급

○ 핵심정리로 개념 확인

1 우편물 배달기한 16. 문2 / 10. 문2 / 08. 문4

구분	배달기한	비고
통상우편물(등기포함), 일반소포	접수한 다음날부터 3일 이내	
익일특급	접수한 다음날	※ 제주선편 : D + 2일 (D : 우편물 접수한 날)
등기소포		
당일특급	접수한 당일 20:00 이내	

※ 특별송달 : 등기취급을 전제로 「민사소송법」 제176조의 규정에 의한 방법으로 송달하는 우편물로서 배달우체국에서 배달 결과를 발송인에게 통지하는 특수취급제도를 말하며, 빠른 송달 범주에 들어가지 않음 18. 문6 / 10. 문2

2 도서 · 산간 오지 등의 배달기한

① 교통 여건 등으로 인해 우편물 운송이 특별히 어려운 곳은 관할 지방우정청장이 별도로 배달기한을 정하여 공고

② 일반적인 배달기한 적용이 어려운 지역 선정 기준

접수 우편물 기준	접수한 그날에 관할 집중국으로 운송하기 어려운 지역
배달 우편물 기준	관할 집중국에서 배달국의 당일 배달 우편물 준비 시간 안에 운송하기 어려운 지역

③ 운송 곤란 지역의 배달 기한 계산 방법

- 접수 · 배달 우편물의 운송이 모두 어려운 곳은 각각의 필요 일수를 배달기한에 합하여 계산
- 다른 지방우정청에서 다르게 적용하도록 공고한 지역이 있는 경우에도 각각의 필요 일수를 합하여 계산

④ 배달 기한 적용의 예외 규정 : 일반우편물을 다음날까지 배달하도록 정한 규정

예외 대상
- 「신문 등의 진흥에 관한 법률」 제9조에 따라 주 5회 발행하는 일간신문
- 관보규정에 따른 관보

○ 한 줄 문제로 마무리 확인

01. 일반소포우편물의 송달기준은 접수한 다음 날부터 3일 이내이다. (　　)

02. 당일특급의 배달기한은 접수 당일 ________ 이내이다.

정답

01. ○

02. 20:00

빈출키워드 05

★★★★★

국내우편 회독 ■■■

우편서비스(1) - 통상우편물

CHECK POINT

통상우편물의 규격요건 및 외부표시(기재) 사항, 통상우편물의 규격요건 위반 시 규격외 요금

○ 기출 문제로 실력 확인

통상우편물 접수 시 규격외 요금을 징수해야 하는 우편물의 개수로 옳은 것은? 19. 문3

ㄱ. 봉투의 재질이 비닐인 우편물
ㄴ. 봉투를 봉할 때 접착제를 사용한 우편물
ㄷ. 수취인 우편번호를 6자리로 기재한 우편물
ㄹ. 누르지 않은 자연 상태에서 두께가 10mm인 우편물
ㅁ. 봉투 색상이 70% 이하 반사율을 가진 밝은 색 우편물
ㅂ. 정해진 위치에 우편요금 납부 표시를 하지 않거나, 우표를 붙이지 않은 우편물

ㅁ, ㅂ은 권장요건과 관련된 내용으로, 위반하더라도 규격외 요금이 징수되지 않음

① 1개 ② 2개 ❸ 3개 ④ 4개

ㄱ, ㄷ, ㄹ이 '봉투에 넣어 봉함하거나 포장하여 발송하는 우편물의 규격요건 및 외부 표시(기재) 사항'을 위반했으므로 규격외 취급

○ 핵심정리로 개념 확인

1 통상우편물의 종류와 발송요건

① 통상우편물의 종류 : 서신 등 의사전달물, 통화(송금통지서 포함), 소형포장우편물

② 통상우편물 발송요건 08. 문5

- 봉투에 넣어 봉함하여 발송하는 것을 원칙으로 함
  - 다만, 봉투에 넣어 봉함하기가 적절하지 않은 우편물은 우정사업본부장이 정하여 고시한 기준에 적합하도록 포장하여 발송 가능
  - 예외적으로 우정사업본부장이 발행하는 우편엽서와 사제엽서 제조 요건에 적합하게 제조한 사제엽서 및 전자우편물은 그 특성상 봉함하지 아니하고 발송 가능
  - 우편물 정기발송계약을 맺은 정기간행물은 고시에서 정하는 바에 따라 띠종이 등으로 묶어서 발송 가능

• 우편이용자는 우편물 접수 시 우편물의 외부에 다음 각 호의 사항을 표시하여 발송
 – 발송인 및 수취인의 주소, 성명과 우편번호
 – 우편요금의 납부표시

2 통상우편물의 규격요건 및 외부표시(기재) 사항 19. 문3 / 16. 문1 / 12. 문5

① 봉투에 넣어 봉함하거나 포장하여 발송하는 우편물의 규격요건 및 외부표시(기재) 사항

위반 시 규격외 취급

요건	내용
크기	• 세로(D) : 최소 90mm, 최대 130mm(허용 오차 ±5mm) • 가로(W) : 최소 140mm, 최대 235mm(허용 오차 ±5mm) • 두께(T) : 최소 0.16mm, 최대 5mm(누르지 않은 자연 상태)
모양	직사각형 형태
무게	최소 3g, 최대 50g
재질	종이(창문봉투의 경우 다른 소재로 투명하게 창문 제작)
우편번호 기재	• 수취인 주소와 우편번호(국가기초구역 체계로 개편된 5자리 우편번호)를 정확히 기재해야 하며, 일체의 가려짐 및 겹침이 없어야 함 • 수취인 우편번호 여백규격 및 위치 – 여백규격 : 상 · 하 · 좌 · 우에 4mm 이상 여백 – 기계 처리 위한 공백 공간 밖, 주소 · 성명 등 기재사항보다 아래쪽 및 수취인 기재영역 좌우 너비 안쪽의 범위에 위치(해당 영역에는 우편번호 외에 다른 사항 표시 불가) • 우편번호 작성란을 인쇄하는 경우에는 5개의 칸으로 구성하여야 함 단, 여섯자리 우편번호 작성란이 인쇄된 봉투를 이용한 통상우편물은 우편번호 숫자를 왼쪽 칸부터 한 칸에 하나씩 차례대로 기입하고 마지막 칸은 공란
표면 및 내용물	• 문자 · 도안 표시에 발광 · 형광 · 인광물질 사용 및 기계판독률을 떨어뜨릴 수 있는 배경 인쇄 불가 • 봉할 때 풀, 접착제 사용(스테이플, 핀, 리벳 등 도드라진 것 사용 불가) • 우편물의 앞 · 뒤, 상 · 하 · 좌 · 우는 완전히 봉해야 함(접착식 우편물 포함) • 특정부분 튀어나옴 · 눌러찍기 · 돋아내기 · 구멍뚫기 등이 없이 균일해야 함 ※ 종이 · 수입인지 등을 완전히 밀착하여 붙인 경우나 점자 기록은 허용
기계 처리 위한 공백 공간 (허용 오차 ±5mm)	• 앞면 : 오른쪽 끝에서 140mm×밑면에서 17mm, 우편번호 오른쪽 끝에서 20mm • 뒷면 : 왼쪽 끝에서 140mm×밑면에서 17mm

② 우정사업본부에서 발행하는 우편엽서의 규격 요건 별도로 존재

위반 시 규격외 취급

③ 통상우편물의 권장 요건 별도로 존재 19. 문3 / 12. 문5

④ 우편물의 외부표시(기재) 금지사항도 별도로 존재

- 우체국과 협의되지 않은 우편요금 표시인영은 표시 불가
- 공공의 안녕질서나 미풍양속을 저해하는 것으로 인정되는 사항은 기재 불가
- 「개인정보보호법령」에 따른 주민등록번호 등 고유식별정보는 기재 불가
- 그 밖에 「우편법령」이나 다른 법령에서 금지하는 사항

3 통상우편물의 규격외 취급 대상

① 통상우편물의 규격요건 및 외부표시(기재)사항을 위반한 경우, 통상우편물의 규격외 취급

② 우정사업본부에서 발행하는 우편엽서의 규격 요건을 위반한 경우, 우편엽서의 규격외 취급

4 제한용적 및 중량 16. 문1

최대용적	• 서신 등 의사전달물 및 통화 : 가로 · 세로 및 두께를 합하여 90cm, 원통형은 '지름의 2배'와 길이를 합하여 1m (다만, 어느 길이나 60cm를 초과할 수 없음) • 소형포장우편물 : 가로 · 세로 및 두께를 합하여 35cm 미만(서적 · 달력 · 다이어리 : 90cm), 원통형은 '지름의 2배'와 길이를 합하여 35cm 미만(단, 서적 · 달력 · 다이어리 우편물은 1m까지 허용)
최소용적(부피)	평면의 크기가 길이 14cm, 너비 9cm 이상, 원통형으로 된 것은 직경의 2배와 길이를 합하여 23cm(다만, 길이는 14cm 이상이어야 한다)
제한중량	최소 2g ~ 최대 6,000g

O 한 줄 문제로 마무리 확인

01. 봉투에 넣어 봉함하거나 포장하여 발송하는 우편물의 무게가 최소 1.27g에서 최대 50g인 경우, 규격요건을 위반한 경우이다. (　　)

02. 우편물의 표면 및 내용물은 튀어나온 부분 없이 균일하여야 함은 봉투에 넣어 봉함하거나 포장하여 발송하는 우편물의 규격요건에 해당한다. (　　)

03. 우편물의 봉투색상은 흰색 또는 밝은 색으로 해야 함은 통상우편물의 권장 요건이다. (　　)

04. 통상우편물의 최대 무게는 8,000g이다. (　　)

05. 통상우편물의 최소 부피는 평면의 길이 14cm, 너비 9cm 이상, 원통형은 '직경의 2배'와 길이를 합하여 23cm(단, 길이는 14cm 이상)이다. (　　)

정답

01. ○ 02. ○ 03. ○ 04. × 05. ○

빈출키워드

06

★★★★★

국내우편 회독 ■■■

우편서비스(2) - 소포우편물

CHECK POINT

국내소포우편물 취급조건과 접수, 우체국택배의 특징

○ 기출 문제로 실력 확인

국내소포우편물의 취급조건과 접수에 관한 설명으로 옳지 않은 것? 12. 문3

① 최대 제한중량은 30kg이다.

❷ 노트, 사진, 거래통장, 통화는 소포로 취급할 수 있다.

서신과 통화는 소포우편물의 취급대상이 아니다.

③ 접수 시 내용품을 문의하고 우편물의 포장상태를 검사한다.

④ 보통소포우편물의 표면 왼쪽 중간에 '소포' 표시를 한다.

○ 핵심 정리로 개념 확인

1 소포우편물

① 통상우편물 외의 물건을 포장한 우편물

- 20kg 이하 소포우편물 : 보편적 우편서비스
- 20kg 초과 소포우편물 : 선택적 우편서비스

② 우편물 크기에 따라서 소형포장우편물과 소포우편물로 나뉘는데, 소형포장우편물은 통상우편물로 구분하여 취급

③ 소포우편물에는 원칙적으로 서신을 넣을 수 없으나 물건과 관련이 있는 납품서, 영수증, 설명서, 감사인사 메모 등은 함께 보낼 수 있음 16. 문2

2 제한중량 및 용적

① 최대 중량 : 30kg 12. 문3

② 제한 용적(부피) 16. 문1

최대 용적	가로, 세로, 높이를 합하여 160cm 이내(다만, 어느 길이도 1m를 초과할 수 없다)
최소 용적	• 가로 · 세로 · 높이 세 변을 합하여 35cm(단, 가로는 17cm 이상, 세로는 12cm 이상) • 원통형은 '지름의 2배'와 길이를 합하여 35cm(단, 지름은 3.5cm 이상, 길이는 17cm 이상)

안심Touch

3 소포우편물의 접수

① 접수검사 12. 문3 / 08. 문5

내용품 문의	폭발물 · 인화물질 · 마약류 등의 우편금지물품의 포함 여부, 다른 우편물을 훼손시키거나 침습을 초래할 가능성 여부
의심우편물의 개피 요구	내용품에 대하여 발송인이 허위로 진술한다고 의심이 가는 경우에는 개피를 요구하고 내용품을 확인, 발송인이 개피를 거부할 때에는 접수 거절
우편물의 포장상태 검사	내용품의 성질, 모양, 용적, 중량 및 송달거리 등에 따라 송달 중에 파손되지 않고 다른 우편물에 손상을 주지 않으며 질긴 종이 등으로 튼튼하게 포장하였는지를 확인

② 요금납부

- 등기소포는 우편물의 운송수단, 배달지역, 중량, 부피 등에 해당하는 금액을 현금, 우표, 우편요금을 표시하는 증표, 「여신전문금융업법」에 따른 신용카드 또는 정보통신망을 이용한 전자화폐 · 전자결제 등으로 즉납 또는 후납으로 납부
- 우표로도 납부가 가능하며, 납부방법은 우표를 창구에 제출하거나 우편물 표면에 첩부
- 착불소포는 우편물 수취인에게 우편요금(수수료 포함)을 수납하여 세입 처리

③ 수기접수 시 표시인 날인

- 소포우편물의 표면 왼쪽 중간에는 '소포' 표시 12. 문3
- 소포우편물의 내용에 대하여 발송인에게 문의하여 확인한 후에는 우편물 표면 왼쪽 중간부분에 '내용문의 끝냄'을 표시

④ 소포번호 부여 및 바코드 라벨, 기타 안내스티커 부착

소포번호 부여는 우편물류시스템으로 접수국 일련번호로 자동으로 부여됨

- 소포번호의 표시는 등기번호, 접수국명, 중량 및 요금을 표시한 등기 번호 바코드 라벨을 우편물의 표면 왼쪽 하단에 부착
- 요금별 · 후납 등기소포는 우편물의 표면 오른쪽 윗부분에 요금별 · 후납 표시인을 날인
- 부가서비스 안내 스티커는 우편물의 품위를 유지하면서 잘 보이는 곳에 깨끗하게 부착

⑤ 등기소포와 일반소포와의 차이

구분	등기소포	일반소포
취급 방법	접수에서 배달까지의 송달과정에 대해 기록	기록하지 않음
요금납부 방법	현금, 우표첩부, 우표납부, 신용카드 결제 등	현금, 우표첩부, 신용카드 결제 등
손해배상	망실 · 훼손, 지연배달 시 손해배상청구 가능	없음
반송료	반송시 반송수수료(등기통상취급수수료) 징수	없음
부가취급서비스	가능	불가능

4 방문접수소포(우체국소포) 12. 문4

① 우체국소포 : 소포우편물 방문접수의 브랜드

※ 영문표기 : KPS(Korea Parcel Service)

② 우체국소포 종류

방문접수소포	개인고객의 방문접수 신청 시 해당 우체국에서 픽업
계약소포	사전 계약을 통해 별도의 요금을 적용하고 주기적(또는 필요시)으로 픽업

③ 방문접수 지역

- 4급 또는 5급 우체국이 설치되어 있는 시 · 군의 시내 배달구(시내지역)
- 그 외 관할 우체국장이 방문접수를 실시하는 지역

④ 이용방법

- 전화 및 인터넷우체국(www.epost.kr)을 통하여 방문접수 신청
- 소포우편물을 자주 발송하는 경우에는 정기 · 부정기 이용계약을 체결하여 별도의 전화 없이도 정해진 시간에 방문접수
- 요금수취인부담(요금 착불)도 가능

O 한 줄 문제로 마무리 확인

01. 소포우편물의 최소 부피는 가로 · 세로 · 높이 세 변을 합하여 35cm(단, 가로는 17cm 이상, 세로는 12cm 이상)이며, 원통형일 경우 '지름의 2배' 와 길이를 합하여 35cm(단, 지름은 3.5cm 이상, 길이는 17cm 이상)이다. (　　)
02. 소포우편물에는 원칙적으로 서신을 넣을 수 없으며, 물건과 관련이 있는 납품서, 영수증, 설명서 등도 함께 넣어 보낼 수 없다. (　　)
03. 발송인이 우편물 내용의 신고 또는 개봉(개피)을 거부할 때는 그 우편물을 접수하지 아니한다. (　　)

정답

01. ○
02. ×
03. ○

빈출키워드

07

★★★★★ 국내우편 회독 ■■■

국내우편물의 부가서비스(1)

CHECK POINT

등기취급제도, 선납 라벨 서비스, 보험취급_유가증권등기, 외화등기 등

○ 기출 문제로 실력 확인

국내우편의 특수취급제도에 대한 설명으로 옳은 것은? 〈변형〉 14. 문1

❶ 내용증명의 내용문서는 한글이나 한자 또는 그 밖의 외국어로 자획을 명확하게 기록한 문서에 한정하여 취급한다.

② 보험통상은 등기취급을 전제로 하지 않는다.
전제로 한다.

③ 특별송달이란 등기취급을 전제로 「우편법」이 정하는 방법에 따라 송달하는 우편물로서, 배달결과를 발송인에게 통지하는 제도이다.
「민사소송법」 제176조의 규정에 의한 방법

④ 보험소포는 통상우편물을 배달하는 특수취급제도이다.
소포우편물

○ 핵심 정리로 개념 확인

1 등기취급

① 등기취급제도

- 우편물의 접수에서 배달까지의 모든 취급과정을 기록하며, 만일 우편물이 취급 도중에 망실되거나 훼손된 경우 그 손해를 배상하는 제도로서 우편물 부가취급의 기본 서비스
  다른 여러 특수취급을 위해서는 기본적으로 등기취급이 되어야만 함
- 보험취급이나 내용증명, 배달증명, 특급취급, 그 밖의 부가취급 우편물 등 고가의 물품을 송달하거나 공적증명을 요구하는 물품 송달에 유리

② 계약등기 서비스 21. 문1

- 등기취급을 전제로 우체국장과 발송인과 별도의 계약에 따라 접수한 통상우편물을 배달하고, 그 배달결과를 발송인에게 전자적 방법 등으로 알려주는 부가취급제도

일반형 계약등기	• 등기취급을 전제로 부가취급서비스를 선택적으로 포함하여 계약함으로써, 고객이 원하는 우편서비스 제공하는 상품 • 한 발송인이 1회에 500통 이상, 월 10,000통 이상(두 요건 모두 충족) 발송하는 등기통상 우편물 • 요금체계 : 통상요금 + 등기취급수수료 + 부가취급수수료 (*통상우편요금 : 현행 무게별 요금체계 적용) 「우편법」 제2조 제3항에서 "대통령령으로 정하는 통상우편요금"이란 제12조에 따라 고시한 통상우편물요금 중 중량이 5g 초과 25g 이하인 규격우편물의 일반우편요금을 말한다(「우편법 시행령」 제3조의2).
맞춤형 계약등기	• 등기취급을 전제로 신분증류 등 배달 시 특별한 관리나 서비스가 필요한 우편물로 표준요금을 적용하는 상품 • 1회, 월 발송물량 제한 없음 • 취급상품과 요금에 대해 과학기술정보통신부장관이 고시 • 요금체계 : 표준요금 + 중량 구간별 요금 + 부가취급수수료 (*표준요금 : 상품별 서비스 수준에 맞추어 과학기술정보통신부장관 고시로 정한 요금)

※ 부가취급서비스 : 착불배달, 회신우편, 본인지정배달, 우편주소 정보제공, 반환취급 사전 납부

일반형 계약등기 우편물이 대상이며, 우편물 접수 시 우편요금 반환율을 적용한 반환취급수수료를 합산하여 납부

③ 선납 라벨 서비스

- 선납 라벨을 우체국 창구 등에서 구매하여 첩부하면 창구 외(우체통, 무인접수기)에서도 등기우편물을 접수 가능
- 선납 등기 라벨, 선납 준등기 라벨, 선납 일반통상 라벨로 구분
- 공통사항
  - 판매채널 : 전국 우체국 우편창구(별정우체국, 우편취급국 포함)
  - 사용권장기간 : 구입 후 1년 이내 사용 ← 사용권장기간 경과로 인쇄상태가 불량하거나 라벨지 일부 훼손 등으로 사용이 어려운 경우 동일한 발행번호와 금액으로 재출력(교환) 가능
  - 선납 라벨 훼손 정도가 심각하여 판매정보(발행번호, 바코드 등)의 식별이 불가능한 경우에는 재출력(교환) 불가
  - 선납 라벨로 접수된 우편물 취소 시, 선납 라벨 재출력 후 교부
  - 선납 라벨 구매 고객이 취소를 요청하는 경우 구매 당일에 한해 판매우체국에서만 환불 처리 가능(우표류 판매취소 프로세스 적용)
  - 우편물 접수 시 우편요금 보다 라벨금액이 많은 경우 잉여금액에 대한 환불은 불가
  - 미사용 선납 일반통상 라벨에 한해 2매 이상으로 라벨 분할을 요구할 경우 라벨가액 범위에서 분할 발행 가능

2 보험취급 10. 문4

① 보험취급 우편물의 종류

보험통상	통화등기, 물품등기, 유가증권등기, 외화등기
보험소포	안심소포

② 보험통상 14. 문1

통화등기	• 우편을 이용해서 현금을 직접 수취인에게 배달하는 제도로, 취급 중 분실 시 통화등기 금액 전액 변상 • 취급대상 : 강제 통용력이 있는 국내통화에 한정
물품등기	• 귀금속, 보석, 옥석, 그 밖의 귀중품이나 주관적으로 가치가 있다고 신고하는 것을 보험등기 봉투에 넣어 수취인에게 직접 송달, 취급 중 망실 또는 훼손한 경우 표기금액을 배상 • 물품 가액은 발송인이 정하며, 취급 담당자는 관여할 필요가 없음
유가증권등기	현금과 교환할 수 있는 우편환증서나 수표 따위의 유가증권을 보험등기봉투에 넣어 직접 수취인에게 송달하는 서비스로, 망실 또는 훼손 시 봉투 표면에 기록된 금액 배상
외화등기	• 우체국과 금융기관과의 계약을 통해 외국통화(현물)를 고객에게 직접 배달하는 맞춤형 우편서비스 • 맞춤형 계약등기(보험취급 + 본인지정 + 익일특급) • 이용방법 : 금융기관과의 계약을 통하여 외화현금을 접수 · 배달 • 취급 금액 : 최소 10만 원 이상 150만 원 이하(원화 환산 시 기준, 지폐만 가능) • 적용요금 : 표준요금 통당 10,000원 (※ 중량구간별 요금 미적용, 과금에 의한 반송 등을 모두 포함한 금액) [접수 · 배달] • 접수우체국 : 계약에 따라 지정된 우체국 • 배달우체국 : 전국 우체국(익일특급 배달 불가능 지역은 제외함)

③ 보험소포(안심소포) : 고가의 상품 등 등기소포우편물을 대상으로 하며, 손해가 생기면 해당보험가액을 배상하여 주는 부가취급제도

(고가의 상품 등: 그 취급에 특히 유의할 필요가 있는 물품과 파손, 변질 등의 우려가 있는 물품)

- 안심소포의 가액은 300만 원 이하의 물건에 한정하여 취급하며 10원 미만의 단수를 붙일 수 없음
- 귀금속, 보석류 등의 소형포장우편물은 물품등기로 접수하도록 안내

○ 한 줄 문제로 마무리 확인

01. 보험등기봉투를 이용하여 우편환증서, 수표 등을 배달하는 특수취급제도는 ______________이다.

02. 발행번호 등이 부여된 ______________을 우체국 창구 등에서 구매하여 첩부하면 창구 외(우체통, 무인접수기)에서도 등기우편물을 접수 가능하다.

03. 보험취급에는 통화등기, 물품등기, 유가증권등기, 외화등기가 있다. (　　)

정답

01. 유가증권등기
02. 선납 라벨
03. ○

빈출키워드

08

★★★★★

국내우편 회독 ■■■

국내우편물의 부가서비스(2)

CHECK POINT

증명취급_내용증명, 당일특급, 익일특급, 특별송달, 민원우편

○ 기출 문제로 실력 확인

국내우편물의 부가서비스에 관한 설명으로 옳지 않은 것은? 〈변형〉 10. 문4

❶ 국내특급우편은 전국을 취급지역으로 하여 통상의 송달 방법보다 더 빠르게 송달한다.

익일특급의 경우, 전국을 취급지역으로 하지만, 당일특급의 경우 관할 지방우정청장이 지정 고시하는 지역에 한정하여 취급한다.

② 보험취급 우편물의 종류에는 보험통상과 보험소포가 있다.

③ 증명취급에는 내용증명과 배달증명이 있다.

④ 특별송달은 등기취급을 전제로 다른 법령에 따라 「민사소송법」이 정하는 방법으로 송달하여야 하는 서류를 내용으로 하는 등기통상우편물을 송달하고 송달 사실을 발송인에게 알려준다.

○ 핵심 정리로 개념 확인

1 증명취급 10. 문4

① 내용증명 : 발송인이 수취인에게 어떤 내용의 문서를 언제 발송하였다는 사실을 우편관서가 공적으로 증명해 주는 우편서비스 18. 문3 / 14. 문1

- 우편관서는 내용과 발송 사실만 증명, 그 사실만으로 법적효력이 발생됨은 아님에 주의
- 내용문서는 한글 · 한자 또는 그 밖의 외국어로 자획을 명확하게 기록한 문서에 한정하여 취급
- 내용증명의 발송인은 내용문서의 원본과 그 등본 2통을 제출해야 함(발송인에게 등본이 필요하지 않은 경우에는 등본 1통만 제출 가능, 우체국 보관 등본 여백에 "발송인 등본 교부 않음"이라고 표시)
- 동문내용증명 우편물은 각 수취인의 주소와 이름을 전부 기록한 등본 2통과 각 수취인 앞으로 발송할 내용문서의 원본을 함께 제출하여야 함

  문서의 내용은 같으나 2인 이상의 각기 다른 수취인에게 발송하는 내용증명우편물
- 내용문서의 원본이나 등본의 문자나 기호를 정정 · 삽입 · 삭제한 경우에는 정정 · 삽입 · 삭제한 문자와 정정 · 삽입 · 삭제한 글자 수를 난외나 끝부분 빈 곳에 적고 그곳에 발송인의 인장 또는 지장을 찍거나 서명. 이 경우, 고치거나 삭제한 문자나 기호는 명료하게 알아볼 수 있도록 하여야 함

- 내용증명우편물의 내용문서의 원본과 등본에 기록한 발송인과 수취인의 주소 · 성명은 우편물의 봉투에 기록한 것과 같아야 함(다만, 동문내용증명 우편물인 경우 각 수취인의 주소 · 성명을 전부 기록한 등본은 예외)
- 다수인이 연명으로 발송하는 내용문서의 경우 그 발송인들 중 1인의 이름, 주소만을 우편물의 봉투에 기록
- 내용증명 취급수수료는 글자 수나 행 수와는 관계없이 A4 용지규격을 기준으로 내용문서(첨부물 포함)의 매수에 따라 계산
- 내용문서의 원본과 등본의 작성은 양면을 사용하여 작성할 수 있으며, 양면에 내용을 기록한 경우에는 2매로 계산

② 배달증명 : 수취인에게 우편물을 배달하거나 교부한 경우 그 사실을 배달우체국에서 증명하여 발송인에게 통지하는 부가취급 우편 서비스

2 특급취급

① 국내특급 : 등기취급을 전제로 국내특급우편 취급지역 상호간에 수발하는 긴급한 우편물을 통상의 송달 방법보다 더 빠르게 송달하기 위하여 접수된 우편물을 약속한 시간 내에 신속히 배달하는 특수취급제도

② 국내특급의 특징 : 지정된 우체국에서만 접수 가능, 일반우편물과 구별하여 운송, 약속시간 내에 배달

③ 취급조건
- 등기 취급하는 우편물에 한해 취급
- 통상우편물 및 소포우편물의 제한 무게는 30kg까지(단, 당일특급 소포우편물은 20kg)

④ 국내특급 배달기한 및 취급지역

당일특급	• 접수시간 : 행선지별로 고시된 접수마감시간 • 배달기한 : 접수한 날 20시 이내 • 서울시와 각 지방 주요도시 및 지방 주요 도시를 기점으로 한 지방 도시에서 지역 내로 가는 우편물로서 관할 지방우정청장이 지정 고시하는 지역에 한정함 • 다만, 행정자치부의 시 · 군 통합에 따라 기존 국내특급우편 취급 지역 중 광역시의 군지역과 도농복합형태 시의 읍 · 면 지역은 배달이 불가능하여 취급을 제한
익일특급	• 접수시간 : 접수우체국의 그날 발송 우편물 마감시간 • 배달시한 : 접수한 다음 날까지 • 전국을 취급지역으로 하되, 접수 다음 날까지 배달이 곤란한 지역에 대해서는 별도의 추가 일수와 사유 등을 고시 • 익일특급의 배달기한에 토요일과 공휴일(일요일)은 포함하지 않음 익일특급은 금요일에 접수하더라도 토요일 배달대상 우편물에서 제외되므로 다음 영업일에 배달됨을 이용자에게 설명

3 그 밖의 부가취급 21. 문2

① 특별송달 : 「민사소송법」의 규정에 의한 방법으로 송달하는 우편물로서 배달우체국에서 배달결과를 발송인에게 통지하는 부가취급서비스 14. 문1 / 10. 문4 / 08. 문2
- 법원에서 발송하는 것
- 특허청에서 발송하는 것

- 「군사법원법」에 따라 발송하는 군사재판절차에 관한 서류
- 국제심판소, 소청심사위원회 등 준사법기관에서 관계규정에 의하여 발송하는 재결절차에 관한 서류
- 공증인이 「공증인법」에 따라 발송하는 공정증서의 송달(「공증인법」 제56조의 5)서류
- 병무청에서 「민사소송법」 제187조에 따라 송달하도록 명시한 서류
- 선관위에서 「민사소송법」 제187조에 따라 송달하도록 명시한 서류
- 검찰청에서 「민사소송법」 제187조에 따라 송달하도록 명시한 서류
- 그 밖의 다른 법령에서 특별송달로 하도록 명시된 서류

② 민원우편 : 일상생활에 필요한 각종 민원서류를 관계기관에 직접 나가서 발급받는 대신 우편이나 인터넷으로 신청하고, 발급된 민원서류를 등기취급하여 민원우편 봉투에 넣어 일반우편물보다 우선하여 송달하는 부가취급 서비스

- 민원우편의 송달에 필요한 왕복우편요금과 민원우편 부가취급수수료를 접수(발송)할 때 미리 받음
- 우정사업본부 발행 민원우편 취급용봉투(발송용, 회송용) 사용
- 민원발급 수수료와 회송할 때의 민원발급 수수료 잔액을 현금으로 우편물에 봉입 발송 허용
- 우정사업본부장이 정하여 고시하는 민원서류에 한정하여 취급

③ 착불배달 우편물 : 등기취급 소포우편물과 계약등기우편물 등의 요금을 발송인이 신청할 때 납부하지 않고 우편물을 배달받은 수취인이 납부하는 제도

○ 한 줄 문제로 마무리 확인

01. 내용문서의 원본과 등본은 양면으로 작성할 수 있다. (　　)
02. 우체국에서 내용증명을 발송한 사실만으로 법적 효력이 발생한다. (　　)
03. 내용증명은 수취인에게 우편물을 배달하거나 교부한 경우, 그 사실을 배달 우체국에서 증명하여 발송인에게 통지하는 제도이다. (　　)
04. 내용문을 정정한 경우 '정정' 글자를 여유 공간이나 끝부분 빈 곳에 쓰고 발송인의 인장이나 지장을 찍어야 한다. 다만, 발송인이 외국인일 경우에 한하여 서명을 할 수 있다. (　　)
05. 「민사소송법」의 규정에 의한 방법으로 송달하는 우편물로서 배달우체국에서 배달결과를 발송인에게 통지하는 부가취급서비스는 ______________이다.

정답

01. ○
02. ×
03. ×
04. ×
05. 특별송달

빈출키워드

09

★★★★★

국내우편 회독 ■■■

그 밖의 우편서비스

CHECK POINT

우체국쇼핑, 인터넷우표, 모사전송(팩스) 우편 서비스, 우체국 축하카드

○ 기출 문제로 실력 확인

우편 서비스에 대한 설명으로 옳은 것을 모두 고른 것은? 18. 문4

ㄱ. 인터넷우표는 반드시 수취인 주소가 있어야 한다.

ㄴ. 민원우편은 우정사업본부장이 정하여 고시하는 민원서류에 한정하여 취급한다.

ㄷ. 우체국축하카드는 배달증명, 내용증명, 상품권 동봉서비스, 예약배달 서비스의 취급이 가능하다.
내용증명은 불가능

ㄹ. 모사전송 우편 서비스의 이용 수수료는 내용문 최초 1매 500원, 추가 1매당 200원이며, 복사비는 무료이다.
복사비는 1장당 50원

❶ ㄱ, ㄴ ② ㄱ, ㄷ ③ ㄴ, ㄹ ④ ㄷ, ㄹ

○ 핵심 정리로 개념 확인

1 우체국쇼핑

전국 각 지역에서 생산되는 특산품과 중소기업 우수 제품을 우편망을 이용해 주문자나 제삼자에게 직접 공급하여 주는 서비스(꽃배달 서비스 포함)

2 전자우편 서비스

① 고객이 우편물의 내용문과 발송인 · 수신인 정보를 전산매체에 저장하여 우체국에 접수하면 내용문 출력과 봉투제작
정부, 지자체, 기업체, 개인 등
등 우편물 제작에서 배달까지 전 과정을 우체국이 대신하여 주는 서비스

② 편지, 안내문, DM우편물을 빠르고 편리하게 보낼 수 있는 서비스

3 기타 부가서비스 18. 문4 / 10. 문3

월요일 배달 일간신문	토요일 자 발행 조간신문과 금요일 자 발행 석간신문을 다음주 월요일에 배달(월요일이 공휴일인 경우 다음 영업일)하는 일간신문
모사전송(팩스) 우편 서비스	• 우체국에서 신서, 서류 등의 통신문을 접수하여 전자적 수단(FacSimile)으로 수취인 모사전송기기(팩스)에 직접 전송하는 제도 • 최초 1매 500원, 추가 1매 200원, 복사비 1장 당 50원
광고우편엽서	우편엽서에 광고내용을 인쇄하여 광고주가 원하는 지역에서 판매하는 제도
나만의 우표	개인의 사진, 기업의 로고 · 광고 등 고객이 원하는 내용을 신청받아 우표를 인쇄할 때 비워놓은 여백에 컬러복사를 하거나 인쇄하여 신청고객에게 판매하는 IT기술을 활용한 신개념의 우표 서비스
고객맞춤형 엽서	우편엽서에 고객이 원하는 그림 · 통신문과 함께 발송인과 수취인의 주소 · 성명, 통신문 등을 인쇄하여 발송까지 대행해 주는 서비스
우체국 축하카드	• 축하 · 감사의 뜻이 담긴 축하카드를 한국우편사업진흥원(위탁 제작처) 또는 배달우체국에서 만들어 수취인에게 배달하는 서비스 • 접수 : 우체국 창구, 인터넷우체국(epost.kr), 모바일앱, 우편고객만족센터(1588-1300)(단, 현품 판매의 경우 우편집중국 및 우편취급국 제외) • 부가할 수 있는 서비스 - 등기통상, 당일특급, 익일특급, 배달증명 서비스 - 상품권 동봉서비스 : 경조카드와 함께 20만 원 한도 내에서 문화상품권을 함께 발송 가능 - 예약배달 서비스 : 예약 신청한 날짜에 배달(예약배달일은 접수한 날부터 영업일 기준 3일 이후부터 13개월 이내이며, 당일특급 · 익일특급 · 배달증명은 예약배달 서비스가 되지 않음)
인터넷우표	인터넷우체국을 이용하여 우편요금을 지불하고 본인의 프린터에서 직접 우표를 출력하여 사용하는 서비스
준등기우편	우편물의 접수에서 배달 전(前)단계까지만 등기우편으로 취급

인터넷우표는 고객편의 제고와 위조, 변조를 방지하기 위하여 단독으로 사용할 수 없으며 수취인 주소가 함께 있어야 함

○ 한 줄 문제로 마무리 확인

01. 개인의 사진, 기업의 로고 · 광고 등 고객이 원하는 내용을 신청받아 우표를 인쇄할 때 비워놓은 여백에 컬러복사를 하거나 인쇄하여 신청고객에게 판매하는 서비스는 ____________이다.

02. 전국 우체국을 통해 농 · 어촌 특산품 등을 저렴하게 구입할 수 있는 서비스는 ____________이다.

정답

01. 나만의 우표

02. 우체국 쇼핑

빈출키워드 10

★★★★

국내우편 회독 ■■■

우편사서함

CHECK POINT

우편사서함 사용계약, 우편사서함 사용계약 해지, 사서함의 관리

○ 기출 문제로 실력 확인

우편사서함에 대한 설명으로 옳지 않은 것을 모두 고른 것은? 〈변형〉 19. 문4

ㄱ. 사서함에 배달된 우편물을 정당한 사유 없이 30일 이상 수령하지 않을 때에는 사서함 사용계약을 해지해야 한다.

해지할 수 있다.

ㄴ. 사서함 번호와 주소가 함께 기록된 우편물 중 당일특급, 특별송달, 보험취급, 맞춤형 계약등기, 등기소포 우편물은 주소지에 배달해야 한다.

사서함 번호와 주소가 함께 기록된 우편물은 사서함에 넣을 수 있으며, 당일특급, 특별송달, 보험취급, 맞춤형 계약등기 우편물은 주소지에 배달한다. 등기소포 우편물은 단서에 해당하지 않는다.

ㄷ. 사서함 신청을 받은 우체국장은 국가기관, 지방자치단체, 일일 배달 예정 물량이 100통 이상인 다량 이용자, 우편물 배달 주소지가 사서함 설치 우체국의 관할구역인 신청자 순서로 우선 계약해야 한다.

계약할 수 있다.

① ㄱ ② ㄴ, ㄷ ③ ㄱ, ㄷ ❹ ㄱ, ㄴ, ㄷ

○ 핵심 정리로 개념 확인

1 우편사서함

① 신청인이 우체국장과 계약을 하여 우체국의 우편함에서 우편물을 직접 찾아가는 서비스

② 우편물을 다량으로 받는 고객이 우편물을 수시로 찾아갈 수 있음

수취인 주거지나 주소변경에 관계없이 이용 가능

2 우편사서함 사용계약

① 우편사서함의 사용계약을 하려는 사람은 계약신청서와 등기우편물 수령을 위한 본인과 대리수령인의 서명표를 우체국에 제출

주소 · 성명 등을 기록

- 우편물 수령을 위한 서명표를 받고 우체국에 우편물 수령인으로 신고한 사람의 인적사항과 서명 이미지를 우편물류시스템에 등록하고 관리해야 함
- 법인, 공공기관 등 단체의 우편물 수령인은 5명까지 등록 가능하며 신규 개설할 때나 대리수령인이 바뀐 때는, 미리 신고할 경우에만 가능

② 사서함을 2인 이상 공동으로 사용할 수 없음 16. 문4

③ 신청을 받은 우체국장은 국가기관, 지방자치단체, 일일 배달 예정물량이 100통 이상인 다량이용자, 우편물 배달 주소지가 사서함 설치 우체국의 관할구역인 신청자 순서로 우선 계약을 할 수 있음 19. 문4

④ 사서함 관리를 위해 필요한 경우 신청인(사서함 사용 중인 사람 포함)의 주소, 사무소나 사업소의 소재지를 확인할 수 있음

3 우편사서함 해지 및 관리

① 사서함에 배달된 우편물을 정당한 사유 없이 30일 이상 수령하지 않는 등의 경우 사서함 사용계약 해지 가능 19. 문4 / 14. 문4

② 사서함 사용자가 사서함의 사용을 해지하려할 때에는 해지예정일 10일 전까지 해지예정일 및 계약을 해지한 후의 우편물 수취장소 등을 기록하여 계약우체국에 통보

열쇠의 반납은 불필요

③ 사서함의 관리 : 사서함을 운영하고 있는 관서의 우체국장은 연 2회 이상 운영 실태를 점검하고 사용계약 해지 대상자 등을 정비

○ 한 줄 문제로 마무리 확인

01. 우편사서함은 2인 이상이 공동으로 사용할 수 있고, 법인, 공공기관 등 단체의 우편물 수령인은 10명까지 등록할 수 있다. (　　)
02. 우편물을 다량으로 받는 고객은 우편물을 정해진 날짜에 찾아갈 수 있으며, 수취인 주거지나 주소변경이 있을 경우에는 이용할 수 없다. (　　)
03. 우편사서함의 사용계약을 하려는 사람은 계약신청서와 등기우편물 수령을 위하여 본인과 대리수령인의 서명표를 우체국에 제출하면 된다. (　　)

정답

01. × 02. × 03. ○

안심Touch

빈출키워드

11

★★★★★

우편요금

국내우편 회독 ■■■

CHECK POINT

요금별납, 요금후납, 우편요금 체납 금액, 요금 수취인부담의 취급 대상

○ 기출 문제로 실력 확인

국내 우편요금 제도에 대한 설명으로 옳은 것은? 18. 문5

① 요금별납은 우편요금이 같고 동일인이 한 번에 발송하는 우편물로 최소 접수 통수에는 제한이 없다.

'통상우편물 10통 이상, 소포우편물 10통 이상'으로 최소 접수 통수의 제한이 있다.

② 우편요금 체납 금액은 국세징수법에 따른 체납 처분의 예에 따라 징수하되 연체료는 가산하지 않는다.

'연체료를 가산하여' 징수한다.

❸ 요금수취인부담의 취급 대상은 통상우편물, 등기소포우편물, 계약 등기이며 각 우편물에 부가서비스를 취급할 수 있다.

④ 요금후납은 1개월간 발송 예정 우편물의 요금에 해당하는 금액을 담보금으로 제공하고, 1개월간의 요금을 다음달 20일까지 납부하는 제도이다. 요금액의 2배'에 해당하는 금액을 담보금으로 제공

○ 핵심 정리로 개념 확인

1 우편요금 별납우편물 21. 문9 / 18. 문5 / 16. 문3 / 14. 문2

① 개념 : 우편물의 종류, 중량, 우편요금 등이 같고 동일인이 동시에 다량으로 발송할 경우, 우편물 표면에 '요금별납'의 표시만을 하고, 요금은 일괄하여 현금(신용카드 결제 등 포함)으로 별도 납부하는 제도

② 취급조건

- 취급기준 : 10통 이상의 통상우편물 또는 소포우편물(※ 동일한 10통 이상의 우편물에 중량이 다른 1통의 우편물이 추가되는 경우에도 별납으로 접수 가능)
- 발송인이 우편물 표면에 '요금별납'을 표시

  발송인이 요금별납 표시를 하지 않은 경우 라벨증지를 출력하여 붙이거나, 우체국에 보관된 요금별납 고무인을 사용하여 표시
- 관할 지방우정청장이 별납우편물을 접수할 수 있도록 정한 우체국이나 우편취급국에서 이용

2 우편요금 후납우편물 21. 문9 / 18. 문5 / 16. 문3

① 개념 : 우편물 발송 시 요금을 납부하지 않고 1개월간 발송 예정 우편요금액의 2배에 해당하는 금액을 담보금으로 제공받고 1개월간의 요금을 다음달 20일까지 납부하는 제도

② 취급대상 : 한 사람이 매월 100통 이상 발송하는 통상 · 소포우편물, 모사전송(팩스) 우편물, 전자우편, 우편요금표시기 사용 우편물, 우편요금 수취인부담 우편물, 반환우편물 중에서 요금후납으로 발송한 등기우편물, 발송우체국장이 정한 조건에 맞는 국가 또는 지방자치단체 우편물, 우체통에서 발견된 습득물 중 우편물에서 이탈된 것으로 인정되지 않는 주민등록증

③ 요금후납 계약 담보금 면제대상

- 1/2 면제 대상 : 최초 계약한 날부터 체납하지 않고 2년간 성실히 납부한 사람
- 전액 면제 대상 : 국가, 지방자치단체, 공공기관, 「은행법」에 따른 금융기관과 특별법에 따라 설립된 공공기관, 최초 후납계약일부터 체납하지 않고 4년간 성실히 납부한 사람 등

④ 요금후납 계약국 변경 신청 제도 : 계약자가 다른 우체국으로 계약국을 변경하는 제도

3 요금수취인부담 우편물 18. 문5 / 16. 문3 / 14. 문2

① 개념 : 배달우체국장(계약등기와 등기소포는 접수우체국장)과의 계약을 통해 그 우편요금을 발송인에게 부담시키지 않고 수취인 자신이 부담하는 제도

② 취급 방법

- 취급대상 : 통상우편물, 등기소포우편물, 계약등기이며, 각 우편물에 부가서비스도 취급 가능
- 발송 유효기간은 요금수취인부담 계약일로부터 2년이 원칙(단, 국가기관, 지방자치단체 또는 정부투자기관에 있어서는 발송유효기간을 제한하지 아니할 수 있음)

4 우편요금 감액

① 우편이용의 편의와 우편물의 원활한 송달을 확보할 수 있는 방법으로 발송하는 다량의 우편물에 대하여 그 요금 등의 일부를 감액할 수 있음

② 우편요금 감액 대상 : 서적 우편물, 다량 우편물, 상품광고 우편물, 정기간행물, 비영리민간단체 우편물, 국회의원 의정활동 보고서, 상품안내서(카탈로그) 우편물에서 각 조건에 부합될 경우

- 서적우편물에서, 상품의 선전 및 광고가 전지면의 10%를 초과하는 것은 감액대상에서 제외함
- 상품안내서(카달로그) 우편물에서, 우편물 1통의 무게는 1,200g을 초과할 수 없으며, 추가 동봉물은 상품안내서(카탈로그)의 무게를 초과하지 못함

③ 창구접수 및 방문접수 소포우편물의 감액 21. 문3

- 감액대상 : 창구접수(등기소포) · 방문접수 우편요금(부가취급수수료 제외)

  접수정보를 고객이 사전에 제공시에만 적용

- 감액접수 대상관서 : 전국 모든 우편관서(우편취급국 포함)
- 요금감액 범위

구분		3%	5%	10%	15%
창구접수	요금즉납	1~2개	3개 이상	10개 이상	50개 이상
	요금후납	-	70개 이상	100개 이상	130개 이상
방문접수	접수정보 사전연계	개당 500원 감액 (접수정보 입력, 사전결제, 픽업장소 지정 시)			
분할접수		중량 20kg 초과 소포 1개를 2개로 분할하여 접수할 경우 2,000원 감액 ※ 동일 시간대, 동일 발송인, 동일 수취인이고, 분할한 소포 1개의 무게는 10kg을 초과할 것			

5 우편요금 등의 반환청구 14. 문2

반환사유 및 반환범위	청구기간
과다 징수한 우편요금 등 우편관서의 잘못으로 너무 많이 징수한 우편요금 등	해당우편요금 등을 납부한 날부터 60일
부가취급을 하지 아니한 경우의 그 부가취급수수료	해당우편요금 등을 납부한 날부터 60일
사설우체통 사용계약을 해지하거나 해지시킨 경우의 납부수수료 잔액	해지한 날부터 30일
납부인이 우편물을 접수한 후 우편관서에서 발송이 완료되지 아니한 우편물의 접수를 취소한 경우	우편물 접수 당일

○ 한 줄 문제로 마무리 확인

01. 요금수취인부담 우편물의 취급대상은 통상우편물, 등기소포 우편물, 계약등기이다. (   )
02. 한 사람이 매월 100통 이상 보내는 통상 · 소포우편물은 우편요금 후납우편물의 취급 대상이다. (   )
03. 우편요금을 별납할 수 있는 우편물은 10통 이상의 통상우편물에 한한다. (   )
04. 요금수취인부담 우편물의 발송 유효기간은 요금수취인부담 계약일로부터 2년이 원칙이다. (   )
05. 국가 또는 지방자치단체에서 발송하는 우편물은 발송우체국장이 후납조건을 따로 정할 수 있다. (   )
06. 우편관서의 과실로 인하여 과다 징수한 우편요금의 반환 청구기간은 우편요금을 납부한 날로부터 ________ 일이다.

정답

01. ○ 02. ○ 03. × 04. ○ 05. ○ 06. 60

빈출키워드 12

★★★★★ 국내우편 회독 ■■■

손해배상 및 손실보상

CHECK POINT

손해배상의 범위 및 금액, 손실보상제도, 이용자 실비지급제도

○ 기출 문제로 실력 확인

국내통상 당일특급우편물이 접수한 다음날 14시에 지연배달 되었을 경우 지연배달에 대한 배상금액의 종류로 옳은 것은? 14. 문3

① 등기취급 수수료

❷ 국내특급 수수료

③ 우편요금 및 등기취급 수수료

④ 우편요금 및 국내특급 수수료

> 국내통상 당일특급우편물이 접수한 다음날 0~20시 전까지 지연배달되었을 경우 지연배달에 대한 배상금액은 국내특급 수수료이며, 다음날 20시 이후 지연배달되었을 경우 우편요금과 국내특급 수수료가 지연배달에 대한 배상금액임

○ 핵심 정리로 개념 확인

1 국내우편물의 손해배상제도

① 개념 : 우편관서가 고의나 잘못으로 취급 중인 국내우편물에 끼친 재산적 손해에 대해 물어 주는 제도

② 손해배상의 범위 및 금액 21. 문4 / 14. 문3 / 08. 문3

구분			손실, 분실(최고)	지연배달
통상	일반		없음	없음
	준등기		5만 원	없음
	등기취급		10만 원	D+5일 배달분부터 : 우편요금과 등기취급 수수료
	국내특급	당일특급	10만 원	• D+1일 0시~20시까지 배달분 : 국내특급 수수료 • D+1일 20시 이후 배달분 : 우편요금과 국내특급 수수료
		익일특급	10만 원	D+3일 배달분부터 : 우편요금 및 국내특급 수수료
소포	일반		없음	없음
	등기취급		50만 원	D+3일 배달분부터 : 우편요금 및 등기취급 수수료
	국내특급	당일특급	50만 원	• D+1일 0시~20시까지 배달분 : 국내특급 수수료 • D+1일 20시 이후 배달분 : 우편요금과 국내특급 수수료

③ 손해배상의 청구권자 : 우편물의 발송인 또는 발송인의 승인을 얻은 수취인

④ 손해배상의 청구절차 : 우편물 수취거부와 손해 신고 접수 → 신고 사실의 검사 → 손해검사조서 작성 및 등록 → 손해배상 결정 → 우편물의 처리

⑤ 손해배상 청구권은 우편물을 발송한 날로부터 1년임

다만, 손해배상 결정서를 받은 청구인은 우편물을 받은 날부터 5년 안에 배상액 청구 가능. 그 이후에는 시효로 인해 권리 소멸

2 손실보상제도

① 손실보상 등의 범위

- 우편업무를 수행중인 운송원 · 집배원과 항공기 · 차량 · 선박 등이 통행료를 내지 않고 도로나 다리를 지나간 경우
- 우편업무를 수행 중에 도로 장애로 담장 없는 집터, 논밭이나 그 밖의 장소를 통행하여 생긴 손실에 대한 보상을 피해자가 청구하는 경우
- 운송원의 도움을 받은 경우 도와준 사람에게 보상

② 손실보상 청구 : 도와준 사람에게 줄 보수나 손실보상을 청구할 때에는 청구인의 주소, 성명, 청구사유, 청구금액을 적은 청구서를 운송원 등이 소속하고 있는 우체국장을 거쳐 관할 지방우정청장에게 제출

그 사실이 있었던 날부터 1년 이내에 청구

③ 보수 및 손실보상금액의 산정

- 청구인이 입은 희생 및 조력의 정도에 따라 다음 기준에 의하여 판단한 금액으로 결정
  - 「우편법」 제4조 제1항에 의한 조력자의 경우에는 일반노무비, 교통비, 도움에 소요된 실비
  - 「우편법」 제5조의 택지나 전답을 통행한 경우에는 그 보수비나 피해를 입은 당시의 곡식 등의 가액
  - 도선이나 유료 도로 등을 통행한 경우에는 그 도선료나 통행료
  - 운송의 편의를 위하여 시설을 제공한 경우에는 그 보관료나 주차료 등
- 보수와 손실보상금액은 현금으로 일시불 지급

④ 손실보상 등 결정에 대한 불복 : 그 통지를 받은 날부터 3개월 이내에 소송 제기 가능

3 이용자 실비지급제도 12. 문1

① 개념 : 우정사업본부장이 공표한 기준에 맞는 우편서비스를 제공하지 못할 경우에 예산의 범위에서 교통비 등 실비의 전부나 일부를 지급하는 제도

- 부가취급 여부 · 재산적 손해 유무를 요건으로 하지 않고 실비를 보전하는 점에서 손해배상과 성질상 차이가 있음

② 지급조건 및 지급액

- 사유가 발생한 날부터 15일 이내에 해당 우체국에 신고
- 지급 여부 결정 : 이용자가 불친절한 안내 때문에 2회 이상 우체국을 방문하였다고 문서, 구두, 전화, e-mail 등으로 신고한 경우에는 해당부서 책임자가 신고내용을 민원처리부 등을 참고하여 신속히 지급 여부 결정(무기명 신고자는 제외)

- 실비지급 제한 : 우편서비스 제공과 관계없이 스스로 우체국을 방문한 때
- 이용자 실비지급제도의 범위와 지급액

구분	지급 사유	실비 지급액
모든 우편	우체국 직원의 잘못이나 불친절한 응대 등으로 2회 이상 우체국을 방문하였다고 신고한 경우	1만 원 상당의 문화상품권 등 지급
EMS	종 · 추적조사나 손해배상을 청구한 때 3일 이상 지연 응대한 경우	무료발송권(1회 3만 원권)
	한 발송인에게 월 2회 이상 손실이나 망실이 생긴 때	무료발송권(1회 10kg까지)

○ 한 줄 문제로 마무리 확인

01. 손해배상금은 손해배상금결정서가 청구권자에게 도달한 때로부터 기산하여 3년간 청구하지 아니할 때는 소멸된다. (   )
02. 손해배상 청구는 당해 우편물을 접수한 관서 및 배달관서에서 발송인이 신청하는 경우에만 가능하다. (   )
03. 손해배상액은 한도액 범위 내에서 실제 손해액을 배상하는 것이며, 보험취급(안심소포) 시는 신고가액을 배상하는 것이다. (   )
04. 손해배상 청구 기한은 그 우편물을 발송한 다음날로부터 1년이다. (   )
05. ______________이 공표한 기준에 맞는 우편서비스를 제공하지 못할 경우에 예산의 범위에서 교통비 등 실비의 전부나 일부를 지급하는 제도는 이용자 실비지급제도이다.

정답

01. ×
02. ×
03. ○
04. ×
05. 우정사업본부장

빈출키워드 13

★★★★★ 국내우편 회독 ■■■

우편물류의 흐름(1) - 우편물의 발송, 운송

CHECK POINT

우편물의 처리과정, 우편물 발송 기준, 운송의 우선순위, 운송의 종류

○ 기출 문제로 실력 확인

우편물의 발송에 대한 설명으로 옳지 않은 것은? 19. 문5

① 부가취급우편물을 운송 용기에 담을 때에는 책임자나 책임자가 지정하는 사람이 참관한다.

② 행선지별로 구분한 우편물을 효율적으로 운송하기 위하여 운송 거점에서 운송 용기를 서로 교환한다.

❸ 등기우편물을 발송할 때에는 우편물류 시스템으로 등기우편물 배달증을 생성하고, 생성된 배달증과 현품 수량을 확인한 후 발송한다.

부가취급우편물 발송과 관련된 내용이다.

④ 일반우편물은 형태별로 분류하여 해당 우편 상자에 담되, 우편물량이 적을 경우에는 형태별로 묶어 담고 운송 용기 국명표는 혼재 표시된 것을 사용한다.

○ 핵심 정리로 개념 확인

1 우편물의 처리과정

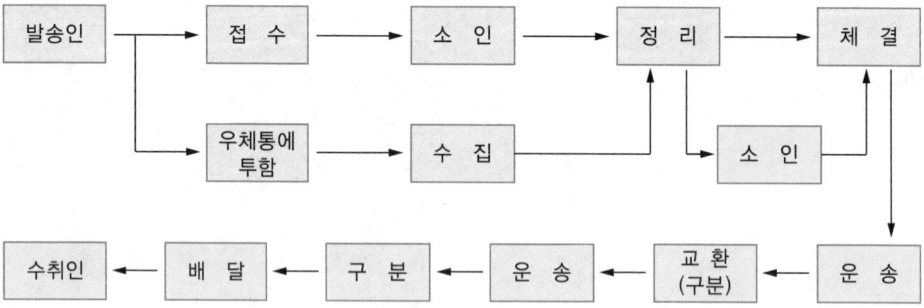

2 우편물의 발송

① 발송기준

- 발송 · 도착 구분 작업이 끝난 우편물은 운송방법 지정서에 지정된 운송편으로 발송
- 우편물의 발송순서는 특급우편물, 일반등기우편물, 일반우편물 순으로 발송
- 우편물 발송 시 운송확인서를 운전자와 교환하여 발송

② 일반우편물과 부가취급우편물 발송 19. 문5 / 16. 문5

일반우편물	• 일반우편물을 담은 운송용기는 운송송달증을 등록한 뒤에 발송 • 우편물은 형태별로 분류하여 해당 우편상자에 담되 우편물량이 적을 경우에는 형태별로 묶어 담고 운송용기 국명표는 혼재 표시된 국명표를 사용
부가취급우편물	• 부가취급우편물을 운송용기에 담을 때에는 책임자나 책임자가 지정하는 사람이 참관하여 우편물류시스템으로 부가취급우편물 송달증을 생성하고 송달증과 현품 수량을 대조 확인한 후 발송. 다만, 관리 작업이 끝난 우편물을 발송할 때 부가취급우편물 송달증은 전산 송부(e-송달증시스템) • 덮개가 있는 우편상자에 담아 덮개에 운송용기 국명표를 부착하고 묶음끈을 사용하여 반드시 봉함한 후 발송 • 당일특급우편물은 국내특급우편자루를 사용하고 다른 우편물과 구별하여 해당 배달국이나 집중국으로 별도로 묶어서 발송

③ 운반차의 우편물 적재 16. 문5

- 분류하거나 구분한 우편물은 섞이지 않게 운송용기에 적재
- 여러 형태의 우편물을 함께 넣을 때에는 작업을 쉽게 하기 위하여 일반소포 → 등기소포 → 일반통상 → 등기통상 → 중계우편물의 순으로 적재
- 소포우편물을 적재할 때에는 가벼운 소포와 취약한 소포를 위에 적재하여 우편물이 파손되지 않게 주의

④ 우편물의 교환 : 행선지별로 구분한 우편물을 효율적으로 운송하기 위하여 운송거점에서 운송용기(우편자루, 우편상자, 운반차 등)를 서로 교환하거나 중계하는 작업

3 우편물의 운송

① 개념 : 우편물(운송용기)을 발송국에서 도착국까지 운반하는 것

② 우편물 운송의 우선순위 : 운송할 우편 물량이 많아 차량, 선박, 항공기, 열차 등의 운송수단으로 운송할 수 없는 경우에는 다음 순위에 따라 처리

1순위	당일특급우편물, EMS우편물
2순위	익일특급우편물, 등기소포우편물(택배포함), 등기통상우편물, 국제항공우편물
3순위	일반소포우편물, 일반통상우편물, 국제선편우편물

③ 운송의 종류 19. 문6

정기운송	우편물의 안정적인 운송을 위하여 관할 지방우정청장이 운송구간, 수수국, 수수시각, 차량톤수 등을 우편물 운송방법 지정서에 지정하고 정기운송 시행
임시운송	우편물의 증감에 따라 정기운송편 이외 방법으로 운송하는 것
특별운송	• 우편물의 일시적인 폭주와 교통의 장애 등 그 밖의 특별한 사정이 있다고 인정되는 경우에는 우편물의 원활한 송달을 위하여 전세차량 · 선박 · 항공기 등을 이용하여 운송 • 우편물 정시송달이 가능하도록 최선편에 운송하고 운송료는 사후에 정산

○ 한 줄 문제로 마무리 확인

01. 우편물의 발송순서는 별도로 정하지 않으며, 일반우편물을 담은 운송용기는 운송송달증을 등록한 뒤에 발송한다. (　　)
02. 당일특급우편물은 국내특급우편자루를 사용하고 다른 우편물과 구별하여 해당 배달국이나 집중국으로 별도로 묶어서 발송한다. (　　)
03. 부가취급우편물은 덮개가 있는 우편상자에 담아 덮개에 운송용기 국명표를 부착하고 필요시 묶음끈을 사용하여 봉함한 후 발송한다. (　　)
04. 운반차에 우편물 적재 시 여러 형태의 우편물을 함께 넣을 때에는 작업을 쉽게 하기 위하여 '일반소포 → 등기소포 → 일반통상 → 등기통상 → 중계우편물'의 순으로 적재한다. (　　)
05. 우편물이 일시적으로 폭주하는 경우, 항공기 등을 이용하여 운송하는 것을 특별운송이라고 한다. (　　)
06. ______________ 은 물량의 증감에 따라 정기운송편 이외의 방법으로 운송하는 것을 말한다.
07. 우편물의 안정적인 운송을 위하여 ______________ 이 운송구간, 수수국, 수수시각, 차량톤수 등을 우편물 운송 방법 지정서에 지정한다.

정답

01. ×
02. ○
03. ×
04. ○
05. ○
06. 임시운송
07. 관할 지방우정청장

빈출키워드 14

★★★★★ 국내우편 회독 ■■■

우편물류의 흐름(2) - 우편물의 배달

CHECK POINT

우편물 배달의 우선순위, 우편물의 사서함 교부, 등기취급 우편물의 배달, 특급취급 우편물의 배달

○ 기출 문제로 실력 확인

우편물 배달에 대한 설명으로 옳지 않은 것은? 18. 문6

① 수취인이 2명 이상인 경우에는 그중 1인에게 배달한다.

② 동일한 건물 내에 다수의 수취인이 있을 경우에는 관리인에게 배달할 수 있다.

❸ 특별송달, 보험통상은 수취인의 요청이 있을 경우에는 무인우편물 보관함에 배달할 수 있다. ← 특별송달, 보험등기 등 수취인의 직접 수령한 사실의 확인이 필요한 우편물은 무인우편물 보관함에 배달할 수 없음

④ 등기우편물을 무인우편물 보관함에 배달하는 경우에는 무인우편물 보관함에서 제공하는 배달확인이 가능한 증명자료로 수령사실 확인을 대신할 수 있다.

○ 핵심 정리로 개념 확인

1 우편물 배달의 원칙

① 배달의 일반원칙 18. 문6

(우편사서함 번호를 기록한 우편물은 당해 사서함에 배달)

- 우편물은 그 표면에 기재된 곳에 배달, 수취인이 2명 이상인 경우에는 그중 1인에게 배달
- 취급과정을 기록하는 우편물은 정당 수령인으로부터 그 수령사실의 확인(서명(전자서명 포함) 또는 날인)을 받고 배달

② 우편물 배달 기준

- 모든 지역의 일반우편물의 배달은 우편물이 도착한 날 순로 구분을 하여 다음날에 배달. 단, 집배순로구분기 설치국에 오후 시간대에 도착한 우편물은 도착한 다음날 순로 구분을 하여, 순로 구분한 다음날에 배달
- 시한성 우편물, 특급(당일, 익일)우편물, 등기소포는 도착 당일 구분하여 당일 배달

③ 배달의 우선순위

제1순위	기록취급우편물, 국제항공우편물
제2순위	일반통상우편물(국제선편통상우편물 중 서장 및 엽서 포함)
제3순위	제1순위, 제2순위 이외의 우편물

※ 제1순위부터 제3순위까지 우편물 중 한 번에 배달하지 못하고 잔량이 있을 때에는 다음 편에 우선 배달

2 배달의 특례(우편법 시행령 제43조)

① 동일건물 내의 일괄 배달 : 같은 건축물이나 같은 구내의 수취인에게 배달할 우편물은 그 건축물이나 구내의 관리사무소, 접수처, 관리인에게 배달 가능 18. 문6 / 10. 문5

② 우편물의 사서함 교부 16. 문6

사서함번호만 기록한 우편물	해당 사서함에 넣고 수취인에게 도착사실을 알려주며, 생물 등 변질이 우려되는 소포는 냉동 · 냉장고에 보관하였다가 수취인에게 내어줌
사서함번호와 주소가 함께 기록된 우편물	우편물을 사서함에 넣을 수 있으며, 당일특급, 특별송달, 보험취급, 맞춤형 계약등기 우편물은 주소지에 배달 익일특급은 제외
사서함번호를 기록하지 않은 우편물	우편사서함 사용자에게 가는 우편물이 확실할 때에는 우편사서함에 투입 가능. 다만 당일특급, 특별송달, 보험취급, 맞춤형 계약등기, 등기소포 우편물은 사서함에 넣지 않고 주소지에 배달

③ 보관우편물 교부

- 보관 교부할 우편물이 도착하였을 때에는 해당 우편물에 도착날짜도장을 날인하고 따로 보관

  등기취급한 보관우편물은 배달증의 적요란에 '보관'이라고 적은 후 수취인에게 내어줄 때까지 보관
- '우체국보관'의 표시가 있는 우편물은 그 우체국 창구에서 수취인에게 우편물을 내어줌. 이때, 등기우편물은 정당한 수취인인지 확인한 후 수령인의 서명(전자서명 포함)을 받고 우편물을 내어주고 우편물류시스템에 배달결과를 등록
- 보관기간은 우편물이 도착한 다음 날부터 계산하여 10일로 함

  다만, 교통이 불편하거나 그 밖의 사유로 수취인이 10일 이내에 우편물을 교부받을 수 없다고 인정될 때에는 20일 이내로 교부기간을 연장할 수 있음

④ 무인우편물 보관함 배달 : 특별송달, 보험취급 등 수취인의 직접 수령한 사실의 확인이 필요한 우편물은 무인우편물 보관함에 배달할 수 없음 18. 문6

⑤ 공동우편함 배달 : 교통이 불편한 도서 · 농어촌 지역, 공동생활 지역 등 정상적인 우편물의 배달이 어려울 경우 마을공동수취함을 설치하고 우편물을 배달 10. 문5

3 등기취급 우편물의 배달 21. 문5

① 수령인 확인 : 등기로 취급하는 우편물을 수취인이나 그 대리인에게 배달(교부)할 때에는 수령인에게 확인[서명(전자서명 포함) 또는 날인]을 받아야 함

② 종류별 배달 방법

우편물 종류	배달방법
당일특급, 특별송달	3회 배달 후 보관하지 않고 반송
맞춤형 계약등기	3회 배달, 2일 보관 후 반송
내용증명, 보험취급(외화제외), 선거우편, 등기소포	2회 배달, 2일 보관 후 반송
기타 등기통상	2회 배달, 4일 보관 후 반송

4 특급취급 우편물의 배달

① 당일특급 우편물 배달할 때의 유의사항 : 배달증에 수령인의 서명(전자서명 포함) 및 배달시각을 함께 확인, 특급구, 특구 담당 집배원 등이 배달자료를 생성하여 배달

② 재배달 · 전송 · 반송 처리

- 재배달할 우편물은 2회째에는 가장 빠른 방법으로 배달, 3회째에는 통상적인 배달 예에 의함(단, 익일특급 우편물은 제외)
- 수취인 부재 시에는 재방문 예정시각을 기재한 '우편물 도착안내서'를 주소지에 부착(2회째까지)하고 수취인이 전화 등으로 재배달을 요구할 경우 재배달
- 특급우편물(익일특급 포함)을 전송하거나 반송하는 경우에는 전송 또는 반송하는 날의 다음 근무일까지 배달

○ 한 줄 문제로 마무리 확인

01. 보관우편물의 보관기간은 우편물이 도착한 다음 날부터 계산하여 15일이다. (　　)
02. 우편사서함 번호와 주소가 함께 기재된 우편물 중 익일특급우편물은 주소지에 배달하여야 한다. (　　)
03. 배달의 우선순위에서 일반통상우편물(국제선편통상우편물 중 서장 및 엽서 포함)은 제1순위에 해당된다. (　　)
04. 등기우편물 배달 시의 수령사실 확인은 배달증에 수령인이 서명 또는 날인하는 것으로 한다. (　　)
05. 무인우편물보관함은 보관에 대한 증명 자료를 제공하기 때문에 보험등기우편물을 무인우편물 보관함에 배달할 수 있다. (　　)
06. 교통이 불편한 도서 · 농어촌 지역, 공동생활 지역 등에 정상적인 우편물의 배달이 어려울 경우 마을공동 수취함을 설치하고 그 수취함에 배달한다. (　　)

정답

01. ×
02. ×
03. ×
04. ○
05. ×
06. ○

빈출키워드

15

★★★★★

국제우편 회독 ■■■

국제통상우편물의 종류 및 접수

CHECK POINT

국제통상우편물 종별 세부내용, 제한용적 및 제한중량, 통상우편물의 접수

○ 기출 문제로 실력 확인

국제통상우편물 종별 세부내용에 대한 설명으로 옳은 것은? 19. 문7

① 인쇄물로 접수할 수 있는 것은 서적, 홍보용 팸플릿, 상업 광고물, 도면, 포장박스 등이다.
인쇄물로 접수 불가 물품

② 그림엽서의 경우, 앞면 윗부분에 우편엽서를 뜻하는 단어를 영어나 프랑스어로 표시해야 한다.
반드시 표시해야 하는 것은 아님

❸ 특정인에게 보내는 통신문을 기록한 우편물, 법규 위반 엽서, 법규 위반 항공서간은 서장으로 취급한다.

④ 소형포장물의 경우, 제조회사의 마크나 상표는 내부나 외부에 기록이 가능하나, 발송인과 수취인 사이에 교환되는 통신문에 관한 참고사항은 내부에만 기록할 수 있다.
내부나 외부에 기록이 가능함

○ 핵심 정리로 개념 확인

1 국제통상우편물 종별 세부내용

① 서장(Letters)

- 특정인에게 보내는 통신문을 기록한 우편물, 법규 위반 엽서, 법규 위반 항공서간을 취급
- 서장 이외의 종류로 정해진 조건을 충족시키지 못한 것, 즉 타종에 속하지 않는 우편물, 멸실성 생물학적 물질(Perishable biological substance)이 들어있는 서장 및 방사성 물질이 들어있는 우편물도 포함
- 직사각형의 형태, 규격 우편물과 우편물의 포장에 관련된 규정에 따름

② 우편엽서(Postcard) 19. 문7 / 10. 문6 / 08. 문7

- 조약에 규정된 조건에 따라 정부가 발행, 직사각형 형태로 견고한 종이로 제작
- 관제엽서와 사제엽서로 구분
  - 관제엽서 : 정부가 발행
  - 사제엽서 : 정부 이외의 사람이 조제하는 것

관제엽서	우편요금을 표시하는 증표 인쇄 가능
사제엽서	관제엽서에 준하여 조제하되 우편요금을 표시하는 증표를 인쇄할 수 없음

- 앞면 윗부분에 영어나 프랑스어로 표시(Postcard 또는 Carte postale)

  그림엽서의 경우 꼭 영어 · 프랑스어로 표시하지 않아도 됨

- 봉함하지 않은 상태로 발송, 규정에 따르지 않았을 경우 서장으로 취급

③ 항공서간(Aerogramme) 18. 문7

- 세계 어느 지역이나 단일요금 적용
- 종이 한 장으로 되어 있고, 요금이 저렴, 직사각형 형태, 외부에 'Aerogramme' 표시
- 종류에는 정부항공서간과 사제항공서간으로 구분

정보항공서간	우편 요금을 표시하는 증표 인쇄 가능
사제항공서간	우편 요금을 표시하는 증표를 인쇄할 수 없음

- 원형을 변경하여 사용할 수 없으며 등기로 발송 가능, 우표 이외의 물품을 붙이지 못함

④ 인쇄물(Printed papers) 19. 문7 / 18. 문7 / 08. 문7

- 인쇄물 접수 물품 : 접수 가능 물품(서적, 정기간행물, 팸플릿, 잡지, 명함, 도면 등), 접수 불가 물품(CD, 비디오테이프, OCR, 포장박스, 봉인된 서류 등)
- 인쇄물로 취급 : 학교 교장 발송 엽서, 학교통신강의록, 소설 · 신문원고, 필사악보, 인쇄한 사진 등
- 인쇄물 기록사항 : 발송인과 수취인의 주소 · 성명, 발송 장소와 일자, 일련번호와 등기번호, 인쇄 오류 정정, 간행물, 서적, 팸플릿, 신문, 조각 및 악보에 관한 주문서, 예약신청서 또는 판매서에는 주문하거나 주문받은 물건과 그 수량, 물건 등

⑤ 소형포장물(Small packet) 19. 문7/ 18. 문7 / 14. 문5 / 08. 문7

「만국우편협약」에 따라 정하여진 우편물 종류

- 가벼운 상품이나 선물 등으로 현실적 · 개인적인 통신문 성격의 서류 동봉 가능
- 발송 절차가 소포에 비해 간단, 송장이 필요 없으며, 내용품의 가격이 300SDR 이하인 경우에는 기록 요령이 간단한 세관표지(CN22)를, 내용품의 가격이 300SDR이 초과되는 경우 세관신고서(CN23)첨부
- 우편물 내 · 외부에 기록 가능한 사항 : 상거래용 지시 사항, 제조회사 마크 · 상표, 수취인과 발송인 주소 · 성명, 수취인과 발송인 사이에 교환되는 통신문 참고 사항, 메모, 일련번호나 등기번호, 가격 · 무게 · 수량 · 규격사항, 상품성질, 출처 등

⑥ 시각장애인용 우편물(Items for the blind)

- 항공부가요금을 '제외' 한 모든 요금이 면제 18. 문7
- 신속하고 간편하게 확인받을 수 있으면서 내용물 보호되도록 포장
- 봉함하지 않으며, 시각장애인용 문자 포함한 서장과 활자 표시된 금속판 포함
- 소인 여부를 떠나 우표나 요금인영증지나 금전적 가치를 나타내는 어떠한 증서도 포함할 수 없음
- 시각장애인용 점자우편물의 수취인 주소가 있는 면에 이용자가 아래의 상징이 그려진 흰색 표지 부착

(크기 52×65mm)

- 봉투 겉표지에 Literature for the blind를 고무인으로 날인

⑦ 우편자루배달 인쇄물(M – bag)

우편자루를 한 개의 우편물로 취급

디스크, 테이프, 카세트, 제조업자나 판매자가 선적하는 상품 견본, 또는 관세가 부과되지 않는 그 밖의 상업용 물품이나 재판매 목적이 아닌 정보 자료

- 보낼 수 있는 우편자루배달인쇄물의 내용물
  - 인쇄물에 동봉하거나 첨부하여 발송하는 물품(2kg 초과 불가)
  - 인쇄물과 함께 발송되는 인쇄물 관련 물품
- 제한무게는 10kg 이상 30kg까지
- 전국의 모든 우체국(우편취급국은 제외)에서 접수
- 10kg 이상 인쇄물에 한하여 접수, kg 단위로 요금 계산

2 국제통상우편물 접수 시 제한중량

① 우편물의 내용물을 근거로 하여 구분(우리나라 구분방식) 14. 문9

서장, 소형포장물	무게한계 2kg
인쇄물	무게한계 5kg
시각장애인용 우편물	무게한계 7kg
우편자루 배달인쇄물	10kg~30kg
항공서간(Aerogramme), 우편엽서(Postcard)	무게한계 5g

② 취급속도에 따라 우선취급우편물(Priority items)과 비우선취급우편물(일부국가 구분방식)

우선취급우편물	우선적 취급을 받으며 최선편(항공 또는 선편)으로 운송되는 우편물(무게한계 2kg)
비우선취급우편물	우선취급 우편물보다 상대적으로 송달이 늦고 요금도 상대적으로 싼 우편물(무게한계 2kg)

3 통상우편물의 접수

① 우편자루배달인쇄물(M bag)의 접수 19. 문8

하나의 통상우편물로 취급

- 등기취급의 경우 도착국가가 등기로 발송 가능한 나라인지 확인

국제우편요금, 발송 조건표, 우편물류시스템을 이용하여 확인

- 주소기록용 꼬리표를 2장 작성(1장은 우편물, 다른 1장은 우편자루 목에 묶어 봉인)

90×140mm, 두꺼운 종이 또는 플라스틱이나 나무에 붙인 종이 등으로 만들고, 두 개의 구멍이 있어야 함

- 통관대상물품이 들어있는 경우 세관표지(CN22)를 작성하여 붙이고 내용품의 가액이 300SDR을 초과 시 세관신고서(CN23)를 작성하여 붙임
- 통관절차대행수수료 4,000원 징수(우편요금과 별도)
- 우편물을 넣은 국제우편자루(M – bag)를 다시 국내용 우편자루에 넣어 교환우체국으로 발송하되, 국명표와 송달증에 'M' 표시

항공편은 국제우편물류센터, 선편은 부산국제우체국으로 발송

② 시각장애인용 우편물의 접수

- 시각장애인용 우편물 취급 요건 충족 여부
- 봉투 표면에 Items for the blind 표시
- 항공으로 발송할 때에는 항공부가요금에 해당하는 요금을 수납
- 등기를 접수할 때 등기료는 무료
- AIRMAIL 또는 SURFACE MAIL 고무인
- 국제우편날짜도장으로 소인

③ 항공서간 등 : 항공서간 취급 요건 충족 여부 확인, 국제우편날짜도장 소인

○ 한 줄 문제로 마무리 확인

01. 항공서간은 세계 모든 지역에 대해 ______________이 적용된다.
02. 우편물 접수 시 서장, 인쇄물, 소형포장물, 시각장애인용 우편물 중 시각장애인용 우편물 제한중량이 가장 크다. (　　)
03. 항공등기로 접수하는 국제통상우편물 중 등기요금이 무료, 항공부가요금만 징수하는 우편물은 ______________이다.

정답

01. 단일요금
02. ○
03. 시각장애인용 우편물

안심Touch

빈출키워드 16

★★★★ 국제우편 회독 ■■■

국제특급우편(EMS) 주요 부가서비스 및 제도

CHECK POINT

EMS 배달보장 서비스, EMS 프리미엄 서비스, 수출우편물 발송확인 서비스

○ 기출 문제로 실력 확인

국제특급우편(EMS) 주요 부가서비스 및 제도에 대한 설명으로 옳은 것은? 19. 문9

① 수출우편물 발송확인서비스 대상 우편물의 경우, 발송인은 수리일 다음날로부터 30일 내에 해당 우편물을 선적 또는 기적해야 한다.
수리일로부터

② EMS 프리미엄 서비스는 1~5개 지역 및 서류용과 비서류용으로 구분되며, 최고 7천만 원까지 내용품의 가액에 한해 보험 취급이 가능하다.
최고 5천만 원까지

❸ EMS 프리미엄의 부가서비스인 고중량특송 서비스는 전국 우체국에서 접수 가능하며, 우체국과 계약 여부에 상관없이 누구나 이용할 수 있다.

④ 2003년부터 EMS 배달보장서비스가 시행되어 운영 중이며, 실무에서 처리할 경우, 도착 국가에서 통관 보류나 수취인 부재 등의 사유
2005년부터
로 인한 미배달은 배달완료로 간주한다.

○ 핵심 정리로 개념 확인

1 EMS 배달보장 서비스 16. 문8

① 상대국 공휴일, 근무일, 항공스케줄을 참고하여 배달보장날짜를 알려줌

② 지연사실 확인 즉시 우편요금을 배상해주는 보장성 서비스

③ 카할라 우정연합 회원국가(한국 포함 11개국) : 일본, 미국, 중국, 호주, 홍콩, 영국, 스페인, 프랑스, 태국, 캐나다(해당 국가 사정에 따라 중지될 수 있음)

④ 서비스 최초 시행일 : 2005. 7. 25 19. 문9

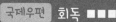

2 EMS 프리미엄 서비스

공익성을 추구하는 공기업과 이윤추구를 목적으로 하는 사기업의 제휴를 통한 시너지 제고

① 서비스 개요

- 접수가능 우체국 : 전국 모든 우체국(우편취급국 포함)
- 업무흐름 : 접수(전국우체국, 우편취급국) → 국내운송(우체국 → 국제우편물류센터) → 인수 · 인계(국제우편물류센터 → UPS) → 국가별 발송(UPS → 각 나라) → 해외운송 · 배달(UPS) → CS · 행방조사(UPS)

  ※ 홍보, 영업, 정산은 우정사업본부와 UPS에서 공동수행
- 서비스 내역

지역 및 대상 구분	1~5, 러시아 지역 및 서류와 비서류용으로 구분
부피제한	우편물 길이와 둘레 합이 400cm 초과 불가(최대길이 274cm 이하)
무게 산정	실중량과 체적중량 중 무거운 중량 적용

가로cm×세로cm×높이cm/6,000=00kg

② EMS 프리미엄 접수 19. 문8

- EMS 프리미엄 접수는 우체국에서, 해외운송은 UPS가 수행
- 서류 접수 : 종이로 된 문서형식의 편지류, 계약서, 선적 · 입학서류
- 비서류 접수 : 취급한도 70kg
  - 부피가 큰 우편물에 대해서는 실제무게에 비해 체적무게를 적용
  - 실제무게가 70kg 초과될 경우에는 EMS 프리미엄으로 불가, 체적무게가 70kg 초과될 경우 기표지 2장으로 하여 발송 가능
  - 우편물의 길이와 둘레의 합이 400cm를 초과 불가
  - 비서류 요금입력 : 전산에 입력할 때 '종별란'에서 반드시 '비서류'를 선택하여 요금 입력
- 주요 발송 불가 품목
  - 알코올 첨가된 음료
  - 음식 및 의약품
  - 담배(전자담배 포함)
  - 탄약 및 소형화기, 총기
  - 드라이아이스
  - 가공되지 않은 동물성 생산품
  - 화기성 제품
  - 칼
  - 발전기
  - 위험물 · 위험물품
  - 시체
  - 주류, 알코올 성분 함유된 화장품
  - 가격측정이 어려운 물품
  - 현금 및 양도성 물품
  - 상아 · 상아제품, 모피류
  - 살아있는 동식물
  - 특별용품
- 화학약품이나 원료를 발송할 때는 제품의 MSDS 반드시 첨부

잉크, 페인트, 액상 모기약, 렌즈 클리너, 본드 화장품 원료, 의약품 원료, 합성수지(Resin) 등

화학물질을 안전하게 사용 · 관리하기 위해 필요한 정보(제조자명, 제품명, 성분과 성질, 취급상 주의사항, 사고가 생겼을 때 응급처치방법 등)를 기록한 서류

안심Touch

③ EMS 프리미엄 주요 부가서비스 종류 19. 문9

종류	접수관서	대상고객
고중량서비스	전국 총괄국(5급 이상)	모든 고객(개인 및 EMS 계약고객)
보험취급(50백만원까지 한도)	전국 우체국	모든 고객(개인 및 EMS 계약고객)
통관대행	전국 우체국	모든 고객(개인 및 EMS 계약고객)
수출신고서 발급대행	전국 우체국	모든 고객
Export 수취인 요금부담	전국 총괄국(5급 이상)	EMS 계약고객(요금납부방법이 후납인 경우), 수집대행 제외
Import 수취인 요금부담	전국 총괄국(5급 이상)	EMS 계약고객(요금납부방법이 후납인 경우), 수집대행 제외
발송인 관세와 세금부담	전국 총괄 우체국(5급 이상)	EMS 계약고객(요금납부방법이 후납인 경우), 수집대행 제외
고중량특송 서비스(71kg~2,000kg)	전국 우체국	모든 고객(개인 및 EMS 계약고객)

외국으로 발송하는 국제우편물 중 수출신고 대상물품이 들어있는 경우 우체국에서 해당 우편물의 발송 사실을 세관에 확인하여 주는 서비스

3 수출우편물 발송확인 서비스 19. 문9

① 절차 : 수출물품 세관 신고 후 필요한 검사를 거쳐 수출 신고를 받아 물품을 외국무역선에 적재하기까지의 절차

② 대상 우편물 : 발송인이 사전에 세관에 수출신고를 하여 수리된 물품이 들어 있는 우편물로 수리일로부터 30일 내에 선(기)적 하여야 하며, 기일 내 선(기)적하지 아니한 경우에는 과태료 부과와 수출신고 수리가 취소됨

○ 한 줄 문제로 마무리 확인

01. EMS 프리미엄 서비스는 ______________까지 내용품의 가액에 한해 보험취급이 가능하다.

02. EMS 프리미엄의 부가서비스인 고중량특송 서비스는 전국 우체국에서 접수 가능하며, 우체국과 계약 여부에 상관없이 누구나 이용할 수 있다. (　　)

03. EMS 프리미엄 서비스는 1~5, 러시아 지역 및 서류용과 비서류용으로 구분된다. (　　)

정답

01. 5,000만 원(50백만 원)
02. ○
03. ○

빈출키워드

17

★★★★

국제우편 회독 ■■■

국제우편요금

CHECK POINT

국제우편요금의 개요, 국제회신우표권, IBRS, IBRS EMS, 국제우편요금의 별납 및 후납

○ 기출 문제로 실력 확인

국제우편에 관한 설명으로 옳지 않은 것은? 〈변형〉 16. 문8

① 국제회신우표권(International Reply Coupons)은 만국우편연합 국제사무국에서 발행한다.

❷ 국제우편요금 수취인부담(International Business Reply Service) 우편물은 선편, 항공 등의 부가 취급을 할 수 있다.

모두 항공 취급한다.

③ EMS 배달보장 서비스는 제공된 배달예정일보다 지연된 사실이 확인된 경우 절차를 거쳐 우편요금을 배상한다.

④ EMS 프리미엄 접수는 우체국에서, 해외운송은 UPS가 수행한다.

○ 핵심 정리로 개념 확인

1 국제우편요금의 개요

① 국제우편요금의 결정 : 만국우편협약에서 정한 범위 안에서 과학기술정보통신부 장관이 결정, 국제우편요금이 결정되면 고시

② 국제우편 요금체계

- 운송편별에 따라 선편요금과 항공요금으로 구분
- 우편물 종별에 따라 통상우편물, 소포우편물, EMS(국제특급), K-Packet, 한중해상특송의 요금 등으로 구분하며, 부가취급에 따른 부가취급 수수료가 있음
- 구성내용에 따라 국내취급비, 도착국까지의 운송요금과 도착국내에서의 취급비로 구분

2 국제회신우표권(International Reply Coupons) 16. 문8

① 수취인 부담 없이 외국으로부터 회답을 받는 데 편리한 제도

② 만국우편연합 국제사무국에서 발행하며 각 회원국에서 판매

③ 우리나라에서 1매당 1,450원에 판매

④ 판매할 때에는 국제회신우표권의 왼쪽 우편해당란에 우편날짜도장을 날인(의무사항은 아님)

⑤ 판매 수량 제한

수급을 원활하게 조절하고, 통신목적 이외의 용역 · 물품대금 지급수단으로 이용하거나 환투기 목적의 사용을 방지하기 위해

판매제한	20장 이하는 자유 판매, 이상을 요구 시 사용목적 확인
다량판매방법	신청인의 주소 · 성명, 용도를 신청서에 기록

⑥ 우리나라에서 판매된 국제회신우표권은 우리나라에서 교환할 수 없음

⑦ 교환 시 반드시 진위 여부 검사(UPU의 문자가 선명하게 인쇄되었는지 등)와 오른쪽 해당란에 국제날짜도장 날인

⑧ 국제회신우표권은 우표류에 속하나 할인판매가 불가능

3 국제우편요금수취인부담(International Business Reply Service : IBRS) 16. 문8

① 우편물 외국 발송 시 국내 배달우체국과 계약 체결로 회신요금을 자신이 부담

② 집배우체국에 한하여 취급하며 취급 대상 우편물은 인쇄물(봉투)과 엽서에 한함

최대중량 50g

③ 요금징수는 수취인이 받을 때 납부(후납 취급도 가능) → 인쇄물(봉투) 1,100원, 엽서 500원

④ 이용계약 시 신청서와 수취할 우편물의 견본 2매 배달우체국에 제출

⑤ IBRS 접수 우체국의 취급

- IBRS 우편물은 발송유효기간에 한정하여 발송

  발송유효기간이 끝난 다음에 발송한 IBRS 우편물은 발송인에게 돌려보냄

- IBRS 우편물에는 날짜도장을 날인하지 않음
- IBRS 우편물은 모두 항공 취급하며, 그 밖의 부가취급 불가 16. 문8
- 유효기간 등이 정상적으로 표시된 IBRS 우편물은 별도 입력 없이 국제우편물류센터로 보냄
- 외국에서 도착된 IBRS 우편물의 취급은 국내우편요금 수취인부담 우편물의 배달 예에 준해 배달하고 요금 징수

4 해외 전자상거래용 반품서비스(IBRS EMS)

① 온라인 해외거래 물량 증가에 따라 늘어나는 반품 요구를 충족하기 위해 반품을 수월하게 하는 제도

② 취급우체국과 발송가능국가

취급우체국	계약국제특급 이용우체국(집배국)에 한정함
발송가능국가	일본

③ 취급대상 우편물

- 종류 : EMS에 한정함(최대 무게 2kg)
- 우편물의 규격 : 국가별 EMS 발송 조건의 규격과 같음
- 라벨의 규격 : 최소 90×140mm, 최대 140×235mm

5 국제우편요금의 별납

① 한 사람이 한 번에 같은 우편물을 보낼 때에 요금별납(POSTAGE PAID)을 표시하고 발송, 우편요금은 별도로 즉납하는 제도

동일무게

② 우편취급국을 제외한 모든 우체국에서 취급

③ 취급요건

- 통상우편물 : 10통 이상

  우편물의 종별, 무게, 우편요금 등이 같고 한 사람이 한 번에 발송하는 우편물

- 국제특급우편물과 소포우편물의 우편요금은 현금과 신용카드(혹은 체크카드)로 결제하므로 별납취급에 특별한 요건이 없음

6 국제우편요금의 후납

① 발송우체국의 승인을 얻어 1개월간 발송예정 우편물 요금액의 2배에 해당하는 금액을 담보금으로 제공하고 1개월간의 요금을 다음달 20일까지 납부하는 제도

② 취급대상물(발송기준 통수) : 동일인이 매월 100통 이상 발송하는 국제 통상 및 국제 소포우편물

③ 후납계약을 맺은 우체국에서 발송(우편취급국 포함)

※ 다만, 취급국의 경우 등기취급우편물과 공공기관에서 발송하는 일반 우편물에만 허용

○ 한 줄 문제로 마무리 확인

01. 국제우편요금수취인부담(International Business Reply Service) 우편물은 선편, 항공 등의 부가취급을 할 수 있다. (　　)

02. ______________은/는 국제우편요금우편물을 외국으로 발송하는 자가 국내 배달우체국과 계약을 체결하여 회신 요금을 자신이 부담할 수 있도록 하는 제도이다.

03. 우리나라에서 판매하는 국제회신우표권의 가격은 1매당 1,450원이다. (　　)

정답

01. ×

02. IBRS

03. ○

안심Touch

빈출키워드

18

★★★★★

국제우편 회독 ■■■

국제특급우편물(EMS) 개요 및 접수

CHECK POINT

국제특급우편물의 개요, 국제특급우편물(EMS)의 접수

○ 기출 문제로 실력 확인

〈보기〉에서 국제특급우편(EMS)으로 보낼 수 있는 물품은? 12. 문7

〈보기〉

ㄱ. 송금환
ㄴ. 마그네틱 테이프
ㄷ. 마이크로 필름
ㄹ. 상품 견본
ㅁ. 상업용 서류
ㅂ. 가공하지 않은 금

① ㄱ, ㄴ, ㄷ, ㄹ
❷ ㄴ, ㄷ, ㄹ, ㅁ
③ ㄴ, ㄹ, ㅁ, ㅂ
④ ㄱ, ㄷ, ㅁ, ㅂ

○ 핵심 정리로 개념 확인

1 국제특급우편물(EMS : Express Mail Service) 개요 10. 문7 / 08. 문9

① 「만국우편협약」 제36조에 근거하여 다른 우편물보다 최우선으로 취급하는 가장 신속한 우편 업무

② 국가 간 EMS 표준 다자간 협정이나 양자 협정으로 합의한 내용에 따라 취급

③ 명칭

- 우리나라 : EMS 국제특급우편
- 일본 : EMS 국제스피드우편
- 미국 : Express Mail International
- 호주 : Express Post International

④ 종류

- 계약국제특급우편(Contracted EMS)
- 수시국제특급우편(On demand EMS)

⑤ 주요 부가취급의 종류 10. 문7

(EMS는 항공 및 등기를 기본으로 취급)

- 배달통지
- 보험취급
- 배달보장서비스(카할라 우정연합 국가에 한함)

⑥ 국제특급우편으로 보낼 수 있는 물품 12. 문7 / 08. 문9

접수 가능한 물품	접수 금지 물품
• 업무용, 상업용 서류	• 동전, 화폐, 송금환, 유가증권류
• 컴퓨터 데이터	• 금융기관 간 교환 수표
• 상품 견본	• UPU일반우편금지물품 (위험하거나 다른 우편물을 더럽히거나 깨뜨릴 우려가 있는 것, 마약류 및 향정신성 물질, 폭발성 · 가연성 물질, 외설적이거나 비도덕적인 물품 등)
• 마그네틱 테이프	• 금, 은, 백금, 귀금속, 보석 등 귀중품
• 마이크로 필름	• 상대국가에서 수입을 금하는 물품
• 상품(나라에 따라 금지하는 경우도 있음)	• 여권을 포함한 신분증

⑦ 배달국가와 우편물 접수 관서

- 배달(교환) 국가 : 홍콩, 일본과 1979년 7월 1일 업무 개시 이후 계속 배달(교환) 국가를 확대. 2021.11월 현재 우리나라와 EMS 우편물의 교환이 가능한 국가는 99개국
- 항공편 사정, 천재지변, 상대국 통관, 배달 상황 등에 따라 배달(취급) 중지되는 경우가 있으므로 EMS 우편물 접수할 때 취급 가능한 국가를 반드시 국제우편물 발송조건(포스트넷 또는 인터넷우체국)에서 확인해야 함
- 접수 관서 : 전국의 모든 우체국 및 우편취급국

2 국제특급우편물(EMS)의 접수

① 공통 사항

- 무게 제한, 금지물품 확인
- 운송장은 이용자가 작성하고, 내용품에 따라 서류용과 비서류용의 2가지로 구분
- 접수 담당자는 접수일시, 무게(10g 단위), 요금 등을 기록

② EMS 운송장 기록 요령

- 접수 우체국 기록 사항 : 무게(10g 단위), 우편요금, 배달보장서비스, 도착국명, 요금납부방법, 보험 이용 여부와 보험가액 원화로 기록

• 발송인 기재사항

보내는 사람과 받는 사람의 전화번호	일부 국가는 전화번호 미 작성 시 배달지연 요소로 작용
보내는 사람과 받는 사람의 성명 및 주소	영문으로 기록(상대국에서 배달 · 행방조사 시 사용)
우편번호(Postal code)	신속한 통관과 정확한 배달을 위해 반드시 기록
세관표지(CN22), 서류용 주소기표지	• 내용품명, 개수, 가격 등을 해당란에 정확히 기록하고 내용품 구분(서류, 인쇄물)란의 해당 칸에 표시 • 운송장 가격의 화폐 단위는 US달러(United States dollar)로 기재
세관신고서(CN23), 비서류용 주소기표지	내용품명, 원산지, 개수, 순중량, 가격 등을 품목별로 정확히 기록하고, 상품 견본용, 개인용, 판매용 중 해당되는 칸(□ 안)에 ∨ 또는 × 표시
발송인 서명	• 성명 · 주소 · 성명, 전화번호, 세관표지 또는 세관신고서 기록 • 내용에 틀림이 없음을 확인하는 것이므로 반드시 발송인이 직접 서명

③ 보험취급한도액과 수수료

보험취급 한도액	보험취급 수수료
4,000SDR(7백만 원) ※ EMS 프리미엄 : 5천만 원	• 보험가액 최초 65.34SDR 또는 최초 114,300원까지 : 2,800원 • 보험가액 65.34SDR 또는 114,300원 추가마다 : 550원 추가

④ 보험가액의 기록

• 보험가액은 내용품의 실제 가치를 초과할 수 없음

이를 속여 기록한 경우 보험사기로 취급

• 내용품의 가치는 주관적인 가치가 아니고 객관적인 가치가 있는 것을 말함

• 보험가액은 주소기표지 보험가액란에 '○○○원'으로 기록하고 보험취급 수수료는 별도 기록 없이 요금에 포함하여 기록

○ 한 줄 문제로 마무리 확인

01. 송금환, 유가증권류는 국제특급우편물로 보낼 수 있다. (　　)

02. 보험가액은 내용품의 실제 가치를 초과할 수 없으며, 이를 속여 기록한 경우 보험사기로 취급한다. (　　)

03. EMS의 부가취급의 종류에는 배달통지, 보험취급, EMS 프리미엄, 국제속달이 있다. (　　)

정답

01. ×

02. ○

03. ×

빈출키워드

19

★★★★ 국제우편 회독 ■■■

국제소포우편물 의의 및 접수

CHECK POINT

국제소포우편물의 의의 및 종류, 국제보통소포우편물의 접수, 국제보험소포운편물의 접수

○ 기출 문제로 실력 확인

국제 보통소포우편물의 운송장 작성에 대한 설명으로 옳지 않은 것은? 〈변형〉 14. 문6

❶ 운송장에는 도착국가에서 필요한 서식(송장, 세관신고서)이 포함되어 있지 않기 때문에 발송인은 통관 수속에 필요한 서류를 첨부해야 한다.
포함되어 있다. 별도 작성하여 첨부할 필요가 없다.

② 내용품의 중량을 측정하는 경우 100g 미만의 단수는 100g 단위로 절상한다.

③ 국제소포우편물 운송장은 5면식으로 되어 있다.

④ 별도의 복사지 없이도 제1면의 기록 내용이 제5면까지 복사된다.

○ 핵심 정리로 개념 확인

1 국제소포우편물의 의의

① 서장(letters)과 통화 이외의 물건을 포장한 만국우편연합 회원국 또는 지역 상호 간에 교환하는 우편물

② 기록 취급하며 항공, 배달 통지 등의 부가취급 가능

2 국제소포우편물의 종류

① 보통소포

② 보험소포 : 내용품을 보험에 가입하여 만일 내용품의 전부나 일부가 분실 · 도난 · 훼손이 된 경우에는 보험가액 한도 내에서 실제로 발생한 손해액을 배상하는 소포

③ 우편사무소포 : 우편업무와 관련하여 「만국우편협약」에서 정한 기관 사이에서 교환하는 것으로서 모든 우편요금이 면제되는 소포

- UPU 국제사무국에서 우정청과 지역우편연합에 발송하는 소포
- 회원국 우정청(우체국)끼리 또는 국제사무국과 교환하는 소포

안심Touch

④ 전쟁 포로 및 민간인 피억류자 소포 : 전쟁 포로에게 보내거나 전쟁 포로가 발송하는 우편소포 및 민간인 피억류자에게 보내거나 민간인 피억류자가 발송하는 우편소포

⑤ 속달소포, 대금교환소포 등(다만, 우리나라에서는 취급하지 않음)

3 전쟁 포로 및 민간인 피억류자 소포의 요금

① 전쟁 포로에게 보내거나 전쟁 포로가 발송하는 통상우편물, 우편소포, 우편 금융 업무에 관한 우편물은 항공부가요금을 제외한 모든 우편요금이 면제

② 민간인 피억류자에게 보내거나 민간인 피억류자가 발송하는 우편물, 우편소포, 우편 금융 업무에 관한 우편물에도 항공부가요금을 제외한 모든 우편요금을 면제

③ 소포는 무게 5kg까지 우편요금이 면제되지만, 다음의 경우에는 10kg까지 발송 가능

- 내용물을 분할할 수 없는 소포
- 포로에게 분배하기 위하여 수용소나 포로 대표자에게 발송되는 소포

4 국제보통소포우편물의 접수

① 접수 시 검사 : 소포 교환 여부, 접수 중지 여부, 금지물품 여부, 포장상태, 용적과 중량제한(국제우편요금, 발송조건표, 포스트넷 참조), 운송장 기록 사항

내용품의 영문 표기 및 수량과 가격 표기

② 국제소포우편물 운송장 작성과 첨부

- 국제소포우편물 운송장은 5연식으로 구성, 별도의 복사지 없이도 제1면의 기록 내용이 제5면까지 복사
- 제1면(주소, 세관신고서, 부가취급 등), 제2면(접수우체국보관용), 제3면(발송인보관용), 제4 · 5면(세관신고서) 14. 문6
- 국제소포우편물 운송장에는 도착국가에서 필요한 서식(송장 · 세관신고서)이 포함되어 있으므로 별도 작성할 필요 없음 14. 문6
- 발송인이 운송장에 기록할 때 왼쪽 아래부분의 지시사항란을 반드시 기록

  배달 불가능할 때와 반송될 때 반송인에게 반송료를 징수하는 근거가 됨
- 발송인이 반송받기를 원할 경우에는 반드시 선편이나 항공편 중 하나를 택하여 ∨ 또는 × 표시
- 발송인이 작성 제출한 운송장에는 우편물의 총중량과 요금, 접수우체국명, 접수 일자 등을 접수담당자가 명확히 기록
- 취급 시 중량이 100g 미만의 단수는 100g 단위로 절상 14. 문6

  예 소포우편물 중량이 5kg 740g인 경우 5,800g으로 기록
- 중량과 요금은 고쳐 쓸 수 없으므로 잘못 적지 않도록 반드시 주의

5 국제보험소포우편물의 접수

① 접수 시 검사

- 국제보험소포우편물은 특히 포장을 튼튼히 한 후 뜯지 못하도록 봉함
- 통관검사를 위하여 개봉 후 원상태에 가깝도록 다시 봉함

② 운송장의 작성 및 첨부

- 국제보험소포우편물의 중량은 10g 단위로 표시, 10g 미만의 단수는 10g 단위로 절상 19. 문8

예 중량이 7kg 542g인 경우 7,550g 으로 기록

- 보험가액 기록 시 유의 사항
  - 내용품은 반드시 객관적인 가치가 있는 물품이어야 함
  - 보험가액은 소포우편물 내용물의 실제 가격을 초과할 수 없지만 소포우편물 가격의 일부만을 보험에 가입하는 것은 허용
  - 보험가액은 원화(KRW)으로 표시, 발송인이 운송장 해당란에 로마문자와 아라비아숫자로 기록, 잘못 적은 경우 지우거나 고치지 말고 운송장을 다시 작성하도록 발송인에게 요구
  - 발송우체국은 발송인이 원화(KRW)화로 기록한 보험가액을 SDR로 환산하여 운송장의 해당란에 기록하며 환산할 때에는 소수점 둘째자리 미만은 올려서 소수점 둘째자리까지 기록

    이 가액은 어떠한 경우에도 고쳐 쓸 수 없음(보험 가액 최고한도액 4,000SDR)
  - 소포우편물 내용물의 실제 가격보다 높은 가액을 보험가액으로 할 수 없으며 이러한 경우 사기보험으로 간주

○ 한 줄 문제로 마무리 확인

01. 국제소포우편물 중 UPU 국제사무국에서 우정청과 지역우편연합에 발송하는 소포는 우편사무소포이다. (   )
02. 국제보통소포우편물 취급 시 중량이 100g 미만의 단수는 ________ g 단위로 절상한다.
03. 국제보험소포우편물 취급 시 중량이 '8kg 883g' 인 경우, '8,900g' 으로 기록한다. (   )
04. 국제소포우편물 운송장에는 도착국가에서 필요한 서식(송장, 세관신고서)이 포함되어 있지 않기 때문에 발송인은 통관 수속에 필요한 서류를 첨부해야 한다. (   )

정답

01. ○
02. 100
03. ×
04. ×

빈출키워드

20

★★★★ 국제우편 회독 ■■■

국제우편 행방조사청구제도와 손해배상제도

CHECK POINT

국제우편 행방조사청구제도, 국제우편 손해배상제도, 국제우편 유형별 손해배상액

○ 기출 문제로 실력 확인

국제우편 행방조사청구제도와 손해배상제도에 대한 설명으로 옳지 않은 것은? 16. 문9

① 우편물 발송국가 및 도착국가는 물론 제3국(외국)에서도 행방조사를 청구할 수 있다.

② 행방조사청구가 기한 내에 이루어져야 하는 것은 손해배상 요건 중 하나이다.

❸ 국제특급우편물 분실, 파손 등으로 지급된 손해배상금은 사고에 대한 책임이 있는 해당 우정청이 부담하는 것을 원칙으로 한다.

원칙적으로 발송 우정청이 부담하고 있으나 상대국에 따라 책임 우정청이 배상하는 경우도 있다.

④ 손해배상 청구권자는 원칙적으로 수취인에게 배달되기 전까지 발송인이며, 배달된 후에는 수취인에게 청구 권한이 있다.

○ 핵심 정리로 개념 확인

1 행방조사청구제도 21. 문8

발송인 · 수취인의 청구로 국제우편물의 행방을 추적 조사하고 그 결과를 청구자에게 알려주는 제도로 행방조사는 손해배상문제와 직결됨

① 청구대상우편물 : 등기우편물, 소포우편물, 국제특급우편물

② 청구기한 : 우편물을 발송한 다음 날부터 계산하여 6개월(다만, 국제특급우편물의 경우에는 4개월 이내)

EMS 프리미엄의 청구기한은 발송한 날부터 3개월, 배달보장서비스는 30일 이내

③ 종류 : 우편을 이용하는 행방조사, 모사전송(팩스)을 이용하는 행방조사, 전자우편 · 전자전송방식(인터넷)을 이용하는 행방조사

④ 청구권자 : 발송인이나 수취인

- 분실된 경우 : 발송인
- 파손된 경우 : 발송인이나 수취인
- 많은 국가에서 발송인 청구 위주로 행방조회를 진행함(미국, 독일, 프랑스 등)

⑤ 발송국가와 도착국가(배달국가)는 물론이고 제3국에서도 청구 가능 16. 문9

⑥ 행방조사청구 요금
- 항공우편에 의한 청구 : 무료
- 모사전송(팩스)에 의한 청구 : 해당 모사전송(팩스) 요금
- 국제특급우편에 의한 청구 : 해당 국제특급우편요금(청구요금은 우표로 받아 청구서 뒷면에 붙이고 소인 처리)
- 처음에 배달통지청구우편물로 발송한 우편물의 배달통지서(CN07)가 통상적인 기간 안에 회송되지 않은 경우에 청구하는 행방조사청구는 '무료행방조사청구'로서 청구료를 징수하지 아니함

2 국제우편 손해배상제도

① 개요 : 분실 및 파손 등으로 발송인(또는 수취인)의 재산상 손해가 확정되었을 때 손해를 보전하는 제도

② 청구권자 : 발송인 또는 수취인 16. 문9

청구 권한 : 원칙적으로 수취인에게 배달되기 전까지는 발송인, 배달된 후에는 수취인

③ 손해배상금의 부담
- 우편물의 분실, 파손 또는 도난 등 사고에 대한 책임이 있는 우정당국
- 국제특급의 경우 지급된 배상금은 원칙적으로 발송우정당국이 부담하고 있으나 상대국에 따라 책임우정당국이 배상하는 경우도 있음 16. 문9

④ 손해배상의 면책
- 화재, 천재지변 등 불가항력에 의해 발생한 경우
- 발송인 귀책사유에 의한 경우 ← 포장부실, 내용품의 성질상 훼손된 경우 등
- 도착국가의 국내법에 따라 압수 및 금지물품 등에 해당되어 몰수, 폐기된 경우
- 내용품의 실제가격을 초과 사기하여 보험에 든 경우 등

⑤ 손해배상의 요건 : 우편물에 실질적 손해 발생, 우편관서의 과실, 행방조사청구가 기한 내에 이루어져야 함

3 국제우편물 유형별 손해배상액 14. 문7

종류별	손해배상의 범위	배상금액
등기우편물	분실, 전부 도난 또는 전부 훼손된 경우	52,500원 범위내의 실손해액과 납부한 우편요금(등기료 제외)
	일부 도난 또는 일부 훼손된 경우	52,500원 범위내의 실손해액
등기우편낭 배달 인쇄물	분실, 전부 도난 또는 전부 훼손된 경우	262,350원과 납부한 우편요금(등기료 제외)
	일부 도난 또는 일부 훼손된 경우	262,350원 범위내의 실손해액
보통소포우편물	분실, 전부 도난 또는 전부 훼손된 경우	70,000원에 1kg당 7,870원을 합산한 금액범위내의 실손해액과 납부한 우편요금
	일부 분실 · 도난 또는 일부 훼손된 경우	70,000원에 1kg당 7,870원을 합산한 금액범위내의 실손해액

보험서장 및 보험소포우편물	분실, 전부 도난 또는 전부 훼손된 경우	보험가액 범위내의 실손해액과 납부한 우편요금(보험취급 수수료 제외)
	일부 분실 · 도난 또는 일부 훼손된 경우	보험가액 범위내의 실손해액
국제특급우편물 (EMS)	내용품이 서류인 국제특급우편물의 분실	52,500원 범위내의 실손해액과 납부한 국제특급우편요금
	내용품이 서류인 국제특급우편물이 일부 도난 또는 훼손된 경우	52,500원 범위내의 실손해액과 납부한 국제특급우편요금
	내용품이 서류가 아닌 국제특급우편물이 분실 · 도난 또는 훼손된 경우	70,000원에 1kg당 7,870원을 합산한 금액 범위내의 실손해액과 납부한 국제특급우편요금
	보험취급한 국제특급우편물이 분실 · 도난 또는 훼손된 경우	보험가액 범위내의 실손해액과 납부한 국제특급우편요금(보험취급 수수료 제외)
	배달예정일보다 48시간 이상 지연배달된 경우 단, EMS 배달보장서비스는 배달예정일보다 지연배달의 경우	납부한 국제특급우편요금(보험취급 수수료 제외)

※ 지연배달 등으로 인한 간접손실 또는 수익의 손실은 배상하지 않도록 규정함

○ 한 줄 문제로 마무리 확인

01. 우편물 발송국가 및 도착국가는 물론 제3국(외국)에서도 행방조사를 청구할 수 있다. (　　)
02. 국제특급우편물이 분실 · 도난 또는 훼손된 경우, 70,000원에 1kg당 ____________원을 합산한 금액 범위 내의 실손해액과 납부한 국제특급우편요금을 배상한다.
03. 손해배상 청구권자는 원칙적으로 수취인에게 배달되기 전까지 발송인이며, 배달된 후에는 수취인에게 청구 권한이 있다. (　　)

정답

01. ○
02. 7,870
03. ○

빈출키워드 **21**

★★★ 국제우편 회독 ■■■

K - Packet의 개요 및 접수

CHECK POINT

K - Packet의 의의와 명칭, K - Packet 접수

○ 기출 문제로 실력 확인

국제우편 종류별 접수방법에 대한 설명으로 옳은 것은? 19. 문8

① 보험소포우편물취급 시 중량이 '8kg 883g' 인 경우, '8,900g' 으로 기록한다.
10g 미만의 단수는 10g으로 절상하여 8,890g으로 기록

② 우편자루배달인쇄물 접수 시 하나의 소포우편물로 취급하며, 우편요금과 별도로 통관회부대 행수수료 4,000원을 징수한다.
통상우편물로 취급

③ 국제특급우편(EMS)은 내용품에 따라 서류용과 비서류용 2가지로 구분되며, 운송장의 번호는 KE 또는 KS 등 K*로 시작된다.
운송장 번호는 영문 EE 또는 ES 등 E*로 시작된다.

❹ K - Packet의 발송인 란에는 통관, 손해배상, 반송 등의 업무처리를 위해 반드시 한 명의 주소 및 성명을 기재해야 한다.

○ 핵심 정리로 개념 확인

1 K - Packet의 의의와 명칭

① 의의 : 「국제우편규정」에 따라 과학기술정보통신부장관이 고시한 전자상거래용 국제우편서비스

② 명칭 : 우리나라를 상징하는 의미를 담아 'Korea' 를 뜻하는 K - Packet으로 정함

③ 해외 전자상거래용 우편서비스

중국	e - Packet	싱가포르	e - pak
일본	e - Small packet	홍콩	e - express

④ 특징

- EMS와 같은 경쟁서비스이며 고객맞춤형 국제우편 서비스로서 평균 송달기간은 7~10일
- 우체국과 계약하여 이용(최소 계약물량 제한 없음)
- 온라인으로 판매되는 소형물품(2kg 이하)의 해외배송에 적합한 국제우편 서비스
- 월 이용금액에 따라 이용 요금 감액

- 지방우정청, 총괄우체국 및 6급 이하 우체국(별정국 포함)에서 계약 가능하며 우편취급국은 총괄우체국이 접수국으로 지정한 경우 가능
- 무료 방문접수서비스 제공 및 전국의 모든 우체국에서 접수 가능

  월 발송물량이 50통 미만 및 6급 이하 우체국은 방문접수 불가능
- 국내에서 K－Packet을 등기소형포장물보다 우선 취급
- 2kg 이하 소형물품을 인터넷우체국이 제공하는 API 시스템을 통해 온라인으로 접수

  이용자의 정보시스템과 인터넷우체국 사업자포털시스템 간 우편번호, 종추적정보, 접수정보 등을 교환할 수 있도록 제공하는 IT서비스

⑤ 취급조건

- 제한무게 : 2kg
- 제한규격 : 최대길이 60cm, 가로＋세로＋높이≤90cm
- 등기소형포장물보다 우선취급 발송
- 1회 배달 성공률 향상을 위해 해외우정과 제휴하여 배달국가에서 수취인 서명 없이 배달
- 손해배상
  - 발송우정당국 책임
  - 손해배상 처리절차는 기존 국제등기우편과 동일. 단, 인터넷으로 종추적 배달결과가 없는 경우에 한하여 행방조사 청구가 가능
  - 배상액 : 기존 국제등기우편물 손해배상 지급기준과 동일

2 K－Packet 접수

① 일반사항

- 내용품이 이탈되지 않도록 단단하게 사각형태의 상자에 포장
- 액체는 내용물이 새지 않도록 봉하고 외부 압력에 견딜 수 있게 포장
- 2개 이상의 포장물품을 테이프, 끈 등으로 묶어 K－Packet 하나로 발송 금지
- K－Packet을 발송할 경우 인터넷 접수시스템으로 발송인과 수취인의 주소, 내용품명, 내용품가액 등 필수 입력사항을 영문으로 입력
- 운송장을 작성할 때에는 요금을 올바르게 계산하기 위해 반드시 규격 및 무게를 정확히 기재
- 표시한 무게와 실제 우편물 무게가 달라 요금에 차이가 발생한 경우 즉시 이용 고객에게 알림
- K－Packet 운송장의 발송인 란에는 통관, 손해배상, 반송 등의 업무처리를 위하여 반드시 한 명의 주소 · 성명을 기재 19. 문8

② 우편물의 접수 장소

- 계약 관서의 장은 인력과 차량의 사정에 따라 K-Packet을 방문접수할지 별도의 장소에서 접수할지를 협의하여 결정
- 계약 관서의 장은 결정한 것을 계약사항에 표시할 수 있음

③ 접수제한 물품 : 「만국우편협약」과 「우편법」 제17조 제1항(우편금지물품)에서 정한 폭발성 물질, 발화성 물질, 인화성 물질, 유독성 물질, 공공안전의 위해를 끼칠 수 있는 물질, 그 밖의 위험성 물질 등

○ 한 줄 문제로 마무리 확인

01. K-Packet은 ______________이 고시한 전자상거래용 국제우편서비스이다.
02. 싱가포르의 전자상거래용 우편서비스는 e-Small packet이다. (　　)
03. 국내에서 K-Packet을 등기소형포장물보다 우선 취급한다. (　　)
04. K-Packet 운송장의 발송인 란에는 통관, 손해배상, 반송 등의 업무처리를 위하여 반드시 한 명의 주소 · 성명을 기재한다. (　　)
05. K-Packet은 ______________소형물품의 해외배송에 적합한 우편서비스이다.

정답

01. 과학기술정보통신부장관
02. ×
03. ○
04. ○
05. 2kg 이하

안심Touch

빈출키워드

22

★★★★

국제우편 회독 ■■■

우편에 관한 국제기구

CHECK POINT

만국우편연합, 아시아 · 태평양우편연합, 표준다자간협정 또는 양자협정

○ 기출 문제로 실력 확인

국제우편 기구 및 법규에 관한 설명으로 옳은 것은? 08. 문6

① 만국우편연합(UPU) 총회는 최고 의결기관으로 2년마다 개최되며 전 회원국의 전권 대표로 구성된다.
4년마다

② 만국우편연합(UPU)의 상설기관은 관리이사회, 우편운영이사회 및 집행이사회가 있다.
국제사무국

③ 만국우편연합(UPU)의 화폐단위는 SDR(Special Drawing Rights)이고 공식 언어는 영어이다.
프랑스어

❹ 국제특급우편(EMS)의 교환은 우리나라와 해당 국가(들) 사이에 맺은 표준다자간협정 또는 양자협정에 의해 이루어진다.

○ 핵심 정리로 개념 확인

1 만국우편연합(UPU : Universal Postal Union)

① 창설 : 1874 베른 조약(1874 Treaty of Bern) 채택으로 일반우편연합이 창설되어 1875년 발효 → 1878년의 제2차 파리총회에서 만국우편연합(Universal Postal Union)으로 개명

② 임무 : 세계 사람들 사이의 통신을 증진하기 위하여 효율적이고 편리한 보편적 우편서비스의 지속적인 발전을 촉진
- 상호 연결된 단일 우편 영역에서 우편물의 자유로운 교환을 보장
- 공정하고 공통된 표준을 채택하고, 기술 이용을 촉진
- 이해관계자들 간의 협력과 상호작용의 보장
- 효과적인 기술협력 증진
- 고객의 변화하는 요구에 대한 충족을 보장

③ 총회 : 연합의 최고 의결기관으로서 매 4년마다 개최되며 전 회원국의 전권 대표로 구성되며, 전 세계 우편사업의 기본 발전방향 설정함 08. 문6

④ 연합의 상설기관 08. 문6

관리이사회 (CA : Council of Administration)	우편에 관한 정부정책 및 감사 등과 관련된 사안을 담당
우편운영이사회 (POC : Postal Operations Council)	우편업무에 관한 운영적, 상업적, 기술적, 경제적 사안을 담당
국제사무국(IB : International Bureau)	연합업무의 수행, 지원, 연락, 통보 및 협의기관으로 기능

⑤ 기준화폐 : 국제통화기금(IMF)의 국제준비통화인 SDR

Special Drawing Right

⑥ 공용어 : 프랑스어이며, 국제사무국 내에서는 업무용 언어로 프랑스어 및 영어 사용 08. 문6

⑦ 우리나라 가입

- 1897년 제5차 워싱턴 총회에 참석하여 가입신청서 제출
- 1900년 '대한제국(Empire of Korea)' 국호로 정식 가입, 1949년 '대한민국(Republic of Korea)' 국호로 회원국 자격 회복
- 북한은 1974년 6월 6일에 로잔느 총회에서 가입
- EC의 10개 위원회 중 우편금융위원회 의장직 5년간 수행

2 아시아 · 태평양우편연합(APPU : Asian-Pacific Postal Union)

① 개요 12. 문8

- 한국과 필리핀 공동 제의로 창설
- 1961년 1월 23일 마닐라에서 한국, 태국, 대만, 필리핀 4개국이 협약 · 서명으로 창설
- 사무국은 태국 방콕에 소재하고 있으며 현재 회원국은 32개국

② 설립 목적 12. 문8

지역우편연합의 구성을 허용하고 있는 UPU 헌장 제8조

- 지역 내 각 회원국 간의 우편관계 확장 · 촉진 · 개선
- 우편업무분야에서 국제협력 증진
- 우편업무의 발전과 개선에 관한 연구
- 우정 직원들의 교환과 독자적 파견을 위한 협정 체결

③ 공용어 : 영어를 활용

④ 기관

- 총회
  - 연합의 최고 기관이며 4년마다 개최되는 비상설기구
  - 회원국의 전권대표로 구성
  - APPU 헌장 및 총칙을 수정하거나 공동 관심사 토의를 위해 소집
  - 9차 총회 한국 서울(2005), 10차 총회 뉴질랜드 오클랜드(2009), 11차 인도 뉴델리(2013)에서 개최

- 집행이사회
  - 총회와 총회 사이에 연합 업무의 계속성을 유지하기 위하여 원칙적으로 매년 1회 개최
  - 총회의 결정에 따라 부여받은 임무를 수행하고 연합의 연차 예산 검토 · 승인
  - 우리나라는 제9차 APPU 총회를 2005년에 개최하여 2006년부터 2009년까지 집행이사회 의장국으로 활동
- 아시아 · 태평양우정대학(APPC : Asian – Pacific Postal College)
  - 아 · 태지역의 우편업무 개선 · 발전을 위한 우정직원 훈련을 목적으로 창설
  - 4개국이 유엔개발계획(UNDP)의 지원을 받아 창설한 지역훈련센터
    우리나라, 태국, 필리핀, 대만
  - 태국 방콕에 소재

3 카할라 우정연합

① 아시아 · 태평양 연안 지역내 6개 우정당국(한국, 미국, 일본, 중국, 호주, 홍콩)이 국제특송시장에서의 주도권 확보 및 국제특급우편(EMS) 경쟁력 향상을 목적으로 2002년 6월에 결성

② 주요사업

- 국제특급우편(EMS) 서비스 품질 향상 추진
- 항공운송구간 문제점 해소를 위한 최적 운송방안 마련
- 민간특송사에 대한 경쟁력 확보를 위한 사전통관 정보 제공
- 카할라 우정연합 국가 간 서비스 품질을 제고
- 공동으로 구축한 단일 통합네트워크를 기반으로 2005년 7월부터 EMS 배달보장서비스 시행

○ 한 줄 문제로 마무리 확인

01. 만국우편연합(UPU) 총회는 최고 의결기관으로 2년마다 개최되며 전 회원국의 전권 대표로 구성된다. (   )
02. 만국우편연합의 상설기관으로는 관리이사회, 우편운영이사회, ________이 있다.
03. 아시아 · 태평양우편연합은 한국과 필리핀이 공동으로 제안하여 창설되었다. (   )

정답

01. ×
02. 국제사무국
03. ○

제3과목

금융상식

예금편

보험편

빈출키워드

01

★★★★★

예금편 회독 ■■■

우체국 금융상품(1) - 예금상품

CHECK POINT

요구불 예금, 거치식 예금, 적립식 예금, 공익형 예금상품, $2040^{+\alpha}$자유적금, 기업든든 MMDA통장, 다드림통장, 우체국 새출발자유적금

○ 기출 문제로 실력 확인

〈보기〉의 우체국 예금상품에 대한 설명으로 옳은 것을 모두 고른 것은? 〈변형〉 16. 문13

〈보기〉

ㄱ. 기업든든MMDA통장은 입출금이 자유로우며, 예치금액 별로 금리를 차등 적용하는 상품이다.

ㄴ. $2040^{+\alpha}$ 자유적금은 일정 조건에 해당하는 경우 우대금리를 제공하는 정기 예금이다.

ㄷ. 우체국 새출발자유적금은 주거래 고객 확보 및 혜택 제공을 목적으로 각종 이체 실적 보유 고객, 우체국예금 우수고객, 장기거래 등 주거래 이용 실적이 많을수록 우대 혜택이 커지는 자유적립식 예금이다.
우체국 다드림적금에 대한 설명이다.

ㄹ. 우체국 아이LOVE 적금은 만 12세 미만의 어린이 · 청소년의 목돈 마련을 위해 사회소외계층, 단체가입, 가족 거래 실적 등에 따라 우대금리를 제공하는 적립식 예금이다.
만 19세

❶ ㄱ, ㄴ
② ㄱ, ㄹ
③ ㄴ, ㄷ
④ ㄷ, ㄹ

○ 핵심 정리로 개념 확인

1 요구불 예금(입출금이 자유로운 예금) 21. 문12 / 19. 문13 / 18. 문15 / 16. 문13 / 12. 문14

구분	대상	특징
듬뿍우대저축예금	개인	예치금액별로 차등 금리 적용, 개인 MMDA 상품
e-postbank예금	개인	별도의 통장 발행 없음, 전자금융을 통해 거래, 가입은 우체국 창구에서도 가능
기업든든MMDA통장	법인, 개인사업자 등	예치금액별로 차등 금리 적용, 기업 MMDA 상품

우체국 국민연금안심통장	국민연금 수급권자	압류방지 전용 통장, 국민연금 급여만 입금 가능
우체국 다드림통장	개인	거래 실적별 포인트 제공, 패키지별 우대서비스 등을 제공하는 우체국 대표 요구불 예금
우체국 생활든든통장	만 50세 이상 시니어 고객	다양한 서비스를 제공하는 시니어 특화 예금

2 거치식 예금(목돈 굴리기 예금) 21. 문12 / 19. 문13 / 18. 문15 / 14. 문11 / 12. 문14

구분	대상	특징
챔피언정기예금	개인	가입기간과 이자지급방식을 자유롭게 선택 가능
이웃사랑정기예금	사회소외계층, 농어촌 주민	사회 소외계층과 헌혈자, 농어촌 지역 주민 등의 경제생활 지원을 위한 공익형 정기예금
e-postbank 정기예금	개인	온라인 전용상품, 이용실적에 따라 우대금리 제공
2040$^{+\alpha}$ 정기예금	20~40대 직장인, 카드 가맹점, 법인	일정 조건에 해당하는 경우 우대금리를 제공
우체국 소상공인 정기예금	소상공인 · 소기업대표자	노란우산공제 가입이나 수시입출식 예금 평균 잔고에 따라 우대금리 제공

3 적립식 예금(목돈마련 예금) 16. 문13

구분	대상	특징
2040$^{+\alpha}$자유적금	20~40대 직장인, 카드 가맹점	일정 조건에 해당하는 경우 우대금리 제공
우체국 새출발자유적금	사회 소외계층 및 농어촌 고객, 사랑 나눔 실천자	우대금리 등의 금융혜택을 지원하는 공익형 예금, 새출발 희망 패키지와 새출발 행복 패키지가 있음
우체국 아이LOVE 적금	만 19세 미만의 어린이 · 청소년	자투리 저축 서비스(우체국 수시입출식 예금의 1만원 미만 자투리 금액을 매월 이 적금으로 자동 저축하는 서비스) 제공
우체국 가치모아적금	개인	여행자금, 모임회비 등 목돈 마련을 위해 다양한 우대 서비스를 제공하는 적립식 예금

4 기타

① 국고예금 : 관성운영경비를 예치 · 사용하기 위한 일종의 보통예금

② 환매조건부채권(RP) : 일정기간 후 약정가격에 매입할 것을 조건으로 판매하는 상품

5 공익형 예금상품

우체국예금 상품 중 국영금융기관으로서의 공적인 역할 제고를 위한 예금. 우체국은 총 10종의 공익형 예금상품을 보유하고 있음

행복지킴이통장, 국민연금안심통장, 공무원연금평생안심통장, 호국보훈지킴이통장, 청년미래든든통장, 희망지킴이통장, 새출발자유적금, 장병내일준비적금, 이웃사랑정기예금, 소상공인정기예금

○ 한 줄 문제로 마무리 확인

01. e-Postbank예금은 우체국 창구를 통한 가입이 불가하다. (　　)
02. 듬뿍우대저축은 수시 입출금이 가능한 ______________으로 예금액별 차등금리를 적용한다.
03. 우체국 국민연금 안심통장은 압류방지 전용 통장이다. (　　)
04. 우체국 소상공인정기예금은 ______________에 가입하거나 수시입출식예금 평균 잔고에 따라 우대금리를 제공한다.
05. 우체국 생활든든통장의 가입 대상은 만 40세 이상의 시니어 고객이다. (　　)

정답

01. ×
02. 요구불 예금
03. ○
04. 노란우산공제
05. ×

빈출키워드 02

★★★★★ 예금편 회독 ■■■

우체국 금융상품(2) - 카드상품, 펀드상품

CHECK POINT

개인용 체크카드, 법인용 체크카드, 우체국 포미 체크카드, 우체국 우리동네plus 체크카드, 카드 해지, 카드 일시정지, 우체국 펀드상품

○ 기출 문제로 실력 확인

우체국 예금상품 및 체크카드에 대한 설명으로 옳은 것을 모두 고른 것은? 〈변형〉 19. 문13

ㄱ. 법인용 체크카드의 현금 입출금 기능은 개인사업자에 한하여 선택 가능하다.

ㄴ. 우체국 소상공인정기예금은 노란우산공제에 가입하거나 신용카드 가맹점 결제계좌 약정 시 우대금리를 제공한다.

우체국 수시입출식 예금 평균 잔고에 따라 우대금리 제공

ㄷ. 포스트페이, E클래스 펀드, e-Postbank정기예금, e-Postbank예금은 우체국 창구를 통한 가입이 불가하다.

e-Postbank예금은 인터넷뱅킹, 스마트뱅킹 또는 우체국 창구를 통해 가입 가능하다. 포스트페이는 모바일뱅킹 서비스 앱으로, 가입은 비대면 계좌개설로 이루어진다. E클래스 펀드와 e-Postbank정기예금은 온라인 가입 전용상품이다.

ㄹ. 우체국 포미 하이브리드 체크카드는 싱글족 맞춤혜택 카드로, 교통기능은 후불 적용되며 점자카드는 발급이 불가하고 해외에서 사용이 가능한 카드이다.

① ㄱ, ㄴ ② ㄴ, ㄷ

③ ㄷ, ㄹ ❹ ㄱ, ㄹ

○ 핵심 정리로 개념 확인

1 카드상품

① 우체국은 체크카드 사업을 2011년 11월부터 시행 중

② 우체국 체크카드 발급대상

구분		발급대상
개인카드	일반	만 12세 이상
	하이브리드	만 18세 이상(단, 만 18세 미성년자는 후불교통기능만 가능)
	후불하이패스	하이브리드카드 소지자
	가족카드	본인회원의 가족회원 대상
	복지카드	우정사업본부 직원으로 복지 포인트 부여 대상자

안심Touch

법인카드	법인, 개인사업자, 고유번호나 납세번호 있는 단체

③ 주요 체크카드 19. 문13 / 16. 문14

2021년 12월 기준 우체국 체크카드 : 개인 16종, 법인 4종 등 총 20종

개인	포미 하이브리드	편의점, 간편결제, 쇼핑, 배달앱 등에서 캐시백 할인이 되는 싱글족 맞춤혜택 특화 카드
	우리동네plus	전국 가맹점뿐만 아니라 지역별 가맹점을 포함한 지역 별 추가 캐시백 혜택을 제공하는 특화 카드
	다드림	전 가맹점 이용액 0.3%, 우체국 알뜰폰 통신료 10%, 우체국서비스 5%가 우체국 포인트로 적립되는 체크카드
	e-나라도움(개인형)	국고보조금을 교부받는 개인에게 발급하는 전용카드
	라이프+플러스	쇼핑, 레저, 반려동물 업종 등 캐시백 또는 유니마일 적립 선택 가능 카드
법인	성공파트너	고객이 선호하는 사업장 할인 혜택이 강화 법인 전용
	e-나라도움(법인형)	국고보조금을 교부받는 사업자 및 보조사업자에게 발급하는 전용카드
	※ 법인용 체크카드의 현금 입출금 기능은 개인사업자에 한하여 선택 가능	

④ 카드 해지

- 체크카드 해지 시에는 현금카드 기능도 함께 해지된다.
- 카드 해지의 종류

일반해지	카드 유효기간 내 회원의 요청에 의한 해지
당연해지	체크카드 결제계좌 해지에 따른 해지
자동해지	기존 우체국 체크카드를 동종의 복지카드로 전환 발급하거나, 본인 회원 카드해지 시 가족카드의 해지

⑤ 카드 이용정지 및 일시 제한이 가능한 경우

- 미성년자의 경우 법정대리인이 거래 중단을 요청하는 경우
- 예금에서 결제계좌의 지급정지 사유에 해당하는 경우
- 카드의 부정사용 · 비정상적인 거래로 판단되는 경우
- 해킹으로 인하여 회원에게 피해가 갈 것이 우려되는 경우

2 펀드상품

① 2018년 9월부터 우체국 펀드판매 개시

② 우체국 펀드상품의 종류 및 특징

- 2021년 12월 기준 우체국에서 판매하는 펀드상품은 대부분 안정형 위주로 구성

• 우체국 펀드상품 구성

단기금융펀드(MMF)	원금손실도 위험도가 낮음	14종	총 40종
채권형펀드	채권에 60% 이상 투자	13종	
채권혼합형펀드	주식 비중이 30% 이하	13종	

• 운용실적에 따라 손익이 결정되는 실적배당상품인 펀드의 특성상 원금 손실이 발생할 수도 있음

○ 한 줄 문제로 마무리 확인

01. 우체국 우리동네plus 체크카드는 싱글족 맞춤혜택 카드이다. (　　)
02. 우체국 다드림 체크카드는 우체국서비스 ____________가 우체국 포인트로 적립되는 체크카드이다.
03. 법인용 체크카드의 현금 입출금 기능은 개인사업자에 한하여 선택 가능하다. (　　)
04. 2021년 12월 기준 우체국에서 판매하는 펀드상품 중 가장 많은 종류는 단기금융펀드(MMF)이다. (　　)
05. 우체국 개인 일반 체크카드의 발급 연령은 ____________ 이상이다.

정답

01. ×
02. 5%
03. ○
04. ○
05. 만 12세

안심Touch

빈출키워드 03

★★★★★

예금편 회독 ■■■

우체국 금융서비스

CHECK POINT

노란우산공제, 포스트페이, 우편환, 우편대체, SWIFT 송금, 유로지로, 특급송금, 외화환전 예약서비스, 외화배달 서비스, 제휴서비스

○ 기출 문제로 실력 확인

우체국에서 판매대행하고 있는 노란우산공제에 대한 설명으로 옳지 않은 것은? 〈변형〉 14. 문12

① 우체국은 청약서 및 제반서류 접수와 부금 수납 등의 업무를 대행한다.

❷ 기존 가입자 또는 강제해지 후 2년 미경과 시에는 신규 및 (재)청약이 불가하므로 청약 전 기 가입여부 등 조회를 필수적으로 실시한다.

1년

③ 노란우산공제는 수급권 보호를 위해 압류와 담보, 양도가 금지된다.

④ 소기업과 소상공인의 생활안정 및 사업재기를 돕기 위해 중소기업중앙회가 운영하는 공제제도이다.

○ 핵심 정리로 개념 확인

1 우편환 12. 문12

① 우편 또는 전자적 수단으로 전달되는 환증서를 통한 송금수단

전자적 매체를 통해 표시되는 지급지시서 및 계좌입금 등을 포함

② 금융기관의 온라인망이 설치되어 있지 않은 지역에 대한 송금에 이용

③ 통상환, 온라인환, 경조금배달서비스

2 우편대체

① 우체국에 개설한 우편대체계좌를 통하여 자금 결제를 할 수 있는 제도

② 세금 · 공과금 · 할부금 등 수납, 각종 연금 · 급여 지급, 공과금 자동 이체 및 수표 발행 등의 서비스 제공

3 외국환 12. 문11 / 12. 문12

① 해외송금

- 당발송금 : 한국 → 해외은행계좌로
- 타발송금 : 해외은행 → 한국 우체국계좌로

구분	SWIFT 송금	유로지로	특급송금
송금방식	SWIFT network	Eurogiro network	Moneygram network
소요시간	3~5 영업일	3~5 영업일	송금 후 10분
거래유형	계좌송금	주소지/계좌송금	수취인 방문 지급
중계 · 수취 은행 수수료	약 15~25 USD	• 중계은행 수수료 : 없음 • 수취은행 수수료 : 3 USD / 2 EUR	-
취급국가	약 214개국	태국, 필리핀, 스리랑카, 일본, 베트남, 몽골	약 200개 국가

② 환전업무

외화환전 예약서비스	• 환전 → 대금 지급 완료 → 원하는 수령일자 및 장소 선택 → 선택한 날짜에 고객 직접 수령 우체국 창구 방문 신청 또는 인터넷뱅킹 · 스마트뱅킹 이용 • 수령 장소 : 고객이 지정한 일부 환전업무 취급 우체국, 우정사업본부, 환전업무 관련 제휴된 하나은행 지점(환전소) • 환전 가능 금액 : 건당 100만 원 이내 • 환전 가능 통화 : 미국달러(USD), 유럽유로(EUR), 일본엔(JPY), 중국위안(CNY), 캐나다달러(CAD), 호주달러(AUD), 홍콩달러(HKD), 태국바트(THB), 싱가폴달러(SGD), 영국 파운드(GBP) 등 총 10종
외화배달 서비스	• 환전 → 대금 지급 완료 → 원하는 수령일자 및 장소 선택 → 선택한 날짜에 외화 실물을 직접 배달 • 외화 수령일 지정 : 신청일로부터 3~10 영업일 이내 • 취급 가능 통화 : 미국달러(USD), 유럽유로(EUR), 일본엔(JPY), 중국위안(CNY) 등 총 4종

4 제휴서비스 14. 문12 / 12. 문11

① 창구망 공동이용, 노란우산공제 판매대행, 우체국 CMS 업무, 카드업무 대행 서비스, 증권계좌 개설 대행 서비스

② 창구망 공동이용

- 우체국과 은행이 업무제휴를 맺고 양 기관의 전산 시스템을 전용선으로 상호 연결하여 제휴은행 고객이 각 우체국 창구에서 기존의 타행환 거래 방식이 아닌 자행거래 방식으로 입출금 거래를 할 수 있도록 함

제휴기관	KDB산업은행, 한국씨티은행, IBK 기업은행, 전북은행, 하나은행 등
이용가능업무	• (입금) 제휴은행 고객이 우체국 창구에서 제휴은행 고객계좌로 입금 • (지급) 제휴은행 고객이 우체국 창구에서 출금 (통장에 의한 지급) • (조회) 무통거래내역, 계좌잔액, 처리결과, 수수료 조회 * 우체국 창구에서 제휴은행 통장 신규발행 및 해지는 불가

③ 노란우산공제 판매대행

- 소기업 · 소상공인이 폐업 · 노령 · 사망 등의 위험으로부터 생활안정을 기하고 사업재기 기회를 제공받을 수 있도록 중소기업중앙회에서 운영하는 공적 공제제도
- 청약 전 고객 상담, 청약서(철회서) 및 제반서류 접수, 부금 수납, 공제금/해약지급신청서 및 제반서류 접수
- 수급권 보호를 위해 압류, 담보제공, 양도 금지

○ 한 줄 문제로 마무리 확인

01. 우체국 인터넷뱅킹에서 SWIFT망을 통해 수취인의 해외은행 계좌로 송금이 가능하다. (   )
02. 우체국예금 고객은 창구망 공동이용 서비스를 통해 ________에서 자행거래 방식으로 입 · 출금이 가능하다.
03. 외화실물을 수령할 수 있는 환전 예약은 모바일뱅킹서비스를 통해서만 가능하다. (   )
04. 노란우산공제는 ________가 운영하는 공제제도이다.
05. 태국바트(THB)는 외화배달 서비스가 가능한 통화 중 하나이다. (   )

정답

01. ○
02. 우체국 창구
03. ×
04. 중소기업중앙회
05. ×

빈출키워드 04

★★★★★ 예금편 회독 ■■■

예금업무(1)

CHECK POINT

예금계약, 예금거래약관, 점외수금, 약관의 해석원칙, 우리나라 예금거래약관의 체계, 대리관계의 확인

○ 기출 문제로 실력 확인

예금거래약관에 대한 설명으로 옳지 않은 것은? 08. 문10

① 약관의 의미가 불명확한 때에는 고객에게는 유리하게, 작성자에게는 불리하게 해석하는 것이 원칙이다.

② 약관은 해석자의 주관에 의할 것이 아니라 객관적 합리성에 입각하여 해석되어야 하며, 시간 · 장소 · 거래상대방에 따라 달리 해석되어서는 아니 된다.

③ 개별적인 예금상품의 특성에 따라 세부적인 내용을 약관이나 특약의 형식으로 정하고 있다.

❹ 예금계약에 대해서는 예금거래기본약관을 우선 적용하고 예금 종류별 약관, 당해 예금상품의 약관을 차례로 적용하는 것이 원칙이다.

해당 예금상품의 약관을 우선 적용

○ 핵심 정리로 개념 확인

1 예금계약의 법적 성질 10. 문13

① 소비임치계약 : 예금계약은 예금자가 금전의 보관을 위탁하고 금융회사가 이를 승낙하여 자유롭게 운용하다가 같은 금액의 금전을 반환하면 되는 소비임치계약

② 상사계약 : 금융회사는 상인이므로 금융회사와 체결한 예금계약은 상사임치계약

③ 부합계약 : 예금계약은 금융회사가 예금거래기본약관 등을 제정하고 이를 예금계약의 내용으로 삼는다는 점에서 부합계약

2 예금계약의 성립 10. 문13

현금에 의한 입금	창구입금	금융회사가 금원을 받아 확인한 때에 성립
	점외수금	• 수금직원이 영업점으로 돌아와 수납직원에게 금전을 넘겨주고 그 수납직원이 이를 확인한 때에 성립 • 지점장(우체국장)의 경우 금전을 수령하고 이를 확인한 즉시 성립
	ATM	ATM이 현금계산을 종료하여 그 금액이 표시된 때에 성립

안심Touch

증권류에 의한 입금	타점권입금	• 추심위임설과 양도설 대립 • 추심위임설 : 타점권의 입금과 동시에 타점권이 반환되지 않는 것을 정지조건으로 하여 예금계약이 성립한다고 보는 견해 • 양도설 : 타점권의 입금과 동시에 예금계약이 성립하고 타점권이 부도반환되는 경우 소급하여 예금계약이 해제되는 것으로 보는 견해
	자점권입금	발행인이 당좌예금 계좌에서 액면금 상당을 인출한 다음 예입자의 계좌에 입금하면 성립
계좌송금		예금원장에 입금기장을 마친 때에 성립

3 예금거래약관 16. 문12 / 08. 문10

① 약관의 해석원칙

객관적 · 통일적 해석의 원칙	객관적 합리성에 입각하여 해석, 시간, 장소, 거래상대방에 따라 달리 해석되어서는 안 된다는 원칙
작성자불이익의 원칙	약관의 의미가 불명확한 때에는 고객에게는 유리하게, 작성자에게는 불리하게 해석해야 한다는 원칙
개별약정우선의 원칙	약관과 다른 합의 사항이 있는 경우 당해 합의사항을 약관에 우선하여 적용한다는 원칙

② 우리나라 예금거래약관의 체계

- 모든 금융회사의 통일적인 약관 체계
- 단계별 약관 체계
- 약관의 이원적 체계

③ 기출에 출제된 주요 약관

- 입출금이 자유로운 상품으로, 입출금이 자유로운 예금은 질권 설정을 할 수 없다(「우체국 예금거래 기본약관」 제12조 제2항).
- 예금주 본인이 사고신고를 철회할 때에는 우체국에 예금주 본인이 서면으로 하여야 한다(「우체국 예금거래 기본약관」 제13조 제5항).
- 우체국과 예금주 사이에 개별적으로 합의한 사항이 약관 조항과 다를 때는 그 합의사항을 약관에 우선하여 적용한다(「우체국 예금거래 기본약관」 제21조 제1항).

④ 약관 적용 순서 : 합의사항 > 예금상품의 약관 > 예금별 약관 > 예금거래기본약관

4 대리인과의 거래

① 임의대리의 경우

- 진정한 대리인 여부와 대리권의 범위를 확인

• 법정대리의 경우 대리관계의 확인

구분	대리인	확인서류
미성년자	친권자, 후견인	가족관계등록부
피성년후견인 및 피한정후견인	후견인	후견등기부
부재자	부재자 재산관리인	법원의 선임심판서
사망	유언집행자, 상속재산관리인	사망자의 유언, 법원의 선임심판서

② 예금의 중도해지와 예금담보대출의 경우 : 위임장 이외에도 예금주 본인의 의사를 반드시 확인해야 함 18. 문10

5 회사와의 거래 10. 문13

① 공동대표이사제도를 채택하고 있는 경우의 거래 : 예금거래도 공동으로 하는 것이 원칙

② 외국회사와의 거래 : 법인등기사항전부증명서를 징구하여 한국 내의 예금자와 예금거래(단, 등기가 이루어지지 않은 외국회사는 계속적 거래를 전제로 하는 당좌계좌개설은 허용되지 않음)

○ 한 줄 문제로 마무리 확인

01. 점외수금의 경우, 지점장(우체국장)은 영업점으로 돌아와 수납직원에게 금전을 넘겨주고 그 수납직원이 이를 확인한 때 예금계약이 성립한다. (　　)

02. 예금계약은 예금자가 금전의 보관을 위탁하고 금융기관이 운용하다가 추후 금전을 반환하는 ____________ 이다.

03. 약관의 의미가 불명확한 때에는 고객에게는 유리하게, 작성자에게는 불리하게 해석하는 것이 원칙이다. (　　)

04. 약관은 시간 · 장소 · 거래상대방에 따라 다르게 해석되어야 한다. (　　)

정답

01. ×
02. 소비임치계약
03. ○
04. ×

빈출키워드 05

★★★★★

예금편 회독 ■■■

예금업무(2)

CHECK POINT

입금과 지급, 과다입금, 계좌상위 입금, 착오송금, 금융기관의 면책, 법정상속, 유언상속, 협의분할, 심판분할

○ 기출 문제로 실력 확인

예금의 입금과 지급 업무에 대한 설명으로 옳지 않은 것은? 18. 문10

① 기한부 예금을 중도해지하는 경우, 반드시 예금주 본인의 의사를 확인하는 것이 필요하다.

② 금융기관은 진정한 예금주에게 변제한 때에 한하여 예금채무를 면하게 되는 것이 원칙이다.

❸ 송금인의 단순착오로 인해 수취인의 계좌번호가 잘못 입력되어 이체가 완료된 경우, 언제든지 수취인의 동의 없이도 송금액을 돌려받을 수 있다. 착오송금액은 법적으로 수취인의 예금 → 수취인의 동의 없이는 자금을 돌려받을 수 없음

④ 금융기관이 실제 받은 금액보다 과다한 금액으로 통장을 발행한 경우, 실제 입금한 금액에 한하여 예금계약이 성립하고 초과된 부분에 대하여는 예금계약이 성립하지 않는다.

○ 핵심 정리로 개념 확인

1 현금입금

① 금액의 확인 : 현금을 수납할 때에는 입금자의 면전에서 확인

② 과다입금 18. 문10

- 초과 입금분에 대하여는 예금계약이 성립하지 않으므로, 예금주의 계좌에서 초과입금액을 인출
- 초과입금을 알고도 예금을 인출한 예금주는 부당이득으로 반환해야 함

③ 계좌상위 입금

- 직원이 입금조작을 잘못하여 착오계좌에 입금한 경우 금융회사는 그 손해를 배상해야 함
- 착오에 기인한 입금은 착오계좌 예금주의 동의 없이 취소하여 정당계좌에 입금 가능

2 계좌송금에서의 착오송금 18. 문10

① 착오송금 : 송금인의 착오로 인해 송금금액, 수취금융회사, 수취인 계좌번호 등이 잘못 입력돼 이체된 거래

② 착오송금액은 법적으로 수취인의 예금이기 때문에 송금인은 수취인의 동의 없이는 자금을 돌려받을 수 없음

3 예금의 지급과 면책 10. 문13

① 원칙 : 진정한 예금주에게 변제한 때에 한하여 금융회사는 예금채무를 면함 18. 문10

양도성예금증서의 경우 증권의 점유자에게 지급하면 정당한 권리자 여부에 관계없이 금융기관 면책

② 금융회사가 예금지급에 관하여 면책을 주장하기 위해서 갖추어야 할 요건(모두 필요)

- 채권의 준점유자에 대한 변제일 것
- 인감 또는 서명이 일치할 것
- 비밀번호가 일치할 것
- 금융기관이 선의 · 무과실일 것

4 법정상속 19. 문10

① 혈족상속인의 상속순서

- 제1순위 : 피상속인의 직계비속
- 제2순위 : 피상속인의 직계존속
- 제3순위 : 피상속인의 형제자매
- 제4순위 : 피상속인의 4촌 이내의 방계혈족

친양자는 법정혈족이므로 친생부모 및 양부모의 예금도 상속(단, 2008.1.1.부터 시행된 친양자 입양제도에 따라 입양된 친양자는 생가부모의 예금은 상속하지 못함)

② 공동상속과 상속분

- 같은 순위의 상속인이 여러 사람인 경우에는 최근친이 선순위

  같은 직계비속이라도 아들이 손자보다 선순위

- 같은 순위의 상속인이 두 사람 이상인 경우에는 공동상속

  공동상속인 간의 상속분 : 배우자에게는 1.5, 그 밖의 자녀에게는 1의 비율

5 유언상속(유증) 19. 문10

① 유증 : 유언에 따른 재산의 증여행위

- 포괄유증 : 상속재산의 전부 또는 일정비율로 자산과 부채를 함께 유증하는 것
- 특정유증 : 상속재산 가운데 특정한 재산을 지정하여 유증하는 것

② 수증자의 예금청구가 있는 경우

- 포괄유증 : 재산상속인과 동일한 권리의무가 있으므로, 적극재산뿐만 아니라 소극재산인 채무까지도 승계
- 특정유증 : 수증자가 상속인 또는 유업집행자에 대하여 채권적 청구권만 가지므로 은행(우체국)은 예금을 상속인이나 유언집행자에게 지급

6 상속재산 분할방법 19. 문10

협의분할	• 공동상속인 간의 협의에 의해 분할하는 방법 • 공동상속인 중 친권자와 미성년자가 있는 경우 : 미성년자에 대하여 특별대리인을 선임하여 미성년자를 대리해야 함
심판분할	• 가정법원의 심판에 의하여 상속재산을 분할하는 방법 • 상속재산을 분할한 경우에는 상속 개시된 때에 효력 발생
유언에 의한 분할	피상속인은 유언으로 상속재산의 분할방법을 정하거나 이를 정할 것을 제3자에게 위탁할 수 있음

○ 한 줄 문제로 마무리 확인

01. 친양자 입양제도에 따라 입양된 친양자는 법정혈족이므로 친생부모 및 양부모의 예금을 상속받을 수 있다. (　　)
02. 예금주의 아들과 손자는 같은 직계비속이지만 아들이 손자보다 ____________로 상속받게 된다.
03. 특정유증의 경우, 수증자는 상속인 또는 유언집행자에 대하여 채권적 청구권만을 가진다. (　　)
04. 금융기관은 ____________에게 변제한 때에 한하여 예금채무를 면하게 되는 것이 원칙이다.

정답

01. ×
02. 선순위
03. ○
04. 진정한 예금주

빈출키워드 06

★★★★★

금리

예금편 회독 ■■■

CHECK POINT

금리 상승, 금리 하락, 표면금리, 실효금리, 명목금리, 실질금리, 시장금리, 수익률, 할인율, 기준금리, 단리, 복리

○ 기출 문제로 실력 확인

〈보기〉와 같이 조건이 주어진 각 상품에 대한 설명으로 옳은 것은? 16. 문10

〈보기〉

액면가와 가입금액은 1억원, 만기는 1년으로 동일하며, 금리는 세전 이율 기준이다(단, 물가상승률은 1.60%이다).

ㄱ. OO전자 회사채 : 수익률 1.75%

ㄴ. OO유통 회사채 : 할인율 1.75%

ㄷ. OO은행 정기예금 : 이자율 1.75%

① ㄱ은 ㄴ보다 표면 금리가 높다.

② ㄱ은 ㄷ보다 실질 금리가 높다.

③ ㄴ은 ㄱ보다 이자 금액이 많다.

❹ ㄴ은 ㄷ보다 수익률이 높다.

ㄱ의 표면 금리 : 1.75%
ㄴ의 표면 금리 : 약 1.78(175/9825)
∴ ㄱ보다 ㄴ의 표면 금리가 높다.

ㄱ의 실질 금리 : 0.15%
ㄷ의 실질 금리 : 0.15%
∴ ㄱ과 ㄷ의 실질 금리는 동일하다.

ㄱ과 ㄴ의 이자 금액은 175만 원으로 동일하다.

○ 핵심 정리로 개념 확인

1 금리의 결정

① 금융시장에서 자금의 수요와 공급에 의해 결정

② 자금수요가 늘어나면 금리 상승, 자금공급이 늘어나면 금리 하락

③ 가계의 소득이 적어지거나 소비가 늘면 돈의 공급이 줄어들어 금리 상승

④ 물가 상승이 예상되면 금리 상승

2 금리변동의 영향

금리 상승	• 현재의 소비를 줄이는 대신 미래의 소비를 위해 저축 증가 • 기업의 자금조달비용 상승(상품가격 상승) • 소비와 투자 위축(물가 하락) • 국내금리>해외금리 : 국내자금의 해외유출 감소, 해외로부터의 자금유입 증가
금리 하락	• 미래 소비를 줄이고 현재 소비는 늘리기 위해 저축 감소 • 국내금리<해외금리 : 국내자금의 해외유출 증가, 해외로부터의 자금유입 감소

3 금리의 종류

① 단리와 복리 18. 문16

- 단리 : 단순히 원금에 대한 이자를 계산하는 방법
- 복리 : 이자에 대한 이자도 함께 감안하여 계산하는 방법

  예 100만 원을 연 10%의 금리로 은행에 2년간 예금할 경우

  단리방식 : 120만 원〔100만 원×(1＋0.1×2)〕

  복리방식 : 121만 원〔100만 원×$(1+0.1)^2$〕

② 표면금리와 실효금리 18. 문16 / 16. 문10 / 08. 문13

- 표면금리 : 겉으로 나타난 금리
- 실효금리 : 실제로 지급받거나 부담하게 되는 금리
- 표면금리가 동일해도 실효금리는 달라질 수 있음

③ 수익률과 할인율 16. 문10

- 할인율＝할인금액/채권가격
- 수익률＝이자금액/채권가격

④ 기준금리

- 한국은행이 경기상황이나 물가수준 등을 고려하여 인위적으로 결정하는 정책금리 ← 경기과열 → 기준금리 인상 / 경기침체 → 기준금리 인하
- 기준금리는 모든 금리의 출발점이자 나침반 역할을 함
- 실물경제 및 물가를 변동시키는 원인

⑤ 시장금리

- 단기금리 : 신용도가 높은 경제주체들이 거래하는 만기 1년 이내의 금융시장에서 결정되는 금리 (환매조건부채권(RP) 금리, 기업어음(CP) 금리, 무기명인 양도성예금증서(CD) 금리 등)
- 장기금리 : 만기가 1년을 초과하는 금리 (국공채, 회사채, 금융채 등의 수익률)
- 채권수익률 : 채권시장에서 형성되는 금리, 채권 가격의 변동과 반대방향으로 움직인다. 18. 문16 / 08. 문13
- 일반적으로 장기금리가 단기금리보다 높음
- 경제주체의 신용도에 따라서도 다르게 적용

⑥ 명목금리와 실질금리 18. 문16 / 16. 문10 / 08. 문13

- 명목금리 : 물가상승에 따른 구매력의 변화를 감안하지 않은 금리
- 실질금리 : 명목금리에서 물가상승률을 뺀 금리

실질금리 = 명목금리 − 물가상승률

○ 한 줄 문제로 마무리 확인

01. 명목금리는 실질금리에서 물가상승률을 뺀 금리이다. (   )
02. ____________는 원금에 대한 이자뿐만 아니라 이자에 대한 이자도 함께 계산하는 방식이다.
03. 표면금리는 겉으로 나타난 금리를 말하며 실효금리는 실제로 지급받거나 부담하게 되는 금리를 뜻한다. (   )
04. 채권가격이 떨어지면 채권수익률은 떨어지게 되고, 채권가격이 오르면 채권수익률은 올라가게 된다. (   )

정답

01. ×
02. 복리
03. ○
04. ×

빈출키워드

07

★★★★

예금편 회독 ■■■

전자금융

CHECK POINT

인터넷뱅킹, 텔레뱅킹, 모바일뱅킹, CD/ATM, 신용카드, 직불카드, 체크카드, 선불카드

○ 기출 문제로 실력 확인

카드 종류별 특징에 대한 설명으로 옳은 것은? 08. 문14

① 선불카드는 법에서 정한 발급한도의 제한이 없다.

충전잔액 범위 내(기명식, 무기명식에 따라 충전가능 잔액 제한 있음)

② 직불카드 사용금액은 후불결제방식으로 결제된다.

구매 즉시 결제

❸ 선불카드는 카드에 저장된 금액 내에서만 이용이 가능하다.

④ 직불카드는 할부구매, 현금서비스 및 현금인출이 불가능하다.

현금인출은 가능

○ 핵심 정리로 개념 확인

1 인터넷뱅킹 서비스

구분	주요 서비스
예금	• 예금상품, 조회, 이체(휴대폰송금 포함), 경조금배달, 비대면계좌개설 • 외환(환율조회, 인터넷환전, 해외송금), 공과금, 뱅킹정보관리 • 부가서비스(예금담보대월, 우편환/대체, 계좌이체지불, 에스크로, 전자문서지갑 등)
오픈뱅킹	• 오픈뱅킹 등록계좌(카드) 잔액 및 거래내역조회, 등록 핀테크 선불계정 조회 및 관리 • 오픈뱅킹 등록계좌 이체/가져오기/잔액모으기/자동충전 예약 및 관리
보험	보험상품, 약관, 조회, 납입, 대출, 지급, 자동이체, 계약변경 등
카드	체크카드상품 소개, 발급, 이용안내, 정보조회, 포인트, 가맹점조회, 제휴카드 안내
펀드	자산현황 등 조회, 매수, 환매, 취소, 사고등록, 자동이체, 펀드소액투자서비스, 각종 펀드 관련 자료실
기타	공인인증서 발급, 사고신고, 각종 제휴 서비스(크라우드펀딩 포함)

2 모바일뱅킹 서비스

① 스마트뱅킹

- 우체국 전자금융서비스를 신청하여 이용
- 공동인증서, 금융인증서, 간편인증(개인인증번호, 패턴), 지문, 얼굴 등 생체인증 등을 통해서 로그인
- 인터넷뱅킹을 해지 → 스마트뱅킹 자동 해지, 스마트뱅킹 해지 → 인터넷뱅킹 이용 자격은 계속 유지

② 포스트페이(PostPay)

우체국 특화서비스인 우편환 기반 경조금 송금서비스와 핀테크를 접목시킨 간편결제 및 간편송금 서비스를 제공하는 우체국예금 모바일뱅킹 서비스 앱

③ 우체국미니앱

- 계좌조회, 이체 등 고객들이 가장 많이 사용하는 기본 메뉴로 구성
- 노인을 위한 '큰 글씨 이체', 외국인을 위한 '전체 메뉴의 영어모드 전환 서비스' 제공

3 텔레뱅킹 서비스

① 고객의 신청에 따라 다양한 우체국예금 · 보험 서비스를 전화통화로 간편하게 처리할 수 있는 서비스

② 지정전화번호 등록 시 고객이 지정한 전화번호로만 자금이체 또는 보험금 지급 등 주요 거래 가능

4 CD/ATM 서비스 10. 문11

① 이용매체

칩 내장 휴대폰 이용	• 모바일뱅킹용 금융IC칩이 내장된 휴대폰 이용 • 다른 금융기관의 CD/ATM에서도 금융거래 이용 가능
생체인식으로 본인인증	지문, 홍채, 정맥 등 생체정보를 미리 등록하여 이용
무매체거래	• 고객이 사전에 금융기관에 신청하여 이용 • 다른 은행의 CD/ATM에서는 이용할 수 없다는 것이 단점

② CD/ATM 제공 서비스

현금(10만 원권 자기앞수표 포함) 입출금, 신용카드 현금서비스, 계좌이체, 잔액조회, 공과금 납부 등

5 신용카드, 직불카드, 체크카드, 선불카드 10. 문11 / 08. 문14

구분	신용카드	선불카드	체크카드	직불카드
회원자격	신용등급 7등급 이하, 미성년자는 원칙상 발급금지	제한없음	제한없음	제한없음
계좌인출	선구매 후인출	선인출 후구매	구매 즉시 인출	구매 즉시 인출
이용한도	신용한도 내	충전잔액 범위 내 • 기명식 : 500만 원 • 무기명식 : 50만 원	예금잔액 범위 내	예금잔액 범위 내

이용가능시간	24시간	24시간	24시간	08:00~23:30
부가혜택	O	×	O	×
기능	물품구매 예금입출금(현금카드 기능)	물품구매	물품구매 예금입출금(현금카드 기능)	물품구매 예금입출금(현금카드 기능)

6 전자금융서비스 이용 제한

① 인증번호 및 생체인증 정보 등을 연속 5회 이상 잘못 입력한 경우

② 전 금융기관을 통합하여 OTP를 연속 10회 이상 잘못 입력한 경우

③ 신청일 포함 5일 이내에 서비스 이용등록을 하지 않은 인터넷뱅킹 이용자

O 한 줄 문제로 마무리 확인

01. 우체국 CD/ATM 무매체거래 고객은 별도의 신청 없이 타 은행의 무매체거래를 이용할 수 있다. (　　)

02. 직불카드 사용금액은 ______________ 결제된다.

03. 실지명의가 확인된 기명식 선불카드는 물품할부구매가 가능하다. (　　)

정답

01. ×

02. 구매 즉시

03. ×

빈출키워드 08

★★★★ 예금편 회독 ■■■

금융상품

CHECK POINT

선물환, 풋옵션, 상장지수증권(ETN), 금융회사, 펀드, 상장지수펀드(ETF), 선물계약, 옵션계약

○ 기출 문제로 실력 확인

금융 투자상품에 대한 설명으로 옳지 않은 것은? 19. 문11

① 수입업자는 선물환 매입계약을 통해 환율변동에 따른 환리스크를 헤지(hedge)할 수 있다.

② 투자자의 원본 결손액에 대해 불법행위로 인한 손해 여부를 입증해야 하는 책임은 금융투자업자에게 있다.

③ 풋옵션의 경우, 기초자산 가격이 행사가격 이하로 하락함에 따라 매수자의 이익과 매도자의 손실이 무한정으로 커질 수 있다.

❹ 상장지수증권(ETN)은 외부수탁기관에 위탁되기 때문에 발행기관의 신용위험이 없고 거래소에 상장되어 실시간으로 매매가 이루어진다.

발행기관인 증권회사의 신용위험에 노출

○ 핵심 정리로 개념 확인

1 금융회사 12. 문13

한국산업은행, 한국수출입은행, 중소기업은행, 농협은행, 수협은행

은행	일반은행/특수은행
비은행금융회사	상호저축은행/여신전문금융회사/대부업자/상호금융
보험회사	생명보험회사/손해보험회사
금융투자회사	증권사/선물사/자산운용사/ 투자자문사/부동산신탁사/종합금융회사
기타 금융회사	금융지주회사/전자금융업자/우체국예금 · 보험 등

※ 투자자의 원본 결손액에 대해 불법행위로 인한 손해 여부를 입증해야 하는 책임은 금융투자업자에게 있음 19. 문11

안심Touch

2 저축상품 08. 문17 / 08. 문18

① 입출금이 자유로운 상품

보통예금 및 저축예금, 가계당좌예금, 시장금리부 수시입출금식예금(MMDA), 단기금융상품펀드(MMF), 어음관리계좌(CMA)

종합금융회사가 고객의 예탁금을 어음 및 국공채 등에 운용하여 그 수익을 고객에게 돌려주는 실적배당 금융상품, 예탁금에 제한이 없고 수시 입출금 가능

② 목돈마련을 위한 상품(적립식 예금)

정기적금, 자유적금

③ 목돈운용을 위한 상품(거치식 예금)

정기예금, 정기예탁금, 실세금리연동형 정기예금, 주가지수연동 정기예금(ELD), 양도성예금증서(CD), 환매조건부 채권(RP)

• 가입대상 : 제한없음
• 이율이 주가지수에 연동
• 예금자보호법으로 보호

중도해지 불가능, 예금자보호×

④ 특수목적부 상품 : 주택청약종합저축

3 투자상품 : 펀드 19. 문11

① 기본 유형 : 중도 환매가능 여부, 투자자금의 추가 불입 가능 여부, 투자자금의 모집 대상 등으로 구분

② 투자대상에 따른 유형 : 증권펀드, 부동산펀드, 실물펀드, 재간접펀드, 특별자산펀드

③ 주가지수연계펀드(ELF) : 주가연계증권(ELS)과 주가지수연동정기예금(ELD)의 중간 형태

• 주가연계증권(ELS) : 특정 주권의 가격이나 주가지수의 수치에 연계한 증권
• 주가지수연동정기예금(ELD) : 주가지수 상승률에 따라 이자율이 결정되는 상품

④ 부동산투자신탁(REITS) : 투자금을 모아 부동산 개발, 매매, 임대 등에 투자한 후 이익을 배당하는 상품

⑤ 상장지수펀드(ETF) : 거래소에 상장되어 실시간으로 매매

⑥ 상장지수펀드(ETF)와 상장지수증권(ETN)의 차이

상장지수펀드(ETF)	상장지수증권(ETN)
• 발행기관의 신용위험이 없음 • 만기 없음	• 발행기관인 증권회사의 신용위험에 노출 • 1~20년 사이의 만기 있음

4 투자상품 : 장내 파생상품 19. 문11

① 선물계약

• 장래의 일정 시점을 인수 · 인도일로 하여 일정한 품질과 수량의 어떤 물품 또는 금융상품을 사전에 정한 가격에 사고 팔기로 약속하는 계약

• 가장 기본적이고 중요한 역할 : 가격변동 리스크를 줄이는 헤징(hedging) 기능

• 선도계약과 달리 계약내용이 표준화되어 있고 공식적인 거래소를 통해 거래

거래당사자들이 자유롭게 계약내용을 정하고 장소에 구애받지 않고 거래할 수 있음

• 상품선물과 금융선물로 구분

② 옵션계약

- 일정시점 또는 일정기간 내에 특정 기초자산을 정한 가격에 팔거나 살 수 있는 권리
- 옵션의 종류

선택권 보유자에 따라	• 콜옵션(call option) • 풋옵션(put option)
권리행사시기에 따라	• 유럽식 옵션(European option) • 미국식 옵션(American option)
기초자산에 따라	• 주식옵션(Stock option) • 주가지수옵션(Stock index option) • 통화옵션(currency option) • 금리옵션(Interest Rate Option) • 선물옵션(options on futures)

기초자산 가격이 행사가격 이하로 하락함에 따라 매수자의 이익과 매도자의 손실이 무한정 커질 수 있음

○ 한 줄 문제로 마무리 확인

01. 수입업자는 선물환 매입계약을 통해 환율변동에 따른 환리스크를 헤지(hedge)할 수 있다. (　　)

02. ____________은 기초자산 가격이 행사가격 이하로 하락하여 매수자의 이익과 매도자의 손실이 무한정으로 커질 수 있다.

03. 상장지수증권(ETN)은 외부수탁기관에 위탁되기 때문에 발행기관의 신용위험이 없다. (　　)

정답

01. ○
02. 풋옵션
03. ×

빈출키워드 09

★★★★

예금편 회독 ■■■

우체국 예금·보험에 관한 법률

CHECK POINT

「우체국예금 · 보험에 관한 법률」, 법률에서 정한 보험의 종류

○ 기출 문제로 실력 확인

현행 「우체국예금 · 보험에 관한 법률 시행규칙」에서 정한 우체국보험에 대한 설명으로 옳은 것은? 19. 문17

① 재보험의 가입한도는 영업보험료의 100분의 80 이내이다.

사고 보장을 위한 보험료의 100분의 80

② 우체국보험의 종류에는 보장성보험, 저축성보험, 연금보험, 단체보험이 있다.

보험의 종류 : 보장성보험, 저축성보험, 연금보험

③ 계약보험금 한도액은 보험종류별(연금보험 제외)로 피보험자 1인당 5,000만 원이다.

계약보험금 한도액 : 보험종류별로 피보험자 1인당 4,000만 원

❹ 세액공제 혜택이 없는 연금보험의 최초 연금액은 피보험자 1인당 1년에 900만 원 이하이다.

○ 핵심 정리로 개념 확인

1 「우체국예금 · 보험에 관한 법률」의 목적

체신관서(遞信官署)로 하여금 간편하고 신용 있는 예금 · 보험사업을 운영하게 함으로써 금융의 대중화를 통하여 국민의 저축의욕을 북돋우고, 보험의 보편화를 통하여 재해의 위험에 공동으로 대처하게 함으로써 국민 경제생활의 안정과 공공복리의 증진에 이바지함을 목적으로 한다.

2 「우체국예금 · 보험에 관한 법률」에서 사용하는 용어의 뜻

① 우체국예금 : 체신관서에서 취급하는 예금

② 예금통장 : 우체국예금의 예입(預入)과 지급 사실을 증명하기 위하여 체신관서에서 발행하는 통장

③ 예금증서 : 우체국예금의 예입과 지급 사실을 증명하기 위하여 체신관서에서 발행하는 증서

④ 우체국보험 : 체신관서에서 피보험자의 생명 · 신체의 상해를 보험사고로 하여 취급하는 보험

⑤ 보험계약 : 보험계약자가 보험료를 납입하고 보험사고가 발생하였을 경우 체신관서가 보험금을 지급할 것을 내용으로 하는 계약

⑥ 보험사고 : 보험계약상 체신관서가 보험수익자에게 보험금이나 그 밖의 급여를 지급할 의무를 발생하게 하는 피보험자의 생명 · 신체에 관한 불확정한 사고

3 기출 출제된 법률

① 「우체국예금 · 보험에 관한 법률」 제3조의2 제1항 12. 문10

과학기술정보통신부장관은 우체국예금 · 보험사업에 대한 건전성을 유지하고 관리하기 위하여 필요한 경우에는 금융위원회에 검사를 요청할 수 있다.

의무사항 No!

② 「우체국예금 · 보험에 관한 법률」 제10조 제1항 12. 문10

과학기술정보통신부장관은 제14조 제2항에 따라 예금의 종류별 이자율을 정하려면 금융위원회와 협의하여야 한다. 다만, 「한국은행법」 제28조 제13호에 따라 금융통화위원회가 정하는 기준의 범위에서 이자율을 정하려는 경우에는 그러하지 아니하다.

③ 「우체국예금 · 보험에 관한 법률」 제46조의2 제1항 12. 문10

과학기술정보통신부장관은 보험을 효율적으로 운영하고 위험을 적절하게 분산하기 위하여 필요하다고 인정하면 재보험에 가입할 수 있다.

4 기출 출제된 시행규칙

① 「우체국예금 · 보험에 관한 법률 시행규칙」 제20조(정리계좌에의 편입) 16. 문12

- 체신관서는 요구불 예금계좌가 다음 각 호의 어느 하나에 해당될 때에는 정리계좌에 이를 편입할 수 있다.
  - 잔고가 1만 원 미만으로서 1년 이상 계속하여 거래가 없을 때
  - 잔고가 5만 원 미만으로서 2년 이상 계속하여 거래가 없을 때
- 정리계좌에의 편입은 매년 11월 마지막 일요일
- 정리계좌에 편입된 예금에 대해서는 이자의 정기계산을 하지 아니한다.

② 「우체국예금 · 보험에 관한 법률 시행규칙」 제35조(보험의 종류) 19. 문17

법 제28조에 따른 보험의 종류는 다음과 같다.

- 보장성보험
- 저축성보험
- 연금보험

③ 「우체국예금 · 보험에 관한 법률 시행규칙」 제36조(계약보험금 및 보험료의 한도) 19. 문17

- 계약보험금 한도액 : 보험종류별로 피보험자 1인당 4,000만 원, 보험종류별 계약보험금한도액은 우정사업본부장이 정한다.
- 연금보험의 최초 연금액 : 피보험자 1인당 1년에 900만 원 이하(「소득세법 시행령」에 따른 연금저축계좌에 해당하는 보험은 제외)

안심Touch

- 「소득세법 시행령」에 따른 연금저축계좌에 해당하는 보험의 보험료 납입금액은 피보험자 1인당 연간 900만 원 이하

④ 「우체국예금 · 보험에 관한 법률 시행규칙」 제60조의2(재보험의 가입한도) 19. 문17

재보험(再保險)의 가입한도는 사고 보장을 위한 보험료의 100분의 80 이내로 한다.

⑤ 「우체국예금 · 보험에 관한 법률 시행규칙」 제15조의2(증권 매입비율 등) 21. 문11

파생상품 거래 중 장내파생상품을 거래하기 위한 위탁증거금 총액은 예금자금 총액의 100분의 1.5 이내로 한다.

O 한 줄 문제로 마무리 확인

01. 정리계좌에 편입된 예금에 대해서는 이자의 정기계산을 하지 않는다. ( )

02. 계약보험금 한도액은 보험종류별(연금보험 제외)로 피보험자 1인당 ______________ 이다.

03. 우체국예금 · 보험은 사업에 대한 건전성을 유지할 수 있도록 금융위원회의 정기검사를 받아야 한다. ( )

정답

01. ○

02. 4,000만 원

03. ×

빈출키워드 10

★★★★

예금편 회독 ■■■

금융소득 종합과세

CHECK POINT

금융소득, 종합소득, 산출세액, 퇴직소득, 양도소득, 비과세 금융소득, 분리과세 금융소득, 종합과세

○ 기출 문제로 실력 확인

A씨의 2018년 귀속 금융소득 현황이 다음과 같을 때 종합소득 산출세액으로 옳은 것은? 19. 문12

- 정기예금 이자 : 55,100,000원
- 우리사주 배당금 : 20,000,000원
- 환매조건부채권 이자(RP) : 30,000,000원
- 농업회사법인 출자금 배당 : 10,000,000원

단, 종합소득 공제는 5,100,000원, 누진 공제액은 5,220,000원으로 한다.

① 9,580,000원
❷ 11,980,000원
③ 14,380,000원
④ 16,780,000원

우리사주 배당금과 농업회사법인 출자금 배당은 비과세 금융소득이므로 제외 → '금융소득을 기본세율로 과세하여 산출'하는 방법과 '금융소득을 원천징수세율로 과세하여 산출'하는 방법 중 큰 금액이 산출세액

○ 핵심 정리로 개념 확인

1 「소득세법」상 소득의 종류 12. 문13

종합소득	• 해당 과세기간에 발생하는 이자소득, 배당소득, 사업소득, 근로소득, 연금소득, 기타소득 • 개인별로 합산하여 종합소득세율에 의해 신고 · 납부 원칙
퇴직소득	근로자가 퇴직으로 인하여 지급받는 퇴직금
양도소득	자산을 양도함으로 인하여 발생하는 소득 (2010년부터 부동산 임대 소득은 종합소득 중 사업소득에 포함하여 과세)

2 과세방법

① 종합과세 : 종합소득 중 비과세소득과 분리과세소득을 제외한 소득을 합산하여 누진세율 적용

② 분리과세 : 건별로 단일세율에 의하여 원천징수함으로써 납세의무가 종결되는 과세방식

3 금융소득 종합과세 체계

① 금융소득(이자소득 + 배당소득)	
(－) ② 비과세 금융소득	• 공익신탁의 이익, 장기저축성보험차익 • 장기주택마련저축 이자 · 배당, 개인연금저축 이자 · 배당, 비과세종합저축 이자 · 배당(1인당 5,000만 원 이하), 농 · 어민 조합 예탁금 이자 등 • 우리사주조합원이 지급받는 배당, 조합 등 예탁금의 이자 및 출자금에 대한 배당, 영농 · 영어조합법인 배당 등
(－) ③ 분리과세 금융소득	• 장기채권이자 분리과세 신청(30%), 비실명금융소득(42.90%), 직장공제회 초과반환금(기본세율) • 7년(15년) 이상 사회기반시설채권이자(14%), 영농 · 영어 조합법인(1,200만 원 초과분)으로부터 받는 배당(5%), 세금우대종합저축 이자 · 배당(9%) 등
(＝) ④ 종합과세 금융소득	• ① － (② + ③)의 금액 중 2,000만 원을 초과하는 금액이 종합과세됨 • ① － (② + ③)의 금액이 2,000만 원 이하인 경우 － 국내외 금융소득으로서 국내에서 원천징수되지 아니한 소득에 대해서는 종합과세 － 그 외 금융소득은 원천징수로 분리과세

4 금융소득 세액계산 방법

산출방법	2,000만 원을 초과하는 이자소득이 있는 경우	이자소득과 사업소득이 함께 있는 경우
기본세율로 과세하여 산출	(2,000만 원 초과금액－종합소득공제)×기본세율 +2,000만 원×14%	(2,000만 원 초과금액+사업소득금액－종합소득공제) ×기본세율+2,000만 원×14%
원천징수세율로 과세하여 산출	금융소득×14%	금융소득×14%+(사업소득금액－종합소득공제)×기본세율

※ 기본세율로 과세하거나 원천징수세율로 과세한 방법 중 큰 금액이 산출세액임

○ 한 줄 문제로 마무리 확인

01. 모든 금융소득은 근로소득, 부동산임대소득, 사업소득, 연금소득 등 다른 소득과 합산하여 종합 과세된다. (　　)

02. 우리사주조합원이 지급받는 배당금은 ＿＿＿＿＿＿＿＿에 해당한다.

정답

01. ×

02. 비과세 금융소득

빈출키워드 11

★★★ 예금편 회독 ■■■

자금세탁방지제도

CHECK POINT

의심거래보고제도(STR), 금융정보분석원(KoFIU), 고객확인제도(CDD), 고액현금거래보고(CTR), 강화된 고객확인의무(EDD)

○ 기출 문제로 실력 확인

자금세탁방지제도에 대한 설명으로 옳지 않은 것은? 16. 문11

① 자금세탁이란 일반적으로 '자금의 위법한 출처를 숨겨 적법한 것처럼 위장하는 과정'을 의미한다.

② 의심거래보고제도(STR)의 보고대상에 대해 정해진 기준 금액은 없으며 금융기관이 주관적으로 판단하여 보고한다.

❸ 금융정보분석원(KoFIU)은 보고된 혐의거래를 조사 · 수사하여 법집행기관에 기소 등의 의법조치를 의뢰한다.

금융정보분석원은 관련 자료를 법집행기관에 제공 → 법집행기관이 의법조치

④ 고객확인제도(CDD)의 확인대상이 되는 '계좌의 신규 개설'에는 양도성예금증서, 표지어음의 발행, 금고대여 약정도 포함된다.

○ 핵심 정리로 개념 확인

1 금융정보분석원(KoFIU) 16. 문11

① 자금세탁관련 의심거래를 수집 · 분석하여 법집행기관에 제공

자금의 위법한 출처를 숨겨 적법한 것처럼 위장하는 과정

② 「특정금융거래정보의 보고 및 이용 등에 관한 법률」에 의거하여 설립, 관계기관의 전문 인력으로 구성

2 의심거래보고제도(STR) 16. 문11

① 금융거래로 수수한 재산이 불법재산이라고 의심되거나 자금세탁행위를 하고 있다고 의심되는 합당한 근거가 있는 경우 의무적으로 금융정보분석원에 보고하는 제도

② 합당한 근거의 판단주체 : 금융회사 종사자, 의심거래 보고 기준금액 : 없음

3 고액현금거래보고(CTR)

① 일정금액 이상의 현금거래를 금융정보분석원에 보고토록 한 제도

② 1일 거래일 동안 1,000만 원 이상 현금 입금 · 출금한 경우 → 신원, 거래일시, 거래금액 등을 자동 보고

안심Touch

4 고객확인제도(CDD) 12. 문13 / 16. 문11

① 고객의 성명과 실지명의, 주소, 연락처 등 추가 확인, 자금세탁행위 등 우려가 있을 경우 실제 당사자 여부 및 금융거래 목적을 확인하는 제도

② 고객확인 대상

계좌의 신규 개설	• 양도성예금증서, 표지어음의 발행, 금고대여 약정도 포함 • 거래금액에 상관없이 고객확인의무를 수행하여야 함
일회성 금융거래	• 일회성 금융거래 : 개설된 계좌에 의하지 아니한 금융거래(무통장입금(송금), 외화송금 · 환전, 자기앞수표 발행, 어음 · 수표의 지급, 선불카드 매매 등) • 2,000만 원 이상인 경우에 해당
기타	자금세탁행위나 공중협박자금조달 행위를 할 우려가 있는 경우

5 강화된 고객확인의무(EDD)

① 고객별 · 상품별 자금세탁 위험도를 분류하고 자금세탁위험이 큰 경우에는 더욱 엄격한 고객확인, 즉 실제 당사자 여부 및 금융거래 목적과 거래자금의 원천 등을 확인하도록 하는 제도

② 고객과 거래유형에 따른 자금세탁 위험도를 평가하고 위험도에 따라 차등화된 고객확인을 실시, 자금세탁위험을 보다 효과적으로 관리

○ 한 줄 문제로 마무리 확인

01. 고객확인제도는 고객별 신원확인, 고객의 실제 당사자 여부 및 금융거래 목적까지 확인할 수 있는 제도이다. (　　)

02. 고객확인제도(CDD)의 확인대상이 되는 ______________에는 양도성예금증서, 표지어음의 발행, 금고대여 약정도 포함된다.

정답

01. ○

02. 계좌의 신규 개설

빈출키워드

12

★★★

예금편 회독 ■■■

금융시장

CHECK POINT

주식시장, 자본시장, 장외시장, 자금시장, 채무증서시장, 발행시장, 유통시장, 거래소시장

○ 기출 문제로 실력 확인

금융시장에 관한 설명으로 옳지 않은 것은? 〈변형〉 10. 문9

① 직접금융거래 수단에는 주식, 채권 등이 있다.

② 만기 1년 이상의 채권이나 만기가 없는 주식이 거래되는 시장은 자본시장이다.

③ 딜러, 브로커 등이 거래를 중개하는 점두시장은 장외시장으로 분류된다.

❹ 본원적 증권(primary Security)에 주식 · 사채 · 어음 · 채무증서 등은 해당되지 않는다.

해당된다.

○ 핵심 정리로 개념 확인

1 직접금융거래와 간접금융거래

① 직접금융거래 : 주식 · 사채 등을 발행하여 자금을 직접 조달하는 방식

② 간접금융거래 : 금융중개기관이 자금융통을 매개하는 방식

2 금융시장의 기능

① 자원배분기능 : 가계부문에 여유자금을 운용할 수 있는 수단(금융자산) 제공, 흡수한 자금을 기업부문에 이전시킴으로써 국민경제의 생산력 향상시킴

② 소비자 효용 증진 : 소비주체인 가계부문에 적절한 자산운용 및 차입기회를 제공

③ 위험분산(risk sharing) 기능 : 다양한 금융상품 제공으로 투자자의 투자위험 감소

④ 시장규율(markets discipline) 기능 : 시장신호를 활용해 감시기능 수행

⑤ 높은 유동성(liquidity) 제공 : 금융자산의 환금성이 높아져 자금수요자의 차입비용 감소

안심Touch

3 금융시장의 유형 10. 문9

금융거래의 만기	단기금융시장 (자금시장)	만기 1년 이내의 금융자산이 거래되는 시장
	장기금융시장 (자본시장)	만기 1년 이상의 채권이나 만기가 없는 주식이 거래되는 시장
금융수단의 성격	채무증서시장	채무증서가 거래되는 시장
	주식시장	주식이 거래되는 시장
금융거래의 단계	발행시장	단기금융상품이나 장기금융상품이 신규로 발행되는 시장
	유통시장	이미 발행된 장단기 금융상품이 거래되는 시장
금융거래의 장소	거래소시장 (장내시장)	표준화된 거래규칙에 따라 거래소에서 거래가 이루어지는 시장
	장외시장	• 특정한 규칙 없이 거래소 이외의 장소에서 거래가 이루어지는 시장 • 직접거래시장과 점두시장(딜러 · 브로커 등이 거래를 중개)으로 구분

○ 한 줄 문제로 마무리 확인

01. 딜러, 브로커 등이 거래를 중개하는 점두시장은 장외시장으로 분류된다. ( )

02. 만기 1년 이상의 채권이나 만기가 없는 주식이 거래되는 시장은 ______ 이다.

정답

01. ○

02. 자본시장

빈출키워드 13

★★★

예금편 회독 ■■■

예금자보호

CHECK POINT

보호대상 금융회사, 예금보험, 보호 금융상품, 비보호 금융상품

○ 기출 문제로 실력 확인

「예금자보호법」에서 정한 예금보험제도에 대한 설명으로 옳은 것은? 19. 문14

❶ 은행, 보험회사, 종합금융회사, 수협은행, 외국은행 국내지점은 보호대상 금융회사이다.

② 외화예금, 양도성예금증서(CD), 환매조건부채권(RP), 주택청약저축은 비보호 금융상품이다.

보호금융상품

③ 서울시가 시중은행에 가입한 정기예금 1억 원은 5,000만 원 한도 내에서 예금자보호를 받는다.

정부, 지방자치단체의 예금은 보호대상에서 제외

④ 금융회사가 예금을 지급할 수 없게 되면 법에 의해 금융감독원이 대신하여 예금을 지급하는 공적 보험제도이다.

예금보험공사

○ 핵심 정리로 개념 확인

1 예금보험 19. 문14

① 예금보호공사가 금융회사로부터 예금보험료를 받아 기금을 마련하여 예금보험금을 지급

② 재원이 부족할 경우 예금보험공사가 직접 재원 조성

공적 보험제도

2 보호대상 금융회사 19. 문14

① 은행, 보험회사, 투자매매업자 · 투자중개업자, 종합금융회사, 상호저축은행

② 농협은행, 수협은행, 외국은행 국내지점 : 예금보험공사 보호대상 금융회사

③ 농 · 수협 지역조합, 신용협동조합, 새마을금고 : 예금보험공사의 보호대상×, 자체 기금 보호

④ 우체국 : 예금보험공사의 보호대상×, 국가에서 지급

안심Touch

3 보호 · 비보호 금융상품 19. 문14

정부, 지방자치단체(국 · 공립학교 포함), 한국은행, 금융감독원, 예금보험공사, 부보금융회사의 예금은 보호대상에서 제외

구분	보호 금융상품	비보호 금융상품
은행	요구불예금, 저축성예금(주택청약예금, 표지어음 등), 적립식예금(주택청약부금, 상호부금 등), 외화예금, 원본보전되는 금전신탁 등	양도성예금증서, 환매조건부채권, 주택청약저축, 주택청약종합저축, 금융투자상품, 실적배당형 신탁, 은행발행채권 등
보험회사	개인 보험계약, 퇴직보험, 변액보험계약 특약 등	법인의 보험계약, 보증보험계약, 재보험계약, 변액보험계약 주계약 등

○ 한 줄 문제로 마무리 확인

01. 외화예금은 비보호 금융상품이다. (　　)
02. 예금보호제도는 금융회사가 예금을 지급할 수 없게 되면 법에 의해 ________가 대신하여 예금을 지급하는 공적 보험제도이다.
03. 서울시가 시중은행에 가입한 정기예금은 예금자보호를 받는다. (　　)

정답

01. ×
02. 예금보험공사
03. ×

빈출키워드 14

금융거래에 대한 비밀보장

★★★ 예금편 회독 ■■■

CHECK POINT

정보제공 사실의 기록 · 관리, 정보제공 사실 통보, 벌칙과 과태료

○ 기출 문제로 실력 확인

「금융실명거래 및 비밀보장에 관한 법률」에 의거하여 금융기관이 금융거래정보를 제공할 때의 업무처리에 대한 설명으로 옳은 것은?

14. 문13

① 금융거래정보 등을 제공한 경우에는 그 내용을 표준양식에 따라 기록 · 관리하여 10년 동안 보관해야 한다.
5년

② 금융거래정보 등의 제공사실에 대한 통보의무를 위반한 경우에는 3,000만 원 이하의 벌금에 처해진다.
과태료

❸ 금융거래정보 등을 제공한 경우에는 제공한 날로부터 10일 이내에 그 사실을 명의인에게 서면으로 통보하여야 한다.

④ 통보유예 요청을 받은 경우에는 통보유예 기간이 종료된 날로부터 30일 이내에 정보제공 사실을 명의인에게 서면으로 통보하여야 한다.
10일 이내

○ 핵심 정리로 개념 확인

1 비밀보장제도

① 「금융실명거래 및 비밀보장에 관한 법률」은 명의인의 서면상 요구나 동의 없이는 금융거래정보 또는 자료를 타인에게 제공하거나 누설할 수 없도록 비밀보장의무를 규정

② 단, 사용목적에 필요한 최소한의 범위내에서 인적사항을 명시하는 등 법령이 정하는 방법 및 절차에 따라 금융거래정보 제공 가능

③ 「금융실명거래 및 비밀보장에 관한 법률」상 정보제공이 가능한 경우
- 명의인의 서면상의 요구나 동의를 받은 경우
- 법원의 제출명령 또는 법관이 발부한 영장에 의한 경우
- 조세에 관한 법률의 규정에 의하여 소관관서장의 요구(상속 · 증여재산의 확인, 체납자의 재산조회 등)에 의한 거래정보 등을 제공하는 경우
- 동일 금융회사의 내부 또는 금융회사 상호간에 업무상 필요한 정보 등을 제공하는 경우

2 정보제공 사실의 기록 · 관리 의무 14. 문13

① 정보제공 관련 서류 보관기간 : 정보제공일로부터 5년

② 기록 · 관리해야 하는 사항 : 요구자의 인적사항, 요구하는 내용 및 요구일자, 제공자의 인적사항 및 제공일자, 제공된 거래정보 내용, 제공의 법적근거, 명의인에게 통보된 날

3 명의인에 대한 정보제공 사실 통보 14. 문13

① 정보제공일로부터 10일 이내에 명의인에게 서면으로 통보

② 통보유예가 가능하나, 통보유예기간이 종료되면 종료일로부터 10일 이내에 명의인에게 통보해야 함

③ 통보유예가 가능한 경우

- 사람의 생명이나 신체의 안전을 위협할 우려가 있는 경우
- 공정한 사법절차의 진행을 방해할 우려가 명백한 경우
- 행정절차의 진행을 방해하거나 과도하게 지연시킬 우려가 있는 경우

4 벌칙과 과태료 14. 문13

① 불법 차명거래 알선 · 중개행위를 하거나 비밀보장의무를 위반한 경우 : 5년 이하의 징역 또는 5,000만 원 이하의 벌금

② 실명거래의무, 설명의무, 금융거래정보의 제공사실 통보의무, 금융거래 정보 제공 내용 기록 · 관리의무 위반 : 3,000만 원 이하의 과태료

○ 한 줄 문제로 마무리 확인

01. 금융거래정보 등의 제공사실에 대한 통보의무를 위반한 경우에는 ______________ 만 원 이하의 과태료에 처해진다.

02. 금융거래정보 등을 제공한 경우에는 그 내용을 5년 동안 보관해야 한다. (　　)

정답

01. 3,000

02. ○

빈출키워드 15

★★★★★ 보험편 회독 ■■■

우체국 보험상품 - 보장성 보험(1)

CHECK POINT

보장성보험, (무)우체국건강클리닉보험(갱신형), (무)우체국100세건강보험, (무)우체국간편가입건강보험(갱신형), (무)우체국급여실손의료비보험(갱신형), (무)우체국급여실손의료비보험(갱신형), (무)우체국통합건강보험, (무)내가만든희망보험, (무)우체국노후실손의료비보험(갱신형)

○ 기출 문제로 실력 확인

〈보기〉의 내용을 모두 충족하는 보험상품으로 옳은 것은? 18. 문18

〈보기〉

- 최초 계약 가입 나이는 0~65세
- 보험기간은 10년 만기(종신갱신형)
- 보험가입금액(구좌수) 1구좌 기준으로 3대 질병 진단(최대 3,000만 원), 중증 수술(최대 500만 원) 및 중증 장해(최대 5,000만 원) 시 치료비 보장
- 각종 질병, 사고 및 주요성인질환 종합 보장
- 10년 만기 생존 시마다 건강관리자금 지급

① 무배당 우체국노후실손의료비보험(갱신형)
② 무배당 우체국실손의료비보험(갱신형)
❸ 무배당 우체국건강클리닉보험(갱신형)
④ 무배당 우체국간편가입건강보험(갱신형)

○ 핵심 정리로 개념 확인

1 보장성 보험의 개요 18. 문17

① 주로 사망, 질병, 재해 등 각종 위험보장에 중점을 둔 보험
② 만기 시 환급되는 금액이 없거나 기 납입 보험료보다 적거나 같음
③ 보장성보험료를 산출할 때에 예정이율, 예정위험률, 예정사업비율이 필요
④ 근로소득자(일용근로자 제외)는 연간 납입보험료의 일정액(100만 원 한도)을 세액공제 받을 수 있으나, 연금소득자, 개인사업자 등은 세액공제가 불가

2 건강보험(2022년 1월 3일 현재 판매상품) 21. 문16 / 19. 문15 / 18. 문18 / 16. 문17

무배당 우체국건강클리닉보험(갱신형)	• 각종 질병, 사고 및 주요성인질환 종합 보장, '국민체력100' 인증 시 보험료 지원, 세제혜택(12%) • 3대질병 진단(최대 3,000만 원), 중증수술(최대 500만 원) 및 중증장해(최대 5,000만 원) 고액 보장 • 가입나이(0~65세), 보험기간(10년 만기, 종신갱신형), 건강관리자금(10년 만기 생존 시) 지급
무배당 우체국100세건강보험	• 뇌 · 심장질환 보장을 경증질환(뇌혈관질환, 허혈성심장질환)까지 확대, 보험료 인상 없이 100세까지 보장, '국민체력100' 인증 시 보험료 지원, 세제혜택(12%) • 해약환급금 50% 지급형 선택 시 표준형보다 저렴한 보험료로, 동일한 보장혜택 제공 • 특약을 갱신 및 비갱신으로 선택하여 가입 가능 • 가입나이(15~65세), 보험기간(100세 만기), 보험가입금액(1,000만 원)
무배당 우체국통합건강보험	• 사망부터 생존(진단, 입원, 수술 등)까지 종합적으로 보장하는 통합건강보험, 생활형 질병 보장, 첫날부터 입원비 보장(일반 입원 및 중환자실 입원), 세제세액(12%) • 시니어보장강화로 면역관련(다발경화증, 특정 류마티스관절염 등)질환 및 시니어수술(백내장 · 관절염 · 인공관절 치환 수술) 특화 보장 • 가입나이(15~65세), 보험기간(90, 95, 100세 만기), 보험가입금액(1,000~4,000만 원)
무배당 우체국간편가입건강보험(갱신형)	• 유병력자 등 3가지(건강관련) 간편고지로 간편하게 가입, 입원비 · 수술비 중심의 치료비 지급, 다양한 특약 부가 • 종신갱신형 의료비 보장 가능(다만, 사망보장은 최대 85세까지 보장), 15년 만기 생존시마다 건강관리자금 지급(주계약) • 가입나이(30~75세), 보험기간(15년 만기), 보험가입금액(1구좌)
무배당 내가만든희망보험	• 각종 질병과 사고 보장을 본인이 선택하여 설계, 3대질병 진단 및 뇌경색증진단 보장(가입 시 3대 질병 보장), 매10년마다 생존 시 건강관리자금 지급, 세제혜택(12%) • 12대성인질환 보장(생활보장 가입시) • 50% 장해 시 또는 3대질병 최초 진단 시 보험료 납입 면제 및 비갱신형 상품으로 보험료 변동 없음(10, 20, 30년 만기) • 가입나이(20~60세), 보험기간(10, 20, 30년), 보험가입금액(500~1,000만 원)

3 실손의료비보험(2022년 1월 3일 현재 판매상품) 18. 문18 / 10. 문17

무배당 우체국급여실손의료비보험(갱신형)	• 부담 없는 가격의 의료비 전문보험, 입원 · 통원 합산 5천만 원, 통원(외래 및 처방 합산) 회당 20만 원까지 보장, 세제혜택(12%) • 보험금 지급실적이 없는 경우 보험료 할인혜택, 개인별 의료이용량에 따라 보험료 차등(할인 · 할증) 적용 • 가입나이(0~60세), 보험기간(1년), 가입금액(1구좌 고정)
무배당 우체국급여실손의료비보험(계약전환 · 단체개인전환 · 개인중지재개용)(갱신형)	• 실손의료비보험 계약전환, 단체실손의료비보험 개인실손전환 및 개인실손의료비보험 중지 후 재개시 가입 가능한 실손의료비 상품, 세제혜택(12%) • 입원 · 통원 합산 5천만 원, 통원(외래 및 처방 합산) 회당 20만 원까지 보장 • 가입나이(0~99세), 보험기간(1년), 가입금액(1구좌 고정)

무배당 우체국노후실손의료비보험(갱신형)	• 의료비 전문 보험, 상해 및 질병 최고 1억 원, 통원 건당 최고 100만 원, 요양병원의료비 5천만 원, 상급병실료차액 2천만 원, 세제혜택(12%) • 필요에 따라 종합형 · 질병형 · 상해형 중 선택 • 가입나이(61~75세), 보험기간(1년), 가입금액(1구좌 고정)
무배당 우체국간편실손의료비보험(갱신형)	• 3가지(건강관련) 간편고지로 간편하게 가입하는 실손보험, 세제혜택(12%) • 입원 최대 5천만 원, 통원 건당 20만 원(단, 처방조제비 제외) 보장 • 필요에 따라 종합형 · 질병형 · 상해형 중 선택 • 가입나이(5~70세), 보험기간(1년), 가입금액(1구좌 고정)

○ 한 줄 문제로 마무리 확인

01. 무배당 우체국실손의료비보험(갱신형)의 최초 계약 가입나이는 ______________이고 갱신계약 나이는 1세 이상, 재가입 나이는 15세 이상이다.

02. 무배당 우체국간편가입건강보험(갱신형)의 경우 주계약은 종신까지 갱신 가능하고, 간편사망보장특약은 ______________세 이상인 경우 갱신이 불가능한 상품이다.

03. 우체국 실손의료비보험 중 유병력자 등을 피보험자로 하는 간편고지 가입상품은 ______________이다.

04. 무배당 우체국노후실손의료비보험은 가입나이 제한이 없는 실버 전용보험이다. (　　)

정답

01. 0~60세

02. 85

03. 무배당 우체국간편실손의료비보험(갱신형)

04. ×

빈출키워드

16

★★★★★

보험편 회독 ■■■

우체국 보험상품 - 보장성 보험(2)

CHECK POINT

(무)우체국든든한종신보험, (무)우체국하나로OK보험, (무)우리가족암보험, (무)우체국온라인암보험, (무)우체국자녀지킴이보험, (무)우체국온라인어린이보험, (무)어깨동무보험, (무)우체국단체보장보험, (무)win－win단체플랜보험

○ 기출 문제로 실력 확인

우체국 보험상품에 대한 설명으로 옳은 것은? 18. 문12

❶ 무배당 우체국실속정기보험은 1종(일반가입)과 2종(간편가입)을 중복가입할 수 없다.

② 어깨동무연금보험은 장애인 부모의 부양능력 약화 위험 및 장애아동을 고려하여 15세부터 연금수급이 가능하다.

연금개시나이 20세

③ 무배당 우체국든든한종신보험에 주계약 보험가입금액 2천만원 이상 가입할 경우, 주계약뿐만 아니라 특약보험료도 할인받을 수 있다.

고액 할인(2,000만 원 이상)은 주계약 보험료에 한해 적용

④ 무배당 우체국여성암보험(갱신형)은 가입 후 매 2년마다 계약 해당일에 살아 있을 때 유방검진비용 10만 원을 지급한다(주계약 1구좌 기준).

주의! 2022년 1월 3일 현재 판매중지상품

○ 핵심 정리로 개념 확인

1 종신보험(2022년 1월 3일 현재 판매상품) 19. 문15 / 18. 문12 / 16. 문18 / 14. 문17 · 15번 / 12. 문15

무배당 우체국든든한종신보험	• 해약환급금(50% 지급형) 선택 시 동일보장, 주계약 3대 질병 진단 시 치료자금 지원, 납입면제, 세제혜택(12%) 1종(해약환급금 50% 지급형)이 보험료 납입기간 중 해지될 경우 2종(표준형) 해약환급금 보다 적음 • 가입나이(만 15~50세), 보험기간(종신), 가입금액(1,000~4,000만 원) • 특약 : 3대 질병 보장강화 및 고액암보장, 고객맞춤형 설계 암, 뇌출혈, 급성심근경색증 • 주계약 가입금액 2,000만 원 이상일 경우 할인 특약은 할인 제외
무배당 우체국하나로OK보험	• 주계약(사망보험금 등) 유족보장, 저렴한 보험료로 각종 질병 · 사고 · 고액치료비 보장, 다양한 선택특약, 고액 할인, 한번 가입 종신보험, 세제혜택(12%) • 가입나이(만 15~45세), 보험기간(종신), 가입금액(1,000~4,000만 원)

2 장애인 등 보험(2022년 1월 3일 현재 판매상품) 18. 문12 / 14. 문15

무배당 어깨동무보험	• 생활보장형, 암보장형, 상해보장형 중 선택 가입, 장애인 가입 용이, 세제혜택(15%), 증여세 면제(연간 4,000만 원 한도), 가입 나이 확대(어린이 · 고령자), 저렴한 보험료, 건강진단자금(상해보장형, 매 2년마다 지급) • 주계약 1종, 2종은 50세 이상 가입자의 경우 80세 만기 5년납에 한함 • 주계약 : 1종(생활보장형) · 2종(암보장형) · 3종(상해보장형)

보험종류	보험기간	가입나이		가입한도액
1종(생활보장형)	10년 만기 20년 만기 80세 만기	주피보험자	만 15~60세	4,000만 원
		장애인	0~70세	
2종(암보장형)		0~70세		3,000만 원
3종(상해보장형)	10년 만기	만 15~70세		1,000만 원

3 암보험(2022년 1월 3일 현재 판매상품)

무배당 우리가족암보험	• 암진단금, 한번 가입으로 종신갱신형 혹은 100세 만기형 선택, 주계약 · 특약을 갱신 · 비갱신 선택 가입, 실버형은 고연령 등 가입 가능, 2차암특약, 암진단생활비특약, 세제혜택(12%) 두 번째 암 진단금, 납입면제 • 최초 나이(0~65세), 보험기간(10년 만기, 종신갱신형), 가입한도액(1구좌)
무배당 우체국온라인암보험	• 암진단금, 납입면제, 보험기간 중 동일보험료 보장, 세제혜택(12%) 3구좌 가입 시 일반암(3,000만 원), 고액암(6,000만 원) • 가입나이(20~50세), 보험기간(30년), 가입한도액(3구좌)

4 어린이보험(2022년 1월 3일 현재 판매상품)

무배당 우체국자녀지킴이보험	• 출생부터 성인까지 보장, 태아 · 산모 보장(특약 가입 시), 어린이 종합보험, 중증질환 등 고액보장, 임신 사실이 확인된 태아도 가입 가능 납입면제, 만기 시 자녀 독립자금 지원, 세제혜택(12%) • 가입나이(0~20세), 보험기간(30년 만기, 80 · 100년 만기), 가입금액(1,000~2,000만 원)
무배당 우체국온라인 어린이보험	• 어린이 종합의료보험, 중증질환 고액 보장 • 가입나이(0~15세), 보험기간(30세 만기), 가입한도액(1,000만 원) 무배당선천이상특약II 나이(임신 23주 이내 태아), 보험기간(3년), 가입한도액(1,000만 원 고정)

5 단체보험(2022년 1월 3일 현재 판매상품)

무배당 우체국단체보장보험	• 대상 : 과학기술정보통신부 소속 공무원 및 산하기관 직원 • 가입나이(만 15세 이상), 보험기간(1년 만기), 가입한도액(10,000만 원)
무배당 win-win단체플랜보험	• 단체 특약 구성의 맞춤형 설계, 종업원 사망보장, 재해 · 교통 · 재해사망 보장 강화(특약), 세제혜택 법인사업체 근로자 보험료 손금처리 • 가입나이(0~70세), 보험기간(1년 만기), 가입금액(1,000~4,000만 원)

○ 한 줄 문제로 마무리 확인

01. 무배당 우체국든든한종신보험의 ______________ 상품은 보험료 납입기간 중 계약이 해지될 경우 2종 표준형 대비 적은 해약환급금을 지급하는 대신 저렴한 보험료로 보험가입을 할 수 있다.
02. 무배당 우체국하나로OK보험의 주계약 보험료 2,000만원 이상 상품은 ______________ 부터 최고 3.0%까지 고액 할인을 받을 수 있다.
03. 무배당 어깨동무보험의 2종(암보장형)의 피보험자 가입나이는 ______________ 이다.
04. 우체국보험의 종류에는 보장성보험, 저축성보험, 연금보험, 단체보험으로 분류되고 있다. (　　)
05. 무배당 어깨동무보험의 3종(상해보장형)은 가입 후 매 5년마다 건강진단자금을 지급한다. (　　)

정답

01. 1종 해약환급금 50% 지급형
02. 1.0%
03. 0~70세
04. ×
05. ×

빈출키워드 17

★★★★★ 보험편 회독 ■■■

우체국 보험상품 - 보장성 보험(3)

CHECK POINT

(무)우체국실속정기보험, (무)우체국예금제휴보험, (무)에버리치상해보험, (무)우체국안전벨트보험, (무)우체국나르미안전보험, (무)만원의행복보험, (무)우체국치아보험(갱신형), (무)우체국치매간병보험, (무)우체국요양보험

○ 기출 문제로 실력 확인

다음의 우체국 보험상품 중 보장성보험 상품만으로 바르게 짝지어진 것은? 〈변형〉 16. 문18

① 우체국안전벨트보험, 무배당 만원의행복보험, 무배당 청소년꿈보험
저축성보험

❷ 무배당 우체국통합건강보험, 무배당 우체국하나로OK보험, 무배당 내가만든희망보험

③ 무배당 우체국예금제휴보험, 무배당 청소년꿈보험, 우체국안전벨트보험
저축성보험

④ 무배당 알찬전환특약, 무배당 우체국실속정기보험, 무배당 우체국치아보험(갱신형)
저축성보험

○ 핵심 정리로 개념 확인

1 정기보험(2022년 1월 3일 현재 판매상품)

무배당 우체국실속정기보험	• 비갱신형으로 사망과 50% 이상 중증장해 보장, 재해 및 3대 질병 보장 특약, 순수형 · 환급형 선택, 2종 간편가입, 세제혜택(12%) 1종(일반가입)과 2종(간편가입)은 중복가입 불가 • 가입나이(1종 – 만 15~70세, 2종 – 35~70세), 보험기간(60, 70, 80, 90세 만기), 가입금액(1종 – 1,000~4,000만 원, 2종 – 1,000~2,000만 원)
무배당 우체국예금제휴보험	• 1종(휴일재해보장형) · 2종(주니어보장형) · 3종(청년우대형) 무료 가입 암보장개시일은 계약일 포함 90일이 지난 날의 다음날(15세 미만은 계약일) • 가입나이(1종 – 만 15세 이상, 2종 – 0~19세, 3종 – 20~34세), 보험기간(1년 만기), 가입한도액(1구좌)

안심Touch

2 교통사고 · 상해보험(2022년 1월 3일 현재 판매상품) 21. 문16 / 16. 문18

무배당 에버리치상해보험	• 교통사고 종합 보장, 한번 가입으로 90세까지 보장, 일반재해 사망보장, 교통재해 사망보장, 세제혜택(12%) • 가입나이(만 15세~50세 등), 보험기간(90세 만기), 가입한도액(1,000만 원)
무배당 우체국안전벨트보험	• 교통사고 종합 보장, 성별에 따른 차이 있으나 연령별 동일보험료, 휴일교통재해 사망보장, 세제혜택(12%) • 가입나이(만 15세~70세), 보험기간(20년 만기), 가입한도액(1,000만 원)
무배당 우체국나르미안전보험	• 운송업종사자 전용 교통상해보험(공익형), 1회 보험료 납입으로 보장, 공익재원 지원대상자(보험료 50%) 지원, 교통재해사고 종합 보장 • 가입나이(만 19세~60세), 보험기간(1년 만기), 가입금액(1,000만 원) 납입보험료 100% 환급
무배당 만원의행복보험	• 차상위계층 이하 공익형 상해보험, 보험료 1만 원, 유족보장, 재해입원 · 수술비 정액 보상, 만기급부금 지급 성별 · 나이 관계없음, 1회 1만 원 초과금은 공익자금 지원(체신관서) • 가입나이(만 15~65세), 보험기간(1년, 3년 만기), 가입금액(1구좌) • 보험계약자는 공동 보험계약자(개별 보험계약자 + 과학기술정보통신부장관)로 하고, 개별 보험계약자를 대표자로 함

3 기타 보험(2022년 1월 3일 현재 판매상품) 21. 문16 / 16. 문18

무배당 우체국치아보험 (갱신형)	• 치과치료 전문 종합보험, 충전(인레이 · 온레이 충전치료) 및 크라운 치료자금 지급, 세액공제(12%), 특약 시 임플란트, 브릿지, 틀니 치료자금 지급 • 최초 계약(15세~65세), 보험기간(10년 만기, 자동갱신형), 가입금액(1,000만 원) 피보험자 가입 당시 60세 초과할 경우 보험가입금액 500만 원 고정
무배당 우체국치매간병보험	• 치매전문보험, 중증치매 진단 확정 시 평생 중증치매간병생활자금 지급 및 보험료 면제, 중증알츠하이머치매 · 특정파킨스병 보장(특약), 유병 시 2종 간편심사 가능, 건강관리자금, 세제혜택(12%) 80세 계약해당일 생존, 치매 미발생 시 • 주계약 1종 · 2종 중복가입 불가, 66세 이상 피보험자 가입 당시 가입금액 1,000만 원(2종 500만 원) 한도 • 가입나이(30~60세), 보험기간(90, 95, 100세 만기), 가입금액(1종 – 2,000만 원, 2종 – 1,000만 원)
무배당 우체국요양보험	• 장기요양(1~2등급) 진단 시 노후요양비 지원, 비갱신형으로 동일한 보험료로 사망 · 요양 보장, 장기요양간병비 매월 지급, 1~5등급 진단자금 설계(특약 시), 세제혜택(12%) 5년 생존 시(장기요양상태 1 · 2등급) • 가입나이(30~70세), 보험기간(85세, 90세, 100세 만기), 가입금액(1,000~4,000만 원) 가입 시 피보험자 60세 초과, 가입금액 2,000만 원 한도

○ 한 줄 문제로 마무리 확인

01. 무배당 우체국치매간병보험은 80세 계약 해당일까지 생존하고 중증치매 미발생 시에 ______________ 을 지급한다.
02. 운송업종사자 우체국 전용 공익형 교통상해보험은 ______________ 이다.
03. 무배당 만원의행복보험의 피보험자 자격요건은 ______________ 이하 저소득층이다.
04. 무배당 우체국치아보험(갱신형) 주계약에서 임플란트 치료 시 영구치 발거 1개당 최대 150만 원의 치료자금을 지원한다. (　　)
05. 우체국 보장성보험 상품으로 무배당 우체국안전벨트보험, 무배당 우체국치아보험(갱신형), 무배당 만원의행복보험 등이 있다. (　　)

정답

01. 건강관리자금
02. 무배당 우체국나르미안전보험
03. 차상위계층
04. ×
05. ○

빈출키워드 18

★★★★★ 보험편 회독 ■■■

우체국 보험상품 - 저축성 보험

CHECK POINT

(무)그린보너스저축보험, (무)파워적립보험, (무)우체국온라인저축보험, (무)청소년꿈보험, (무)알찬전환특약

○ 기출 문제로 실력 확인

우체국의 보험상품에 대한 설명으로 옳지 않은 것은? 〈변형〉 14. 문17

① 무배당 그린보너스저축보험은 만기 유지 시 계약일로부터 최초 1년간 보너스금리를 추가 제공한다.

② 무배당 우체국하나로OK보험(갱신형)은 보험가입금액 1,000만 원 선에서 4,000만 원까지 500만 원 단위로 가입이 가능하다.

③ 무배당 우체국100세건강보험은 다양한 소비자 필요에 따라 특약을 갱신 및 비갱신으로 선택하여 가입 가능하다.

❹ 무배당 우체국요양보험(갱신형)은 장기요양상태(1~2등급)로 간병자금 필요 시, 10년 동안 매년 생존할 경우 장기요양간병비를 매월 지급한다.
5년

○ 핵심 정리로 개념 확인

1 저축성 보험 개요 14. 문17

생존 시의 지급 보험금 합계액이 납입한 보험료를 초과하는 보험으로 목돈 마련 고수익 상품

2 종류(2022년 1월 3일 현재 판매상품) 16. 문17. 14. 문17

무배당 청소년꿈보험	• 공익보험, 청소년 무료 보험가입 혜택, 학자금 지급 교육보험 만 6~17세, 가정위탁청소년, 탈북청소년, 아동복지시설 수용자 • 가입나이(만 6~17세), 보험기간(5년 만기), 가입한도액(250만 원)
무배당 그린보너스저축보험	• 실세금리 적용, 만기 유지 시 최초 1년간 보너스금리 추가 제공, 절세형 상품, 보험기간에 따라 단기 목돈 마련 • 가입나이(0세 이상), 보험기간(3년, 5년, 10년 만기), 납입한도액(예치형 100~4,000만 원)

무배당 파워적립보험	• 실세금리 적용, 중도인출 자금활용, 자유로운 추가납입, 기본보험료 30만 원 초과금액은 수수료 인하, 단기납으로 납입기간 부담 완화 • 가입나이(0세 이상), 보험기간(1종 – 3년 · 5년 · 10년, 2종 – 10년), 납입한도액(1종 3년납 – 5~100만 원 · 5년납 – 5~50만 원 · 10년납 – 5~30만 원, 2종 5~50만 원)
무배당 우체국온라인저축보험	• 가입 1개월 유지 후 해약해도 납입보험료의 100% 이상 보장, 중도인출 자금 활용, 비과세 요건 충족 시 이자소득세 면제, 금융소득종합과세 대상 제외 • 가입나이(만 19~65세), 보험기간(1 · 3 · 5 · 10년), 납입한도액(1년 – 1~300만 원, 3년 – 1~100만 원, 5년 – 1~50만 원, 10년 – 1~30만 원)
무배당 알찬전환특약	• 만기보험금 재예치로 수익 보장, 최저 1.0% 금리 보장, 보험기간 다양화 • 가입나이(0세 이상), 보험기간(2 · 3 · 4 · 5 · 7 · 10년 만기), 일시납보험료(전환전계약의 만기보험금과 배당합계액)

○ 한 줄 문제로 마무리 확인

01. 만기보험금 재예치로 알찬 수익을 보장받을 수 있는 저축성 보험은 ____________ 이다.
02. 공익보험으로 위탁가정청소년, 아동복지시설 수용자, ____________ 등에게 무료로 보험가입 혜택을 주는 보험은 무배당 청소년꿈보험이다.
03. 무배당 파워적립보험은 기본보험료 ____________ 초과금액에 대해 수수료를 인하함으로써 수익률이 증대된 상품이다.
04. 중도에 긴급자금 필요 시 이자부담 없이 중도인출로 자금을 활용할 수 있는 상품은 무배당 우체국온라인저축보험이다. (   )
05. 무배당 그린보너스저축보험은 만기 유지 시 계약일부터 최초 1년간 보너스금리를 추가로 제공한다. (   )

정답

01. 무배당 알찬전환특약
02. 탈북청소년
03. 30만 원
04. ○
05. ○

빈출키워드

19

★★★★★

보험편 회독 ■■■

우체국 보험상품 - 연금보험

CHECK POINT

(무)우체국연금보험, 우체국연금저축보험, (무)우체국연금저축보험(이전형), (무)우체국온라인연금저축보험, (무)우체국개인연금보험(이전형), 어깨동무연금보험

○ 기출 문제로 실력 확인

우체국 보험상품에 대한 설명으로 옳은 것은? 〈변형〉 21. 문16

① 무배당 우체국안전벨트보험 2109의 보험료는 성별에 따른 차이는 없으나 연령별로 차이가 있다.

성별에 따른 차이가 있다. 연령에 관계없이 보험료가 동일하다.

② 우체국연금저축보험 2109의 경우, 연금 지급구분에는 종신연금형, 상속연금형, 확정기간연금형, 더블연금형이 있다.

종신연금형, 확정기간연금형이 있다.

③ 무배당 우체국요양보험 2109에 가입한 피보험자가 장기요양 3등급 진단을 받은 경우, 사망보험금 일부를 선지급 받을 수 있다.

1~2등급

❹ 무배당 우체국100세 건강보험 2109에 가입한 피보험자가 '국민체력 100' 체력인증을 받은 경우, 보험료 일부를 지원받을 수 있다.

○ 핵심 정리로 개념 확인

1 연금보험 개요 19. 문15

일정 연령 이후에 생존하는 경우 연금의 지급을 주된 보장으로 하는 보험

2 종류(2022년 1월 3일 현재 판매상품) 21. 문16 · 17 / 16. 문17

무배당 우체국연금보험	• 최저금리(1.0%) 보장, 종신 · 상속 · 더블연금형, 이자소득 비과세, 금융소득종합과세 제외, 45세 이후 연금 개시 • 가입나이(0세 이상), 연금개시 나이(종신 · 상속 · 확정기간형 45~75세, 더블연금형 45~70세), 납입기간(일시납, 5 · 7 · 10 · 15 · 20년납)
우체국연금저축보험	• 최저금리 보장(1.0%), 종신형 · 확정기간형 선택, 유배당 상품, 세액공제, 만 55세 연금 개시 • 가입나이(0세 이상), 연금개시 나이(만 55~80세), 납입기간(5년~전기납)

무배당 우체국연금저축보험 (이전형)	• 최저금리 보장(1.0%), 종신형 · 확정기간형 선택, 세액공제, 추가납입 가능, 만 55세 연금 개시 • 가입나이(0세 이상), 연금개시 나이(만 55~80세), 납입기간(일시납, 1년~전기납)
무배당 우체국온라인연금 저축보험	• 부리 적립, 만 55~80세 연금개시 선택, 종신형 · 확정기간형 선택, 추가납입 가능 • 가입나이(만 19세 이상), 연금개시 나이(만 55~80세), 납입기간(5년~전기납)
무배당 우체국개인연금보험 (이전형)	• 타 금융기관의 개인연금저축을 이전 가입에 한함, 총 납입기간(10년 이상), 만 55세 이상 연금개시 • 가입나이(만 20~80세), 연금개시 나이(만 55~80세), 납입기간(일시납)
어깨동무연금보험	• 장애인전용연금보험, 최저금리(1.0%) 보장, 보증지급기간 선택, 연금개시연령 확대, 유배당 상품 20년 · 30년 · 100세 보증지급 20세부터 연금수급 • 가입나이(0세 이상), 연금개시 나이(20년 · 100세 보증지급 20~80세, 30년 보증지급 20~70세), 납입기간(5 · 10 · 15 · 20년납)

○ 한 줄 문제로 마무리 확인

01. 무배당 우체국연금보험의 종신연금형 연금개시 나이는 ______________ 이다.

02. 우체국 연금보험의 유배당 상품에 해당하는 상품은 ______________ 과 어깨동무연금보험이 있다.

03. 장애인전용연금보험으로 일반연금보다 더 많은 연금 혜택을 받게 설계된 어깨동무연금보험은 장애인의 안정적인 노후생활을 보장하기 위한 상품이다. (　　)

04. 현재 판매 중인 우체국 연금보험의 연금개시 나이는 모두 만 55세부터 80세까지이다. (　　)

05. 무배당 우체국개인연금보험(이전형)은 이전 가입 제한이 있는 상품이다. (　　)

정답

01. 45세~75세
02. 우체국연금저축보험
03. ○
04. ×
05. ○

빈출키워드 20

★★★★ 보험편 회독 ■■■

생명보험 이론(1) - 생명보험계약

CHECK POINT

피보험자, 보험자, 보험계약자, 보험수익자, 보험중개사, 보험료, 보험사고, 보험기간, 납입기간, 대수의 법칙, 수지상등의 원칙, 생명표, 상부상조의 정신

○ 기출 문제로 실력 확인

생명보험 계약에 대한 설명으로 옳지 않은 것은? 〈변형〉 14. 문14

① 보험계약에서 정의한 보험사고가 발생함으로써 손해를 입는 사람을 피보험자라 한다.

② 보험계약자가 보험에 의한 보장을 받기 위하여 보험자에게 지급하여야 할 금액을 보험료라 한다.

③ 보험에 담보된 재산 또는 생명이나 신체에 관하여 보험자(보험회사)가 보험금 지급을 약속한 사고 (위험)가 발생하는 것을 보험사고라 한다.

❹ 보험기간에 대하여 「상법」에서는 보험자의 책임을 최초의 보험료 납입 여부와 상관없이 청약일로부터 개시된다고 규정하고 있다.

최초 보험료를 지급받은 때부터 개시

○ 핵심 정리로 개념 확인

1 생명보험계약 관계자 10. 문16 / 08. 문16

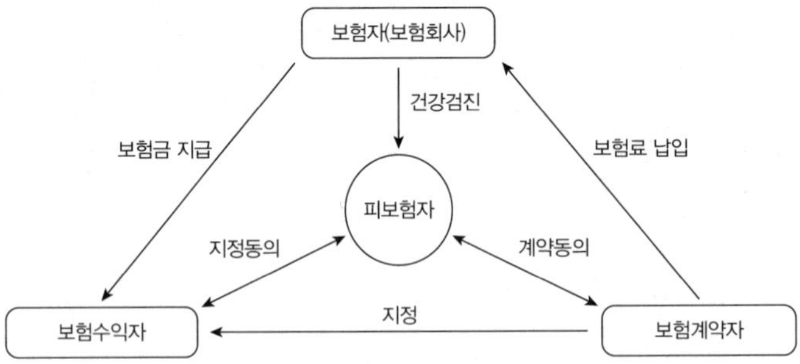

보험자	위험을 인수하는 보험회사로서 보험계약당사자 및 보험금 지급의무자
보험계약자	보험자와 보험계약을 체결하는 보험계약당사자
피보험자 타인 생명보험 계약 시 그 타인의 서면동의가 필요	보험계약에서 정의한 보험사고가 발생함으로써 손해를 입는 사람

보험수익자 보험계약자는 보험수익자의 지정과 변경권을 가짐	피보험자에게 보험사고 발생 시 보험자에게 보험금지급을 청구 · 수령 권리자
보험설계사	보험회사, 대리점, 중개사에 소속되어 보험계약 체결 중개자
보험대리점	보험자를 위한 보험계약 체결 대리자
보험중개사 계약체결권, 고지수령권, 보험료 수령권의 권한 없음	독립적인 보험계약 체결 중개자

2 보험계약의 요소 14. 문14

보험목적물	피보험자의 생명 또는 신체	
보험사고	재산, 생명, 신체에 관해 보험금 지불을 약속한 사고가 발생하는 것	
보험기간	보험에 의해 보장이 제공되는 기간	
보험금	보험사고가 발생 시 보험자가 지급해야 하는 금액	
보험료 미지급 시 계약 해지 · 해제	보험사고 보장을 위해 보험자에게 지급할 금액	
납입기간	전기납 보험	보험기간(보장기간)의 전 기간에 걸쳐서 납부하는 보험
	단기납 보험	보험기간보다 짧은 기간에 종료되는 보험

3 생명보험 기본원리

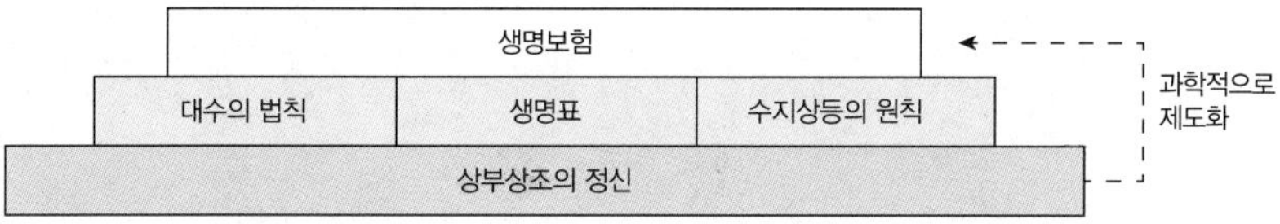

상부상조의 정신	• 사고를 당한 사람에게 미리 준비된 약정금을 지급하여 서로 돕는 것 • 상부상조의 정신을 과학적 · 합리적 방법으로 제도화한 것이 생명보험 • 대수의 법칙, 생명표, 수지상등의 원칙의 기초가 됨
대수의 법칙 통계적 사고발생확률 산출	측정대상의 숫자 또는 측정횟수가 많아질수록 예상치가 실제치에 근접하는 원칙
생명표(사망표) 우체국보험생명표 : 우체국보험 가입자의 실제 사망현황을 감안하여 작성한 생명표	• 대수의 법칙에 각 연령대별 생사잔존상태를 나타낸 표 생존자 수, 사망자 수, 생존율, 평균여명 • 국민생명표, 경험생명표로 분류
수지상등의 원칙	• 납입보험료 총액과 보험회사의 지출비용의 총액이 동일하게 하는 것 • $P \times n = R \times \alpha$ (총보험료) = (총보험금)

○ 한 줄 문제로 마무리 확인

01. 타인의 사망을 보험사고로 하는 보험계약은 보험계약 체결 시 __________의 서면에 의한 동의를 얻도록 규정하고 있다.
02. __________은/는 보험에 담보된 생명이나 신체에 관하여 불확정한 사고를 말한다.
03. __________은/는 생명보험의 기초가 되는 것으로 대수의 법칙, 생명표, 수지상등의 원칙이 있다.
04. 생명표는 크게 __________와 경험생명표로 분류된다.
05. 「상법」상 보험기간은 보험자의 책임을 최초의 보험료 납입 여부와 상관없이 청약일로부터 개시된다. (　　)
06. 계약자가 보험계약 시 보험수익자를 지정하지 않은 경우 보험사고에 따라 보험수익자가 결정한다. (　　)

정답

01. 피보험자
02. 보험사고
03. 상부상조의 정신
04. 국민생명표
05. ×
06. ○

빈출키워드
21

★★★★ 보험편 회독 ■■■

생명보험 이론(2) - 생명보험 용어 등

CHECK POINT

공영보험, 생활설계, 이차익, 종신보험, 저축성보험, 연금보험, 교육보험, 언더라이팅, 간편심사, 무심사, 무진단, 사망보험, 정기보험, 생존보험

○ 기출 문제로 실력 확인

생명보험 상품의 종류에 관한 설명으로 옳지 않은 것? 12. 문18

❶ 종신보험은 보험기간을 정해놓고, 사망하였을 때 보험금을 지급하는 보험이다.

보험기간을 정하지 않고, 사망하였을 때 보험금을 지급하는 보험

② 저축성보험은 생존 시에 보험금이 지급되는 저축기능을 강화한 보험이다.

③ 연금보험은 연금을 수령하여 일정 수준의 소득을 계속 유지하기 위한 보험이다.

④ 교육보험은 교육자금을 마련할 수 있도록 설계된 보험이다.

○ 핵심 정리로 개념 확인

1 생명보험 용어 14. 문18

언더라이팅	보험대상자(피보험자)의 각 위험을 분류하여 보험가입 여부를 결정하는 과정
언더라이터	언더라이팅의 직무를 수행하는 인력
무심사 보험	고령자 등으로 계약 인수가 불가능한 경우 할증된 보험료로 보험계약을 인수하는 상품
간편심사 보험	• 유병자나 고령자를 대상으로 계약심사과정과 서류를 간소화한 상품 • 사망보험금을 낮추는 대신 진단비 · 노후생활자금 보장에 초점, 단 보험료는 높게 책정
무진단 보험	건강진단 절차만을 생략할 수 있는 보험
표준미달체	• 심사 대상의 대한 평가 결과가 표준체 기준 위험보다 높은 경우(≠우량체) • 보험료 할증, 보험금 삭감, 부담보형태로 계약인수
특이계약	외국인 · 재외국민 · 외국국적동포, 해외체류자 · 해외체류예정자 등의 보험인수계약

안심Touch

2 생명보험상품 종류 12. 문18

사망보험 정기보험, 종신보험으로 구분	피보험자가 보험기간 중 사망 시에 지급되는 보험
정기보험	피보험자가 미리 정한 보험기간 내에 사망 시 지급되는 보험
종신보험	피보험자가 보험기간을 정하지 않고 언제든지 사망했을 때 지급되는 보험
생존보험 저축기능↑, 보장기능↓, 연금형식	피보험자가 보험기간이 끝날 때까지 생존했을 때에만 지급되는 보험
생사혼합보험	사망보험의 보장기능과 생존보험의 저축기능을 결합한 보험
저축성보험 보장부분(위험보험료를 예정이율 부리), 적립부분(저축보험료를 일정이율 부리)	생존 시에 보험금이 지급되는 저축 기능을 강화한 보험
보장성보험	주로 사망, 질병, 재해 등 각종 위험보장에 중점을 둔 보험
교육보험	자녀의 교육자금을 종합적으로 마련할 수 있도록 설계된 보험
연금보험	소득 일부를 일정기간 적립했다가 노후에 연금 형태로 수령하는 보험
변액보험	보험료를 기금 조성 후 주식 등에 투자한 후 이익금 배당을 하는 보험
CI(Critical Illness)보험 생존 시(고액치료비, 간병비), 사망 시(사망보험금)	중대한 질병이며 치료비가 고액인 암, 심근경색, 뇌출혈 등에 대한 급부를 중점적으로 보장하여 주는 보험

3 손해보험상품

채무 · 의무불이행 손해 포함

위험보장을 목적으로 우연한 사건으로 발생하는 손해에 관하여 금전 및 그 밖의 급여가 지급되는 보험

제3보험 상품에 따른 질병 · 상해 · 간병 제외

4 제3보험 상품

제3보험 상해보험, 질병보험, 간병보험	생명보험의 약정된 정액보상적 특성과 손해보험의 실손보상적 특성을 모두 가진 보험 사람의 신체에 대한 보험 / 비용손해, 의료비 등 실손보상
상해보험	사람의 상해 치료비용과 사망 등의 위험에 금전 · 급여가 지급되는 보험
질병보험	질병, 질병으로 인한 입원 · 수술 등의 위험에 금전 · 급여가 지급되는 보험 질병으로 인한 사망 제외
간병보험	치매, 일상생활장해 등 간병을 필요로 하는 상태나 치료 등의 위험에 금전 · 급여가 지급되는 보험

5 생명보험, 손해보험, 제3보험 구분

구분	생명보험	손해보험	제3보험
보험사고대상	사람의 생존 또는 사망	피보험자의 재산상 손해	신체의 상해, 질병, 간병
보험기간	장기	단기	장 · 단기 모두 존재
피보험이익	(원칙적) 불인정	인정	(원칙적) 불인정
피보험자 (보험대상자)	보험사고 대상	손해보상 받을 권리자	보험사고 대상
보상방법	정액보상	실손보상	정액보상, 실손보상

○ 한 줄 문제로 마무리 확인

01. ______________ 은/는 보험기간을 정하지 않고 일생동안 언제든지 사망했을 때 보험금이 지급되는 보험이다.
02. 의무가입이고 납입료 대비 수혜 비례성이 약한 건강보험, 국민연금, 고용보험, 산재보험 등은 ______________ 에 속한다.
03. 생존 시에 보험금이 지급되는 저축기능을 강화한 보험은 보장성보험이다. (　　)
04. 상해보험, 질병보험, 간병보험은 제3보험의 보험계약 종목이다. (　　)

정답

01. 종신보험
02. 공영보험
03. ×
04. ○

빈출키워드 22

★★★★ 보험편 회독 ■■■

생명보험 이론(3) - 보험료의 계산 등

CHECK POINT

3이원방식, 현금흐름방식, 예정위험률, 예정이율, 예정사업비율, 역선택, 계약선택, 청약심사, 계약효력, 순보험료, 부가보험료, 수금비, 유지비, 보험료 산정, 배당, 위험보험료, 저축보험료, 신계약비

○ 기출 문제로 실력 확인

보험료를 계산하는 현금흐름방식에 대한 설명으로 옳은 것은? 21. 문14

① 보수적 표준기초율을 일괄적으로 가정하여 적용한다.
각 보험회사별로 최적의 기초율을 가정

② 보험료 산출이 비교적 간단하고 기초율 예측 부담이 경감되는 장점이 있다.
3이원방식의 장점에 해당한다.

❸ 상품개발 시 수익성 분석을 동시에 할 수 있으며 상품개발 후 리스크 관리가 용이한 방식이다.

④ 3이원(利原)을 포함한 다양한 기초율을 가정하며, 계리적 가정에는 위험률, 해지율, 손해율, 적립이율 등이 있다.
경제적 가정

○ 핵심 정리로 개념 확인

1 보험료 계산의 기초 21. 문14 / 16. 문16 / 10. 문15

3이원방식 보험료를 수지상등의 원칙에 의거하여 계산	예정위험률(사망률) 예정사망률↓ 사망보험료↓ 생존보험료↑	보험사고가 발생할 확률을 대수의 법칙에 의해 미리 예측하여 보험료 계산에 적용하는 비율
	예정이율 예정이율↓ 보험료↑, 예정이율↑ 보험료↓	보험자가 장래 기대수익을 예상하여 보험료를 할인해주는 할인율
	예정사업비율 예정사업비율↓ 보험료↓, 예정사업비율↑ 보험료↑	보험료에 포함된 보험사업 운영에 필요한 경비 비율
현금흐름방식	기존의 3이원방식 가격요소와 함께 계약유지율, 판매량, 투자수익률 등 다양한 가격요소를 반영하여 보험료를 산출하는 방식	

2 보험계약의 청약, 심사, 효력 14. 문16 / 08. 문16

청약심사	보험계약 청약이 접수되면 피보험자의 위험에 따라 인수조건을 결정하는 것(언더라이팅)	
계약선택 신체적 · 환경적 · 도덕적(재정적) 위험이 기준	보험계약의 승낙 여부를 결정하는 것	
역선택	높은 위험을 가진 집단이 동일 위험군으로 분류되어 보험계약을 체결함으로써 그 동일 위험군의 사고발생률을 증가시키는 현상	
계약효력	성립	청약과 승낙을 통한 계약일(보장개시일) 제1회 보험료를 받은 날, 자동이체정보를 제공한 때
	무효	계약 성립은 되었으나 법률상 그 효력이 처음부터 발생하지 않은 것
	취소 사기에 의한 계약	계약 성립은 되었으나 취소의 의사표시로 그 법률효과가 없어지는 것

- 타인사망 보험금 지급사유 시 피보험자 서면 미동의
- 만 15세 미만, 심실상실자, 심실박약자의 피보험자로 계약한 보험금 지급사유계약
- 계약에서 정한 피보험자의 나이 미달 · 초과

3 영업보험료의 구성 14. 문18 / 08. 문15

순보험료	장래의 보험금 지급의 재원이 되는 보험료로 위험보험료와 저축보험료로 분리	
위험보험료	사망보험금, 장해급여금 등 보험사고 발생 시 보험금 지급 재원이 되는 보험료	
저축보험료	만기보험금, 중도급부금 등 지급 재원이 되는 보험료	
부가보험료 신계약비, 유지비, 수금비	보험회사가 보험계약의 체결 · 유지 · 관리 등의 경비에 사용되는 보험료	
신계약비 (계약체결비용)	보상금, 수당, 보험증서 발행 등 신계약과 관련한 비용에 사용되는 보험료	
유지비 (계약관리비용)	보험계약의 유지 및 자산운용 등에 필요한 경비로 사용되는 보험료	
수금비 (기타비용)	보험료 수금에 필요한 경비로 사용되는 보험료	
보험료 산정	일시납보험료	모든 보험료를 한 번에 납입하는 방식
	자연보험료	매년 납입 순보험료 전액이 그 해 지급보험금 총액과 일치하도록 계산하는 방식
	평준보험료	정해진 시기에 매번 납입하는 보험료 액수가 동일한 산정방식
	유동적보험료	보험기간 중 보험회사의 최고 · 최저 규정에 따라 계약자가 보험료 납입액을 정함
배당	유배당보험의 경우 잉여금 발생의 일정비율을 계약자에게 배당준비금으로 적립하여 지급 보험료의 과잉분에 따른 잉여금은 계약에게 정산환원(계약자배당)	

○ 한 줄 문제로 마무리 확인

01. 보험금지급사유 발생확률이 높은 위험을 갖고 있는 사람이 자진하여 보험금 수령을 목적으로 가입함으로써 체신관서(보험자)가 불리해지는 경우를 __________이라 한다.
02. 만기보험금의 지급재원이 되는 보험료를 __________이라 한다.
03. 보험계약자가 보험자에게 내는 보험료를 영업보험료라고 하며, __________와 __________로 구분한다.
04. 보험계약의 승낙 여부를 결정하는 것을 __________이라고 한다.
05. 부가보험료는 위험보험료와 저축보험료로 분류된다. (　　)
06. 보험료 산출이 비교적 간단하고 기초율 예측 부담이 경감되는 장점을 지닌 것은 3이원방식이다. (　　)

정답

01. 역선택
02. 저축보험료
03. 순보험료, 부가보험료
04. 계약선택
05. ×
06. ○

빈출키워드 23

★★★ 보험편 회독 ■■■

보험계약법

CHECK POINT

낙성계약, 불요식계약, 부합계약성, 상행위성, 사행계약성, 쌍무계약, 위험계약성, 계속계약성, 보험계약의 법적성질, 고지의무, 무효, 부활, 당사자, 위반효과, 지급책임

○ 기출 문제로 실력 확인

<보기>에서 설명하는 보험계약의 법적 성질을 올바르게 연결한 것은? 18. 문14

<보기>

ㄱ. 우연한 사고의 발생에 의해 보험자의 보험금 지급 의무가 확정된다.

ㄴ. 보험계약자는 보험료를 모두 납부한 후에도 보험자에 대한 통지 의무 등을 진다.

ㄷ. 보험계약의 기술성과 단체성으로 인하여 계약 내용의 정형성이 요구된다.

	ㄱ	ㄴ	ㄷ
①	위험계약성	쌍무계약성	부합계약성
❷	사행계약성	계속계약성	부합계약성
③	위험계약성	계속계약성	상행위성
④	사행계약성	쌍무계약성	상행위성

○ 핵심 정리로 개념 확인

1 법적 성질 18. 문14

낙성계약	당사자 간의 합의만으로 계약이 성립 보험자 책임은 최초 보험료 지급받은 때부터 개시
불요식계약	보험계약에 대해 특별한 방식이 요구되지 않는 계약
쌍무계약	보험자와 보험계약자 간의 의무관계계약
부합계약성	다수인을 상대로 체결되고 보험의 기술성과 단체성으로 정형성이 요구됨
상행위성	영리보험의 보험계약은 상행위성이 인정, 영업하는 보험자는 상인
사행계약성	보험 투기화의 규제를 위한 제도적 장치 마련

안심Touch

최대선의성과 윤리성	사행성계약이므로 보험계약자 측의 선의가 반드시 요청
계속계약성	일정기간 동안에 보험관계가 지속되는 계속계약의 성질을 지님

2 고지의무 18. 문11 / 12. 문17

고지의무	보험계약자(피보험자)는 청약 시 청약서 질문사항을 사실대로 보험자에게 알려야 함 부활 시에도 이행
당사자 보험수익자 ×	「보험계약법」상 보험계약자, 피보험자 및 대리인
위반 효과	보험자는 계약 해지 • 고의 : 보험계약자가 중요한 사실을 알면서 고지하지 않거나 허위사실을 알면서 고지한 것 • 중대한 과실 : 보험계약자의 부주의로 불고지 또는 부실고지를 한 것
해지할 수 없는 고지의무위반	• 보험자가 계약 당시에 고지의무 위반사실을 알았거나, 과실로 알지 못한 경우 • 보험자가 고지의무 위반사실을 안 날로부터 1개월 이상 지난 경우 • 보장개시일부터 보험금 지급사유가 발생하지 않고 2년 이상 지난 경우 • 계약을 체결한 날부터 3년이 지난 경우 • 모집자 등이 계약자 또는 피보험자에게 고지할 기회를 주지 않았거나, 고지의 방해, 사실대로 고지하지 않게 하였거나 부실한 고지를 권유한 경우
보험금 지급책임	보험자는 고지의무 위반 사실이 보험금 지급사유에 영향을 미치지 않았음이 증명된 경우 보험금을 지급할 책임이 있음

3 보험계약의 부활 등 12. 문17

부활	의미	보험료 납입연체로 보험계약이 해지되었으나 일정 기간 내 그 계약의 효력회복을 청구하는 것 해지환급금이 지불되지 않은 기간
	요건	계속보험료 미납으로 해지, 해지환급금 미수령, 보험계약자 청구, 보험자 승낙
	효과	이전의 보험계약과 동일한 보험계약을 계속 유지하나, 보험실효 후부터 부활 시까지의 기간에 일어난 보험사고는 책임지지 않음
실효	특정 원인이 발생하여 계약의 효력이 장래 소멸되는 것	
철회	효력이 발생하지 않은 법률행위의 효력을 장래에 대하여 소멸시키는 행위 보험증권을 받은 날부터 15일 이내 철회	

○ 한 줄 문제로 마무리 확인

01. 보험계약 중 보험범죄, 인위적 사고 유발 등을 규제하여 보험의 투기화를 막는 제도적 장치는 보험의 법적성질 중 ______________ 과 관련 있다.

02. ______________ 는 보험료를 모두 납부한 후에도 보험기간 중 사고발생의 위험이 증가된 사실을 안 때에는 보험자에 대해 이를 통지해야 한다.

03. 피보험자가 ______________ 또는 중대한 과실로 인하여 고지의무를 위반한 때에는 보험자는 계약을 해지할 수 있다.

04. 실효란 특정원인이 발생하여 계약의 효력이 장래에 소멸되는 것이다. (　　)

05. 고지의무는 청약 시에 이행하고, 부활 청약 시에는 면제된다. (　　)

정답

01. 사행계약성
02. 보험계약자(피보험자)
03. 고의
04. ○
05. ×

빈출키워드 24

★★★ 보험편 회독 ■■■

우체국보험의 계약 유지

CHECK POINT

계약유지, 납입방법, 보험료할인, 납입면제, 납입유예, 계약 해지, 계약의 부활, 보험수익자 변경, 자동대출 납입기간, 서면동의철회권, 중대사유, 환급금대출, 보험금 지급, 분쟁 조정, 선지급제도, 면책사유

○ 기출 문제로 실력 확인

우체국보험의 계약유지에 대한 설명으로 옳은 것? 19. 문16

① 피보험자는 해지된 날부터 3년 이내에 체신관서가 정한 절차에 따라 계약의 부활을 청약할 수 있다.
보험계약자

② 보험계약자가 보험수익자를 변경하는 경우, 보험금의 지급사유가 발생하기 전에 변경 전 보험수익자의 동의를 받아야 한다.
피보험자가 서면으로 동의

❸ 보험료의 자동대출 납입기간은 최초 자동대출 납입일부터 1년을 최고한도로 하며 그 이후의 기간은 보험계약자가 재신청을 하여야 한다.

④ 보험계약자가 고의로 보험금 지급사유를 발생시킨 경우, 체신관서는 그 사실을 안 날부터 1개월 이내에 계약을 해지할 수 있으며 책임준비금을 보험계약자에게 지급한다.
해약환급금

○ 핵심 정리로 개념 확인

1 계약유지업무 19. 문16

계약유지업무	계약의 성립 이후부터 소멸까지 전 보험기간에 생기는 모든 사무
보험료 납입	보험계약자는 제2회분 이후의 보험료를 약정한 납입방법으로 해당 보험료의 납입 해당월 납입기일까지 납입
보험료 납입방법	창구수납, 자동이체, 폰뱅킹, 모바일, 자동화기기(CD, ATM 등), 카드납, 직불전자지급수단, 실시간이체 TM, 인터넷, 모바일 등을 통해 가입한 보장성 보험계약에 한함
자동대출 납입제도	보험료 미납으로 실효 상태의 계약자 신청 시 환급금대출하여 납입 가능, 납입기간 1년 그 이후 기간은 재신청
보험료 할인	선납 · 자동이체 · 단체납입 · 다자녀 · 의료수급권자 · 실손의료비보험 무사고 · 우리가족암보험 보험료 · 고액계약 보험료
납입면제	보험료의 납입 면제사유(공익보험 제외)에 해당하는 경우

2 보험계약의 효력상실 및 부활 19. 문16 / 12. 문17

납입유예	계약 효력 상실, 기간 해당 납입 기일 달의 다음 다음 달 말일	
납입최고와 계약 해지	납입최고	2회 연체자, 유예기간 종료 15일 전, 서면(등기우편 등)
	계약해지	유예기간이 끝나는 날의 다음 날
부활	보험료납입 연체로 계약해지된 자 중 해약환급금을 받지 않은 자, 해지된 날부터 3년 이내, 보험계약자의 계약 부활 청약 부활청약날까지 연체 보험료+이자 납입	

3 보험계약의 변경 및 계약자 임의해지 19. 문16

계약내용 변경	보험료 납입방법, 보험가입금액의 감액, 계약자, 기타 계약의 내용 보험종목 및 보험료 납입기간 변경은 제외	
계약자의 임의해지 및 피보험자 서면동의철회권	임의해지	계약 소멸 전 언제든지 해지 가능
	서면동의철회권	서면동의 피보험자, 계약기간 중 언제든지 철회 가능
중대사유 계약해지	체신관서가 그 사실을 안 날 1개월 이내 해지, 해약환급금 지급 고의성 보험금 지급 사유, 서류 · 증거 위 · 변조	

4 고지의무 18. 문11

① 위반 효과 : 계약해지, 보장제한

② 고지의무 위반 시 해지 불가사유

- 체신관서가 계약 당시 그 사실을 알았거나 과실로 인하여 알지 못하였을 때
- 체신관서가 그 사실을 안 날부터 1개월 이상 지났거나 보장개시일부터 보험금 지급사유가 발생하지 않고 2년이 지났을 때
- 계약 체결한 날부터 3년이 지났을 때
- 보험 모집자가 계약자 또는 피보험자에게 고지할 기회를 주지 않았거나 계약자 또는 피보험자가 사실대로 고지하는 것을 방해한 경우, 계약자 또는 피보험자에게 사실대로 고지하지 않게 하였거나 부실한 고지를 권유했을 때

5 환급금 대출

대출제한 : 순수보장성보험, 연금 개시 후의 연금보험은 환급금대출 제한

① 보험해지 시 해약환급금 내에서 계약자 요구에 따라 대출하는 제도

② 불공정 대출금지 : 추가 보험가입 강요, 담보 · 연대보증 요구, 부당편익 제공 요구, 이용자 권익 부당침해 행위

6 보험금 지급

① 보험금 지급청구

보험금 지급의무	체신관서(보험자) 의무, 보험사고 발생 시 빠른 시일 내 지급	
보험금 지급청구	청구서류	청구서, 사고증명서, 신분증, 보험금 수령 또는 납입면제 청구 서류 사망진단서, 장해진단서, 진단서(병명 기입), 입원확인서
	즉시지급과 심사지급 생존보험금, 해약환급금, 연금, 학자금, 계약자배당금	
지급절차	접수 → 접수증 교부 → 문자메시지나 전자우편 송부 → 3영업일 이내 지급 또는 납입 면제(서류접수일부터)	

② 보험금지급 면책사유 : 피보험자 · 보험수익자 · 계약자가 고의로 피보험자를 해친 경우

③ 사망보험금 선지급제도 : 종합병원 전문의 판단, 사망보험금액 60% 지급
피보험자의 생존기간이 6개월 이내 판단

④ 분쟁 조정 : 우체국보험분쟁조정위원회 심의조정, 약관해석 원칙 준용

⑤ 소멸시효 : 보험금청구권, 보험료 반환청구권, 해약환급금청구권, 책임준비금 반환청구권은 3년 내 행사하지 않을 때

○ 한 줄 문제로 마무리 확인

01. 체신관서가 ______________부터 보험금 지급사유가 발생하지 않고 2년 이상 지났을 때는 고지의무위반 해지 불가사유에 해당한다

02. 보험료 납입연체로 계약이 해지된 계약자가 해약환급금을 받지 않은 경우에는 해지된 날부터 ______________ 이내에 계약의 부활 청약을 할 수 있다.

03. 2자녀 이상을 둔 가구에 한하여 보험료 자동이체 시 0.5~1.0% 할인율이 적용되는 것을 ______________ 할인이라고 한다.

04. 보험계약을 부활한 경우 계약이 실효된 이후 시점부터 부활될 때까지의 기간에 발생한 모든 보험사고에 대하여 보험자는 책임을 진다. ( )

05. 보험계약자는 보험사고 발생 시 빠른 시일 내에 보험금을 지급해야 한다. ( )

정답

01. 보장개시일
02. 3년
03. 다자녀
04. ×
05. ×

빈출키워드 25

★★★ 보험편 회독 ■■■

우체국 보험상품 - 관련 세제

CHECK POINT

세액공제, 비과세 혜택, 연금소득 적용세율, 저축성보험, 월 적립식 저축성보험, 종신형 연금보험, 연금저축계좌, 퇴직연금계좌, 장애인전용보장성보험

○ 기출 문제로 실력 확인

우체국 보험상품의 보험세제에 대한 설명으로 옳은 것은? 〈변형〉 19. 문18

① 무배당 어깨동무보험의 경우, 연간 납입보험료 100만 원 한도 내에서 연간 납입보험료의 12%가 세액공제 금액이 된다.

15%가 세액공제 금액이 된다.

② 무배당 그린보너스저축보험은 보험계약자, 피보험자, 보험수익자가 동일하여야 월적립식 저축성보험 비과세를 받을 수 있다.

일반형과 비과세 종합저축으로 종류가 나뉘며, 각각 예치형은 일시납으로, 적립형은 월납으로 납입주기가 달라진다.

❸ 무배당 파워적립보험은 보험기간이 10년인 경우, 납입기간은 보험종류에 관계없이 월적립식 저축성보험 비과세 요건의 납입기간을 충족한다.

④ 무배당 우체국연금보험에 가입한 만 65세 연금소득자가 종신연금형으로 연금수령 시 연금소득은 금융소득종합과세 대상에 포함된다.

45세 이후부터 연금을 받을 수 있으며, 관련 세법에서 정하는 요건에 부합하는 경우 이자 소득 비과세 및 금융소득종합과세에서 제외한다.

○ 핵심 정리로 개념 확인

1 세액공제 12. 문16

보험명		세액공제
보장성보험		과세기간 납입보험료의 12% 공제, 근로소득자
장애인전용보장성보험		과세기간 납입한 보험료의 15%금액, 근로소득자 본인
연금계좌	연금저축계좌 연금저축보험, 연금저축신탁, 연금저축펀드	납입금액(400만 원 한도의 12% 공제, 4천만 원 이하 종합소득금액자 거주자 15% 공제), 합산 종합소득금액 1억 초과하는 연금저축계좌 납입금액의 종합산출세액 공제(300만 원)
	퇴직연금계좌 확정급여형(DB형, 세액공제 제외대상), 확정기여형(DC형), 개인형 퇴직연금(IRP)	

안심Touch

2 저축성보험의 보험차익 비과세

저축성보험	10년 이상, 계약자 1인당 납입 보험료 합계액 2억 또는 1억 원 이하 계약의 보험차익은 비과세, 연금형태로 분할 지급받는 경우는 비과세 제외 '17. 3. 31까지 가입자 '17. 4. 1부터 가입자
월적립식 저축성보험	10년 이상, 월적립식 보험계약(5년 이상), 매월 기본보험료가 균등 · 기본보험료 선납기간 6월 이내, 계약자 1명당 매월 보험료 합계액 150만 원 이하, 월적립식 보험료 합계액이 만기 환급금액을 초과하지 않는 보험계약
종신형 연금보험	납입기간 만료 후 만 55세~사망 시까지 연금지급계약, 연금 외 형태로 보험금 · 수익 등이 지급되지 않는 계약, 사망 시 계약 및 연금재원 소멸 계약, 사망일 전 중도 해지 불가 계약(계약자 · 피보험자 · 수익자 동일), 매년 수령액이 계산식 금액 이내 계약 (연금수령 개시일 현재 연금계좌 평가액 ÷ 연금수령 개시일 현재 기대여명연수) × 3

○ 한 줄 문제로 마무리 확인

01. 보장성 보험료 세액공제는 근로소득자의 납입보험료 중 12%에 해당 금액을 해당 과세기간의 ________에서 일정액을 공제해주는 제도이다.

02. 우체국 보험사업의 건전성을 유지 · 관리하기 위하여 ________에 검사를 요청할 수 있다.

03. 우체국보험은 보험을 효율적으로 운영하고 위험의 적절한 분산을 위하여 재보험에 가입할 수 있다. (　　)

정답

01. 종합소득산출세액
02. 금융위원회
03. ○

빈출키워드 26

★★★

보험편 회독 ■■■

우체국보험 일반현황

CHECK POINT

우체국보험의 역사, 우체국보험 일반현황, 보험료, 가입한도액, 지급보장, 취급제한, 감독기관

○ 기출 문제로 실력 확인

우체국보험의 역사를 설명한 〈보기〉의 ㉠~㉢에 들어갈 내용으로 바르게 나열한 것은? 16. 문15

〈보기〉

- 우체국보험은 (㉠)년 5월에 제정된 「조선간이생명보험령」에 따라 종신보험과 (㉡)으로 시판되었다.
- 1952년 12월 「국민생명보험법」 및 「우편연금법」이 제정되면서 '간이생명보험'이 (㉢)으로 개칭되었다.

	㉠	㉡	㉢
①	1925	양로보험	우편생명보험
❷	1929	양로보험	국민생명보험
③	1925	연금보험	우편생명보험
④	1929	연금보험	국민생명보험

○ 핵심 정리로 개념 확인

1 우체국보험의 역사 16. 문15

① 1929년 : 「조선간이생명보험령」에 따라 종신보험, 양로보험 판매
② 1952년 : 「국민생명보험법」, 「우편연금법」을 제정으로 '간이생명보험' → '국민생명보험' 개칭
③ 2000년 : '체신보험'을 '우체국보험'으로 개칭, 우정사업본부 출범
④ 2013 이후 : 본격적인 우체국 보험사업 재개

2 우체국보험 일반현황 10. 문10

구분	우체국보험	민영보험
보험료	상대적 소액	상대적 고액
가입한도액	사망(4천만 원), 연금(연 9백만 원)	제한 없음
지급보장	국가 전액 보장	동일금융기관 내 1인당 최고 5천만 원(예금보험공사 보증)
감독기관	과학기술정보통신부, 감사원, 국회, 금융위원회 등	금융위원회, 금융감독원 우체국보험은 금융감독원의 감독을 받지 않음

○ 한 줄 문제로 마무리 확인

01. 2000년에 체신보험을 ______________으로 개칭하였고, 우정사업본부가 출범하였다.
02. 우체국보험은 인보험 분야의 상품을 취급한다. (   )
03. 우체국보험의 가입한도액은 일정금액 이하로 제한된다. (   )

정답

01. 우체국보험
02. ○
03. ○

MEMO

MEMO

제4과목

컴퓨터일반

빈출키워드 01 컴퓨터 시스템의 구성요소
빈출키워드 02 인터넷의 주소 체계
빈출키워드 03 마이크로 연산
빈출키워드 04 기억장치
빈출키워드 05 입 · 출력 장치
빈출키워드 06 성능 평가
빈출키워드 07 진수
빈출키워드 08 논리 게이트
빈출키워드 09 리눅스
빈출키워드 10 스레드
빈출키워드 11 임계구역
빈출키워드 12 기억장치 관리 전략
빈출키워드 13 디스크 스케줄링
빈출키워드 14 RAID
빈출키워드 15 파일의 구조
빈출키워드 16 유닉스의 파일 보호방법
빈출키워드 17 인터럽트
빈출키워드 18 프로세스 스케줄링 알고리즘
빈출키워드 19 교착상태
빈출키워드 20 LRU 교체전략
빈출키워드 21 TCP/IP, OSI
빈출키워드 22 네트워크 장치
빈출키워드 23 동기식 전송
빈출키워드 24 동적 계획법
빈출키워드 25 Go-Back-N ARQ
빈출키워드 26 네트워크 토폴로지
빈출키워드 27 무선 LAN
빈출키워드 28 공개키
빈출키워드 29 해킹과 악성프로그램
빈출키워드 30 비디오, 오디오 용량
빈출키워드 31 워터마킹
빈출키워드 32 인공지능
빈출키워드 33 스크립트 언어
빈출키워드 34 Ajax
빈출키워드 35 C 언어 연산
빈출키워드 36 C 언어 조건문/반복문
빈출키워드 37 C 언어 배열/함수
빈출키워드 38 C 언어 포인터
빈출키워드 39 객체지향 소프트웨어 개발
빈출키워드 40 Java 프로그램의 실행 결과
빈출키워드 41 엑셀 함수
빈출키워드 42 엑셀 수식
빈출키워드 43 임계경로
빈출키워드 44 스택
빈출키워드 45 이진 트리
빈출키워드 46 신장 트리
빈출키워드 47 선택 정렬
빈출키워드 48 해시
빈출키워드 49 관계형 데이터베이스
빈출키워드 50 관계데이터 연산과 질의 최적화
빈출키워드 51 SQL의 분류
빈출키워드 52 SQL의 뷰(View)
빈출키워드 53 SQL을 이용한 데이터 조작
빈출키워드 54 데이터 정규화/정규형
빈출키워드 55 트랜잭션
빈출키워드 56 소프트웨어 개발 프로세스
빈출키워드 57 디자인 패턴
빈출키워드 58 결합도
빈출키워드 59 화이트/블랙박스 테스트

빈출키워드

01

★★★★★

회독 ■■■

컴퓨터 시스템의 구성요소

CHECK POINT

RISC, 응용 소프트웨어, 기억 용량, 디스크 용량 계산법

○ 기출 문제로 실력 확인

RISC(Reduced Instruction Set Computer)에 대한 설명으로 옳은 것의 총 개수는? 19. 문18

ㄱ. 칩 제작을 위한 R&D 비용이 감소한다.
ㄴ. 개별 명령어 디코딩 시간이 CISC(Complex Instruction Set Computer)보다 많이 소요된다. CISC보다 처리속도가 빠름
ㄷ. 동일한 기능을 구현할 경우, CISC보다 적은 수의 레지스터가 필요하다. CISC보다 레지스터 수가 많음
ㄹ. 복잡한 연산을 수행하려면 명령어를 반복수행하여야 하므로 CISC의 경우보다 프로그램이 복잡해진다.
ㅁ. 각 명령어는 한 클럭에 실행하도록 고정되어 있어 파이프라인 성능을 향상시킬 수 있다.
ㅂ. 마이크로코드 설계가 어렵다. 설계가 간단
ㅅ. 고정된 명령어이므로 명령어 디코딩 속도가 빠르다.

① 2개 ② 3개 ❸ 4개 ④ 5개

○ 핵심 정리로 개념 확인

1 컴퓨터 시스템의 구성 요소 08. 문4

하드웨어	중앙 처리 장치	
	기억 장치	주기억 장치
		보조 기억 장치
	입 · 출력 장치	입력 장치
		출력 장치
소프트웨어	시스템 소프트웨어 예 유닉스(UNIX), 리눅스(LINUX), 윈도우즈(Windows), 컴파일러(Compiler), 링커(Linker), 로더(Loader) 등	운영체제
		언어 번역 프로그램
		유틸리티 프로그램
	응용 소프트웨어 예 MS-OFFICE(워드프로세서, 스프레드시트, 데이터베이스, 프리젠테이션), 웹브라우저, 그래픽 프로그램 등	

2 RISC, CISC 비교

구분	RISC	CISC
명령어 종류	적음	많음
명령어 길이	고정	가변
전력소모	적음	많음
처리속도	빠름	느림
설계	간단	복잡
프로그래밍(구현)	복잡	간단
레지스터 수	많음	적음
제어	하드와이어 방식	마이크로 프로그래밍 방식
용도	워크스테이션	PC용
비용	감소	증가

3 기억 용량 단위 21. 문9 / 12. 문1

① KB(Kilo Byte, 킬로 바이트) : 2^{10} = 1,024byte

② MB(Mega Byte, 메가 바이트) : 2^{20} = 1,024KB

③ GB(Giga Byte, 기가 바이트) : 2^{30} = 1,024MB

④ TB(Tera Byte, 테라 바이트) : 2^{40} = 1,024GB

⑤ PB(Peta Byte, 페타 바이트) : 2^{50} = 1,024TB

4 하드 디스크 용량 계산 16. 문7

계산법 : 실린더 개수*헤드 수*트랙당 섹터 개수*섹터 크기(byte)

○ 한 줄 문제로 마무리 확인

01. 워드프로세서는 시스템 소프트웨어이다. ( )
02. KB, MB, GB, TB 등은 기억 용량을 나타내는 단위로서 이 중 TB가 가장 큰 단위이다. ( )

정답

01. × 02. ○

안심Touch

빈출키워드

02 인터넷의 주소 체계

★★★★ 회독 ■■■

CHECK POINT

IPv4, IPv6, 서브넷마스크

○ 기출 문제로 실력 확인

인터넷에서는 도메인 주소를 IP 주소로 변환시켜주는 컴퓨터가 있어야 하는데 이러한 컴퓨터의 이름으로 알맞은 것은? 08. 문16

IP 주소 : 패킷 통신 방식의 인터넷 프로토콜

① PROXY 서버

중개 기능, 보안 기능, 캐시 기능

② DHCP 서버

동적 IP 주소를 할당하는 서버

③ WEB 서버

웹 서비스를 제공하는 서버

❹ DNS 서버

○ 핵심 정리로 개념 확인

1 서버의 기능 08. 문16

PROXY 서버	중개 기능, 보안 기능, 캐시 기능
DHCP 서버	동적 IP 주소를 할당하는 서버
DNS 서버	도메인 네임을 IP 주소로 변환 또는 그 반대 기능을 수행하는 서버
WEB 서버	웹 서비스를 제공하는 서버

2 인터넷의 주소 체계

IP 주소(IPv4)	• 인터넷에 연결된 모든 컴퓨터의 자원을 구분하기 위한 고유한 주소 • 숫자로 8비트씩 4부분, 총 32비트로 구성 • A~E 클래스까지 총 5단계로 나뉨

IPv6 21. 문16 / 16. 문11 / 08. 문17	• IPv4의 주소 부족 문제를 해결하기 위해 개발 • 16비트씩 8부분, 총 128비트로 구성 • 각 부분은 16진수로 표현하고, 콜론으로 구분 • IPv4와의 호환성이 뛰어나며, IPv4와 비교하여 자료 전송 속도가 빠름 • 주소의 확장성 · 융통성 · 연동성이 뛰어나며, 품질 보장이 용이 • 실시간 흐름 제어로 향상된 멀티미디어 서비스 제공 가능 • 구분 : 유니캐스트, 애니캐스트, 멀티캐스트 등
서브넷 마스크 10. 문5	• 4바이트의 IP 주소 중에 네트워크 주소와 호스트 주소를 구분하기 위한 비트 • 네트워크 ID에 해당하는 부분에는 1 대입, 호스트 ID에 해당하는 부분에는 0 대입 • 네트워크 ID 비트 수 표현은 네트워크 ID 비트의 개수를 '/' 다음에 기입
도메인 네임	• 숫자로 된 IP 주소를 사람이 이해하기 쉬운 문자 형태로 표현한 것 • 호스트 컴퓨터명, 소속 기관 이름, 소속 기관의 종류, 소속 국가명 순으로 구성
DNS	문자로 된 도메인 네임을 컴퓨터가 이해할 수 있는 IP 주소로 변환 또는 그 반대 기능을 수행

3 네트워크 용어

① VoIP 08. 문17

• 컴퓨터 네트워크상에서 음성 데이터를 IP 데이터 패킷으로 변환하여 전화 통화와 같이 음성 통화를 가능하게 해주는 기술

• 인터넷 전화

② VPN

• 가상사설망(Virtual Private Network)

• 인터넷과 같은 공중망(Public Network)을 마치 전용선으로 사설망(Private Network)을 구축한 것처럼 사용할 수 있는 방식

• 전용회선기반 네트워크보다 구축 및 유지비용을 줄일 수 있음

○ 한 줄 문제로 마무리 확인

01. IPv4는 유니캐스트, 멀티캐스트, 애니캐스트 주소를 가진다. (　　)

02. 인터넷에서 도메인 주소를 IP 주소로 변환시켜주는 컴퓨터 서버는 ________ 이다.

정답

01. × 02. DNS 서버

빈출키워드 **03**

★★★ 회독 ■■■

마이크로 연산

CHECK POINT

마이크로 연산, 마이크로 사이클 타임

○ 기출 문제로 실력 확인

마이크로 연산(operation)에 대한 설명으로 옳지 않은 것은? 10. 문1

① 한 개의 클럭 펄스 동안 실행되는 기본 동작이다.

② 한 개의 마이크로 연산 수행시간을 마이크로 사이클 타임이라 부르며 CPU 속도를 나타내는 척도로 사용된다.

❸ 하나의 명령어는 항상 하나의 마이크로 연산이 동작되어 실행된다.

여러 개(하나 이상)

④ 시프트(Shift), 로드(load) 등이 있다.

○ 핵심 정리로 개념 확인

1 마이크로 연산

시프트(Shift), 로드(Load) 등

① CPU에서 발생시키는 한 개의 클럭 펄스 동안 실행되는 기본 동작

② 명령어를 수행하기 위해 CPU에 있는 레지스터와 플래그가 의미 있는 상태 변환을 하도록 하는 동작

③ 한 개의 명령어는 여러 개의 마이크로 연산이 동작되어 실행

④ 레지스터에 저장된 데이터에 의해 이루어지는 동작

⑤ CPU에서 발생시키는 제어 신호에 따라 마이크로 연산이 순서적으로 일어남

마이크로 연산의 순서를 결정하기 위해 제어장치가 발생시키는 신호

2 마이크로 사이클 타임(Micro Cycle Time)

• 장점 : 제어기의 구현이 단순함
• 단점 : CPU의 시간 낭비가 심함

① 한 개의 마이크로 연산을 수행하는 데 걸리는 시간을 말함, CPU 속도를 나타내는 척도로 사용

② 동기 고정식(Synchronous Fixed)

- 모든 마이크로 오퍼레이션의 동작 시간이 같다고 가정하여 CPU Clock의 주기를 마이크로 사이클 타임과 같도록 정의하는 방식
- 모든 마이크로 오퍼레이션 중에서 수행시간이 가장 긴 마이크로 오퍼레이션의 동작 시간

③ 동기 가변식(Synchronous Variable)

- 수행 시간이 유사한 마이크로 오퍼레이션끼리 그룹을 만들어, 각 그룹별로 서로 다른 마이크로 사이클 타임을 정의하는 방식
- 동기 고정식에 비해 CPU 시간 낭비를 줄일 수 있는 반면, 제어기의 구현은 조금 복잡함

④ 비동기식(Asynchronous)

- 모든 마이크로 오퍼레이션에 대하여 서로 다른 마이크로 사이클 타임을 정의하는 방식
- CPU의 시간 낭비는 전혀 없으나, 제어기가 매우 복잡해지기 때문에 실제로는 거의 사용되지 않음

3 메이저 사이클의 마이크로 연산

① 인출 주기(Fetch Cycle) 10. 문12

- 명령어를 주기억장치에서 중앙처리장치의 명령 레지스터로 가져와 해독하는 주기
- PC(Program Counter)가 하나 증가되어 다음 명령어를 지시하는 주기
- MAR ← PC : PC에 있는 번지를 MAR로 전송시킴

② 간접 주기(Indirect Cycle)

- 인출 단계에서 해석한 주소를 읽어온 후 그 주소가 간접주소이면 유효주소를 계산하기 위해 다시 간접 단계를 수행
- 간접 주소가 아닌 경우, 명령어에 따라서 실행 단계 또는 인출 단계로 이동할지를 판단

③ 실행 주기(Execute Cycle)

- 플래그 레지스터의 상태 변화를 검사하여 인터럽트 단계로 변천할 것인지를 판단
- MAR ← MBR[AD] : MBR에 있는 명령어의 번지 부분을 MAR에 전송함

④ 인터럽트 주기(Interrupt Cycle)

- 인터럽트 발생 시 복귀주소(PC)를 저장시키고, 제어순서를 인터럽트 처리 프로그램의 첫 번째 명령으로 옮기는 단계
- 인터럽트 단계를 마친 후에는 항상 인출 단계로 변천

○ 한 줄 문제로 마무리 확인

01. 한 개의 마이크로 연산을 수행하는 데 걸리는 시간을 마이크로 사이클 타임이라고 한다. (　　)

02. 명령어를 주기억장치에서 중앙처리장치의 명령 레지스터로 가져와 해독하는 것을 ________ 단계라 하고, 이 단계는 마이크로 연산(Operation) MAR ← PC로 시작한다.

정답

01. ○　02. 인출

안심Touch

빈출키워드 04

★★★★

회독 ■■■

기억장치

CHECK POINT

접근 시간, 계층 메모리, 가상 메모리, 캐시 메모리

○ 기출 문제로 실력 확인

다음 저장장치 중 접근속도가 빠른 것부터 순서대로 나열한 것은? 14. 문3

ㄱ. 레지스터	ㄴ. 주기억장치
ㄷ. 캐시메모리	ㄹ. 하드디스크

❶ ㄱ, ㄷ, ㄴ, ㄹ ② ㄱ, ㄷ, ㄹ, ㄴ

③ ㄷ, ㄱ, ㄴ, ㄹ ④ ㄷ, ㄱ, ㄹ, ㄴ

○ 핵심 정리로 개념 확인

1 사용 용도에 따른 분류

주기억장치	반도체	RAM	SPAM, DRAM
		ROM	Mask ROM, PROM, ERROR, EEPROM
	자기코어		
보조기억장치	DSAD	자기 디스크, 자기 드럼, 하드 디스크, 플로피 디스크	
	SASD	자기 테이프	
특수기억장치	복수 모듈 기억장치(인터리빙), 연관 기억장치, 캐시 기억장치, 가상 기억장치		

2 접근 시간 21. 문12 / 12. 문16 정보를 기억장치에 기억시키거나 읽어내는 명령이 있고 난 후부터 실제로 기억 또는 읽기를 하는 데 걸리는 시간

① ROM 접근 시간 : 정보를 기억장치에 기억시키거나 읽어내는 명령이 있고 난 후부터 실제로 기억 또는 읽기가 완료되는 데 소요되는 시간

② 디스크 접근 시간 : 읽기 신호나 쓰기 신호를 접하고 나서 실제 데이터가 읽기, 쓰기를 완료하는 데 걸리는 시간

탐색 시간+대기 시간+전송 시간

③ 적중률×캐시 기억장치 접근시간+(1－적중률)×주기억장치 접근시간

3 계층 메모리

계층	
레지스터	↑고속, 고가, 소용량
캐시 기억장치	
주기억장치	
보조기억장치	↓저속, 저가, 대용량

① 가격(고가≥저가) : 레지스터≥캐시 기억장치≥주기억장치≥보조기억장치

② 속도(고속≥저속) : 레지스터≥캐시 기억장치≥주기억장치≥보조기억장치

③ 용량(대용량≥소용량) : 보조기억장치≥주기억장치≥캐시 기억장치≥레지스터

4 가상 메모리 18. 문11 보조기억장치의 일부를 주기억장치처럼 사용하는 것

① 용량이 작은 주기억장치의 물리적 한계를 해결하고 프로그램이 메모리의 주소를 논리적 관점에서 참조할 수 있도록 하는 기법

② 윈도우즈의 경우 기본적으로 실제 장착된 메모리의 약 1.5배 크기를 가상 메모리로 설정하여 활용

5 캐시 메모리 08. 문8 CPU와 주기억장치의 속도 차이를 극복하기 위해 CPU와 주기억장치 사이에 설치한 메모리

① 사상 방식

직접 사상 (Direct mapping)	주기억장치의 임의의 블록들이 특정한 슬롯으로 사상될 수 있는 방식
완전 연관 사상 (Fully Associative mapping)	주기억장치의 임의의 블록들이 어떠한 슬롯으로든 사상될 수 있는 방식
세트-연관 사상 (Set-Associative mapping)	직접 사상과 연관 사상 방식을 혼합한 방식

② 캐시 쓰기 정책(Cache Write Policy)

- Write Through 방식 : 캐시와 주기억장치를 같이 Write, 간단하지만 성능이 떨어짐
- Write Back 방식 : Write 캐시 내용이 사라질 때 주기억장치에 Write, 메모리 접근 횟수가 적지만 회로가 복잡

○ 한 줄 문제로 마무리 확인

01. CPU(중앙처리장치) 안에 있는 ____________가 가장 접근속도가 빠르다.

02. 직접 사상(direct mapping) 방식은 주기억장치의 임의의 블록들이 어떠한 슬롯으로든 사상될 수 있는 방식이다. (   )

정답

01. 레지스터 02. ×

안심Touch

빈출키워드

05 입·출력 장치

★★★ 회독 ■■■

CHECK POINT

버스, 채널, 스풀링, DMA

○ 기출 문제로 실력 확인

다음에서 설명하는 입 · 출력 장치로 옳은 것은? 18. 문1

- 중앙처리장치로부터 입 · 출력을 지시받은 후에는 자신의 명령어를 실행시켜 입 · 출력을 수행하는 독립된 프로세서이다.
- 하나의 명령어에 의해 여러 개의 블록을 입 · 출력할 수 있다.

① 버스(Bus)

CPU와 각종 입 · 출력 장치 및 주변기기 사이에 정보가 전달되는 전송로 또는 통로

❷ 채널(Channel)

③ 스풀링(Spooling)

입 · 출력 장치의 효율을 높이기 위해 입 · 출력 장치의 내용을 디스크 등에 모아두었다가 처리함

④ DMA(Direct Memory Access)

기억장치와 입 · 출력 장치 사이에서 전용의 데이터 전송로를 설치하여 주어진 명령에 의해 블록 단위로 전송되는 방식

○ 핵심 정리로 개념 확인

1 DMA(Direct Memory Access)

구성 요소 : 워드 카운트 레지스터, 주소 레지스터, 자료 버퍼 레지스터 등

① 정보를 교환할 때 CPU의 개입 없이 직접적으로 정보 교환이 이루어지는 방식

② DMA 제어기가 자료 전송을 종료하면 인터럽트를 발생시켜 CPU에 알려줌

③ CPU를 경유하지 않으며, 하나의 입출력 명령어에 의해 블록 전체가 전송

④ 대용량의 데이터를 전송할 때 효과적

⑤ DMA가 메모리 접근을 하기 위해서는 사이클 스틸(Cycle Steal)을 함

일시적으로 CPU의 사이클을 훔쳐서 사용하는 것, CPU의 상태를 보존할 필요가 없음

2 채널(Channel)

주기억장치와 입출력장치 사이의 속도 차이를 개선하기 위한 장치로 DMA 개념을 확장한 방식

① 채널 명령어를 분석하여 주기억장치에 직접적으로 접근해서 입 · 출력을 수행

② 여러 개의 블록을 전송할 수 있으며, 전송 시에는 DMA를 이용

③ 입 · 출력을 수행하는 동안 CPU는 다른 프로그램을 수행할 수 있기 때문에 효율이 향상

④ CPU로부터 독립적으로 입 · 출력 동작을 수행, 작업 후 CPU에게 인터럽트로 알려 줌

⑤ 채널의 종류 : 셀렉터 채널, 바이트 멀티플렉서 채널, 블록 멀티플렉서 채널

○ 한 줄 문제로 마무리 확인

01. DMA는 CPU를 경유하지 않으며, 하나의 입 · 출력 명령어에 의해 블록 전체가 전송된다. (　　)

02. ____________은 입 · 출력 장치와 주기억장치 사이의 속도 차이를 개선하기 위한 장치이다.

정답

01. ○

02. 채널

빈출키워드

06

★★★ 회독 ■■■

성능 평가

CHECK POINT

처리량, 반환 시간, 자원 이용도

○ 기출 문제로 실력 확인

컴퓨터 시스템의 성능을 측정하는 척도에 대한 설명으로 알맞지 않은 것은? 10. 문20

① 처리량(throughput)은 보통 안정된 상태에서 측정되며 하루에 처리되는 작업의 개수 또는 시간당 처리되는 온라인 처리의 개수 등으로 측정된다.

② 병목(bottleneck) 현상은 시스템 자원이 용량(capacity) 또는 처리량에 있어서 최대 한계에 도달할 때 발생될 수 있다.

❸ 응답 시간(response time)은 주어진 작업의 수행을 위해 시스템에 도착한 시점부터 완료되어 그 작업의 출력이 사용자에게 제출되는 시점까지의 시간으로 정의된다.
반환 시간(Turnaround Time)

④ 자원 이용도(utilization)는 일반적으로 전체 시간에 대해 주어진 자원이 실제로 사용되는 시간의 백분율로 나타낸다.

○ 핵심 정리로 개념 확인

1 운영체제의 성능 평가 기준(척도)

성능 좋은 컴퓨터 시스템 : 처리량 극대화, 반환 시간 최소화, 높은 신뢰도

① 처리량(Throughput)

- 일정한 단위 시간 내에서 얼마나 많은 작업량을 처리할 수 있는가의 기준
- 처리량이 극대화되어야 성능이 좋은 컴퓨터 시스템이라 할 수 있음

② 반환 시간(Turnaround Time)

실행 시간+대기 시간(응답 시간 포함)으로 작업이 완료될 때까지 걸린 시간

- 요청한 작업에 대하여 그 결과를 사용자에게 되돌려 줄 때까지 소용되는 시간
- 반환 시간이 최소화되어야 성능이 좋은 컴퓨터 시스템이라 할 수 있음
- 반환 시간 안에 포함된 응답 시간(반응 시간, Response Time)은 대화형 시스템에서 가장 중요한 기준임
  사용자의 요구에 대하여 응답이 올 때까지의 시간, 작업이 처음 실행되기까지 걸린 시간

③ 신뢰도(Reliability)

- 작업의 결과가 얼마나 정확하고 믿을 수 있는가를 나타내는 척도
- 처리량이 높은 시스템이라고 하더라도 처리 결과에 오류가 많다면 좋은 성능을 가진 시스템이라 할 수 없으며 신뢰도가 높을수록 성능이 좋은 컴퓨터 시스템이라 할 수 있음

④ 사용 가능도(Availability)

- 컴퓨터 시스템 내의 한정된 자원을 여러 사용자가 요구할 때, 어느 정도 신속하고 충분하게 지원해 줄 수 있는 정도
- 같은 종류의 시스템 자원 수가 많을 경우에는 사용 가능도가 높아짐

2 운영체제의 발달 과정 10. 문8

일괄 처리 시스템 → 다중 프로그래밍, 다중 처리, 시분할, 실시간 처리 시스템 → 다중 모드 → 분산 처리 시스템

○ 한 줄 문제로 마무리 확인

01. 일괄처리(Batch), 대화식(Interactive), 실시간(Real-time) 시스템 그리고 일괄 처리와 대화식이 결합된 혼합(Hybrid) 시스템 등은 모두 응답 시간과 데이터 입력 방식에 따른 분류 방식이다. (   )

정답

01. ○

빈출키워드

07 진수

★★★★

회독 ■■■

CHECK POINT

진수 표현, 진법 변환, 보수, 단정도 부동소수점

○ 기출 문제로 실력 확인

〈보기〉의 다양한 진법으로 표현한 숫자들을 큰 숫자부터 나열한 것은? 12. 문14

〈보기〉

ㄱ. $F9_{16}$　　ㄴ. 256_{10}

ㄷ. 11111111_{2}　　ㄹ. 370_{8}

① ㄱ, ㄴ, ㄷ, ㄹ

❷ ㄴ, ㄷ, ㄱ, ㄹ

③ ㄷ, ㄹ, ㄱ, ㄴ

④ ㄹ, ㄱ, ㄴ, ㄷ

해설

2진수로 통일한다.

ㄱ. $F9_{16}$ → 1111 1001

ㄴ. 256_{10} → 1 0000 0000

ㄷ. 11111111_{2} → 1111 1111

ㄹ. 370_{8} → 1111 1000

○ 핵심 정리로 개념 확인

1 각 진수에서의 수의 표현

10진수	2진수	8진수	16진수	10진수	2진수	8진수	16진수
1	1	1	1	11	1011	13	B
2	10	2	2	12	1100	14	C
3	11	3	3	13	1101	15	D
4	100	4	4	14	1110	16	E
5	101	5	5	15	1111	17	F
6	110	6	6	16	10000	20	10
7	111	7	7	17	10001	21	11
8	1000	10	8	18	10010	22	12
9	1001	11	9	19	10011	23	13
10	1010	12	A	20	10100	24	14

2 10진수의 진법 변환 08. 문13

① 정수의 변환 : 10진수를 해당 진수(2, 8, 16 등)로 나누어 몫이 0이 될 때까지 계속한 후, 나머지를 맨 아래부터 거꾸로 기술한 값

② 소수의 변환 : 10진수의 소수부분 값이 0이 될 때까지 변환을 원하는 진수(2, 8, 16 등)로 곱해주면서 소수점 위로 올라오는 정수를 순서대로 표현한 값

3 보수(Complement) 12. 문18 / 10. 문15

'채움 수'라고 하여 합쳐서(채워서) 어떤 수(10진수에서 9, 10)가 되는 수

① 보수를 이용하여 음수를 표현할 수 있으며, 보수를 이용하면 뺄셈 연산을 덧셈 연산으로 변환 가능

② r의 보수(r은 진수)

- 10진수에는 10의 보수가 있고, 2진수에는 2의 보수가 있음
- 보수를 구할 숫자의 자리 수만큼 0을 채우고 가장 왼쪽에 1을 추가하여 기준을 만듦

예 45의 10의 보수는?

해설

$45 + X = 100 \rightarrow X = 100 - 45 \rightarrow X = 55$

예 11101의 2의 보수는?

해설

$11101 + X = 100000 \rightarrow X = 100000 - 11101 \rightarrow X = 00011$

③ r - 1의 보수(r은 진수)

- 10진수에는 9의 보수가 있고, 2진수에는 1의 보수가 있음
- 10진수 X에 대한 9의 보수는 주어진 숫자의 자리 수만큼 9를 채워 기준을 만듬

예 45의 9의 보수는?

해설

45 + X = 99 → X = 99 - 45 → X = 54

- 2진수 X에 대한 1의 보수는 주어진 숫자의 자리 수만큼 1을 채워 기준을 만듬

예 11101의 1의 보수는?

해설

11101 + X = 11111 → X = 11111 - 11101 → X = 00010

4 단정도 부동소수점 18. 문10

IEEE 754 표기 방식을 사용

① 컴퓨터에서 2진 부동소수점 수의 표현은 과학적인 표기 방식을 사용하며, 매우 작은 값이나 큰 값을 나타냄

② 단정도 부동소수점에서 부호는 1비트, 지수는 8비트, 가수는 23비트

○ 한 줄 문제로 마무리 확인

01. 2진수 11110000과 10101010에 대해 XOR 논리 연산을 수행한 결과값을 16진수로 바르게 표현하면 ____________ 이다.

02. 2진수 0001101의 2의 보수(complement)는 1110011이다. (　　)

03. 10진수 $461_{(10)}$을 16진수로 나타내면 ____________ 이다.

정답

01. 5A　02. ○　03. $1CD_{(16)}$

빈출키워드

08 논리 게이트

★★★★ 회독 ■■■

CHECK POINT

불 대수, NAND 게이트, AND 게이트, XOR 게이트

○ 기출 문제로 실력 확인

아래에 제시된 K－map(카르노 맵)을 NAND 게이트들로만 구성한 것으로 옳은 것은? 19. 문15

a′c′d′

ab \ cd	00	01	11	10
00	1	0	0	0
01	1	1	1	0
11	0	1	1	0
10	1	1	0	0

ab′c′ bd

①
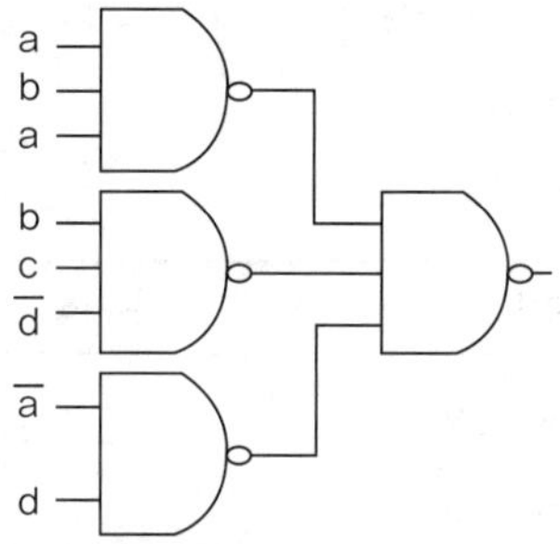

②
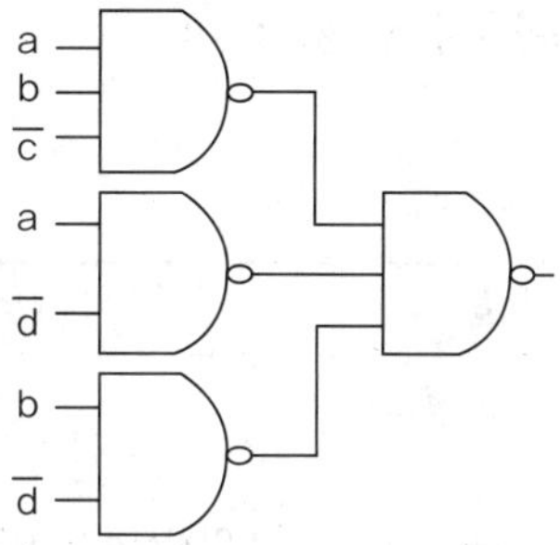

③
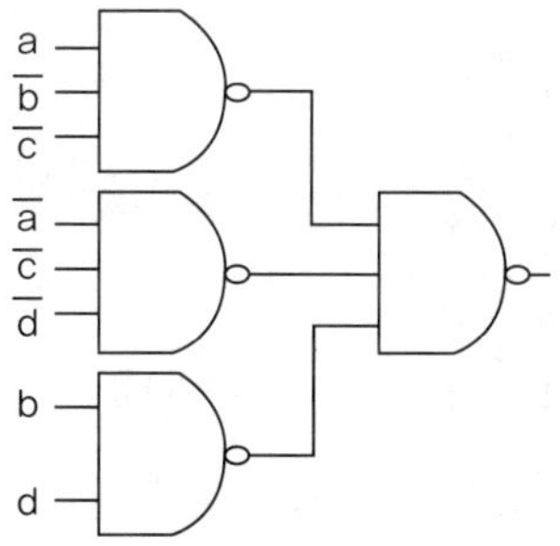

④
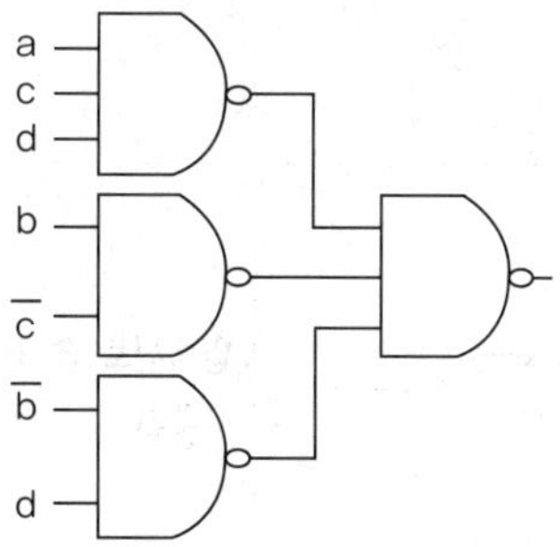

해설

NAND 게이트를 이용하면 OR 게이트와 동일하다.

→ $((AB)' \cdot (CD)')' = ((AB)')' + ((CD)')' = AB + CD$

식 : $ab'c' + a'c'd' + bd$

○ 핵심 정리로 개념 확인

1 불 대수(Boolean Algebra)의 기본 법칙 18. 문14

논리 대수라고도 함

① 교환 법칙 : $A + B = B + A$, $A \cdot B = B \cdot A$

② 결합 법칙 : $(A + B) + C = A + (B + C)$, $(A \cdot B) \cdot C = A \cdot (B \cdot C)$

③ 배분 법칙 : $A \cdot (B + C) = (A \cdot B) + (A \cdot C)$, $A + (B \cdot C) = (A + B) \cdot (A + C)$

④ 이중 부정 법칙 : $\overline{A} = A$

⑤ 누승 법칙(유일 법칙) : $A + A = A$, $A \cdot A = A$

⑥ 흡수 법칙 : $A + A \cdot B = A$, $A \cdot (A + B) = A$

⑦ 항등 법칙 : $A + 0 = A$, $A \cdot 1 = A$

⑧ 보수 법칙 : $A + \overline{A} = 1$, $A \cdot \overline{A} = 0$

⑨ 드모르간 법칙 : $\overline{A + B} = \overline{A} \cdot \overline{B}$, $\overline{A \cdot B} = \overline{A} + \overline{B}$

2 논리 게이트(Logic Gate)

게이트	기호	의미	진리표	논리식
AND 12. 문7	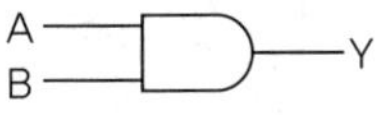	입력신호가 모두 1일 때만 1 출력	A B Y 0 0 0 0 1 0 1 0 0 1 1 1	$Y = A \cdot B$ $Y = AB$
OR	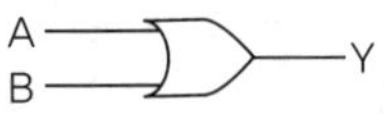	입력신호 중 1개만 1이어도 1 출력	A B Y 0 0 0 0 1 1 1 0 1 1 1 1	$Y = A + B$

NOT	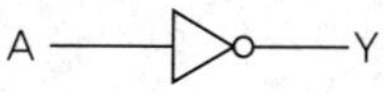	입력신호를 반대로 변환하여 출력	A Y 0 1 1 0	$Y = A'$ $Y = \overline{A}$
BUFFER	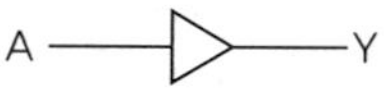	입력신호를 그대로 출력	A Y 0 0 1 1	$Y = A$
NAND	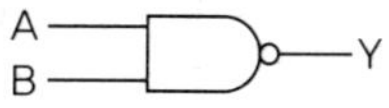	NOT + AND, 즉, AND의 부정	A B Y 0 0 1 0 1 1 1 0 1 1 1 0	$Y = \overline{A \cdot B}$ $Y = \overline{AB}$ $Y = \overline{A} + \overline{B}$
NOR	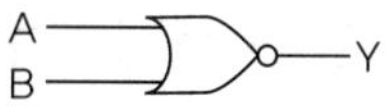	NOT + OR, 즉, OR의 부정	A B Y 0 0 1 0 1 0 1 0 0 1 1 0	$Y = \overline{A + B}$ $Y = A \cdot B$
XOR 16. 문1	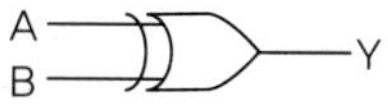	입력신호가 같으면 0, 다르면 1 출력	A B Y 0 0 0 0 1 1 1 0 1 1 1 0	$Y = A \oplus B$ $Y = A'B + A'B$ $Y = (A+B)(A'+B')$ $Y = (A+B)(AB)'$

○ 한 줄 문제로 마무리 확인

01. 불 대수에 대한 최소화를 하면 $AB + A\overline{B} + \overline{A}B =$ __________ 이다.

02. XOR 게이트는 입력 값이 서로 상반된 경우일 때만 결과를 참으로 하는 논리이다. (　　)

정답

01. A + B

02. ○

빈출키워드 **09**

★★★ 회독 ■■■

리눅스

CHECK POINT

리눅스의 특징, 단일형 커널, 마이크로 커널

○ 기출 문제로 실력 확인

리눅스 운영체제에 대한 설명으로 알맞지 않은 것은? 08. 문2

❶ 리눅스는 마이크로 커널(microkernel) 방식으로 구현되었으며 커널 코드의 임의의 기능들을 동적으로 적재(load)하여 사용할 수 있다.

단일형(Monolithic, 모놀리틱) 커널 방식

② 리눅스 커널 2.6 버전의 스케줄러는 임의의 프로세스를 선점할 수 있으며 우선순위 기반 알고리즘이다.

③ 리눅스 운영체제는 윈도우 파일 시스템인 NTFS와 저널링 파일 시스템인 JFFS를 지원한다.

④ 리눅스는 다중 사용자와 다중 프로세서를 지원하는 다중 작업형 운영체제이다.

○ 핵심 정리로 개념 확인

1 리눅스(LINUX)

1991년 핀란드 헬싱키대학의 리누스 토발즈라는 학생이 개발

① 여러 사용자가 동시에 접속하여 시스템을 사용할 수 있는 다중 사용자(멀티유저)와 다중 프로세서를 지원하는 다중 작업형 운영체제(멀티태스킹 운영체제)

② 단일형(Monolithic, 모놀리틱) 커널의 구조

③ 리눅스 커널 2.6 버전의 스케줄러는 임의의 프로세스를 선점할 수 있으며 우선순위 기반 알고리즘

안정 버전과 개발 버전으로 구분

④ 리눅스 운영체제는 윈도우 파일 시스템인 NTFS와 저널링 파일 시스템인 JFFS를 지원

⑤ 인터넷의 모든 기능을 지원, 신뢰성과 최고의 성능을 보장

CUI(Character User Interface) 및 GUI(Graphical User Interface)를 지원

⑥ 사용자들에게 가장 중요한 유틸리티인 셸(Shell)을 제공

2 단일형 커널과 마이크로 커널

단일형 커널	마이크로 커널
• 실행모듈을 동적으로 필요시에 실시간으로 읽어들일 수 있음 • 리눅스, 솔라리스, 윈도우 서버, 유닉스 등이 이에 해당함 • 하드웨어 위에 자원을 관리하기 위한 각 계층을 정의하고 소프트웨어 간의 시스템 호출을 이용해 서비스를 담당함	• 특정 서비스를 수행하는 서버, 자원 관리를 위한 소프트웨어, 시스템호출로 구성됨 • QNX, MINIX 등이 이에 해당함

○ 한 줄 문제로 마무리 확인

01. 리눅스, QNX, MINIX는 단일형 커널 방식이다. (　　)

정답

01. ×

빈출키워드 10

★★★ 회독 ■■■

스레드

CHECK POINT

스레드, 프로세스, 스택, 스태틱, 스레드의 장점

○ 기출 문제로 실력 확인

프로세스(Process)와 쓰레드(Thread)에 대한 설명으로 옳지 않은 것은? 19. 문20

① 프로세스 내 쓰레드 간 통신은 커널 개입을 필요로 하지 않기 때문에 프로세스 간 통신보다 더 효율적으로 이루어진다.

② 멀티프로세서는 탑재 프로세서마다 쓰레드를 실행시킬 수 있기 때문에 프로세스의 처리율을 향상시킬 수 있다.

③ 한 프로세스 내의 모든 쓰레드들은 정적 영역(Static Area)을 공유한다.

❹ 한 프로세스의 어떤 쓰레드가 스택 영역(Stack Area)에 있는 데이터 내용을 변경하면 해당 프로세스의 다른 쓰레드가 변경된 내용을 확인할 수 있다. 한 프로세스의 어떤 스레드가 스택영역에 있는 데이터 내용을 변경해도 다른 스레드가 변경된 내용을 확인할 수 없음

○ 핵심 정리로 개념 확인

1 스레드(Thread)의 개요

① 프로세스 내에서 실행되는 여러 흐름의 단위 통신의 효율성 : 프로세스 내 스레드 간 통신>프로세스 간 통신

② 하나의 프로세스에 하나(단일 스레드) 또는 두 개 이상(다중 스레드)의 스레드가 있음

③ 스택(Stack)과 레지스터(Register) 따로 할당, code · data · heap · Static 영역은 다른 스레드와 공유

2 스레드의 장점

① 하나의 프로세스를 여러 개의 스레드로 생성하여 병행성 증진

② 실행 환경을 공유하여 기억장소의 낭비 감소, 프로세스들 간의 통신 향상, 응용 프로그램의 처리율 향상

○ 한 줄 문제로 마무리 확인

01. 프로세스 내 스레드 간 통신은 커널 개입을 필요로 하지 않기 때문에 프로세스 간 통신보다 더 효율적으로 이루어진다. (   )

정답

01. ○

빈출키워드 11

★★★

회독 ■■■

임계구역

CHECK POINT

프로세스 동기화, 임계구역, 피터슨 알고리즘, 데커 알고리즘, 세마포어

○ 기출 문제로 실력 확인

프로세스 동기화 문제를 해결하기 위한 방법인 세마포어(Semaphore) 알고리즘에 대한 설명으로 옳지 않은 것은? 14. 문10

① 세마포어 알고리즘은 상호배제 문제를 해결할 수 없다.

P연산과 V연산으로 상호배제의 원리를 보장함

② 세마포어 변수는 일반적으로 실수형 변수를 사용하지 않는다.

③ 세마포어 알고리즘은 P 연산(wait 연산)과 V 연산(signal 연산)을 사용한다.

④ P 연산과 V 연산의 구현 방법에 따라 바쁜 대기(busy waiting)를 해결할 수 있다.

○ 핵심 정리로 개념 확인

1 임계구역

공통 영역(region)을 두 개 이상 병렬하는 프로세스 혹은 프로그램이 사용되는 경우, 자원의 접근 순서에 따라 그 실행 결과가 달라지는 프로그램 영역

2 임계구역 해결 방법

(1) 피터슨 알고리즘 : 공유 메모리를 활용하여 여러 개의 프로세스가 하나의 자원을 함께 사용할 때 문제가 발생하지 않도록 해주는 알고리즘

(2) 데커 알고리즘 : 검사 및 조정(test-and-set) 명령과 같은 원자적 명령이 없는 경우에도 사용 가능

(3) 세마포어 알고리즘 14. 문10

- P연산과 V연산이라는 두 개 연산에 의해서 동기화를 유지시키고 상호배제 원리 보장
- 바쁜 대기(busy waiting) 문제를 해결할 수 있음

어떠한 특정 공유자원에 대하여 두 개 이상의 프로세스나 스레드가 그 이용 권한을 획득하고자 하는 과정에서 일어나는 현상 → 프로세서 낭비 유발

안심Touch

• S, P, V

S	• P와 V 연산으로만 접근 가능한 세마포어 변수 • 공유 자원의 개수를 나타냄 • 0과 1 혹은 0과 양의 값(정수형 변수)을 가짐
P연산	• 프로세스들의 진입 여부를 자원의 개수를 통하여 결정 • 도착한 프로세스가 이전 프로세스의 작업이 끝날 때까지 기다리도록 함 • Wait 동작이라 함
V연산	• 대기 중인 프로세스를 깨워 임계구역에 들어가도록 하는 신호 • Signal 동작이라 함

○ 한 줄 문제로 마무리 확인

01. 세마포어 알고리즘은 P연산과 V연산으로 상호배제 원리를 보장한다. (　　)

02. 도착한 프로세스가 이전 프로세스의 작업이 끝날 때까지 기다리도록 하는 연산은 ________ 이다.

정답

01. ○

02. P연산

빈출키워드

12

★★★

회독 ■■■

기억장치 관리 전략

CHECK POINT

반입 전략, 배치 전략, 교체 전략, 최초적합, 최적적합, 최악적합

○ 기출 문제로 실력 확인

주기억장치에서 사용 가능한 부분은 다음과 같다. M1은 16KB(kilobyte), M2는 14KB, M3는 5KB, M4는 30KB이며 주기억장치의 시작 부분부터 M1, M2, M3, M4 순서가 유지되고 있다. 이때 13KB를 요구하는 작업이 최초적합(First Fit) 방법, 최적적합(Best Fit) 방법, 최악적합(Worst Fit) 방법으로 주기억장치에 각각 배치될 때 결과로 옳은 것은?(단, 배열순서는 왼쪽에서 첫 번째가 최초적합 결과이며 두 번째가 최적적합 결과 그리고 세 번째가 최악적합 결과를 의미한다) 10. 문2

① M1, M2, M3

❷ M1, M2, M4

③ M2, M1, M4

④ M4, M2, M3

최초적합 : 각 저장소에 순서대로 → M1
최적적합 : 낭비가 가장 적게 → M2
최악적합 : 낭비가 가장 많음 → M4

○ 핵심 정리로 개념 확인

1 반입 전략(Fetch Strategy)

프로그램이나 데이터를 보조기억장치에서 주기억장치로 언제(When) 가져올지를(반입할지를, 인출할지를) 결정하는 전략

요구 반입	실제로 요구가 있을 때마다 주기억장치로 가져오는 반입 전략
예상 반입	앞으로 요구될 가능성이 높은 프로그램이나 데이터를 예상하여 주기억장치로 미리 가져오는 반입 전략

2 배치 전략(Placement Strategy) 10. 문2

프로그램이나 데이터를 주기억장치 내 가용 공간 중 어디에(Where) 둘 것인지를 결정하는 전략

최초적합(First Fit)	최초의 가용 공간에 프로그램을 배치 프로그램보다 가용 공간이 적은 곳은 배제
최적적합(Best Fit)	프로그램 배치 후 가용 공간이 가장 적게 남은 곳에 배치 가장 효율적, 최적
최악적합(Worst Fit)	프로그램 배치 후 가용 공간이 가장 많이 남은 곳에 배치 가장 비효율적, 최악

안심Touch

3 교체 전략(재배치 전략, Replacement Strategy)

① 주기억장치 내에서 제거해야 할 프로그램이나 데이터를 결정하는 전략

② 교체 전략의 종류 : FIFO, LRU, LFU, NUR, PFF, Second Chance 등

○ 한 줄 문제로 마무리 확인

01. 프로그램이나 데이터를 보조기억장치에서 주기억장치로 언제 가져올지를 결정하는 전략은 배치 전략이다. (　　)

02. ______________ 은 최초의 가용 공간에 프로그램을 배치하는 것이다.

정답

01. ×

02. 최초적합

빈출키워드

13

★★★

회독 ■■■

디스크 스케줄링

CHECK POINT

FCFS, SSTF, SCAN, C－SCAN, LOOK, C－LOOK

○ 기출 문제로 실력 확인

보기〉는 0~199번의 200개 트랙으로 이루어진 디스크 시스템에서, 큐에 저장된 일련의 입출력 요청들과 어떤 디스크 스케줄링(disk scheduling) 방식에 의해 처리된 서비스 순서이다. 이 디스크 스케줄링 방식은 무엇인가?(단, 〈보기〉의 숫자는 입출력할 디스크 블록들이 위치한 트랙 번호를 의미하며, 현재 디스크 헤드의 위치는 트랙 50번이라고 가정한다) 12. 문20

〈보기〉

- 요청 큐 : 99, 182, 35, 121, 12, 125, 64, 66
- 서비스 순서 : 64, 66, 99, 121, 125, 182, 12, 35

① FCFS
❷ C－SCAN
③ SSTF
④ SCAN

해설

① FCFS : 99, 182, 35, 121, 12, 125, 64, 66(요청 순서대로 진행)

③ SSTF : 64, 66, 35, 12, 99, 121, 125, 182(현재 트랙에서 가장 짧은 작업부터)

이동한 트랙이 현재 트랙이 됨 → 현재 트랙에서 다시 계산

④ SCAN : 64, 66, 99, 121, 125, 182, 35, 12(엘리베이터 알고리즘)

안심Touch

○ 핵심 정리로 개념 확인

1 디스크 스케줄링

① 목적 : 트랙의 이동을 최소화하여 신속하게 많은 양의 데이터를 처리하는 것

② 방법 12. 문20

FCFS	요청이 들어온 트랙 번호 순서대로 스케줄링
SSTF	• 현재 헤드가 있는 위치에서 가장 가까운 트랙부터 처리 • 거리가 같을 경우 → 먼저 요청받은 트랙부터 • 최초 있던 트랙이 아니라, 이동한 현재 트랙에서 거리 계산
SCAN	• 현재 진행 중인 방향으로 가장 짧은 탐색 거리에 있는 요청을 먼저 처리 • SSTF의 문제점인 응답 시간의 편차를 극복하기 위해 개발된 방법 • 엘리베이터 기법이라고도 함
C-SCAN	트랙의 바깥쪽에서 안쪽으로 한 방향으로만 움직이며 처리
LOOK	SCAN 기법을 사용, 진행 방향의 마지막 요청을 처리한 후 방향을 바꾸어 역방향으로 진행하는 기법
C-LOOK	C-SCAN 기법을 사용, 안쪽 방향의 모든 요청을 처리한 후 가장 바깥쪽의 요청 트랙으로 이동한 후 진행하는 기법

○ 한 줄 문제로 마무리 확인

01. SSTF는 현재 헤드가 있는 위치에서 가장 가까운 트랙부터 처리하는 방법이다. (　　)

02. 요청이 들어온 트랙 번호 순서대로 스케줄링하는 방법은 ______________ 이다.

정답

01. ○

02. FCFS

빈출키워드 14

★★★ 회독

RAID

CHECK POINT

RAID

○ 기출 문제로 실력 확인

RAID(Redundant Array of Inexpensive Disks)에 대한 설명으로 알맞지 않은 것은? 08. 문7

① RAID - 0는 디스크 스트라이핑(disk striping) 방식으로 중복 저장과 오류 검출 및 교정이 없는 방식이다.

② RAID - 1은 디스크 미러링(disk mirroring) 방식이며 높은 신뢰도를 갖는 방식이다.

❸ RAID - 4는 데이터를 비트 단위로 여러 디스크에 분할하여 저장하며 별도의 패리티 디스크를 사용한다. ← 블록

④ RAID - 5는 패리티 블록들을 여러 디스크에 분산 저장하는 방식이며 단일 오류 검출 및 교정이 가능한 방식이다.

○ 핵심 정리로 개념 확인

1 RAID 여러 대의 하드디스크가 있을 때 동일한 데이터를 다른 위치에 중복해서 저장하는 방법

RAID - 0	디스크 스트라이핑(disk striping) 방식으로 중복 저장과 오류 검출 및 교정이 없는 방식
RAID - 1	디스크 미러링(disk mirroring) 방식이며 높은 신뢰도를 갖는 방식
RAID - 2	해밍이라는 오류 정정코드를 사용하는 방식으로 현재는 거의 쓰이지 않음
RAID - 3	데이터를 비트 단위로 여러 디스크에 분할하여 저장하며 별도의 패리티 디스크를 사용
RAID - 4	데이터를 블록 단위로 여러 디스크에 분할하여 저장하며 패리티 디스크를 사용
RAID - 5	패리티 블록들을 여러 디스크에 분산 저장하는 방식이며 단일 오류 검출 및 교정이 가능한 방식

○ 한 줄 문제로 마무리 확인

01. 데이터를 비트 단위로 여러 디스크에 분할하여 저장하며 별도의 패리티 디스크를 사용하는 것은 RAID - 3이다. (　　)

정답

01. ○

안심Touch

빈출키워드

15

★★★

회독 ■■■

파일의 구조

CHECK POINT

순차 파일, 직접 파일, 인덱스 순차 파일, 분할 파일

○ 기출 문제로 실력 확인

순차 파일과 인덱스 순차 파일에 대한 설명으로 옳은 것의 총 개수는? 19. 문8

ㄱ. 순차 파일에서의 데이터 레코드 증가는 적용된 순차 기준으로 마지막 위치에서 이루어진다.
마지막 또는 지정한 위치에 삽입 가능

ㄴ. 순차 파일에서는 접근 조건으로 제시된 순차 대상 필드 값 범위에 해당하는 대량의 데이터 레코드들을 접근할 때 효과적이다.

ㄷ. 순차 파일에서의 데이터 레코드 증가는 오버플로우 블록을 생성시키지 않는다.

ㄹ. 인덱스 순차 파일의 인덱스에는 인덱스 대상 필드 값과 그 값을 가지는 데이터 레코드를 접근할 수 있게 하는 위치 값이 기록된다.

ㅁ. 인덱스 순차 파일에서는 인덱스 갱신없이 데이터 레코드를 추가하거나 삭제하는 것이 가능하다.
데이터 레코드를 추가하거나 삭제하는 것이 불가능

ㅂ. 인덱스 순차 파일에서는 접근 조건에 해당하는 인덱스 대상 필드 값을 가지는 소량의 데이터 레코드를 순차 파일보다 효과적으로 접근할 수 있다.

ㅅ. 인덱스를 다중레벨로 구성할 경우, 최하위 레벨은 순차 파일 형식으로 구성된다.
데이터로 구성

① 2개 ② 3개
❸ 4개 ④ 5개

○ 핵심 정리로 개념 확인

1 순차 접근 방식(Sequential Access File), 순차 파일

① 입력되는 데이터의 논리적 순서에 따라 연속적인 위치에 기록하는 파일 방식
② 접근 조건으로 제시된 순차 대상 필드 값 범위에 해당하는 대량의 데이터 레코드들을 접근할 때 효과적
③ 순차 파일에서의 데이터 레코드 증가는 오버플로우 블록을 생성시키지 않음

2 직접 접근 방식(Direct Access File), 직접 파일

파일을 구성하는 레코드를 임의의 물리적 저장 공간에 기록하는 파일 방식

3 색인 순차 파일(Indexed Access Sequential File)

① 각 레코드를 키값 순으로 논리적으로 저장(시스템은 각 레코드의 색인 관리)

② 인덱스 저장 내용 : 인덱스 대상 필드 값, 그 값을 가지는 데이터 레코드를 접근할 수 있게 하는 위치 값

③ 접근 조건에 맞는 인덱스 대상 필드 값을 갖는 소량의 데이터 레코드를 순차 파일보다 효과적으로 접근

4 분할 파일(Partition File)

하나의 파일을 여러 개의 파일로 재구성한 파일(파일의 크기가 큰 경우에 사용)

○ 한 줄 문제로 마무리 확인

01. 데이터를 논리적 순서에 따라 연속적인 위치에 기록하는 파일 방식은 ______________이다.

02. 순차 파일에서의 데이터 레코드 증가는 오버플로우 블록을 생성시키지 않는다. (　　)

정답

01. 순차 접근 방식

02. ○

빈출키워드 16

★★★ 회독 ■■■

유닉스의 파일 보호방법

CHECK POINT

UNIX 명령어, 파일에 대한 허가권한

○ 기출 문제로 실력 확인

UNIX 명령어 ls – l을 수행했을 때의 결과에 대한 설명으로 알맞지 않은 것은? 08. 문1

– rwxr – xr – – 2 peter Staff 3542 8월 31일 10:00 aaaSh

① peter라는 사용자는 aaaSh 파일을 수정할 수 있다.

② Staff 그룹 사용자는 aaaSh 파일을 실행할 수 있다.

❸ aaaSh 파일은 심볼릭 링크(Symbolic link)가 2개 있다.
하드 링크

④ 다른 사용자도 이 파일의 내용을 볼 수 있다.

○ 핵심 정리로 개념 확인

1 파일 보호 방법

① 명령어 "ls – l" 수행 시 각 파일명, 디렉토리의 접근 허가 상태 확인 가능

② 예를 들면, 명령어 "ls – l"을 수행했을 때의 결과가 다음과 같다면,

– rwxr – xr – – 2 peter Staff 3542 8월 31일 10:00 aaaSh

각각의 위치마다 정해진 의미는 다음과 같음 08.문1

–	rwx	r – x	r – –	2	peter	Staff	3542	8월 31일 10:00	aaaSh
파일 타입	소유자권한	그룹권한	타인권한	하드 링크 수	사용자 명	그룹명	파일크기	수정일시	파일명

• 파일에 대한 허가권한은 3비트(Bit)씩 끊으며, 앞에서부터 차례대로 3자리씩 묶어서 "소유자권한/그룹권한/타인권한"을 나타냄

- 위의 예에서 "rwx/r-x/r--"이렇게 나누어 보면, 소유자(위에서 peter)는 "rwx"권한을 갖음. " r(read, 읽을 수 있음), w(write, 쓸 수 있음), x(execute, 실행할 수 있음)"에서 "peter라는 사용자는 aaash 파일을 읽고(보고), 쓰고(수정하고), 실행할 수 있다."는 의미 도출
- 그룹(위에서 staff)은 "r-x"권한을 갖는데, "-"은 권한이 없다는 뜻이므로 "staff 그룹 사용자는 aaash 파일을 읽고, 실행할 수 있지만, 쓸(수정할) 수는 없다."는 의미 도출
- 타인은 "r--"권한을 갖으므로 "다른 사용자는 aaash 파일을 읽을 수만 있고, 쓰거나 실행할 수는 없다."는 의미 도출

○ 한 줄 문제로 마무리 확인

01. UNIX 파일에 대한 허가권한은 3비트(Bit)씩 끊으며, 앞에서부터 차례대로 3자리씩 묶어서 "소유자권한/그룹권한/타인권한"을 나타낸다. (　　)

정답

01. ○

빈출키워드 17

★★★★ 회독 ■■■

인터럽트

CHECK POINT

인터럽트, 폴링 방식, 데이지 체인 방식, 인터럽트 처리 순서

○ 기출 문제로 실력 확인

컴퓨터 시스템의 인터럽트(interrupt)에 대한 설명으로 옳지 않은 것은? 16. 문13

① 인터럽트는 입출력 연산, 하드웨어 실패, 프로그램 오류 등에 의해서 발생한다.

② 인터럽트 처리 우선순위 결정 방식에는 폴링(polling) 방식과 데이지 체인(daisy chain) 방식이 있다.

❸ 인터럽트가 추가된 명령어 사이클은 인출 사이클, 인터럽트 사이클, 실행 사이클의 순서로 수행된다.
'인출 사이클, 간접 사이클, 실행 사이클, 인터럽트 사이클' 순이다.

④ 인터럽트가 발생할 경우, 진행 중인 프로그램의 재개(resume)에 필요한 레지스터 문맥(register context)을 저장한다.

○ 핵심 정리로 개념 확인

1 인터럽트(Interrupt) 일명 '끼어들기'라고도 함, 외부 인터럽트, 내부 인터럽트, 소프트웨어 인터럽트로 분류

① 프로그램을 실행하는 도중에 예기치 않은 상황이 발생할 경우 현재 실행 중인 작업을 즉시 중단하고, 발생된 상황을 우선 처리한 후 실행 중이던 작업으로 복귀하여 계속 처리하는 것

② 외부 및 내부 인터럽트는 CPU의 하드웨어에서의 신호에 의해 발생하고, 소프트웨어 인터럽트는 명령어의 수행에 의해 발생
(외부 및 내부 인터럽트: 비동기(하드웨어) 인터럽트라고도 함 / 소프트웨어 인터럽트: 동기(사용자) 인터럽트라고도 함)

2 인터럽트 우선순위

① 목적 : 여러 장치에서 동시에 인터럽트가 발생하였을 때 가장 먼저 서비스할 장치를 결정하기 위해서임

② 우선순위(높음>낮음) : 전원 이상(Power Fail)>기계 착오(Machine Check)>외부 신호(External)>입출력(I/O)>명령어 잘못>프로그램(Program Check)>SVC(Supervisor Call)

3 인터럽트 우선순위를 판별하는 방법

① 소프트웨어적인 방법 : 폴링(Polling) ←
- 장점 : 융통성, 경제적
- 단점 : 반응시간이 느림

• 우선순위가 가장 높은 인터럽트 자원으로부터 인터럽트 요청 플래그를 차례로 검사하여 찾고 이에 해당하는 인터럽트 서비스 루틴을 수행하는 방식

② 하드웨어적인 방법

• 직렬 우선순위 부여 방식 : 데이지 체인(daisy chain) 14. 문7

- 인터럽트가 발생하는 모든 장치를 한 개의 회선에 직렬로 연결하는 방식
- 우선순위가 높은 장치를 선두에 위치시키고 나머지를 우선순위에 따라 차례로 연결
- 인터럽트 요구선은 모든 장치에 공통이며 인터럽트를 발생시킨 장치가 인터럽트 인지신호를 받으면 자신의 장치 번호를 중앙처리장치에게 보냄

• 병렬 우선순위 부여 방식

- 인터럽트가 발생하는 각 장치를 개별적인 회선으로 연결하는 방식
- 우선순위는 마스크 레지스터의 비트 위치에 의해 결정

4 인터럽트 처리 순서 12. 문10

① 중앙처리장치는 어떤 장치가 인터럽트를 요구했는지 확인(요청 → 인지)
② 현재 명령어의 실행을 끝낸 후 프로그램카운터(PC : 다음에 실행할 명령어의 주소) 값을 스택에 저장
③ 인터럽트 발생 원인 찾기(인터럽트 종류 파악, 인터럽트 취급 루틴 수행)
④ 인터럽트 처리(인터럽트 서비스 루틴 수행)
⑤ 보관한 프로그램 상태를 복구

5 명령어 사이클(메이저 사이클) 순서

① 인출 사이클(Fetch Cycle)이 완료되면 해독 결과에 따라 직접 주소이면 바로 실행 사이클로 진행하고, 간접 주소이면 간접 사이클을 거쳐 실행 사이클로 진행
② 실행 사이클에서는 인터럽트 발생 여부에 따라 인터럽트가 발생했으면 인터럽트 사이클로 진행하고 그렇지 않으면 인출 사이클로 진행
③ 인터럽트 사이클에서는 항상 인출 사이클로 진행

○ 한 줄 문제로 마무리 확인

01. ______________는 CPU가 프로그램을 처리하고 있는 도중 예외 상황이 발생하면 CPU가 처리하고 있는 것을 중지하고 발생한 상황을 처리한 후 다시 복귀하는 것을 말한다.

정답

01. 인터럽트

안심Touch

빈출키워드 18

★★★ 회독 ■■■

프로세스 스케줄링 알고리즘

CHECK POINT

FIFO(선입선출 방식)

○ 기출 문제로 실력 확인

프로세스 P1, P2, P3, P4를 선입선출(First In First Out) 방식으로 스케줄링을 수행할 경우 평균응답시간으로 옳은 것은?(단, 응답시간은 프로세스 도착시간부터 처리가 종료될 때까지의 시간을 말한다) 18. 문16

〈보기〉

프로세스	도착시간	처리시간
P1	0	2
P2	2	2
P3	3	3
P4	4	9

① 3　② 4
❸ 5　④ 6

해설

각 프로세스의 응답(반환)시간은 각 처리시간에 도착시간을 빼는 방식

P1의 응답시간 : 2(=2−0) → (P1 처리시간 − P1 도착시간)

P2의 응답시간 : 2(=2+2−2) → (P1+P2 처리시간 − P2 도착시간)

P3의 응답시간 : 4(=2+2+3−3) → (P1+P2+P3 처리시간 − P3 도착시간)

P4의 응답시간 : 12(=2+2+3+9−4) → (P1+P2+P3+P4 처리시간 − P4 도착시간)

∴ 프로세스 전체 응답시간=2+2+4+12=20이므로 평균 응답시간은 5

○ 핵심 정리로 개념 확인

1 비선점형(Non Preemptive) 방식

FIFO(First Input First Out) / FCFS(First Come First Served)	• 먼저 입력된 작업을 먼저 처리하는 방식 • 평균 응답시간 = 평균 실행시간 + 평균 대기시간
SJF(Shortest Job First)	• 작업이 끝나기까지의 실행시간 추정치가 가장 작은 작업을 먼저 실행시키는 방식 • 입력된 첫 번째 작업인 A작업은 실행 시간이 길더라도 실행 중이면 작업이 끝날 때까지 진행된다는 점에 주의 • B와 C 중에서는 실행시간이 짧은 C가 먼저 오는 것에 주의
HRN(Highest Response-ratio Next)	• 서비스 시간(실행시간추정치)과 대기시간의 비율을 고려한 스케줄링 방식 • SJF의 무한연기현상을 극복하기 위해 개발된 방식 • 우선순위 = (대기 시간 + 서비스 시간)/서비스 시간

2 선점형(Preemptive) 방식

라운드 로빈(RR, Round-Robin) 21. 문14 / 16. 문3	• 시분할 시스템을 위해 고안 • 여러 개의 프로세스가 시간할당량이라는 작은 단위시간이 정의되어 이 시간 할당량만큼씩 CPU를 사용하는 방식 • 입력된 작업이라도 할당된 시간 동안만 CPU 사용
SRT(Shortest Remaining Time)	• 작업이 끝나기까지 남아 있는 실행시간의 추정치가 가장 작은 프로세스를 먼저 실행하는 방식 • 새로 입력되는 작업까지 포함
다단계 큐(MQ, Multi-level Queue)	• 프로세스를 특정 그룹으로 분류할 수 있을 경우 그룹에 따라 각기 다른 큐(대기 리스트)를 사용하는 기법 • 각 큐(대기리스트)들은 자신보다 낮은 단계의 큐보다 절대적 우선순위
다단계 피드백 큐(MFQ, Multi-level Feedback Queue)	특정 그룹의 준비상태 큐에 들어간 프로세스가 다른 준비상태 큐로 이동할 수 없는 다단계 큐 기법을 준비상태 큐 사이를 이동할 수 있도록 개선한 기법

○ 한 줄 문제로 마무리 확인

01. 다중 프로그래밍 방식에서 CPU의 사용률과 처리율을 최대로 하기 위한 방법들을 ____________ 알고리즘이라 한다.
02. 프로세스 스케줄링 알고리즘에는 비선점형(Non Preemptive) 방식과 선점형(Preemptive) 방식이 있다. (   )

정답

01. 프로세스 스케줄링 02. ○

안심Touch

빈출키워드

19

★★★

회독 ■■■

교착상태

CHECK POINT

교착상태의 필요조건, 해결방법

○ 기출 문제로 실력 확인

프로세스 관리 과정에서 발생할 수 있는 교착상태(Deadlock)를 예방하기 위한 조치로 옳은 것은? 19. 문7

① 상호배제(Mutual Exclusion) 조건을 제거하고자 할 경우, 프로세스 A가 점유하고 있던 자원에 대하여 프로세스 B로부터 할당 요청이 있을 때 프로세스 B에게도 해당자원을 할당하여 준다. 운영체제는 프로세스 A와 프로세스 B가 종료되는 시점에서 일관성을 점검하여 프로세스 A와 프로세스 B 중 하나를 철회시킨다.

상호배제를 제외한 3가지 조건 중 하나를 부정함

② 점유대기(Hold and Wait) 조건을 제거하고자 할 경우, 자원을 점유한 프로세스가 다른 자원을 요청하였지만 할당받지 못하면 일단 자신이 점유한 자원을 반납한다. 이후 그 프로세스는 반납하였던 자원과 요청하였던 자원을 함께 요청한다.

비선점 부정에 대한 설명

③ 비선점(No Preemption) 조건을 제거하고자 할 경우, 프로세스는 시작시점에서 자신이 사용할 모든 자원들에 대하여 일괄할당을 요청한다. 일괄할당이 이루어지지 않을 경우, 일괄할당이 이루어지기까지 지연됨에 따른 성능저하가 발생할 수 있다.

점유와 대기 부정에 대한 설명

❹ 환형대기(Circular Wait) 조건을 제거하고자 할 경우, 자원들의 할당 순서를 정한다. 자원 Ri가 자원 Rk보다 먼저 할당되는 것으로 정하였을 경우, 프로세스 A가 Ri를 할당받은 후 Rk를 요청한 상태에서 프로세스 B가 Rk를 할당받은 후 Ri를 요청하면 교착상태가 발생하므로 운영체제는 프로세스 B의 자원요청을 거부한다.

○ 핵심 정리로 개념 확인

1 교착상태

두 개 이상의 프로세스가 서로의 작업이 끝날 때까지 기다리고 있기 때문에 결과적으로 아무것도 더 이상 작업을 진행하지 못하는 상태

2 교착상태 필요충분조건

교착상태는 4가지 조건을 모두 충족해야 발생 08. 문5

① 상호 배제(Mutual Exclusion) : 한 프로세스가 사용 중이면 다른 프로세스가 기다리는 경우로 프로세스에게 필요한 자원의 배타적 통제권을 요구할 때 발생

임계구역에 보호되기 때문에 프로세스가 동시에 사용할 수 없음

② 비선점(Non－preemption) : 자원을 못 뺏으면 공유할 수 없어 교착상태 발생

③ 점유와 대기(Hold and Wait) : 프로세스가 하나의 자원을 할당받고 다른 자원을 기다리는 상태

④ 환형 대기(Circular Wait) : 점유와 대기를 하는 프로세스들이 서로 양보하지 않는 방향이 원을 이루면 교착상태 발생

3 해결책

필요충분조건 중 하나라도 막으면 교착상태 예방 가능

① 상호 배제 부정 : 모든 자원을 공유

② 비선점 부정 : 자원을 모두 빼앗을 수 있도록 하는 방법

③ 점유와 대기 부정 : 프로세스가 실행되기 전 필요한 모든 자원을 할당하여 프로세스 대기를 없애거나 자원이 점유되지 않은 상태에서 자원을 요구

④ 환형대기 부정 : 자원을 선형 순서로 분류하여 고유 번호를 할당하고, 각 프로세스는 현재 점유한 자원의 고유 번호보다 앞뒤 어느 방향으로만 자원을 요구

○ 한 줄 문제로 마무리 확인

01. 교착상태(Deadlock)는 두 개 이상의 프로세스가 또 다른 프로세스의 작업이 끝나기만을 기다리며 더 이상 작업을 진행하지 못하는 상태를 말한다. (　　)

02. 교착상태 필요조건으로는 상호 배제, 비선점, 점유와 대기, 환형 대기가 있다. (　　)

03. 프로세스가 자원을 점유하고 있는 상태에서 다른 자원을 기다리지 못하게 하는 방법은 상호 배제 부정을 말한다. (　　)

04. 프로세스들이 필요로 하는 자원에 배타적인 통제권을 갖게 되면 교착상태가 발생하게 된다. (　　)

정답

01. ○

02. ○

03. ×

04. ○

빈출키워드

20

★★★ 회독 ■■■

LRU 교체전략

CHECK POINT

교체전략과 LRU 페이지 부재 계산법

○ 기출 문제로 실력 확인

다음 〈조건〉에 따라 페이지 기반 메모리 관리시스템에서 LRU(Least Recently Used) 페이지 교체 알고리즘을 구현하였다. 주어진 참조열의 모든 참조가 끝났을 경우 최종 스택(Stack)의 내용으로 옳은 것은? 14. 문5

〈조건〉

- LRU 구현 시 스택을 사용한다.

  스택(Stack) : 포인터를 하나 두고 운용, 처음 입력시킨 자료는 맨 마지막에 출력되고, 맨 마지막에 입력시킨 자료는 맨 처음에 출력되는 LIFO(Last In First Out) 구조
- 프로세스에 할당된 페이지 프레임은 4개이다.
- 메모리 참조열 : 1 2 3 4 5 3 4 2 5 4 6 7 2 4

①

스택 top	7
	6
	4
스택 bottom	5

②

스택 top	2
	7
	6
스택 bottom	4

③

스택 top	5
	4
	6
스택 bottom	2

❹

스택 top	4
	2
	7
스택 bottom	6

해설

삽입	1	2	3	4	5	3	4	2	5	4	6	7	2	4
top				4	5	3	4	2	5	4	6	7	2	4
↑			3	3	4	5	3	4	2	5	4	6	7	2
		2	2	2	3	4	5	3	4	2	5	4	6	7
bottom	1	1	1	1	2	2	2	5	3	3	2	5	4	6

마지막으로 삽입된 데이터는 top에 위치하고 1 - 4까지는 그대로 입력되며 5를 삽입하기 위해서 가장 오래전에 사용한 1을 교체한다. 4까지 입력된 상태에서 4, 3, 2, 1을 순서대로 출력하고 2, 3, 4, 5를 입력한다. 스택 구조는 후입선출 구조로 가장 마지막에 입력된 데이터가 가장 먼저 출력된다. top은 스택의 포인터로 삽입과 삭제가 이루어지는 곳을 말하며 초기상태는 top과 bottom이 동일한 위치(0에 위치)이며 top 포인터를 1 증가시킨 후 데이터를 삽입할 수 있다.

○ 핵심 정리로 개념 확인

1 LRU(Least Recently Used, 사용된 지 가장 오래된) 21. 문15

① 각 페이지마다 계수기(시간 기억 영역)나 스택을 두어 현 시점에서 가장 오랫동안 사용하지 않은, 즉 가장 오래전에 사용된 페이지를 교체하는 전략

예 8개의 페이지(0~7페이지)로 구성된 프로세스에 4개의 페이지 프레임이 할당되어 있고, 이 프로세스의 페이지 참조 순서는 1, 0, 2, 2, 2, 1, 7, 6, 7, 0, 1, 2 와 같다. 이 경우 LRU 페이지 교체 알고리즘을 적용할 때 페이지 적중률(hit ratio)은 얼마인가?(단, 최초의 페이지 프레임은 모두 비어있다고 가정한다) 12. 문6

해설

8개의 페이지이지만 4개의 페이지 프레임이 할당되어 있으므로 실제로 비어있는 페이지 프레임은 4개이다.

	1	0	2	2	2	1	7	6	7	0	1	2
	1	1	1	1	1	1	1	1	1	1	1	1
		0	0	0	0	0	0	6	6	6	6	2
			2	2	2	2	2	2	2	0	0	0
							7	7	7	7	7	7
부재	○	○	○	×	×	×	○	○	×	○	×	○
	1	2	3	4	5	6	7	8	9	10	11	12
								교체		교체		교체

참조할 페이지가 있는지 먼저 확인 → 없으면 페이지 삽입

12번의 페이지 참조 중 7번의 페이지 부재 발생, 5번의 페이지 적중

적중률 = 5/12 , 부재율 = 7/12

2 최적화(OPT; Optimal Replacement)

① 페이지 프레임에 새로운 참조 페이지를 가져오는 대신 앞으로 가장 오랫동안 사용되지 않을 페이지와 교체. 참조 페이지를 미리 알고 운영하므로 적중률이 가장 높음

② 참조 페이지가 페이지 프레임에 있으면 적중(Hit)라고 하고, 참조 페이지가 페이지 프레임에 없으면 페이지 부재(Page Fault)라고 함

3 FIFO(First Input First Output, 들어온 지 가장 오래된)

주기억장치에 들어와 있는 페이지에 타임 스탬프를 찍어 그 시간을 기억하고 있다가 먼저 들어온 페이지부터 교체하는(제거하는) 전략으로 주기억장치 내에 시간상으로 가장 오래된 페이지와 교체

○ 한 줄 문제로 마무리 확인

01. ______________은(는) 각 페이지마다 계수기(시간 기억 영역)나 스택을 두어 현 시점에서 가장 오랫동안 사용하지 않은, 즉 가장 오래전에 사용된 페이지를 교체하는 전략이다.

정답

01. LRU

빈출키워드

21

★★★★

회독 ■■■

TCP/IP, OSI

CHECK POINT

통신모델, TCP/IP의 계층별 특징, OSI 계층별 특징, 프로토콜

○ 기출 문제로 실력 확인

TCP/IP 프로토콜에 대한 설명으로 옳은 것은? 18. 문17

① TCP는 비연결형 프로토콜 방식을 사용한다.

UDP : 비연결형 프로토콜 방식 사용
TCP : 연결형 프로토콜 방식 사용

② TCP는 네트워크 계층(Network Layer)에 속한다.

TCP : 전송계층(Transport Layer)에 해당

③ IP는 잘못 전송된 패킷에 대하여 재전송을 요청하는 기능을 제공한다.

TCP에 해당

❹ IP는 각 패킷의 주소 부분을 처리하여 패킷이 목적지에 도달할 수 있도록 한다.

○ 핵심 정리로 개념 확인

1 통신모델

OSI 참조 모델	TCP/IP 프로토콜
응용 계층(Application Layer)	DNS, DHCP, TELNET, FTP, HTTP, SMTP
표현 계층(Presentation Layer)	
세션 계층(Session Layer)	
전송 계층(Transport Layer)	TCP, UDP
네트워크(망) 계층(Network Layer)	IP, ARP, RARP, ICMP, IGMP, OSPF
데이터링크 계층(Data Link Layer)	Ethernet
물리 계층(Physical Layer)	

안심Touch

2 OSI 계층별 특징

하위 계층 : 물리 계층 → 데이터링크 계층 → 네트워크 계층

상위 계층 : 전송 계층 → 세션 계층 → 표현 계층 → 응용 계층

① 물리 계층 : 전송매체와 전송신호를 액세스하기 위한 기계적 · 전기적 · 기능적 · 절차적 특성을 규정짓는 최하위 계층

② 데이터링크 계층 : 두 개의 인접한 개방 시스템들 간에 신뢰성 있고 효율적인 정보전송, 물리적 연결(데이터 링크) 간의 신뢰성 있는 정보전송 기술과 관계됨

③ 네트워크 계층 : 개방시스템들 간의 네트워크 연결관리(네트워크 연결설정, 유지, 해제), 데이터의 교환 및 중계, 송수신지의 IP 주소를 포함하여 전송하는 논리주소 기능과 송신지에서 수신지까지 데이터가 전송될 수 있도록 최단경로를 선택하는 라우팅 기능 등 수행 08. 문15

④ 전송 계층 : 종단 시스템 간 투명한 데이터 전송 기능

⑤ 세션 계층 : 송 · 수신 측 간의 관련성 유지, 대화 제어 담당

⑥ 표현 계층 : 코드 변환, 데이터 암호화, 데이터 압축, 구문검색, 정보 형식(포맷) 변환, 문맥관리 기능

⑦ 응용 계층 : 네트워크 환경에서 사용자 인터페이스 제공

3 TCP/IP 14. 문8

① 가장 기본적인 프로토콜, 네트워크에서 연결된 시스템 간의 데이터 전송, 컴퓨터 기종에 관계없이 정보교환 가능

② 대표적 프로토콜과 기능

프로토콜	기 능
TCP	• 메시지나 파일을 작은 패킷으로 나누어 전송하거나 수신된 패킷을 원래의 메시지로 재조립 • 신뢰성과 보안성 우수, 연결형 프로토콜 방식 사용 • 접속형(Connection – Oriented) 서비스, 전이중(Full – Duplex) 전송 서비스 등 제공 • OSI 7계층 중 전송 계층에 해당
IP	• 각 패킷의 주소부분 처리, 패킷이 목적지에 정확하게 도달하도록 기능 • 인터넷의 중심이며, 비연결형 프로토콜 방식 사용 • 경로 설정(Routing) 서비스 등 제공 • OSI 7계층 중 네트워크 계층에 해당

○ 한 줄 문제로 마무리 확인

01. TCP는 비연결형 서비스를 지원한다. ( )

02. TCP는 UDP보다 데이터 전송 신뢰도가 낮다. ( )

03. TCP는 송신할 데이터를 패킷 단위로 전송한다. ( )

정답

01. × 02. × 03. ○

빈출키워드

22 네트워크 장치

★★★

회독 ■■■

CHECK POINT

OSI 7계층과 네트워크 장치, 허브, 리피터, 브리지, 게이트웨이

○ 기출 문제로 실력 확인

네트워크 장치에 대한 설명으로 옳지 않은 것은? 18. 문3

① 허브(Hub)는 여러 대의 단말 장치가 하나의 근거리 통신망(LAN)에 접속할 수 있도록 지원하는 중계 장치이다.

② 리피터(Repeater)는 물리 계층(Physical Layer)에서 동작하며 전송 신호를 재생 · 중계해 주는 증폭 장치이다.

③ 브리지(Bridge)는 데이터링크 계층(Data Link Layer)에서 동작하며 같은 MAC 프로토콜(Protocol)을 사용하는 근거리 통신망 사이를 연결하는 통신 장치이다.

❹ 게이트웨이(Gateway)는 네트워크 계층(Network Layer)에서 동작하며 동일 전송 프로토콜을 사용하는 분리된 2개 이상의 네트워크를 연결해 주는 통신 장치이다.

OSI 7계층의 상위 계층(전송, 세션, 표현, 응용 계층)에서 동작

○ 핵심 정리로 개념 확인

1 OSI 7계층과 네트워크 장치

OSI 7계층	네트워크 장치
응용	게이트웨이
표현	
세션	
전송	
네트워크	라우터
데이터링크	브리지, 스위치
물리	허브, 리피터

안심Touch

2 네트워크 장치의 종류

종류 : 수동 허브, 지능형 허브, 스위칭 허브

① 허브(Hub)

- 전달받은 신호를 그와 케이블로 연결된 모든 노드들에 전달
- 물리 계층에서 비트 단위의 전기적인 전송만을 담당

② 리피터(Repeater)

- 약해진 신호를 다시 재생해주는 장치, 같은 종류, 같은 규격의 전송 케이블에만 접속 가능
- 데이터 전송 시 케이블에서의 신호 감쇠를 보상하기 위해 신호를 증폭하고 재생하여 전송

③ 브리지(Bridge)

- 데이터링크 계층에서 망을 연결하며 패킷을 적절히 중계하고 필터링하는 장치
- MAC 주소를 기반으로 패킷을 분석하여 폐기 또는 전송하는 원리
- 두 개 혹은 그 이상의 네트워크 세그먼트를 연결하거나 패킷을 전송할 때 사용

④ 스위치(Switch)

- 기능은 브리지와 동일, 서로 다른 데이터링크 계층 프로토콜의 네트워크를 연결할 때에는 사용 불가
- 보안(Security) 및 트래픽(traffic) 관리 기능도 제공

⑤ 라우터(router) 12. 문8

- OSI 계층 모델의 네트워크 계층에서 동작하는 장비
- 송신 측과 수신 측 간의 가장 빠르고 신뢰성 있는 경로를 설정 · 관리하며, 데이터를 전달하는 역할
- 주로 같은 프로토콜을 사용하는 네트워크 간의 최적경로 설정을 위해 패킷이 지나가야 할 정보를 테이블에 저장하여 지정된 경로를 통해 전송

⑥ 게이트웨이(Gateway)

- 서로 다른 형태의 네트워크를 상호 접속하는 장치로, 필요한 경우 형식, 주소, 프로토콜의 변환을 수행
- OSI 7계층 참조 모델의 상위 계층(전송, 세션, 표현, 응용)에서 동작한다.
- 프로토콜이 다른 네트워크 사이를 결합하는 것으로 TCP/IP 구조에서는 라우터와 게이트웨이를 동일하게 간주

○ 한 줄 문제로 마무리 확인

01. 리피터는 같은 종류, 같은 규격의 전송 케이블에만 접속이 가능하다. (　　)

02. ____________는 송신 측과 수신 측 간의 가장 빠르고 신뢰성 있는 경로를 설정 · 관리하며, 데이터를 전달하는 역할을 한다.

03. 게이트웨이는 데이터링크 계층에서 동작한다. (　　)

정답

01. ○　02. 라우터　03. ×

빈출키워드

23

★★★

회독 ■■■

동기식 전송

CHECK POINT

신호, 동기식 전송, 비동기식 전송

○ 기출 문제로 실력 확인

동기식 전송(Synchronous Transmission)에 대한 설명으로 옳지 않은 것은? 19. 문1

① 정해진 숫자만큼의 문자열을 묶어 일시에 전송한다.

❷ 작은 비트블록 앞뒤에 Start Bit와 Stop Bit를 삽입하여 비트블록을 동기화한다. ← 비동기식 전송

③ 2,400bps 이상 속도의 전송과 원거리 전송에 이용된다.

④ 블록과 블록 사이에 유휴시간(Idle Time)이 없어 전송효율이 높다.

○ 핵심 정리로 개념 확인

1 동기식 전송과 비동기식 전송

구분	동기식 전송(비트 동기 방식, 블록 동기 방식)	비동기식 전송
전송 단위	프레임(미리 정해진 수만큼의 문자열을 한 블록으로 만들어 일시에 전송)	문자(구성 : Start bit, 전송문자, 패리티 비트, Stop bit)
휴지 시간	없음	있음(불규칙)
전송 속도	2,400bps 이상 고속, 원거리 전송에 사용	1,200bps 이하, 저속, 단거리 전송에 사용
구조/가격	단말기는 버퍼(기억장치)가 필요, 고비용	동기화가 단순하고, 저비용
전송 효율	휴지 시간이 없으므로 전송효율이 높음	문자마다 시작과 정지를 알리기 위한 비트가 2~3비트씩 추가되므로 전송 효율이 떨어짐

○ 한 줄 문제로 마무리 확인

01. 비동기식 전송은 휴지 시간이 불규칙하고, 전송효율이 떨어진다. (　　)

정답

01. ○

빈출키워드

24

★★★

회독 ■■■

동적 계획법

CHECK POINT

알고리즘 설계 기법, 분할 정복, 탐욕적 알고리즘, 동적 계획법

○ 기출 문제로 실력 확인

다음에서 설명하는 알고리즘 설계 기법으로 가장 알맞은 것은? 18. 문20

> 해결하고자 하는 문제의 최적해(Optimal Solution)가 부분 문제들의 최적해들로 구성되어 있을 경우, 이를 이용하여 문제의 최적해를 구하는 기법이다.

❶ 동적 계획법(Dynamic Programming)

탐욕적 알고리즘이 반드시 최적해를 구하는 것은 아니므로 부분에 대해 가장 최적해를 얻는 알고리즘은 동적 계획법

② 탐욕적 알고리즘(Greedy Algorithm)

③ 재귀 프로그래밍(Recursive Programming)

자신을 호출하는 함수 알고리즘

④ 근사 알고리즘(Approximation Algorithm)

최적화 문제에 대한 근사값을 구하는 알고리즘

○ 핵심 정리로 개념 확인

1 동적 계획법(Dynamic Programming)

① 어떤 문제에 대한 최적해답을 얻을 때, 문제를 부분적으로 분할하여, 각 부분에 대해 가장 적당한 해답을 차례로 구하는 것

② 문제 전체에 대한 가장 적당한 해답을 얻는 알고리즘(Algorithm)

2 탐욕적 알고리즘

① 최적해를 구하는 데에 사용되는 근사적인 방법으로, 여러 경우 중 하나를 결정해야 할 때마다 그 순간에 최적이라고 생각되는 것을 선택해 나가는 방식으로 진행하여 최종적인 해답에 도달

② 순간마다 하는 선택은 그 순간에 대해 지역적으로는 최적이지만, 그 선택들을 계속 수집하여 최종적(전역적)인 해답을 만들었다고 해서, 그것이 최적이라는 보장은 없음

3 분할 정복

① 주어진 문제를 작은 문제로 나눈 후, 각각의 작은 문제들을 해결하여, 그 해를 결합함으로써 원래 문제의 답을 얻는 방법

② 분할 정복의 특징

- 분할된 작은 문제는 입력 크기만 작아지고 원래 문제와 성격이 같음
- 분할된 문제는 서로 독립적

○ 한 줄 문제로 마무리 확인

1. ______________ 은(는) 그대로 해결할 수 없는 문제를 작은 문제로 분할하여 문제를 해결하는 방법이나 알고리즘이다.

정답

01. 분할 정복 알고리즘

빈출키워드

25

★★★ 회독 ■■■

Go - Back - N ARQ

CHECK POINT

자동반복요청, 흐름 제어

○ 기출 문제로 실력 확인

데이터통신 흐름 제어 방식인 Go - Back - N ARQ에서 6번 프레임까지 전송을 하였는데 수신측에서 3번 프레임에 오류가 있다고 재전송을 요청해 왔을 경우 재전송되는 프레임의 수는? 08. 문9

① 1개 ② 2개 ③ 3개 ❹ 4개

3번 프레임에 오류가 있다고 재전송을 요청해 왔을 경우 3, 4, 5, 6의 4개 프레임이 재전송

○ 핵심 정리로 개념 확인

1 데이터통신 흐름 제어 방식

Stop & Wait 기법	송신 측은 수신 측에 프레임을 하나씩 보내면서 수신 측에 긍정(ACK), 혹은 부정(NAK) 신호를 기다리다 NAK 신호 검출 시 해당 프레임을 재전송, 구현이 간단하고 신뢰성은 높으나 전송 효율 떨어짐
Go - Back - N 방식 (연속 ARQ 방식)	일련번호가 포함된 프레임을 연속적으로 송신, 수신 쪽에서 'NAK + 일련번호' 신호를 송신측에 보내면 송신측은 그 이후의 프레임을 재전송, 에러 이후의 프레임 모두 전송해 다소 비효율적
Selective - Repeat 방식 (연속 ARQ 방식)	수신 측에서 일련의 프레임을 수신하다가 송신 측에 'NAK + 일련번호'를 송신하면 해당 일련번호의 프레임만 재전송, 속도 빠르고 효율 좋음, 구성이 복잡하고 충분한 메모리 공간 확보 필요
Adaptive ARQ	통신회선 상태에 따라 프레임 길이를 동적으로 변환하여 전송효율을 높임, 장치 구조 복잡

○ 한 줄 문제로 마무리 확인

01. ______________ 은(는) 1, 2, 3, 4, 5, 6번 프레임까지 전송을 하였는데 수신 측에서 3번 프레임에 오류가 있다고 재전송을 요청해 왔을 경우에는 3번 프레임부터 끝 프레임인 6번 프레임까지 재전송된다.

정답

01. Go - Back - N ARQ

빈출키워드

26

★★★

회독 ■■■

네트워크 토폴로지

CHECK POINT

링형, 트리형, 버스형

○ 기출 문제로 실력 확인

보기〉는 네트워크 토폴로지(topology)에 대한 설명이다. ㉠~㉢에 들어갈 내용을 옳게 나열한 것은? 14. 문1

〈보기〉

- FDDI는 광케이블로 구성되며 (㉠) 토폴로지를 사용한다.

  광섬유를 사용한 LAN에서의 인터페이스 규격의 일종으로, 100Mb/s의 토큰 링(이중) 방식이 쓰임
- 허브 장비가 필요한 (㉡) 토폴로지는 네트워크 관리가 용이하다.
- 터미네이터가 필요한 (㉢) 토폴로지는 전송회선이 단절되면 전체 네트워크가 중단된다.

) 링형, 버스형, 트리형

● 링형, 트리형, 버스형

) 버스형, 링형, 트리형

) 버스형, 트리형, 링형

안심Touch

○ 핵심 정리로 개념 확인

1 네트워크 구성형태의 종류

성형(Star)	• 각 단말장치들은 중앙 컴퓨터를 통하여 데이터를 교환 • 중앙 컴퓨터가 고장 나면 전체 통신망의 기능이 정지
링형(Ring)	• 컴퓨터와 단말장치들을 서로 이웃하는 것끼리 연결 • 비교적 큰 네트워크에 사용, 광섬유 특성에 잘 부합되어 FDDI에 사용
버스형(Bus)	• 버스(백본)라는 공통배선에 각 노드 연결, 백본 양끝에 터미네이터 붙음 • 전송회선이 단절되면 전체 네트워크가 중단됨
계층형(Tree)	• 중앙 컴퓨터와 일정 지역의 단말장치까지는 하나의 통신회선으로 연결, 이웃하는 단말장치는 중간 단말장치(허브)로부터 다시 연결시키는 형태 • 분산 처리 시스템을 구성하는 방식
망형(Mesh)	• 모든 지점의 컴퓨터와 단말장치를 서로 연결, 노드 연결성이 높음 • 보통 공중 데이터 통신망에서 사용

○ 한 줄 문제로 마무리 확인

01. ______________ 은 중앙 컴퓨터가 고장 나면 전체 통신망의 기능이 정지된다.

정답

01. 성형

빈출키워드
27

★★★

회독 ■■■

무선 LAN

CHECK POINT

블루투스, NFC, 와이파이, LTE

○ 기출 문제로 실력 확인

무선 네트워크 방식에 대한 설명으로 옳은 것은? 16. 문2

① 블루투스(Bluetooth)는 동일한 유형의 기기 간에만 통신이 가능하다.
블루투스는 다른 기기와도 통신 가능

② NFC 방식이 블루투스 방식보다 최대 전송 속도가 빠르다.
블루투스 방식이 더 빠름

❸ NFC 방식은 액세스 포인트(access point) 없이 두 장치 간의 통신이 가능하다.
NFC와 블루투스 모두 액세스 포인트 없이 장치 간 통신이 가능

④ 최대 통신 가능 거리를 가까운 것에서 먼 순서로 나열하면 Bluetooth 〈 Wi－Fi 〈 NFC 〈 LTE순이다.
NFC<블루투스<Wi－Fi<LTE 순

○ 핵심 정리로 개념 확인

1 무선 LAN

블루투스(Bluetooth)	• 휴대가 가능한 장치(핸드폰, PDA, 노트북 등)들 간 양방향 정보전송이 가능한 근거리 무선통신 방식 • 주로 10m 안팎의 초단거리에서 저전력 무선연결이 필요할 때 사용
LTE	• 3세대 이동통신과 4세대 이동통신 중간에 해당하는 기술 • 빠른 고속 무선데이터 패킷통신 규격
와이파이(Wi－Fi)	• 한국형 무선 인터넷 플랫폼 • 무선 접속장치(AP; Access Point)가 설치된 곳에서 전파나 적외선 전송방식을 이용하여 일정 거리 안에서 무선 인터넷을 할 수 있는 근거리 통신망을 칭하는 기술
NFC	• 10cm 이내의 가까운 거리에서 데이터를 교환할 수 있는 비접촉식 무선통신 기술 • 무선태그(RFID) 기술 중 하나로 13.56MHz의 주파수 대역을 사용 • 통신거리가 짧기 때문에 상대적으로 보안이 우수 • 가격이 저렴하여 차세대 근거리 통신 기술로 주목 • 데이터 읽기와 쓰기 기능 모두 사용 가능

5G	• 국제전기통신연합(ITU)에서 정의한 5세대 통신규약 • 최대 다운로드 속도가 20Gbps, 최저 다운로드 속도가 100Mbps인 이동통신 기술 • 초고속 · 초저지연 · 초연결 등이 특징 • 가상현실 · 증강현실, 자율주행, 사물인터넷(IoT) 기술 등 구현 가능

○ 한 줄 문제로 마무리 확인

01. NFC는 10cm 이내, 블루투스는 보통 10m, 와이파이는 최대 50~100m, LTE는 수 km에서 수백 km까지 통신이 가능하다. ( )

정답

01. ○

빈출키워드 28

★★★★★

공개키

회독 ■■■

CHECK POINT

공개키와 대칭키 비교, 공개키 암호방식, 공개키 기반구조

○ 기출 문제로 실력 확인

암호 방식에 대한 설명으로 옳은 것을 〈보기〉에서 모두 고른 것은? 18. 문8

〈보기〉

ㄱ. 대칭키 암호 방식(Symmetric Key CryptoSystem)은 암호화 키와 복호화 키가 동일하다.

ㄴ. 공개키 암호 방식(Public Key CryptoSystem)은 사용자 수가 증가하면 관리해야 할 키의 수가 증가하여 키 변화의 빈도가 높다.
대칭키에 비해 키의 수가 상대적으로 적으며 키 변화의 빈도가 낮다.

ㄷ. 대칭키 암호 방식은 공개키 암호 방식에 비하여 암호화 속도가 빠르다.

ㄹ. 공개키 암호 방식은 송신자와 발신자가 서로 같은 키를 사용하여 통신을 수행한다.
다른

① ㄱ, ㄴ
❷ ㄱ, ㄷ
③ ㄴ, ㄷ
④ ㄴ, ㄹ

○ 핵심 정리로 개념 확인

공개키와 대칭키 비교

구분	공개키(비대칭키)	대칭키(비밀키)
특징	• 암호화 키와 복호화 키가 다름 K1 ≠ K2 (키가 2개) • 암호화 알고리즘 : RSA • 암호화 키는 공개, 복호화 키는 관리자가 비밀리에 관리	• 암호화 키와 복호화 키가 동일 K1 = K2 (키가 1개) • 암호화 알고리즘 : DES
장점	• 키 분배 용이 • 사용자의 증가로 관리할 키 개수가 대칭키에 비해 상대적으로 적음 • 키 변화의 빈도가 낮음	• 암호화, 복호화 속도 빠름 • 키의 길이가 상대적으로 짧음

안심Touch

단점	• 암호화, 복호화 속도 느림 • 알고리즘 복잡, 파일의 크기가 큼	• 키 분배 어려움 • 사용자의 증가로 관리할 키 개수 증가 • 응용이 제한적 • 키 변화의 빈도가 높음

2 공개키

① 공개키 암호 방식 19. 문5 / 12. 문15

- 송신자는 수신자의 공개키를 이용하여 암호화한 메시지를 송신하고 수신자는 수신한 메시지를 자신의 개인키를 이용하여 복호화 함
- 데이터를 암호화할 때 사용하는 키(공개키)는 데이터베이스 사용자에게 공개하고, 복호화 할 때의 키(비밀키)는 관리자가 비밀리에 관리하는 방법
- MAC(Message Authentication Code)은 해시함수 + 대칭키(비밀키)로 메시지 무결성(정확성, 일관성)(변조확인)을 인증하고 거짓행세를 검출함

② 전자서명에 적용하여 A가 B에게 메시지를 전송하는 과정 16. 문18

A와 B는 개인키와 공개키 쌍을 각각 생성 → A는 자신의 개인키를 사용하여 암호화한 메시지를 B에게 전송 → B는 A의 공개키를 사용하여 수신된 메시지를 해독

③ 공개키 기반구조(Public Key Infrastructure) 14. 문18

- 공개키 알고리즘을 통한 암호화와 전자서명을 제공하는 복합적인 보안시스템 환경
- 인증기관은 공개키 인증서의 발급을 담당
- 부인방지 서비스 제공이 가능

  송신자나 수신자가 메시지를 주고받은 사실을 부인하지 못하도록 방지

○ 한 줄 문제로 마무리 확인

01. 공개키로 암호화한 데이터는 암호화에 사용된 공개키로 해독한다. (　　)
02. 공개키의 대표적 활용 예로는 ____________이 있다.

정답

01. ×
02. 전자서명

빈출키워드

29

★★★★

회독 ■■■

해킹과 악성프로그램

CHECK POINT

해킹의 공격, 악성 코드

○ 기출 문제로 실력 확인

자신을 타인이나 다른 시스템에게 속이는 행위를 의미하며 침입하고자 하는 호스트의 IP주소를 바꾸어서 해킹하는 기법을 가리키는 것은? 08. 문9

❶ Spoofing
② Sniffing
③ PhiShing
④ DDoS

○ 핵심 정리로 개념 확인

1 해킹 19. 문11 / 14. 문6 / 08. 문6

① 서비스 거부(DoS) : 네트워크상에 과부하를 유발
- TCP SYN flooding : 존재하지 않는 클라이언트가 서버별로 한정되어 있는 접속 가능한 공간에 접속한 것처럼 속여 다른 사용자가 서버의 서비스를 받지 못하게 하는 공격
- SMURF : 인터넷 제어 메시지 프로토콜(ICMP)과 네트워크에 존재하는 임의의 시스템을 이용하여 공격목표 시스템에 극도의 트래픽을 유도하는 공격
- Land : 출발지와 목적지 IP 주소를 속여 공격하는 기법
- Ping of Death, Targa, Teardrop

② 분산 서비스 거부(DDoS)
- 광범위한 네트워크를 이용하여 다수의 공격 지점에서 한 곳을 공격하는 기법
- 봇이라는 악성 코드와 결합하는 형태로 좀비 PC끼리 형성한 네트워크를 봇넷(botnet)이라고 함

③ 스니핑(Sniffing) 공격 : 정보 흐름을 도청하는 공격 예 Switch jamming, ARP Redirect, ICMP Redirect

④ 스푸핑(Spooping) 공격 : 공격은 패킷을 정당한 사용자에게 보낸 것처럼 자신의 정보를 속여 다른 대상 시스템을 공격하는 기법(IP 주소, DNS 이름, MAC 주소 등의 식별정보를 위조해서 역추적을 어렵게 만듦)

⑤ 피싱(Phishing) : 불특정 다수에게 메일을 발송해 위장된 홈페이지로 접속하도록 한 뒤 이용자들의 금융정보 등을 빼내는 신종사기 수법

⑥ 파밍(Pharming) : 도메인을 탈취하거나 도메인 네임 시스템(DNS) 또는 프록시 서버의 주소를 변조하여 사용자가 오인하여 접속하도록 유도한 후 개인정보를 훔침

⑦ 스미싱(Smishing) : SMS(문자메시지)와 Phising(피싱)의 합성어로 문자 메시지 내에 링크된 인터넷 주소를 클릭하면 악성 코드가 설치

⑧ 하이재킹(Hijacking) : 로그인 상태를 가로채는 것을 말하며 인증 과정을 모니터링 하다가 합법적인 절차를 통해 인증받은 사용자의 세션을 탈취하는 공격(공격자와 공격 대상자 서버만 필요한 스푸핑 공격과는 달리 하이재킹 공격은 공격자, 공격 대상자 서버 그리고 사용자가 있어야 함)

⑨ Side jacking : 사용자의 권한을 탈취하는 Session Hijacking이라는 웹 해킹 기법과 비슷하나, 사용자가 확인한 패킷의 내용만을 훔쳐보는 기법

2 악성 코드 19. 문11

시스템에 의도적으로 포함시키거나 삽입하는 소프트웨어

① 바이러스 : 자기 복제 능력을 갖고 사용자 몰래 프로그램에 자신 또는 자신의 변형을 감염시켜 기생하는 악성 코드

② 웜 : 자신을 복제하여 네트워크 연결을 통해 다른 컴퓨터로 전파되는 프로그램(사용자의 어떤 행위도 요구하지 않고 스스로 전파되는 성질은 바이러스와 구별)

③ 트로이목마 : 악성 루틴이 숨어 있는 프로그램으로 최근에는 백도어로 통칭하는 경우가 많음

④ 스파이웨어 : 사용자 동의 없이 설치되어 컴퓨터의 정보를 수집하고 전송하는 악성 소프트웨어로 금융 정보 및 신상정보, 암호를 비롯한 각종 정보를 수집

⑤ 랜섬웨어 : 사용자컴퓨터의 데이터를 암호화시켜 파일을 사용할 수 없도록 한 후 암호화를 풀어주는 대가로 금전을 요구하는 악성 프로그램

○ 한 줄 문제로 마무리 확인

01. SQL Injection 공격은 웹 서비스가 예외적인 문자열을 적절히 필터링하지 못하도록 SQL문을 변경하거나 조작하는 공격이다. (　　)

02. XSS(Cross Site Scripting) 공격은 공격자에 의해 작성된 악의적인 스크립트가 게시물을 열람하는 다른 사용자에게 전달되어 실행되는 취약점을 이용한 공격이다. (　　)

정답

01. ○　02. ○

빈출키워드

30

★★★ 회독 ■■■

비디오, 오디오 용량

CHECK POINT

통신 대역폭, 사운드 용량, 비디오 용량

○ 기출 문제로 실력 확인

오디오 CD에 있는 100초 분량의 노래를 MP3 음질의 압축되지 않은 WAV 데이터로 변환하여 저장하고자 한다. 변환 시 WAV 파일의 크기는 대략 얼마인가?(단, MP3 음질은 샘플링률이 44.1KHz, 샘플당 비트수는 16bit이고 스테레오이다. 1K = 1,000으로 계산함)

08. 문18

① 141.1KB
❸ 17.6MB
② 8.8MB
④ 70.5MB

WAV 용량 = 44,100×16×2×100/8 = 17,640,000byte = 17.6MB

○ 핵심 정리로 개념 확인

1 초당 비디오 용량인 통신 대역폭 10. 문18

초당 비디오 용량 = 가로픽셀 수×세로픽셀 수×픽셀 크기×프레임 수×초

비디오 용량 = 가로해상도×세로해상도×픽셀 크기×프레임 수×초

2 사운드 파일 용량 계산공식

사운드 용량(byte) = 샘플링 주파수(샘플링률)×샘플당 비트 수×채널 수×초/8

모노 채널 수 = 1, 스테레오 채널 수 = 2

○ 한 줄 문제로 마무리 확인

01. 화소(pixel)당 24비트 컬러를 사용하고 해상도가 352×240 화소인 TV영상프레임(frame)을 초당 30개 전송할 때 필요한 통신 대역폭으로 가장 가까운 것은 ______________ 이다.

정답

01. 약 60Mbps

안심Touch

빈출키워드

31

★★★

회독 ■■■

워터마킹

CHECK POINT

저작권 보호기술, 핑거프린팅

○ 기출 문제로 실력 확인

온라인에서 멀티미디어 콘텐츠의 불법 유통을 방지하기 위해 삽입된 워터마킹 기술의 특성으로 옳지 않은 것은? 19. 문6

❶ 부인 방지성
② 비가시성
③ 강인성
④ 권리정보 추출성

부인 방지성은 메시지(전자우편)의 송수신이나 교환 후, 또는 통신이나 처리가 실행된 후에 그 사실을 사후에 증명함으로써 사실 부인을 방지하는 보안 기술

○ 핵심 정리로 개념 확인

1 워터마킹

① 사진 · 동영상 등의 디지털 데이터에 저작권자나 판매자 정보를 삽입하여 관리하는 기술

② 워터마킹의 요구조건 : 비가시성(보이지 않음), 강인성(변형에도 지워지지 않는 성질), 명확성(명확하게 소유권을 증명할 수 있는 방법을 제시), 보안성, 원본 없이 추출(권리정보 추출성)

2 핑거프린팅

① 디지털 콘텐츠에 정보를 삽입하는 것은 디지털 워터마킹과 동일하나, 저작권자나 판매자의 정보가 아닌 콘텐츠를 구매한 사용자의 정보를 삽입하는 것이 차이점

② 콘텐츠 불법 배포자를 추적하는 데 사용

○ 한 줄 문제로 마무리 확인

01. 워터마크는 콘텐츠의 불법 유통 방지를 위해 콘텐츠를 구매한 사용자의 정보를 삽입하는 기술이다. (   )

정답

01. ×

빈출키워드 32

★★★ 회독 ■■■

인공지능

CHECK POINT

텐서플로우, 합성곱 신경망, 퍼셉트론, 클라우드 컴퓨팅

○ 기출 문제로 실력 확인

㉠과 ㉡에 들어갈 용어로 바르게 짝지은 것은? 19. 문14

(㉠)은/는 구글에서 개발해서 공개한 인공지능 응용프로그램 개발용 오픈소스 프레임워크이다. 이 프레임워크를 사용할 때 인공지능 소프트웨어가 이미지 및 음성을 인식하기 위해서는 신경망의 (㉡) 모델을 주로 사용한다.

	㉠	㉡
①	텐서플로우	논리곱 신경망
②	알파고	퍼셉트론
③	노드레드	인공 신경망
❹	텐서플로우	합성곱 신경망

알파고: 구글의 딥마인드가 개발한 인공지능 바둑 프로그램

노드레드: 하드웨어 장치들, API, 온라인 서비스를 사물인터넷의 일부로 와이어링시키키기 위해 본래 IBM이 개발한 시각 프로그래밍을 위한 플로 기반 개발 도구

○ 핵심 정리로 개념 확인

1 인공지능

① 인공 신경망(ANN; Artificial Neural Network) : 기계학습과 인지과학에서 생물학의 신경망에서 영감을 얻은 통계학적 학습 알고리즘

② 퍼셉트론(Perceptron) 18. 문18

- 인공 신경망의 한 종류로 다수의 입력으로부터 하나의 결과를 내보내는 알고리즘
- 실제 뇌를 구성하는 신경 세포 뉴런의 동작과 유사
- 시냅스의 결합 세기를 변화시켜 문제 해결 능력을 가지는 비선형 모델

③ 딥 러닝(deep learning) : 컴퓨터가 여러 데이터를 이용해 마치 사람처럼 스스로 학습할 수 있게 하는 인공 신경망을 기반으로 하는 기계 학습 기술

안심Touch

2 신기술 16. 문20

① 클라우드 컴퓨팅

- 서비스 모델은 IaaS, PaaS, SaaS로 구분
- 필요한 만큼 자원을 임대하여 사용
- 가상화 기술, 서비스 프로비저닝(provisioning) 기술, 과금 체계 등이 필요

② 빅 데이터(big data) : 부피가 크고, 변화의 속도가 빠르며, 속성이 매우 다양한 데이터

③ 사물 인터넷(internet of things) : 인터넷을 기반으로 모든 사물을 연결하여 사람과 사물, 사물과 사물 간의 정보를 상호 소통하는 지능형 기술 및 서비스

한 줄 문제로 마무리 확인

01. ____________은 프랭크 로젠블라트(Frank Rosenblatt)가 고안한 것으로 인공신경망 및 딥러닝의 기반이 되는 알고리즘이다.

정답

01. 퍼셉트론

빈출키워드 33

★★★ 회독 ■■■

스크립트 언어

CHECK POINT

클라이언트 측 언어, 파이썬, 프로그래밍 언어

○ 기출 문제로 실력 확인

웹 애플리케이션을 개발하기 위한 스크립트 언어 중 성격이 다른 것은? 10. 문3

❶ JavaScript ② JSP ③ ASP ④ PHP

클라이언트 측 언어

○ 핵심 정리로 개념 확인

1 언어의 종류

정적 언어	HTML		
동적 언어	Script	클라이언트	JavaScript, Active X Controls, Java Applet, DHTML
		서버	ASP, JSP, PHP, CGI

2 파이썬(Python) 언어의 특징 16. 문19

① 교육용으로 만들어져 간결하고 알아보기 쉬운 코드, 들여쓰기로 블록 구분, 인터프리터(해석기) 언어

② 멀티 패러다임(절차지향, 객체지향, 함수형 패러다임을 모두 구현), 동적 타이핑

○ 한 줄 문제로 마무리 확인

01. Python은 정적 타이핑을 지원하는 컴파일러 방식의 언어이다. (　　)

정답

1. ×

안심Touch

빈출키워드 34

★★★

회독 ■■■

Ajax

CHECK POINT

아작스의 특징

○ 기출 문제로 실력 확인

웹 개발 기법의 하나인 Ajax(Asynchronous JavaScript and XML)에 대한 설명으로 옳지 않은 것은? 10. 문16

① 대화식 웹 애플리케이션을 개발하기 위해 사용된다.

❷ 기술의 묶음이라기보다는 웹 개발을 위한 특정한 기술을 의미한다.

함께 사용하는 기술의 묶음을 가리킨다.

③ 서버 처리를 기다리지 않고 비동기 요청이 가능하다.

④ Prototype, JQuery, Google Web Toolkit은 대표적인 Ajax 프레임워크이다.

○ 핵심 정리로 개념 확인

1 아작스(Ajax)

① 하나의 특정한 기술이 아니라 함께 사용하는 기술의 묶음

② WEB 2.0의 기반 기술 중 하나로, 대화식 웹 애플리케이션을 개발하기 위해 사용

③ 서버 처리를 기다리지 않고 비동기 요청이 가능

④ Prototype, JQuery, Google Web Toolkit은 대표적인 Ajax 프레임워크

⑤ 동적 화면 출력 및 표시 정보와의 상호작용을 위해 DOM, 자바스크립트를 사용

○ 한 줄 문제로 마무리 확인

01. Ajax 애플리케이션은 실행을 위한 플랫폼으로 사용되는 기술들을 지원하는 웹 브라우저를 이용하는데, 이를 지원하는 브라우저로는 모질라 파이어폭스, 인터넷 익스플로러, 오페라, 사파리 등이 있다. (　　)

정답

01. ○

빈출키워드

35

★★★★★ 회독 ■■■

C 언어 연산

CHECK POINT

정수와 실수, 진수, 연산

○ 기출 문제로 실력 확인

프로그램의 실행 결과로 옳은 것은? 10. 문17

```
#define VALUE1 1
#define VALUE2 2
main()
{
    float i;
    int j,k,m;
    i=100/300;
    j=VALUE1 & VALUE2;
    k=VALUE1 | VALUE2;
    if (j && k || i) m=i+j;
    else m=j+k;
    printf("i=%.1f j=%d k=%d m=%03d\n", i,j,k,m);
}
```

① i=0.0 j=0 k=3 m=003
② i=0.3 j=0 k=3 m=000
③ i=0.0 j=1 k=1 m=001
④ i=0.3 j=1 k=1 m=001

해설

i=100/300의 실수변수는 0.0

j=VALUE1 & VALUE2는 비트연산 AND이므로

```
    0001
AND 0010
--------
    0000
```

따라서 j=0

k = VALUE1 | VALUE2는 비트연산 OR이다.

```
    0001
OR  0010
────────
    0011(이진수) = 3(십진수)
```

k = 3

j = 0 k = 3

if (j && k || i) m = i + j;

else m = j + k;

→ j와 k의 논리연산 AND의 결과와 i와의 논리연산 OR의 결과 참이면 m = i + j를 실행하고, 거짓이면 m = j + k를 실행한다. 우선 j&&k(0&&3이 되면 그 결과는 0)이 되고 예 i의 결과는 0이므로 거짓이다. 따라서 m = j + k를 실행하게 되며 m은 3이 된다.

printf("i = %.1f j = %d k = %d m = %03d\n", i,j,k,m);

→ I는 소수 이하 첫 번째 자리까지, j,k는 10진수를 출력, m은 세 자리 확보하여 값을 오른쪽 정렬하여 출력하는 데 빈칸은 0으로 채우라는 뜻이므로 따라서 m은 003이 출력된다.

○ 핵심 정리로 개념 확인

1 정수와 실수 자료형

정수형	char	1byte	실수형	float	4Byte
	short	2byte		double/상수	8Byte
	int	4byte		decimal	16Byte
	long	8Byte			

2 연산자

예 주어진 연도가 윤년인지를 판단하고자 한다. 연도가 400으로 나누어 떨어지거나, 4로 나누어 떨어지면서 100으로 나누어 떨어지지 않으면 윤년이다. C언어에서 윤년을 계산하는 조건식은 "연도%4 = = 0 && 연도%100! = 0 || 연도%400 = = 0"가 된다. 21. 문8 / 08. 문12

해설

- 연도가 400으로 나누어 떨어지는 경우, 연도%400 = = 0
- 연도가 4로 나누어 떨어지면서 100으로 나누어 떨어지지 않는 경우, 연도%4 = = 0 && 연도%100! = 0
- 양 문장이 OR연산이므로 연산자는 ||을 사용
- 연도%4 = = 0 && 연도%100! = 0 || 연도%400 = = 0

명칭	연산자	설명
산술 연산자	+, -, *, /, %	산술 연산과 계산에 사용
관계 연산자	〈, 〈=, = =, 〉, 〉=	크기 비교
논리 연산자	!, &&, ||	논리부정, 논리곱, 논리합
비트 연산자	&, |	비트 처리
증가 연산자	+ +	1만큼 증가
감소 연산자	- -	1만큼 감소
대입 연산자	=	연산 결과 대입

○ 한 줄 문제로 마무리 확인

01. ||는 "또는"이라는 OR 연산자이다. (　　)

02. ______________ 은(는) a와 b가 모두 참(1)일 때 연산 결과로 참(1)을 반환한다. 하나라도 참이 아니면 연결 결과로 거짓(0)을 반환한다.

정답

01. ○

02. a&&b

빈출키워드

36

★★★★★

회독 ■■■

C 언어 조건문/반복문

CHECK POINT

조건문, 반복문

○ 기출 문제로 실력 확인

C 프로그램의 실행 결과로 옳은 것은? 18. 문12

```
#include<stdio.h>
int main( )
{
    int i, sum=0;
    for(i=1; i<=10; i+=2) { ← ㉠
      if(i%2 && i%3) continue; ← ㉡
      sum +=i; ← ㉢
    }
    printf("%d\n", sum);
    return 0;
}
```

① 6　　❷ 12　　③ 25　　④ 55

해설

㉠ for(i = 1; i< = 10; i + = 2) → 조건에서 i는 1보다 크거나 같으며 2씩 증가한다고 되어 있으므로, 이 조건에 맞는 i는 10보다 작은 홀수인 1, 3, 5, 7, 9이다.

㉡ if(i%2 && i%3) continue; → 1%2(2로 나누었을 때 나머지가 1 ⇒ 3, 5, 7, 9)과 1%3(3으로 나누었을 때 나머지가 1 또는 2 ⇒ 5, 7)을 모두 만족(AND)할 경우에 건너뛰고(Continue) 나머지를 구한다(= 3, 9).

㉢ 나머지 값인 3과 9를 더한다. → 12

○ 핵심 정리로 개념 확인

1 조건문

① if문 14. 문9

```
#include <stdio.h>
int sub(int n)
{
        if(n = =0) return 0;  if문 : n이 0이면 0값을 반환
        if(n = =1) return 1;  if문 : n이 1이면 1값을 반환
        return (sub(n-1)+sub(n-2));
                       n이 1과 0이 아니면 sub(n-1)+sub(n-2) 문장을 실행
}
void main()
{
        int a=0;
        a=sub(4);
        printf"( %d", a);  a에 3을 반환하고 출력
```

a=sub(4); ← 현재 n이 4이므로 sub(4-1)+sub(4-2)
sub(4) 실행 → sub(3)+sub(2)
sub(3) 실행 → sub(2)+sub(1)
sub(2) 실행 → sub(1)+sub(0)
sub(1) : n이 1인 경우를 의미하므로 1값을 반환
sub(0) : n이 0인 경우를 의미하므로 0값을 반환
결론) sub(2)는 sub(1)+sub(0) → 1+0=1
sub(3)은 sub(2)+sub(1) → 1+1=2
sub(4)는 sub(3)+sub(2) → 2+1=3

② if-else문 : if에 조건이 오고, 조건이 참인 경우에는 if 내의 문장이 실행되고 거짓인 경우에는 else문 실행

③ if-else if문 : else는 if의 조건이 거짓일 때 실행

④ switch-case문 : 정수형 변수의 값에 따라 해당 case문이 실행

2 반복문

① for문 : 증감연산에 의해 명령어가 반복되는 문

② while문 : 조건이 참일 동안 명령어가 반복되는 문 16. 문4

```
#include <studio.h>
  int main() {
    int a=120, b=45;   1회전 : a=120, b=45일 경우
    while (a !=b) {   while (a !=b) : a와 b가 같지 않을 경우 while문 실행
    if (a > b) a=a-b;   2회전 : a=75, b=45일 경우, a가 b보다 크므로 a=30
      else b=b-a;
    }
    printf("%d", a);
```

else b=b-a; ← 3회전 : a=30, b=45일 경우, a가 b보다 크지 않으므로 b=15
4회전 : a=30, b=15일 경우, a가 b보다 크므로 a=15

따라서 a=15, b=15가 되므로, While문에서 a와 b는 서로 같게 되고 반복문을 빠져 나와 a의 정수형 값인 15를 출력

③ do – while문 : 명령어를 먼저 수행한 후 조건을 판별하고 반복되는 문. while문 옆 조건식 다음에는 세미콜론(;) 작성

예 for문 – while문 – case문 – do~while문 08. 문11

여러 개의 조건에 따라 분기가 되는 문

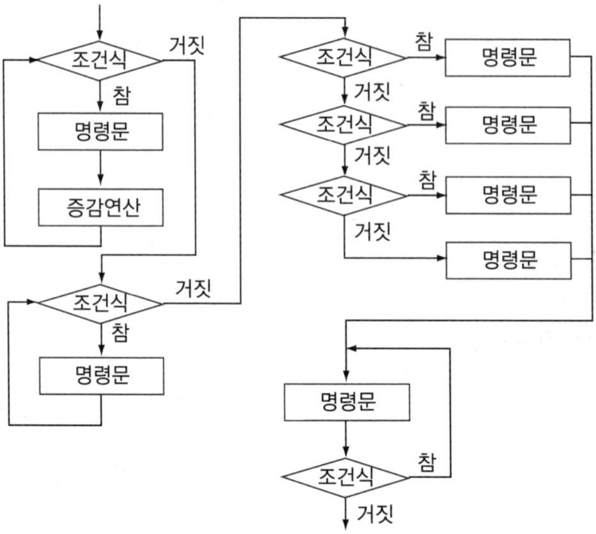

④ break : 반복문을 빠져나오는 기능 수행

⑤ continue : 이후 문장들은 실행되지 않고 반복문의 조건식으로 이동

○ 한 줄 문제로 마무리 확인

01. if – else문은 if에 조건이 오고, 조건이 참인 경우에는 if 내의 문장이 실행되고 거짓인 경우에는 else문을 실행한다. (   )

02. for문과 while문은 반복문에 속한다. (   )

정답

01. ○

02. ○

빈출키워드

37

★★★★★

회독 ■■■

C 언어 배열/함수

CHECK POINT

배열, 함수

○ 기출 문제로 실력 확인

다음은 숫자를 처리하는 C 프로그램이다. 프로그램에서 ㉠과 ㉡에 들어갈 내용과 3 2 1 4를 입력하였을 때의 출력결과를 바르게 짝지은 것은?(단, 다음 프로그램에 문법적 오류는 없다고 가정한다) 19. 문16

```
#include <stdio.h>
#include <stdlib.h>

void a (int n, int *num) {
    for (int i=0; i < n; i++)
        scanf("%d", &(num[i]));
}
void c(int *a, int *b) {
    int t;
    t=*a; *a=*b; *b=t;
}
void b(int n, int *lt) {
    int a, b;
    for (a=0; a < n-1; a++)
      for (b=a+1; b < n; b++)
            if (lt[a] > lt[b]) c ( ㉠ , ㉡ ) ;
}
int main() {
    int n;
    int *num;
    printf("How many numbers?");
    scanf("%d", &n);
    num=(int *)malloc(sizeof(int) *n);
    a(n, num);
    b(n, num);
    for (int i=0; i < n; i++)
    printf("%d ", num[i]);
}
```

	㉠	㉡	출력 결과
①	lt+a	lt+b	1 2 3 4
❷	lt+a	lt+b	1 2 4
③	lt[a]	lt[b]	4 3 2 1
④	lt[a]	lt[b]	4 2 1

해설

실행과정은 다음과 같다.

- main() 함수 : scanf("%d", &n); 키보드로 3 입력받음(문제에서 제시) n = 3

num = (int *)malloc(sizeof(int) * n); num

[0]	[1]	[2]

a(n,num) 함수호출 a(3,num)

배열이름이자 시작주소

```
- void a (int n, int *num) {
      for (int i = 0; i < n; i++)  0부터 2까지 1씩 증가
            scanf("%d", &(num[i]));  키보드 2, 1, 4 입력받아 num 배열에 저장
  }
```

num

[0]	[1]	[2]
2	1	4

- main() 함수 : b(n,num) 함수호출 b(3,num)

```
- void b(int n, int *lt) {
      int a, b;
      for (a = 0; a < n - 1; a++) 0부터 2까지 1씩 증가
            for (b = a + 1; b < n; b++) 1부터 2까지 1씩 증가
                  if (lt[a] > lt[b]) c ( it + a , lt + b );
```

2	1	4
lt[0]	lt[1]	lt[2]
lt+0	lt+1	lt+2

비교 : > 오름차순을 의미, 크면 c 함수 호출

```
- void c(int *a, int *b) {
      int t;
      t = *a; *a = *b; *b = t;  a와 b 교환(실제 정렬이 되는 부분)
  }
```

- main() 함수 : 배열에 있는 값 출력하고 종료(오름차순이므로 1 2 4 출력)

○ 핵심 정리로 개념 확인

1 함수

① 함수의 구조 : int(반환 값), main(함수명) ()(전달인자)

외부 변수를 사용하지 않는다면 ( ) 또는 (void)로 처리

- 첫 글자는 알파벳으로 시작
- 특수문자는 언더바 '_' 이외는 사용 X
- 함수끼리는 중복된 이름 사용 X

② 함수의 유형

- 반환 값과 전달인자가 모두 없는 함수
- 반환 값은 없고 전달인자가 있는 함수
- 반환 값은 있고 전달인자가 없는 함수
- 반환 값과 전달인자가 모두 있는 함수

③ 재귀 함수 : 함수 내에서 자신을 다시 호출하는 함수

2 배열

① 1차원 배열 19. 문10

예

```
#include <stdio.h>
double h(double *f, int d, double x)}
        int i;
        double res=0.0;
        for(i=d-1; i >= 0; i--){
        res=res * x+f[i];
        }
        return res;
}
int main() {
      double f[]= {1, 2, 3, 4};
      printf("%3.1f\n", h(f, 4, 2));
      return 0;
}
```

해설

- main()에서 f라는 배열 생성

1	2	3	4
f[0]	f[1]	f[2]	f[3]

C언어 첨자는 0부터 시작

- h(f,4,2) 함수호출

double *f, int d, double x)

f　　4　　2를 의미

- I 는 d가 4이므로 3부터 0까지 1씩 감소(3, 2, 1, 0 반복문 4번 수행)

```
         res = res * x + f[i]
i = 3    4  = 0 * 2 + f[3]
                      4
i = 2    11 = 4 * 2 + f[2]
                      3
i = 1    24 = 11 * 2 + f[1]
                       2
i = 0    49 = 24 * 2 + f[0]
                       1
```

- 출력형식이 3.1f이므로 49.0 출력

② 2차원 배열 16. 문10

char A[20][30]; (단, 첫 번째 원소 A[0][0]의 주소는 1,000이고 하나의 원소는 1byte를 차지한다.) 이와 같이 선언된 배열 A의 원소 A[8][7]의 주소를 행 우선(row – major) 순서와 열 우선(column – major) 순서로 계산할 때

- 행 우선(row – major) 주소 방식 : 1,000 + {30×(8 – 0) + (7 – 0)}×1 → 1,247
- 열 우선(column – major) 주소 방식 : 1,000 + {20×(7 – 0) + (8 – 0)}×1 → 1,148

○ 한 줄 문제로 마무리 확인

01. 행 우선(row – major) 주소 방식은 n차원의 어레이(array)를 1차원의 기억 장소에 할당하는 방법 중의 하나이다. (　　)

02. 열 우선(column – major) 주소 방식은 1차원 배열인 기억장치에 2차원 이상의 배열을 기억시키기 위해서는 각 원소에 순서를 부여해야 한다. 이때 열 순서도 같은 열에 속한 원소에 대하여 행을 따라 순차적으로 부여하고 다음 열의 원소에 순서를 부여하는 방법이다. (　　)

정답

01. ○
02. ○

빈출키워드

38

★★★★★

회독 ■■■

C 언어 포인터

CHECK POINT

포인터

○ 기출 문제로 실력 확인

다음 C 프로그램의 실행 결과로 옳은 것은? 12. 문9

```
void main( )
{
        int a[4]={10, 20, 30};
        int *p=a;

        p++;
        *p++=100;
        *++p=200;
        printf("a[0]=%d a[1]=%d a[2]=%d\n",
                a[0], a[1], a[2]);
}
```

① a[0] = 10 a[1] = 20 a[2] = 30
② a[0] = 10 a[1] = 20 a[2] = 200
❸ a[0] = 10 a[1] = 100 a[2] = 30
④ a[0] = 10 a[1] = 100 a[2] = 200

해설

a[4] = {10,20,30};

a[0]	a[1]	a[2]	a[3]
10	20	30	
p			

p = a[0]; → p는 포인터 변수 = 번지를 기억. a배열의 시작주소를 기억

p + +; → 포인터 변수를 증가

a[0]	a[1]	a[2]	a[3]
10	20	30	
	p		

안심Touch

*p++=100; → p가 가리키는 곳에 100을 입력하고 포인터 변수 이동

10	100	30	
a[0]	a[1]	a[2]	a[3]
		p	

*++p=200; → 포인터 변수를 이동하고 그 곳에 200을 입력

10	100	30	200
a[0]	a[1]	a[2]	a[3]
			p

a[0] a[1] a[2]에 있는 값을 출력 → 10, 100, 30

○ 핵심 정리로 개념 확인

1 포인터

① 개념 : 주소값 저장

② 포인터 변수 : 메모리상의 주소값을 저장하는 변수

③ 포인터 선언

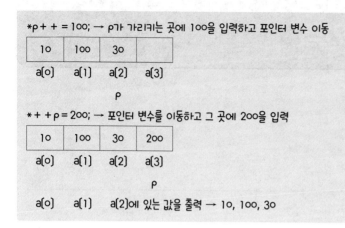

```
int mail()
{
    int *p=NULL
    int num=10
    p = &num;
    printf("int 변수 num의 주소 : %d \n", &num);
    printf("포인터 p의 값 : %d \n", *p);

    return 0;
}
```

int *p가 포인터 변수를 선언한 예
- num : int형이므로 4바이트
- double형 : 8바이트
- char형 : 1바이트

아무것도 없다는 뜻의 NULL(0)

포인터 변수 p가 반환되는 주소를 저장

&연산자 : 주소 연산자
num 변수의 주소를 반환

*p : 참조 연산자

2 포인터 연산

포인터 변수를 배열 형태로 표현하지 않고 포인터 p가 가리키는 주소로 가서, 그 주소에 들어 있는 값을 연산

```
#include <stdio.h>
void main()
{
    int num[4]={1, 2, 3, 4}
    int *pt=num;
            포인터 변수 pt가 num 배열의 첫 번째 주소 저장
    pt++;
    pt++ 이후 pt는 배열의 두 번째 주소 저장
    *pt++=5;
    현재 pt가 가리키는 두 번째 배열 요소에 5를 대입한 후 세 번째 주소를 저장
    따라서 배열 요소의 값은 1, 5, 3, 4
    *pt ++=10;
    현재 pt가 가리키는 t 번째 배열의 요소에 10을 대입한 후 네 번째 주소를 저장
    배열 요소의 값은 1, 5, 10, 4
    pt--;
    배열의 세 번째 주소 저장
    *pt +++=20;
    현재 pt가 가리키고 있는 세 번째 배열 요소의 값에 20을 더한 후 네 번째 주소 저장
    따라서 배열 요소의 값은 1, 5, 30, 4
    printf("%d %d %d %d",num[0],
num[1], num[2], num[3]);
```

○ 한 줄 문제로 마무리 확인

1. p++;는 포인터 변수를 감소시키는 것이다. (   )
2. 포인터 변수로 이루어진 배열을 포인터 배열이라고 한다. (   )

정답

01. ×
02. ○

빈출키워드

39 객체지향 소프트웨어 개발

★★★★★

회독 ■■■

CHECK POINT

객체지향의 개념, 객체지향 언어의 특징, 객체지향 모델링 언어(UML)

○ 기출 문제로 실력 확인

객체지향 소프트웨어 개발 및 UML Diagram에 대한 설명이다. ㉠~㉢에 들어갈 내용을 바르게 짝지은 것은? 19. 문4

- (㉠)은/는 외부에서 인식할 수 있는 특성이 담긴 소프트웨어의 골격이 되는 기본 구조로, 시스템 전체에 대한 큰 밑그림이다. 소프트웨어 품질 요구 사항은 (㉠)을/를 결정하는 데 주요한 요소로 작용한다.
- (㉡)은/는 두 개 이상의 클래스에서 동일한 메시지에 대해 객체가 다르게 반응하는 것이다.
- (㉢)은/는 객체 간의 메시지 통신을 분석하기 위한 것으로 시스템의 동작을 정형화하고 객체들의 메시지 교환을 시각화한다.

	㉠	㉡	㉢
❶	소프트웨어 아키텍처 상위 설계에 해당	다형성	시퀀스 모델
②	유스케이스	다형성	시퀀스 모델
③	클래스 다이어그램	캡슐화	상태 모델
④	디자인 패턴 자주 사용하는 설계 문제를 해결해주는 증명된 솔루션(템플릿)을 만들어 놓은 것	캡슐화	상태 모델

○ 핵심 정리로 개념 확인

1 객체지향의 개념과 구성요소

① 개념 : 현실 세계의 개체(Entity)를 기계의 부품처럼 하나의 객체(Object)로 만들어, 기계적인 부품들을 조립하여 제품을 만들듯이 소프트웨어를 개발할 때도 객체들을 조립해서 작성할 수 있도록 하는 기법

② 구성요소 : 객체, 상속, 메소드, 클래스, 메시지

필요한 자료구조와 이에 수행되는 함수들을 가진 하나의 소프트웨어 모듈

2 객체지향 언어의 특징 12. 문17 / 08. 문3

① 캡슐화(encapsulation) : 서로 관련성이 많은 데이터들과 이와 연관된 함수들을 정보처리에 필요한 기능으로 묶는 것을 의미

② 상속성(inheritance) : 새로운 클래스를 정의할 때 기존의 클래스들의 속성을 상속받고 필요한 부분을 추가하는 방법

③ 다형성(polymorphism) : 두 개 이상의 클래스에서 똑같은 메시지에 대해 객체가 서로 다르게 반응하는 것

④ 추상화(Abstraction) : 인스턴스를 만들어낼 목적이 아니라 하위 객체의 공통된 특성을 묘사

실제 값을 의미

표현방법이 탁월하고 비교적 문제가 적은 논리적인 표기법을 가진 언어

3 객체지향 모델링 언어(Unified Modeling Language, UML) 21. 문6 / 08. 문19

클래스 다이어그램 (Class Diagram)	• 시스템의 구조적인 모습을 묘사 • 클래스 간의 상속 관계, 연관 관계, 의존 관계 등을 표현한 다이어그램
순서 다이어그램 (Sequence Diagram)	• 시간적 차원에서 객체 간 메시지 전달 분석 • 시스템의 동작을 정형화하고 객체들의 메시지 교환을 시각화
상태 다이어그램 (State Diagram)	객체 상태와 함께 객체 상태의 변화를 유도하는 이벤트와 동작을 묘사
유스케이스 다이어그램 (Usecase Diagram)	• 사용자(actor)와 시스템 간의 상호작용을 묘사 • 외부에서 보는 시스템의 기능에 초점을 둠
액티비티 다이어그램 (Activity Diagram)	• 시스템을 오퍼레이션의 집합이 수행되는 상태로 표현 • 객체 간의 행위, 조건, 분기 등 객체 간의 상태를 표현

4 소프트웨어 분석, 설계 도구 14. 문14

구분	구조적 방법론	객체지향 방법론
시스템 분석 도구	자료흐름도(DFD)	유스케이스 다이어그램
시스템 설계 도구	구조도	시퀀스 다이어그램

O 한 줄 문제로 마무리 확인

01. ______________ 은 두 개 이상의 클래스에서 똑같은 메시지에 대해 객체가 서로 다르게 반응하는 것이다.

02. 객체지향 기술은 분석과 설계, 구현 작업이 거의 구분되지 않는다. ( )

03. 객체지향 언어의 특징으로는 상속성, 다형성, 구조화, 추상화가 있다. ( )

정답

01. 다형성

02. ○

03. ×

빈출키워드

40

★★★★★ 회독 ■■■

Java 프로그램의 실행 결과

CHECK POINT

생성자와 상속, 실행과정

○ 기출 문제로 실력 확인

Java 프로그램의 실행 결과로 옳은 것은? 19. 문9

```
public class B extends  A {
  int a=20;
  public B() {
    System.out.print("다");
  }
  public B(int x) {
    System.out.print("라");
  }
}
```

```
public class A {
  int a=10;
  public A() {
    System.out.print("가");
  }
  public A(int x) {
    System.out.print("나");
  }
  public static void main(String[] a){
      B b1=new B();
      A b2=new B(1);
      System.out.print(b1.a+b2.a);
  }
}
```

① 다라30 ② 다라40 ❸ 가다가라30 ④ 가다가라40

해설

실행과정

- main() 메소드 실행(B 생성자 생성)
- public B() 실행해야 하지만 public class B extends A(상속관계) 이므로 public A() 먼저 실행, "가" 출력
- public B() 실행, "다" 출력
- public B(int x) 실행해야 하지만 public class B extends A(상속관계) 이므로 public A() 먼저 실행, "가" 출력
- public B(int x) 실행, "라" 출력
- main() 실행 b1.a=20, b2.a =10 이므로 20+10=30이므로 30 출력

○ 핵심 정리로 개념 확인

1 생성자와 상속

1) 생성자

- 객체의 초기화를 위해 사용하고, 메소드의 이름이 반드시 클래스의 이름과 동일하게 정의되야 함
  객체의 구체적인 연산을 정의함
- 하나의 클래스는 여러 개의 생성자를 가질 수 있음
  변수와 메소드를 포함함

2) 상속

- 클래스에서 상속의 의미는 상위클래스에서 선언된 속성과 기능이 하위클래스에 상속됨을 의미함
- 상속관계의 상위클래스가 있다면 상위클래스의 생성자가 먼저 수행되며, extends는 상속을 의미함

2 실행과정

1) public static void main(String[] args) 16. 문17

- public : 접근 지정자(제한자)로, 어디에서나 사용이 가능하다는 뜻
- static : 정적이란 의미로, 메모리에서 가장 먼저 실행되는 것
- void : 함수의 반환(리턴)형으로, 아무것도 없다는 뜻
- main : 메소드 이름으로, 프로그램이 시작되면 가장 먼저 실행
- String[] args : 메소드의 인자를 의미하며, 이름이 args인 String형 배열

2) Arithmetic Exception

- Exception 클래스를 상속받은 클래스로 '예외 클래스'라고도 함
- try ~ catch문에 주로 사용
- 산술 연산 과정에서 허용되지 않는 예외가 발생했을 때, 즉 0으로 나누었을 때와 같이 연산이 불가능한 상황이 발생했을 때 에러가 발생
- 에러가 발생했을 때 catch문에서 매개 변수인 Arithmetic Exception 클래스를 선언해 주므로 catch 영역에 의해 처리가 되고 프로그램은 에러에 의해 강제 종료가 되지 않도록 함

3) Shift 연산 18. 문7

예

```
class Test {
      public static void main(String[] args) {
          int a=101;
          System.out.println((a>>2) << 3);
      }
  }
```

해설

101을 2진수로 전환하면

01100101 ← 101

00011001 ← 2bit 우측으로 Shift(좌측에 00 삽입)

11001000 ← 3bit 좌측으로 Shift(우측에 000 삽입)

∴ 11001000을 10진수로 변환하면 200이 된다.

④ 오버로딩 10. 문11

생성자도 메소드와 마찬가지로 오버로딩 가능함

- 동일한 함수를 사용하고 있고, 전달인자의 타입과 개수가 서로 다른 형태

예

```
public int add(int a, int b) { return a+b;}
public double add(double a, double b) { return a+b;}
```

⑤ 오버라이딩

- 서로 다른 클래스에서 정의된 동일한 함수의 형태를 우선권을 부여하여 한 함수를 가리고 사용하는 기법
- 상위클래스와 하위클래스의 반환형, 메소드 이름, 전달인자가 동일

○ 한 줄 문제로 마무리 확인

01. 생성자는 객체 생성 시 자동으로 호출되는 메소드이다. (　　)

02. 상속의 대상이 되는 클래스를 하위클래스라고 하고, 상속을 받는 클래스를 상위클래스라고 한다. (　　)

03. 전달인자의 형이 다르거나 개수가 다른 메소드를 정의하는 것을 메소드 ________이라고 한다.

정답

01. ○

02. ×

03. 오버로딩

빈출키워드

41

★★★★★

회독 ■■■

엑셀 함수

CHECK POINT

엑셀 함수별 개념 및 결과 값

○ 기출 문제로 실력 확인

다음과 같은 데이터가 입력되어 있는 엑셀시트에서 수식 =HLOOKUP(INDEX(A2:C5,2,2), B7:E9,2)를 계산한 결과는? 14. 문17

	A	B	C	D	E
1	학번	과목번호	성적		
2	100	C413	D		
3	200	C123	F		
4	300	C324	C		
5	400	C312	C		
6					
7	과목번호	C123	C312	C324	C413
8	과목번호	알고리즘	자료구조	운영체제	반도체
9	과목번호	90명	80명	75명	70명
10					

① 80명 ② 75명 ③ 반도체 ❹ 알고리즘

○ 핵심 정리로 개념 확인

통계 함수

① SUM(1,3,5) : 인수의 합을 계산하므로 1 + 3 + 5 = 9가 결과 값
② AVERAGE(1,3,5) : 인수의 평균을 계산하므로 (1 + 3 + 5)/3 = 3이 결과 값
③ MAX(1,3,5) : 인수 중 최댓값을 계산하므로 5가 결과 값
④ MIN(1,3,5) : 인수 중 최솟값을 계산하므로 1이 결과 값
⑤ COUNT(1,3,a) : 인수 중 숫자의 개수를 구하는 것으로 2가 결과 값
⑥ COUNTA(1,3,a) : 인수의 개수를 구하는 것으로 3이 결과 값
⑦ SUMIF(인수1,인수2,인수3) : 조건을 만족하는 값들에 대해서만 합계를 구함
⑧ MEDIAN(인수1,인수2,...) : 인수의 중간값을 구함 19. 문17

안심Touch

⑨ MODE(인수1,인수2,...) : 인수들 중 가장 많이 나오는 최빈값을 구함 19. 문17

2 문자 함수

① LEFT("문자열", 개수) : 문자열의 왼쪽에서부터 개수만큼의 문자

② RIGHT("문자열", 개수) : 문자열의 오른쪽에서부터 개수만큼의 문자

예 = RIGHT("019 - 2119 - 9019",9) = 2119 - 9019 08. 문20

③ MID("문자열", 시작위치, 개수) : 문자열의 시작 위치에서 개수만큼의 문자

④ LOWER("문자열") : 문자열 중 영어를 소문자로 변환

⑤ UPPER("문자열") : 문자열 중 영어를 대문자로 변환

⑥ PROPER("문자열") : 문자열 중 영어 단어 첫 글자를 대문자로 변환

⑦ REPT(문자열, 수치) : 문자열을 지정수치만큼 반복

3 참조 함수

① CHOOSE(번호, 인수1,인수2,인수3) : 번호에 해당하는 인수를 구한다는 뜻

② HLOOKUP(검색 값, 범위, 행 번호, 검색유형) : 범위의 첫 행에서 검색 값을 찾은 후 지정한 행 번호에 같은 열에 있는 값 표시

③ VLOOKUP(검색 값, 범위, 열 번호, 검색유형) : 범위의 첫 열에서 검색 값을 찾은 후 지정한 열 번호에 같은 행에 있는 값 표시 12. 문3

④ INDEX(배열, 행 번호, 열 번호) : 행과 열 번호에 해당 행을 찾은 후 열 번호에 해당 셀의 값 구함

⑤ MATCH(검사 값, 검사범위, [검사유형]) : 검사 값을 검사범위에서 검색하여 대응하는 값이 있는 경우 상대적 위치를 나타냄

하나의 열이나 하나의 행만 지정해야 함

1 : 검사 값보다 작거나 같은 값 중에서 최대값을 찾음
0 : 검사 값과 같은 첫째 값을 찾음
-1 : 검사 값보다 크거나 같은 값 중에서 최소값을 찾음

4 수치 함수

① ABS(숫자) : 숫자의 절댓값을 구한다는 뜻

② SQRT(숫자) : 제곱근을 구한다는 뜻

③ INT(숫자) : 숫자를 넘지 않는 최대의 정수를 구한다는 뜻

④ SIGN(숫자) : 부호를 구한다는 뜻

⑤ RAND( ) : 0과 1 사이의 난수를 구한다는 뜻

⑥ ROUNDDOWN(숫자, 자릿수) : 자릿수에 맞게 숫자를 내림한다는 뜻

⑦ ROUNDUP(숫자, 자릿수) : 자릿수에 맞게 숫자를 올림한다는 뜻

⑧ MOD(숫자1, 숫자2) : 숫자1을 숫자2로 나눈 나머지를 구한다는 뜻

⑨ POWER(숫자1, 숫자2) : 숫자1을 숫자2만큼 거듭제곱한 값을 구함

⑩ GCD(숫자1, 숫자2, ...) : 숫자들의 최대공약수를 구함

5 논리 함수

① IF(조건, 값1, 값2) : 조건이 참이라면 값1을, 조건이 거짓이면 값2를 구함

② IFERROR(수식, 값) : 수식에서 오류가 발생할 경우 지정한 값을 반환하고 그렇지 않으면 수식 결과를 반환함

6 재무 함수 16. 문14

① PMT(rate, nper, pv, fv, type) : 대출 상환금을 계산해 주는 함수

② FV(rate, nper, pmt, pv, type) : 매 기간 일정한 금액을 일정한 이율로 일정기간 동안 적립하는 경우 얻게 되는 투자의 미래 가치를 계산해 주는 함수

○ 한 줄 문제로 마무리 확인

01. 조건을 만족하는 값들에 대해서만 합계를 구하는 함수는 ______________ 이다.

정답

01. SUMIF

빈출키워드 42

★★★★★

회독 ■■■

엑셀 수식

CHECK POINT

셀 참조, 수식, 서식

○ 기출 문제로 실력 확인

MS Excel의 워크시트에서 사원별 수주량과 판매금액, 그리고 수주량과 판매금액의 합계가 입력되어 있다. 이때 C열에는 전체 수주량 대비 각 사원 수주량의 비율을, E열에는 전체 판매금액 대비 각 사원 판매금액의 비율을 보이고자 한다. 이를 위해 C2셀에 수식을 입력한 다음에 이를 C열과 E열의 나머지 셀에 복사하여 사용하고자 한다. C2셀에 입력할 내용으로 옳은 것은? 10. 문13

	A	B	C	D	E
1	사원	수주량	비율	판매금액	비율
2	김철수	78		8,000,000	
3	홍길동	56		7,500,000	
4	김민호	93		13,000,000	
5	나영철	34		10,000,000	
6	최건	80		8,000,000	
7	합계	341		46,500,000	

① =B2/B7*100 ② =$B$2/B7*100 ③ =B2/$B$7*100 ❹ =B2/B$7*100

해설

각 사원의 수주량 비율은 각 사원 수주량/수주량 합계(B7), 각 사원의 판매금액은 각 사원 판매금액/판매금액의 합계(D7)이므로 수주량의 합계를 판매금액의 합계에서 복사하여 사용하게 되므로 수주량의 합계는 행고정(B$7)이 필요하게 된다.

○ 핵심 정리로 개념 확인

1 셀 참조 형태

① 상대참조 : 행과 열이 상대적으로 지정되는 방식으로 가장 일반적

예 B7

② 절대참조 : 특정 행과 열을 고정시키고자 할 경우 지정 21. 문2

예 $B$7 : F4를 눌러서 고정되는 문자와 숫자 앞에 $를 붙임

③ 혼합참조 : 상대참조와 절대참조가 혼합된 방식

예 B$7 : F4를 두 번 눌러서 고정되는 숫자 앞에 $를 붙임

2 수식

① 반드시 '=' 먼저 입력

② 조건부 서식에서는 '=' 대신 '+'를 사용해도 적용

③ 셀 주소에 '$'를 붙이는 이유는 조건에 맞는 데이터가 있는 셀과 같은 행 전체에 서식을 적용하기 위한 것

3 사용자 지정서식

① 숫자와 문자에 관한 서식 19. 문3

서식코드	의미	서식지정	결과
#	유효 자릿수만 표시하고 유효하지 않은 0은 표시하지 않음	#"개"	0 → 개
		#.##	1.23 → 1.23
0	유효하지 않은 자릿수는 0으로 표시	0"개"	0 → 0개
		0.0	1 → 1.0
,	1,000 단위 구분 기호	#,###	1000 → 1,000
		#,"천원"	1000 → 1천원
;	섹션 구분 서식 양수;음수;0;문자서식 조건이나 글꼴 색을 지정할 때에는 대괄호 ([]) 안에 입력	[빨강];[파랑]; - ;[초록]	양수는 빨강, 음수는 파랑, 0은 -(하이픈), 문자는 초록
@	문자를 대신하는 기호	@"님"	잔나비 → 잔나비님

② 날짜에 관한 서식

서식코드	의미	서식지정	결과
m	월을 1~12	ddd	요일을 Sun~Sat
mm	월을 01~12	dddd	요일을 Sunday~Saturday
mmm	월을 Jan~Dec	aaa	요일을 한글로 일~월
mmmm	월을 January~December	aaaa	요일을 한글로 일요일~월요일
yy	연도를 2자리로 표시	d	일을 1~31
yyyy	연도를 4자리로 표시	dd	일을 01~31

○ 한 줄 문제로 마무리 확인

01. 조건에 맞는 데이터가 있는 셀과 같은 행 전체에 서식을 적용하기 위해 셀 참조시 '$'를 붙인다. (　　)

02. 요일을 한글로 서식 지정하려면 ddd로 한다. (　　)

정답

01. ○

02. ×

빈출키워드

43

★★★

회독 ■■■

임계경로

CHECK POINT

작업분할구조, AOE 네트워크

○ 기출 문제로 실력 확인

어떤 프로젝트를 완성하기 위해 작업분할(Work Breakdown)을 통해 파악된, 다음 소작업(activity) 목록을 AOE(Activity On Edge) 네트워크로 표현하였을 때, 이 프로젝트가 끝날 수 있는 가장 빠른 소요시간은? 19. 문2

소작업 이름	소요시간	선행 소작업
a	5	없음
b	5	없음
c	8	a, b
d	2	c
e	3	b, c
f	4	d
g	5 임계경로를 구하는 문제(단, g 작업이 소요시간이 0이 아닌 5이므로 포함해서 계산)	e, f

① 13 ② 21 ❸ 24 ④ 32

• 작업 : a – c – d – f – g – 끝
• 시간 : 5+8+2+4+5=24

○ 핵심 정리로 개념 확인

1 CP(Critical Path, 임계경로)

① 작업개시에서 종료까지의 모든 경로 중 가장 작업 시간이 오래 걸리는 경로 12. 문11

② CPM : 임계경로 방식

안심Touch

2 AOE(Activity On Edge)

① 정점(노드)은 작업, 간선은 작업들의 선후관계와 작업에 필요한 시간을 의미

② 프로젝트에 대한 성능 평가 방법으로 프로젝트에 필요한 최소 시간을 결정

③ 최소 시간의 의미는 시간이 가장 오래 걸리는 작업의 경우를 의미

④ 프로젝트 완료를 위한 최소 시간은 시작 정점에서 최종 정점까지의 가장 긴 경로를 계산

○ 한 줄 문제로 마무리 확인

01. ______________는 프로젝트의 전체 범위를 단계적으로 분할하여 계층적 구조로 설명한 문서이다.

정답

01. 작업분할구조(WBS: Work Breakdown Structure)

빈출키워드

44

★★★★ 회독 ■■■

스택

CHECK POINT

연결리스트, 스택

○ 기출 문제로 실력 확인

<보기>는 스택을 이용한 0-주소 명령어 프로그램이다. 이 프로그램이 수행하는 계산으로 옳은 것은? 12. 문12

〈보기〉

```
PUSH C
PUSH A
PUSH B
ADD
MUL
POP Z
```

① Z=C+A * B
❷ Z=(A+B) * C
③ Z=B+C * A
④ Z=(C+B) * A

해설

LIFO 구조

		B			
	A	A	A+B		
C	C	C	C	(A+B)*C	
Z	Z	Z	Z	Z	Z
PUSH C	PUSH A	PUSH B	ADD POP 2번 ADD PUSH	MUL POP 2번 MUL PUSH	POP

안심Touch

○ 핵심 정리로 개념 확인

1 자료구조의 분류

① 자료를 기억 공간에 어떻게 표현하고 저장할 것인가를 결정하는 것으로 객체나 객체 집합뿐만 아니라 그들의 관계까지 기술하는 것을 의미

② 자료구조(Data Structure)의 분류

선형 구조 (Linear Structure)	리스트	선형 리스트(Linear List) = 배열(Array)
		연결 리스트(Linked List)
	스택(Stack)	
	큐(Queue, 대기열)	
	데크(Deque)	
비선형 구조 (Non – Linear Structure)	트리(Tree)	
	그래프(Graph)	

- 같은 크기의 기억 장소를 연속적 공간에 모아놓고 원하는 데이터를 기록하거나 액세스하는 것
- 순서 리스트(Ordered List), 순차 리스트(Sequential List)라고도 한다.
- 배열(Array)은 액세스 속도가 빠르고, 가장 간단한 구조이며, 기록 밀도가 1이지만, 삽입과 삭제가 어렵고 메모리에 종속적인 것이 단점

2 연결리스트 18. 문15

① 자료를 구성할 때 포인터 자료를 포함해서 하나의 자료를 구성하는 형태로 포인터를 이용하여 현재 자료와 관련이 있는 자료를 연결(포인터를 위한 추가 공간이 필요).

② 자료와 함께 다음 데이터의 위치를 알려주는 포인터로 실제 자료들을 연결한 형태

③ 노드의 삽입과 삭제가 용이하며, 메모리 단편화 방지 가능(Garbage Collection).

④ 포인터로 연결되기 때문에 액세스 속도가 느리며, 링크 포인터만큼 기억 공간 소모

⑤ 연속적 기억 공간이 없어도 저장이 가능하며, 희소 행렬을 표현하는 데 이용

희소 행렬 : 행렬의 값 중 상당수가 0으로 구성

⑥ 연결리스트 중에 중간 노드 연결이 끊어지면 그 다음 노드를 찾기 어려움

3 스택

나중에 든 데이터를 가장 먼저 꺼낼 수 있도록 만든 데이터 기억장치

① LIFO(Last In First Out) 구조

LIFO : 포인터를 하나 두고 운용을 하고, 처음 입력시킨 자료는 맨 마지막에 출력되고, 맨 마지막에 입력시킨 자료는 맨 처음에 출력

② 산술식의 표기법 : 전위식, 중위식, 후위식

예 +AB 예 A+B 예 AB+

예 후위(postfix) 형식으로 표기된 다음 수식을 스택(Stack)으로 처리하는 경우에, 스택의 탑(TOP) 원소의 값을 나열하면 (단, 연산자(operator)는 한 자리의 숫자로 구성되는 두 개의 피연산자(operand)를 필요로 하는 이진(binary) 연산자이다) 10. 문14

4 5 + 2 3 * -

해설

- + 연산자를 만나면 5, 4를 스택에서 꺼낸 후 + 연산을 한 후 스택에 저장
- *연산자를 만나면 3, 3를 스택에서 꺼낸 후 * 연산한 후 스택에 저장
- − 연산자를 만나면 6, 9를 스택에서 꺼낸 후 − 연산을 한 후 스택에 저장
- 따라서 top의 위치에 따른 값은 4 5 9 2 3 6 3이 된다.

○ 한 줄 문제로 마무리 확인

01. 연결리스트는 배열에 비하여 희소 행렬을 표현하는 데 비효율적이다. (　　)

정답

01. ×

빈출키워드

45

★★★★

회독 ■■■

이진 트리

CHECK POINT

트리, 이진 트리, 힙트리, 순회 방식

○ 기출 문제로 실력 확인

〈보기〉의 이진 트리에 대해 지정된 방법으로 순회한 결과가 옳지 않은 것은? 16. 문12

〈보기〉

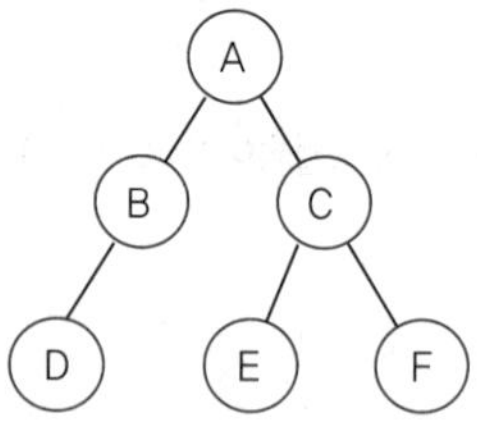

① 중위 순회 : D → B → A → E → C → F

② 레벨 순회 : A → B → C → D → E → F

③ 전위 순회 : A → B → D → C → E → F

❹ 후위 순회 : D → B → A → E → F → C

○ 핵심 정리로 개념 확인

1 트리(Tree)

① 1 : N 또는 1 : 1 대응 구조로 노드(Node, 정점)와 선분(Branch)으로 되어 있고, 정점 사이에 사이클이 형성되지 않으며, 자료 사이의 관계성이 계층 형식으로 나타나는 구조

> 선형 구조 : 리스트, 스택, 큐, 데크
> 비선형 구조 : 트리, 그래프

② 근노드(Root Node) : 가장 상위에 위치한 노드

③ 레벨(Level) : 근노드를 기준으로 특정 노드까지의 경로 길이

④ 깊이(Depth, Height) : 트리의 최대 레벨

2 이진 트리, 힙 트리, AVL 트리

① 이진 트리 21. 문17

- 전체 트리의 차수가 2 이하가 되도록 정의한 자료구조
  - 특정 노드에서 뻗어 나온 가지(선분)의 수
- 이진 탐색 트리는 루트 노드를 기준으로 왼쪽 서브 트리는 루트 노드보다 키 값이 작은 원소로 구성하고 오른쪽 서브 트리는 루트 노드보다 키 값이 큰 원소로 구성함

② 힙 트리 08. 문14

- 힙(heap) : 임의의 자료에서 최솟값 또는 최댓값을 구할 경우 가장 적합한 자료구조
- 힙 트리(heap tree) : 완전 이진 트리에 있는 노드 중에서 키 값이 가장 큰 노드나 키 값이 가장 작은 노드를 찾기 위해서 만든 구조
- 부모노드가 자식노드보다 작으면 최소 heap, 크면 최대 heap으로 구분
  - 이전 레벨의 노드
  - 다음 레벨의 노드

③ AVL 트리

- 대표적인 균형 이진 탐색 트리
- 각 노드의 왼쪽 서브 트리의 높이(lh)와 오른쪽 서브 트리의 높이(rh)의 차이가 1 이하임
- LL 유형, RR 유형, LR 유형, RL 유형이 있음

3 이진 트리 순회 방식 12. 문2

① 근노드(Root Node)의 위치가 전위 순회, 중위 순회, 후위 순회의 기준

② 순서에서 근노드가 앞쪽이면 전위, 중간이면 중위, 뒤쪽이면 후위

③ 좌측과 우측의 순서는 항상 좌측이 먼저이고 우측이 나중임

- 전위 순회(pre–order traversal) : ROOT–LEFT–RIGHT
- 중위 순회(in–order traversal) : LEFT–ROOT–RIGHT
- 후위 순회(post–order traversal) : LEFT–RIGHT–ROOT

O 한 줄 문제로 마무리 확인

01. 트리는 선형 구조에 속한다. ( )

02. 임의의 자료에서 최솟값 또는 최댓값을 구할 경우 가장 적합한 자료구조는 ________ 이다.

03. LEFT–RIGHT–ROOT와 같이 ROOT의 방문 순서가 가장 느린 순회방식은 후위 순회이다. ( )

정답

01. × 02. 힙(heap) 03. ○

빈출키워드

46 신장 트리

★★★★ 회독 ■■■

CHECK POINT

그래프, BFS, DFS, 신장 트리, 최소 비용 신장 트리, Kruskal 알고리즘

○ 기출 문제로 실력 확인

다음 그래프를 대상으로 Kruskal 알고리즘을 이용한 최소 비용 신장 트리 구성을 한다고 할 때, 이 트리에 포함된 간선 중에서 다섯 번째로 선택된 간선의 비용으로 옳은 것은? 14. 문2

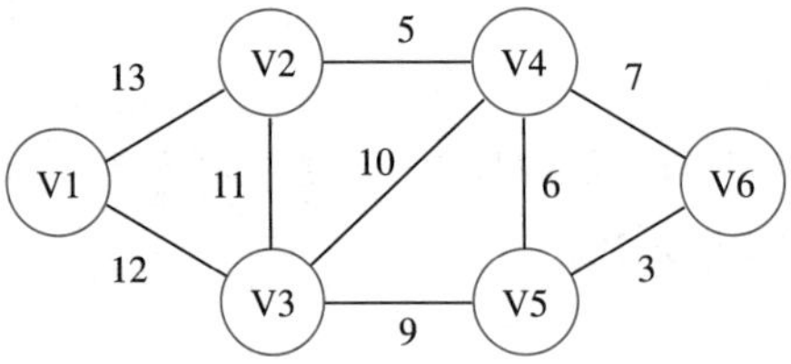

① 9 ② 10

③ 11 ❹ 12

해설

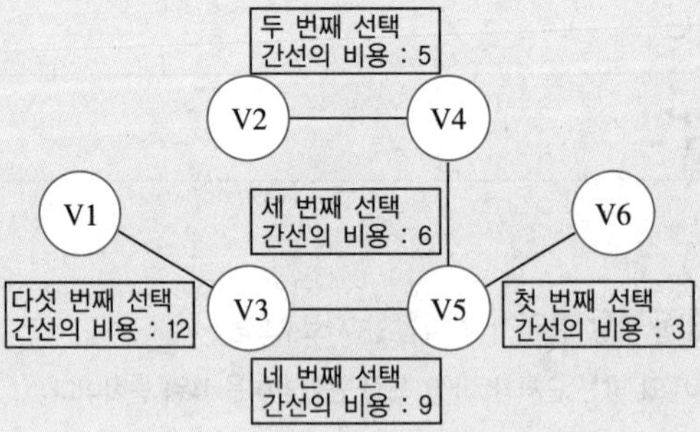

○ 핵심 정리로 개념 확인

1 그래프(Graph)

① N : M 대응 구조로, 일반적으로 정점과 선분으로 되어 있으면서 사이클이 형성되는 경우를 트리와 구별하여 그래프라 지칭함

> 트리(Tree)는 뻗어나가기만 하고, 뻗어나간 정점들이 다른 정점들과 연결되지 않지만 그래프(Graph)는 뻗어나가면서 다른 정점들과 서로 연결됨

② 그래프는 G = (V, E)로 표기

- V: 정점들의 집합
- E: 간선들의 집합

2 그래프의 순회 10. 문9

① 너비 우선 탐색(Breadth First Search, BFS) : 각 정점을 방문할 때마다 그 정점은 큐에 저장, 한 인접 리스트가 끝나면 큐에서 한 정점을 꺼내 그 정점의 인접 리스트에 있는 정점들을 같은 방법으로 계속 조사해 나가는 방법

예 너비 우선 탐색(BFS)으로 방문할 때 각 점을 방문하는 순서는 A – B – F – C – D – E이다.

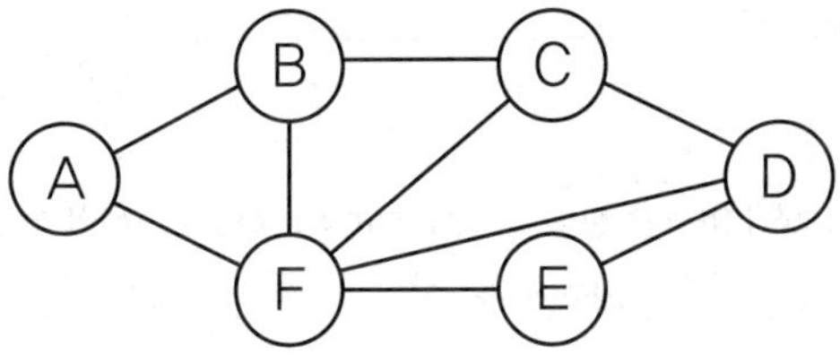

② 깊이 우선 탐색(Depth First Search, DFS) : 시작 정점 V를 기점으로 하여, V에 인접하면서 방문하지 않은 정점 W를 선택하고 W를 시작점으로 하여 깊이 우선 탐색을 다시 시작, 방문한 어떤 정점으로부터 방문되지 않은 정점에 도달할 수 없을 때 탐색이 종료

3 신장 트리(Spaning tree) 16. 문15

① 그래프의 모든 정점을 포함하면서 순환되지 않는 방식으로 연결되어 있는 최소 서브 그래프 → 비순환 구조

② 신장 트리의 각 간선에 가중치를 부여했을 때 가중치의 총합이 가장 적은 것을 의미

③ 정점의 개수가 n일 경우 n – 1개의 간선만을 포함

④ 깊이 우선 탐색을 이용하여 생성된 신장 트리를 깊이 우선 신장 트리, 너비 우선 탐색을 이용하여 생성된 신장 트리를 너비 우선 신장 트리라고 함

4 최소 비용 신장 트리

① 가중치가 가장 작은 간선들을 사이클이 이루어지지 않도록 만든 그래프

비용, 거리, 시간을 의미하는 값

② Kruskal 알고리즘

- 신장 트리 알고리즘과 같이 그래프가 주어지고 노드와 노드 사이 간선에 가중치가 있을 때 가장 최소의 가중치를 갖는 트리를 구성하는 방법
- 연결 및 비연결 노드를 포함해서 가중치를 비교하고 노드를 선택

③ Prim 알고리즘

- 연결된 노드 중에서만 다음 노드를 결정
- 미리 간선을 정렬하지 않고, 하나의 정점에서 시작하여 트리를 확장

○ 한 줄 문제로 마무리 확인

01. 그래프는 비선형 구조이다. (   )

02. 정점의 개수가 n인 연결 그래프로부터 생성 가능한 신장 트리(Spaning tree)의 간선의 개수는 n − 1이다. (   )

03. 가중치 합이 최소인 신장 트리를 ________라고 한다.

정답

01. ○

02. ○

03. 최소 비용 신장 트리

빈출키워드
47

★★★★

선택 정렬

회독 ■■■

CHECK POINT

선택 정렬의 개념, 시간복잡도(빅오 표기법)

○ 기출 문제로 실력 확인

(보기)와 같이 수행되는 정렬 알고리즘으로 옳은 것은? 16. 문5

〈보기〉

단계 0 : 6 5 8 9 4 2
단계 1 : 6 5 8 2 4 9
단계 2 : 6 5 4 2 8 9
단계 3 : 2 5 4 6 8 9
단계 4 : 2 4 5 6 8 9
단계 5 : 2 4 5 6 8 9

① 셸 정렬(Shell Sort)
② 힙 정렬(heap Sort)
③ 버블 정렬(bubble Sort)
❹ 선택 정렬(Selection Sort)

○ 핵심 정리로 개념 확인

선택 정렬

(1) 전체 원소 중 기준 위치에 맞는 원소를 선택한 후 자리를 교환하는 방식으로 정렬
(2) 전체 원소 중 가장 작은 원소를 찾은 다음 첫째 원소와 자리를 교환
(3) 두 번째로 작은 원소를 찾은 다음 둘째 원소와 자리를 교환
(4) 이와 같은 방식으로 전체 원소를 오름차순으로 정렬

안심Touch

2 선택 정렬 과정 : 정렬하지 않은 원소가 {13, 7, 42, 30, 20, 3}일 때

13	7	42	30	20	3

① 가장 작은 원소 3을 첫 번째 자리의 원소 13과 자리를 교환

3	7	42	30	20	13

② 두 번째로 작은 원소 7이 두 번째 자리에 있으므로 자리 교체는 없다.

3	7	42	30	20	13

③ 세 번째로 작은 원소 13을 세 번째 자리의 원소 42와 자리를 교환한다.

3	7	13	30	20	42

④ 네 번째로 작은 원소 20을 네 번째 자리의 원소 30과 자리를 교환한다.

3	7	13	20	30	42

⑤ 다섯 번째와 여섯 번째 원소는 오름차순으로 정렬되어 있기 때문에 자리 교환은 없고, 모든 원소가 정렬이 완료되면 실행을 종료한다.

3	7	13	20	30	42

3 시간 복잡도 18. 문6 / 12. 문5

① 선택 정렬
- 원소 n개에 대한 메모리 역시 n개를 사용하므로 공간 복잡도는 n
- 전체 비교 횟수는 $\frac{n(n-1)}{2}$이고, 시간 복잡도는 $O(n^2)$

② 쉘 정렬
- n개의 자료에 대한 메모리 공간과 매개변수를 저장할 공간 사용
- 비교횟수는 원소상태와 상관없이 매개변수 h의 영향을 받음
- 시간 복잡도는 $O(n^{1.25})$

③ 합병 정렬
- 정렬한 원소 n개에 대해서 2×n개의 메모리 공간 사용
- 시간 복잡도는 $O(n\log_2 n)$

④ 기수 정렬
- n개의 원소에 대한 n개의 메모리 이외에 버킷 큐에 대한 메모리 공간이 추가로 필요
- 수행시간은 원소의 수 n, 키 값의 자릿수 d, 버킷 수를 결정하는 기수 r에 따라 달라짐
- 수행할 작업은 $d(n+r)$, 시간 복잡도는 $O(d(n+r))$

○ 한 줄 문제로 마무리 확인

1. 정렬 알고리즘의 시간복잡도(빅오 표기법)는 $O(1) < O(\log n) < O(n) < O(n\log n) < O(n^2) < O(n^3) < O(2n) < O(n!) < O(n^n)$의 순서이며, O(1)이 가장 우수한 알고리즘이며 가장 빠르고, 오른쪽으로 갈수록 실행시간 값이 커지므로 실행시간이 느려진다. (　　)
2. 정렬 알고리즘 중 힙 정렬은 최악의 경우에 시간 복잡도는 $O(n\log n)$이다. (　　)
3. 버블 정렬, 삽입 정렬, 퀵 정렬은 최악의 경우에 시간 복잡도는 $O(n^2)$이다. (　　)

정답

01. ○
02. ○
03. ○

빈출키워드

48

★★★

해시

회독 ■■■

CHECK POINT

해시 테이블, 제산법

○ 기출 문제로 실력 확인

다음 〈조건〉에 따라 입력키 값을 해시(hash) 테이블에 저장하였을 때 해시 테이블의 내용으로 옳은 것은? 14. 문4

〈조건〉

- 해시 테이블의 크기는 7이다.
- 해시 함수는 h(k) = k mod 7이다(단, k는 입력키 값이고, mod는 나머지를 구하는 연산자이다).
- 충돌은 이차 조사법(quadratic probing)으로 처리한다.
  이차 조사법 : 주소에 +1, +4, +9, …으로 새로운 주소를 계산
- 키 값의 입력 순서 : 9, 16, 2, 6, 20

①

	해시 테이블
0	6
1	2
2	9
3	16
4	
5	
6	20

❷

	해시 테이블
0	6
1	20
2	9
3	16
4	
5	
6	2

③

	해시 테이블
0	20
1	
2	9
3	16
4	2
5	
6	6

④

	해시 테이블
0	20
1	2
2	9
3	
4	16
5	
6	6

해설

① k에 9 대입 → h(9) = 9 mod 7 나머지가 2이므로 버킷 2에 9를 삽입

• 나머지가 2인 경우 : 충돌이 발생한 경우 2 + 1, 2 + 4, 2 + 9 …

② k에 16 대입 → h(16) = 16 mod 7 나머지가 2

충돌이 발생 : 주소 2 + 1, 버킷 3에 16을 삽입

③ k에 2 대입 → h(2) = 2 mod 7 나머지가 2

충돌이 발생 : 주소 2 + 1, 버킷 3에 삽입할 수 없으므로 주소 2 + 4, 버킷 6에 2를 삽입

• 나머지가 6인 경우 : 충돌이 발생한 경우 6 + 1, 6 + 4, 6 + 9 …

④ k에 6 대입 → h(6) = 6 mod 7 나머지가 6

충돌이 발생 : 주소 6 + 1, 7이지만 해당하는 버킷이 없으므로 다시 7로 나누어 나머지를 구한다. 7 mod 7은 나머지가 0, 버킷 0에 6을 삽입

⑤ k에 20 대입 → h(20) = 20 mod 7 나머지가 6

충돌이 발생 : 주소 6 + 4, 10이지만 해당하는 버킷이 없으므로 다시 7로 나누어 나머지를 구한다. 10 mod 7은 나머지가 3

충돌이 발생 : 주소 6 + 9, 15이지만 해당하는 버킷이 없으므로 다시 7로 나누어 나머지를 구한다. 15 mod 7은 나머지가 1, 버킷 1에 20을 삽입하면 작업완료

○ 핵심 정리로 개념 확인

1 해싱(Hashing)

① 어떤 다른 레코드의 참조 없이 어떤 키 변환에 의하여 원하는 레코드에 직접 접근할 수 있도록 구성하는 것

② 해시 테이블(Hash Table)이라는 기억공간을 할당하고, 해싱 함수(Hashing Function)를 이용하여 레코드 키에 대한 Hash Table 내의 홈 주소(Home Address)를 계산한 후 주어진 레코드를 해당 기억장소에 저장하거나 검색작업을 수행하는 방식

• 해시 테이블(Hash Table) : 레코드를 1개 이상 보관할 수 있는 Home Bucket들로 구성한 기억공간

• 해싱 함수(Hashing Function) : 모든 버킷에 같은 수의 데이터가 들어갈 수 있도록 수학식을 구성

2 제산법(Division Method)

레코드의 키(key) 값을 임의의 소수(배열의 크기)로 나누어 그 나머지 값을 해시 값으로 사용하는 방법

예 다음 데이터의 해시 값을 제산법으로 구하여 11개의 원소를 갖는 배열에 저장하려고 한다. 해시 값의 충돌(collision)이 발생하는 데이터는? 10. 문4

〈보기〉

111, 112, 113, 220, 221, 222

해설

해시 값의 충돌이 발생하는 경우는 키 값을 배열로 나누었을 때 나머지가 동일한 경우를 찾으면 된다. 따라서 주어진 키 값을 배열(11)로 나누어 몫과 나머지를 구하면

111÷11, 몫=10, 나머지=1

112÷11, 몫=10, 나머지=2

113÷11, 몫=10, 나머지=3

220÷11, 몫=20, 나머지=0

221÷11, 몫=20, 나머지=1

222÷11, 몫=20, 나머지=2

나머지가 같은 경우는 111과 221, 112와 222

○ 한 줄 문제로 마무리 확인

01. ______________ 은(는) 레코드의 키 값을 임의의 다른 기수 값으로 변환하여 그 값을 홈 주소로 이용하는 방법이다.

02. 중간 제곱법(Mid-Square Method)은 값을 제곱하여 결괏값 중 중간 자릿수를 선택하여 그 값을 홈 주소로 이용하는 방법이다. (　　)

03. ______________ 은(는) 주어진 모든 키 값들에서 그 키를 구성하는 자릿수들의 분포를 조사하여 비교적 고른 분포를 보이는 자릿수들을 필요한 만큼 선택하는 방법을 말한다.

정답

01. 기수 변환법(Radix Conversion Method)

02. ○

03 숫자 분석법(Digit Analysis Method, 계수 분석법)

빈출키워드 49

★★★★ 회독 ■■■

관계형 데이터베이스

CHECK POINT

릴레이션, 어트리뷰트, 튜플, 후보키, 개체 무결성, 참조 무결성

○ 기출 문제로 실력 확인

〈보기〉의 직원 테이블에서 키(key)와 관련된 설명으로 옳지 않은 것은?(단 사번과 주민등록번호는 각각 유일한 값을 갖고, 부서번호는 부서 테이블을 참조하는 속성이며, 나이가 같은 동명이인이 존재할 수 있다) 16. 문8

〈보기〉

직원(사번, 이름, 주민등록번호, 주소, 나이, 성별, 부서번호)

① 부서번호는 외래키이다.
② 사번은 기본키가 될 수 있다.
❸ (이름, 나이)는 후보키가 될 수 있다.
④ 주민등록번호는 대체키가 될 수 있다.

후보키는 유일성(하나의 키로 하나의 레코드 식별)과 최소성(최소한의 속성으로 레코드 식별)을 만족하는 키여야 함

○ 핵심 정리로 개념 확인

1 관계형 데이터베이스

데이터 간의 관계를 테이블(Table) 구조로 나타내는 데이터베이스로서, 이는 개체를 표현하는 데 있어 속성과 속성 간의 연관관계를 파악하여 테이블 형태로 표현함

2 관계형 데이터베이스의 기본 용어 10. 문6

① 릴레이션(Relation) : 데이터 간의 관계를 열(Column, 세로)과 행(Row, 가로)으로 된 격자 모양의 표(Table)

릴레이션 스킴과 릴레이션 인스턴스로 구성

② 어트리뷰트(Attribute) : 테이블에서 열(Column)에 해당, 데이터의 가장 작은 논리적 단위로서 파일 구조상의 데이터 항목 또는 데이터 필드에 해당

속성

③ 튜플(Tuple) : 테이블에서 행(Row)에 해당, 릴레이션 스킴에 따라 각 속성으로 실제 값이 입력되었을 때 하나의 행
값에 해당하는 개념

④ 도메인(Domain) : 어트리뷰트가 취할 수 있는 값들의 집합이다.

⑤ 차수(디그리, Degree) : 속성(Attribute)의 개수, 즉 필드의 개수

⑥ 기수(카디널리티, Cardinality) : 하나의 릴레이션에 형성된 튜플의 개수, 즉 레코드의 수

⑦ 널(NULL) : 정의되지 않은 값을 말하는 것, 0이나 공백의 의미와는 구별

⑧ 키(Key) : 각각의 튜플을 유일하게 구분할 수 있는 개념

관계형 모델에서 특히 중요

3 관계형 데이터베이스에서 사용되는 키(Key)의 종류

① 후보키(Candidate Key) 16. 문8

- 레코드(튜플)를 유일하게 구분할 수 있는 속성
- 유일성(하나의 키로 하나의 레코드 식별)과 최소성(최소한의 속성으로 레코드 식별)을 만족하는 키

  하나의 속성에 형성된 실제 값이 동일한 값이 있다면 유일성이 없는 것
- 모든 릴레이션은 반드시 하나 이상의 후보키를 갖음

② 기본키(Primary Key)

- 후보키 중 데이터베이스의 설계자에 의해 선택된 한 개의 키를 의미
- 기본키로 선택된 속성은 중복되어서는 안 되고, 정의되지 않은 값(NULL)이 있어서는 안 됨

③ 대체(부)키(Alternate Key)

후보키 중 선택된 기본키를 제외한 모든 키는 대체키가 됨

④ 외래키(Foreign Key)

- 릴레이션 A와 B가 있다고 할 때 A 릴레이션에 있는 어떤 속성이 B 릴레이션에서 기본키가 될 때 이 속성을 데이터 무결성을 위해 외래키로 선언
- 외래키는 2개의 릴레이션에 대한 관계를 맺어 참조 무결성을 유지하기 위해 사용되는 키로서 한 릴레이션에서는 기본키로, 다른 릴레이션에서는 외래키로 쓰임

⑤ 슈퍼키(Super Key)

- 식별성을 부여하기 위해 두 개 이상의 속성들로 이루어진 키
- 최소성 없이 단지 튜플을 식별하기 위해 두 개 이상의 속성들의 집합으로 이루어진 키

4 무결성의 제약조건

① 도메인 무결성(Domain Integrity)

속성에 관련된 무결성

가장 기본적인 무결성 조건으로, 데이터베이스 릴레이션에서 주어진 속성으로 입력되는 모든 값은 그 속성으로 정의되거나 제약된 도메인 영역(범위) 내에 있어야 된다는 조건

② 개체 무결성(Entity Integrity) 21. 문1 / 18. 문9

하나의 릴레이션에서 기본키와 관련된 무결성

- 한 릴레이션의 기본키를 구성하는 어떠한 속성 값도 널(NULL) 값이나 중복 값을 가질 수 없다는 제약조건
- 하나의 릴레이션으로 삽입되거나 변경되는 튜플들에 대하여 정확한 값을 유지하는 성질로 하나의 릴레이션에 있는 튜플은 중복된 튜플이 있어서는 안 된다는 제약임

③ 참조 무결성(Referential Integrity) 21. 문1 / 19. 문19

- 2개의 릴레이션에서 기본키와 외래키와 관련된 무결성
- 릴레이션에 있는 튜플 정보가 다른 릴레이션에 있는 튜플 정보와 비교하여 관계성이 있으며, 관계되는 정보의 정확성을 유지하는가를 규정하는 것으로 외래키에 의해 유지됨

○ 한 줄 문제로 마무리 확인

01. 튜플(Tuple)은 테이블에서 열에 해당된다. (　　)
02. 검색 연산의 수행 결과는 어떠한 참조 무결성 제약조건도 위배하지 않는다. (　　)
03. 참조하는 릴레이션에서 튜플이 삭제되는 경우, 참조 무결성 제약조건이 위배될 수 있다. (　　)
04. 데이터베이스 설계 시에 양질의 데이터베이스를 구축하기 위하여 데이터베이스 릴레이션을 정규화한다. 이때 한 릴레이션 내의 튜플들 간의 관계를 고려한다. (　　)

정답

01. ×
02. ○
03. ×
04. ×

빈출키워드 50

★★★ 회독 ■■■

관계데이터 연산과 질의 최적화

CHECK POINT

집합 연산자, 관계 연산자, 연산 우선순위에 따른 규칙

○ 기출 문제로 실력 확인

데이터베이스 관리시스템(DBMS)에서 질의 처리를 빠르게 수행하기 위해 질의를 최적화한다. 질의 최적화 시에 사용하는 경험적 규칙으로서 알맞지 않은 것은? 10. 문19

① 추출(project) 연산은 일찍 수행한다.

❷ 조인(join) 연산은 가능한 한 일찍 수행한다.

③ 선택(Select) 연산은 가능한 한 일찍 수행한다.

④ 중간 결과를 적게 산출하면서 빠른 시간에 결과를 줄 수 있어야 한다.

최적화를 위해, 중간 튜플의 개수를 줄이기 위해 select 문 실행 → project로 불필요한 속성을 줄임 → join으로 관련 결과를 조합함. 따라서 join 연산은 마지막 단계에서 실행

○ 핵심 정리로 개념 확인

1 관계 데이터 연산

① 관계 대수(Relation Algebra)

- 릴레이션으로부터 필요한 릴레이션을 만들어내는 연산자의 집합
- 원하는 정보와 그 정보를 어떻게 유도하는가를 기술하는 절차적 방법임

② 관계 대수의 분류

- 집합 연산자

연산자	기호	의미
합집합(Union)	A∪B	A 릴레이션 또는 B 릴레이션에 속하는 튜플의 집합을 구함
교집합(Intersection)	A∩B	A 릴레이션과 B 릴레이션에 공통으로 속하는 튜플의 집합을 구함
차집합(Difference)	A－B	A 릴레이션에는 속하지만, B 릴레이션에는 속하지 않는 튜플의 집합을 구함
곱집합 (Cartesian Product)	A×B	A 릴레이션에 속하는 각 튜플에 B 릴레이션에 속하는 모든 튜플을 접속하여 구성된 튜플의 집합을 구함

• 관계 연산자 14. 문19

연산자	기호	의미
셀렉션(Selection)	$\sigma a\theta b(R)$	R 릴레이션에서 aθb 조건을 만족하는 튜플을 구함(수평적 부분집합)
프로젝션(Projection)	$\pi a\theta b(R)$	R 릴레이션에서 aθb 속성 값으로 이루어진 튜플을 구함(수직적 부분집합)
조인(Join)	A▷◁B	A 릴레이션과 B 릴레이션에서 공통된 속성 값이 들어 있는 경우를 접속하여 튜플의 집합을 구함
디비전(Division)	A÷B	A 릴레이션과 B 릴레이션이 있을 때 B 릴레이션의 모든 조건을 만족하는 경우의 튜플들을 A 릴레이션에서 구함

2 질의 최적화

① 질의 최적화 : 사용자의 질의를 효율적으로 실행되는 동등한 질의로 바꾸는 것

② 질의 최적화 단계 : 질의를 내부 표현으로 변환 → 표준 형태로 바꿈 → 하위 단계의 후보 프로시저를 선택 → 질의 실행 계획을 세우고 수행 비용이 적게 드는 것을 선택

③ 질의 최적화를 위한 경험적 규칙 10. 문19

• 연산 우선순위에 따른 규칙

우선순위	연산자	기호	연산자	기호
높음	프로젝션(Projection)	π(파이)	셀렉션(Selection)	σ(시그마)
↑	곱집합(Cartesian Product)	×	• 조인(Join) • 디비전(Division)	▷◁ ÷
↓ 낮음	차집합(Difference)	-	• 합집합(Union) • 교집합(Intersection)	∪ ∩

• 선택(Select, 셀렉션) 연산을 가능한 한 일찍 수행하여 튜플(Tuple) 수를 줄임
• 추출(Project, 프로젝션) 연산을 가능한 한 일찍 수행하여 속성(Attribute) 수를 줄임
• 중간 결과를 적게 산출하면서 빠른 시간에 결과를 줄 수 있어야 함

○ 한 줄 문제로 마무리 확인

01. 관계 연산자 중 A 릴레이션과 B 릴레이션에서 공통된 속성 값이 들어 있는 경우를 접속하여 튜플의 집합을 구하는 것을 ______________이라고 한다.

정답

01. 조인(Join)

빈출키워드

51

★★★★★

회독 ■■■

SQL의 분류

CHECK POINT

DDL(데이터 정의어), DML(데이터 조작어), DCL(데이터 제어어)

○ 기출 문제로 실력 확인

SQL의 명령을 DDL, DML, DCL로 구분할 경우, 이를 바르게 짝지은 것은? 19. 문13

	DDL	DML	DCL
❶	RENAME	SELECT	COMMIT
②	UPDATE	SELECT	GRANT
③	RENAME	ALTER	COMMIT
④	UPDATE	ALTER	GRANT

- DDL : CREATE, ALTER, DROP, RENAME, TRUNCATE, COMMENT
- DML : SELECT, INSERT, UPDATE, DELETE, MERGE, CALL, EXPLAIN PLAN, LOCK TABLE
- DCL : GRANT, REVOKE, COMMIT, ROLLBACK

○ 핵심 정리로 개념 확인

1 DDL(데이터 정의어)

① Schema, Domain, Table, View, Index를 정의하거나 변경 또는 삭제할 때 사용하는 언어

② 데이터베이스 관리자나 데이터베이스 설계자가 사용

③ CREATE, ALTER, DROP, RENAME, TRUNCATE, COMMENT

2 DML(데이터 조작어) 18. 문2

① 데이터베이스 사용자가 응용 프로그램이나 질의어를 통해 저장된 데이터를 실질적으로 처리하는 데 사용하는 언어

② 데이터베이스 사용자와 데이터베이스 관리 시스템 간의 인터페이스 제공

③ SELECT, INSERT, UPDATE, DELETE, MERGE, CALL, EXPLAIN PLAN, LOCK TABLE

기존 레코드의 열 값을 갱신할 경우 사용하며, 연산자를 이용하여 빠르게 레코드를 수정

3 DCL(데이터 제어어)

① 데이터의 보안, 무결성, 데이터 회복, 병행 수행 제어 등을 정의하는 데 사용하는 언어

② 데이터베이스 관리자가 데이터 관리를 목적으로 사용

③ GRANT, REVOKE, COMMIT, ROLLBACK

○ 한 줄 문제로 마무리 확인

1. SQL의 명령을 DDL, DML, ______________로 구분한다.

2. DML은 데이터베이스 관리자가 데이터 관리를 목적으로 사용한다. (   )

정답

01. DCL

02. ×

빈출키워드

52

★★★★★

회독 ■■■

SQL의 뷰(View)

CHECK POINT

뷰의 개념, 뷰의 생성, 뷰의 장점

○ 기출 문제로 실력 확인

관계형 데이터베이스의 뷰(View)에 대한 장점으로 옳지 않은 것은? 18. 문19

① 뷰는 데이터의 논리적 독립성을 일정 부분 제공할 수 있다.

② 뷰를 통해 데이터의 접근을 제어함으로써 보안을 제공할 수 있다.

❸ 뷰에 대한 연산의 제약이 없어서 효율적인 응용프로그램의 개발이 가능하다.

삽입, 갱신, 삭제 연산에서 제약이 있음

④ 뷰는 여러 사용자의 상이한 응용이나 요구를 지원할 수 있어서 데이터 관리를 단순하게 한다

○ 핵심 정리로 개념 확인

1 뷰(View)의 개념

① 다른 테이블을 기반으로 만들어진 데이터를 실제로 저장하고 있지 않은 가상 테이블

② CREATE VIEW 명령을 이용하여 정의하며, 뷰를 이용한 또 다른 뷰를 생성할 수 있음

2 뷰(View)의 생성

① CREATE VIEW SQL 명령어를 사용

② CREATE VIEW 명령어 다음으로 뷰의 이름을 설정

③ 뷰를 구성하는 속성의 이름 정렬

④ 기본 테이블에 대한 SELECT문 제시

3 뷰의 장점

① 논리적 데이터 독립성 제공

② 여러 사용자의 상이한 응용이나 요구를 편리하게 지원하여 사용자의 데이터 관리를 간편하게 해줌

③ 뷰를 통해 데이터의 접근을 제어함으로써 숨겨진 데이터를 위한 자동 보안 제공

④ 질의문을 쉽게 작성할 수 있음

○ 한 줄 문제로 마무리 확인

1. 뷰를 통해 데이터의 접근을 제어함으로써 보안을 제공할 수 있다. (　　)
2. 뷰에 대한 연산의 제약이 없어서 효율적인 응용프로그램 개발이 가능하다. (　　)

정답

01. ○

02. ×

빈출키워드

53

★★★★★

회독 ■■■

SQL을 이용한 데이터 조작

CHECK POINT

데이터 삭제, SQL의 내장 집계함수(Aggregate Function)

○ 기출 문제로 실력 확인

사원(사번, 이름) 테이블에서 사번이 100인 튜플을 삭제하는 SQL문으로 옳은 것은?(단, 사번의 자료형은 INT이고, 이름의 자료형은 CHAR(20)으로 가정한다) 14. 문16

❶ DELETE FROM 사원
WHERE 사번 = 100;

② DELETE IN 사원
WHERE 사번 = 100;

③ DROP TABLE 사원
WHERE 사번 = 100;

④ DROP 사원 COLUMN
WHERE 사번 = 100;

- 튜플을 삭제하는 SQL 구문 : DELETE FROM 테이블명 WHERE 조건;
- 테이블을 삭제하라는 SQL 구문 : DROP TABLE 테이블명;
- 사번의 자료형이 INT형이므로 정수 100을 대입하지만 CHAR형인 경우 문자이므로 '100'으로 조건에 기술
  예 WHERE 사번 = '100'

○ 핵심 정리로 개념 확인

1 데이터 검색

SELECT로 조작

① 기본검색

SELECT [ALL | DISTINCT] 속성리스트 FROM 테이블 리스트;

- 검색하고 싶은 속성의 이름을 콤마로 구분
- 모든 속성을 검색하기 위해 속성의 이름을 전부 나열하지 않고 *를 사용
- ALL은 결과 테이블이 중복을 허용할 때, DISTINCT는 중복을 제거하고 한 번씩만 출력할 때 사용

② 산술식을 이용한 검색

SELECT name, price + 500 AS 조정단가 FROM product

- 산술식은 속성의 이름과 +, -, *, / 등의 산술 연산자와 상수로 구성
- 제품 테이블에서 제품명과 단가 속성을 검색하되, 단가에 500원을 더해 조정단가라는 새 이름으로 출력

③ 조건 검색

SELECT [ALL | DISTINCT] 속성리스트 FROM 테이블 리스트 [WHERE 조건];

- WHERE 키워드와 함께 비교 연산자와 논리 연산자를 이용하여 검색 조건 제시
- 비교 연산자를 이용해 문자 · 날짜 값 비교 가능

) LIKE를 이용한 검색

SELECT 속성리스트 FROM 테이블 리스트 [WHERE 조건] [LIKE 조건];

- 검색 조건을 부분적으로 알고 싶을 경우 LIKE 키워드 사용하여 검색
- 검색조건을 정확히 안다면 연산자로 조건 표현
- LIKE 키워드와 함께 사용할 수 있는 기호
  - % : 0개 이상의 문자(문자의 내용과 개수는 관계없음)
  - _ : 한 개의 문자(문자의 내용은 관계없음)

) 정렬검색

SELECT [ALL | DISTINCT] 속성리스트 FROM 테이블 리스트 [WHERE 조건] [ORDER BY 속성 리스트 [ASC | DESC]];

- 일반적으로 SELECT문의 검색 결과 테이블은 DMS가 정한 순서로 출력

SQL의 내장 집계함수 10. 문10

- COUNT( ) : 개수
- SUM( ) : 합계
- MAX() : 최댓값
- MIN( ) : 최솟값
- AVG( ) : 평균

Select문의 구성 16. 문6 / 08. 문10

- WHERE절 : 검색할 조건식을 기술
- GROUP BY절 : 특정 속성을 기준으로 그룹화하여 검색할 때 그룹화할 속성을 지정

  그룹함수와 함께 사용
- HAVING절 : GROUP BY와 함께 사용되며, 그룹에 대한 조건식을 지정

데이터 삽입

INSERT로 조작

데이터 직접 삽입

INSERT INTO 테이블 이름[(속성 리스트)] VALUES(속성값 리스트);

- INTO 키워드 다음에 투플을 삽입할 테이블 이름 작성

  행으로 파일 관리 시스템에서 해당 파일의 레코드에 대응하는 개념
- VALUES절의 속성 값은 문자나 날짜 타입인 경우 작은따옴표로 묶음

② 부속 질의문을 이용한 데이터 삽입

INSERT INTO 테이블 이름[(속성 리스트)] SELECT 문;

3 데이터의 수정

UPDATE 테이블 이름 SET 속성 이름1 = 값1, 속성 이름2 = 값2, … [WHERE 조건];

① 테이블에 저장된 투플에서 특정 속성의 값은 SET 다음에 작성

② WHERE절에 제시된 조건의 투플만 속성 값을 수정하는데, WHERE절 생략 시 테이블에 존재하는 모든 투플을 SET절에서 지정한 대로 속성 값 내용을 수정

4 데이터의 삭제

DELETE FROM 테이블 이름 [WHERE 조건];

① DELETE 문은 WHERE 절의 조건에 만족하는 투플만 삭제

② WHERE 절을 생략하면 테이블에 존재하는 모든 투플을 삭제

○ 한 줄 문제로 마무리 확인

01. TOTAL은 내장 집계함수(aggregate function)이다. (　　)

02. 데이터를 검색할 때 사용되는 SQL 문은 SELECT이다. (　　)

정답

01. ×

02. ○

빈출키워드

54

★★★★

회독 ■■■

데이터 정규화/정규형

CHECK POINT

관계 스키마 설계의 원칙, 정규화의 과정, 정규형의 종류

○ 기출 문제로 실력 확인

〈보기〉는 관계형 데이터베이스의 정규화 작업을 설명한 것이다. 제1정규형, 제2정규형, 제3정규형, BCNF를 생성하는 정규화 작업을 순서대로 나열한 것은? 16. 문16

〈보기〉

ㄱ. 결정자가 후보키가 아닌 함수 종속성을 제거한다.

BCNF : 결정자이면서 후보키가 아닌 것 제거

ㄴ. 부분 함수 종속성을 제거한다.

2NF : 부분 함수적 종속 관계를 제거해야 함

ㄷ. 속성을 원자값만 갖도록 분해한다.

1NF : 도메인이 원자값으로만 되어 있어야 함

ㄹ. 이행적 함수 종속성을 제거한다.

3NF : 이행 함수적 종속 제거

① ㄱ → ㄴ → ㄷ → ㄹ

② ㄱ → ㄷ → ㄹ → ㄴ

③ ㄷ → ㄱ → ㄴ → ㄹ

❹ ㄷ → ㄴ → ㄹ → ㄱ

○ 핵심 정리로 개념 확인

1 관계 스키마 설계의 원칙

① 필요한 속성(Attribute), 개체(Entity), 관계성(RelationShip)을 식별하여 릴레이션 구성

② 불필요한(원하지 않는) 데이터의 중복이 발생하지 않도록 설계

③ 불필요한(원하지 않는) 데이터의 종속이 발생하지 않도록 설계

④ 속성 사이의 관계성과 데이터의 종속성을 고려하여 설계

⑤ 효율적 데이터 처리와 일관성 유지방법 등을 고려하여 설계

2 이상 현상(Anomaly)

릴레이션 스킴의 잘못으로 불필요한 데이터 중복을 초래하게 되고, 이러한 데이터 중복은 릴레이션을 조작할 때 이상 현상을 발생시킴

① 삭제 이상 : 한 튜플을 삭제함으로써 연쇄 삭제 현상으로 인한 정보의 손실을 말하며, 임의의 튜플을 삭제했을 때 그 과 관계를 맺고 있는 관계성까지 삭제되어 필요한 정보까지 삭제되는 결과를 초래

② 삽입 이상 : 임의의 튜플을 삽입했을 때 삽입할 의도가 없던 불필요한 데이터까지 함께 삽입되는 현상

③ 갱신 이상 : 튜플에 있는 속성 값을 갱신할 때 일부 튜플의 정보만 갱신되어 정보에 모순이 생기는 현상

3 정규화(Normalization)

① 하나의 릴레이션에 하나의 의미만 존재할 수 있도록 릴레이션을 분해하는 과정

② 정규형(NF, Normal Form)은 특정 조건에 만족하는 릴레이션 스키마의 형태를 의미

기본 정규형 : 1NF, 2NF, 3NF, BCNF
고급 정규형 : 4NF, 5NF

4 정규화(Normalization)의 과정 및 정규형(NF; Normal Form)의 종류 14. 문13

과 정		종 류
	비정규형	
원자값이 아닌 도메인 분해	↓	
	제1정규형 (1NF)	• 어떤 릴레이션 R에 속한 모든 도메인이 원자값만으로 된 릴레이션 Atomic Value : 분해될 수 없는 값 • 하나의 항목에는 중복된 값이 입력될 수 없음
부분 함수 종속 제거	↓	
	제2정규형 (2NF)	• 릴레이션 R이 1NF를 만족하면서, 키가 아닌 모든 속성이 기본키에 완전 함수 종속인 릴레이션 • 부분 함수적 종속관계 제거해야 함
이행 함수 종속 제거	↓	
	제3정규형 (3NF)	• 릴레이션 R이 2NF를 만족하면서, 키가 아닌 모든 속성들이 기본키에 이행적으로 함수 종속되지 않는 릴레이션 • 이행 함수적 종속 제거
결정자이면서 후보키가 아닌 함수 제거	↓	
	보이스 코드 정규형 (BCNF) Boyce-Codd Normal Form	• 릴레이션의 모든 결정자가 후보키인 릴레이션 • 결정자이면서 후보키가 아닌 것 제거
다치 종속 제거	↓	

	제4정규형 (4NF)	• 다중치(다치) 종속인 릴레이션. 릴레이션 R에 A, B, C 세 개의 속성이 속해 있을 때 속성(A, C)의 도메인 값에 대응되는 B의 도메인 값 집합이 C값에 독립이면, B는 A에 다중치 종속이라 함. 기호로는 A →→ B로 표시 • 다치 종속 제거
후보키를 통하지 않은 조인 종속 제거	↓	
	제5정규형 (5NF)	• 조인 종속인 릴레이션. {A, B, …}를 릴레이션 R의 부분집합이라고 할 때, 릴레이션 R에서 {A, B, …}를 프로젝션 한 것들을 조인한 것과 원래의 릴레이션 R이 같다면 릴레이션 R은 조인 종속(JD, Join Dependency)을 만족시킴

○ 한 줄 문제로 마무리 확인

1. 어떤 릴레이션 R(A, B, C, D)이 복합 애트리뷰트 (A, B)를 기본키로 가지고, 함수 종속이 {A, B} → C, D / B → C / C → D와 같을 때 이 릴레이션 R은 ______________에 속한다.

정답

01. 제1정규형

빈출키워드 55

★★★ 회독 ■■■

트랜잭션

CHECK POINT

트랜잭션의 특성(원자성, 일관성, 독립성, 영속성), 트랜잭션의 연산

○ 기출 문제로 실력 확인

트랜잭션의 특성과 이에 대한 설명으로 옳지 않은 것은? 12. 문13

① 원자성(atomicity) : 트랜잭션은 완전히 수행되거나 전혀 수행되지 않아야 한다.

② 일관성(consistency) : 트랜잭션을 완전히 실행하면 데이터베이스를 하나의 일관된 상태에서 다른 일관된 상태로 바꿔야 한다

③ 고립성(isolation) : 하나의 트랜잭션의 실행은 동시에 실행 중인 다른 트랜잭션의 간섭을 받아서는 안 된다.

❹ 종속성(dependency) : 완료한 트랜잭션에 의해 데이터베이스에 가해진 변경은 어떠한 고장에도 손실되지 않아야 한다.

종속성(dependency)이 아니라 영속성(durability)에 해당

○ 핵심 정리로 개념 확인

1 트랜잭션(Transaction)

① 한꺼번에 모두 수행되어야 할 일련의 데이터베이스 연산들을 의미

② 데이터베이스 시스템에서 복구 및 병행 시행 시 처리되는 작업의 논리적 단위

2 트랜잭션의 특성 12. 문13

트랜잭션은 일부만 수행된 상태로 종료되어서는 안 됨

① 원자성(Atomicity) : 완전수행 완료되지 않으면 전혀 수행되지 않아야 함(All or Nothing)

② 일관성(Consistency) : 트랜잭션의 실행은 데이터베이스의 일관성을 유지해야 함

③ 독립성(Isolation, 격리성) : 임의의 트랜잭션은 동시에 수행되는 다른 트랜잭션에 방해를 받아서는 안 됨

④ 영속성(Durability, 지속성, 계속성) : 트랜잭션이 일단 그 실행을 성공적으로 완료하면 그 결과는 영속적이어야 함

그 결과는 어떠한 경우라도 보장을 받아야 함

3 트랜잭션의 상태

① Active(활동) : 트랜잭션이 실행 중인 상태

② Failed(장애) : 트랜잭션 실행에 오류가 발생하여 중단된 상태

③ Aborted(철회) : 트랜잭션이 비정상적으로 종료되어 Rollback 연산을 수행한 상태

④ Partially Committed(부분 완료) : 트랜잭션의 마지막 연산까지 실행했지만, Commit 연산이 실행되기 직전의 상태

⑤ Committed(완료) : 트랜잭션이 성공적으로 종료되어 Commit 연산을 실행한 후의 상태

4 트랜잭션의 연산

① Commit(완료) : 트랜잭션 실행이 성공적으로 종료되었음을 알리는 연산자

② Rollback(복귀) : 트랜잭션이 실패했음을 알리는 연산자

트랜잭션이 수행한 결과를 원래의 상태로 복귀시켜야 하는 상태를 말함

○ 한 줄 문제로 마무리 확인

01. 데이터베이스에서 하나의 논리적 기능을 수행하기 위한 작업의 단위는 ____________ 이다.

정답

01. 트랜잭션

빈출키워드

56

★★★

회독 ■■■

소프트웨어 개발 프로세스

CHECK POINT

프로토타입 모형, 애자일 개발 방법론

○ 기출 문제로 실력 확인

소프트웨어 생명주기 모형 중 프로토타입(Prototype) 모형에 대한 설명으로 옳은 것을 〈보기〉에서 고른 것은? 14. 문20

〈보기〉

ㄱ. 프로토타입 모형의 마지막 단계는 설계이다.
구현

ㄴ. 발주자가 목표 시스템의 모습을 미리 볼 수 있다.

ㄷ. 폭포수 모형보다 발주자의 요구사항을 반영하기가 용이하다.

ㄹ. 프로토타입별로 구현시스템에 대하여 베타테스트를 실시한다.
실시하지 않는다.

① ㄱ, ㄴ
❷ ㄴ, ㄷ
③ ㄷ, ㄹ
④ ㄱ, ㄹ

○ 핵심 정리로 개념 확인

1 프로토타입(Prototype) 모형

① 사용자의 요구 사항을 정확히 파악하기 위해 실제 개발될 소프트웨어에 대한 견본(시제품)을 만들어 최종 결과물을 예측하는 모형

② 폭포수 모형의 단점을 보완하며 유지보수 단계가 개발 단계 안에 포함
계획, 분석, 설계, 구현, 테스트, 유지보수의 각 단계가 하향식으로 진행

③ 요구 수집 – 빠른 설계 – 프로토타입 구축 – 고객 평가 – 프로토타입 조정 – 구현

2 애자일 개발 방법론(Agile Software Development) 18. 문13

① 프로세스와 도구 중심이 아닌 개발 과정의 소통을 중요하게 생각하는 소프트웨어 개발 방법론

② 개발 대상을 다수의 작은 기능으로 분할하여 하나의 기능을 하나의 반복 주기 내에 개발하는 방법

③ 변화에 신속 · 유연하며 적응적인 소프트웨어 개발을 목표로 함

3 나선형 모형

요구 분석 – 위험 분석 – 개발 – 평가

프로토타입과 다른 점임

○ 한 줄 문제로 마무리 확인

01. ______________ 은 유지보수 단계가 개발 단계 안에 포함되어 있어 발주자의 요구사항을 충실히 반영한다.

02. 애자일 개발 방법론은 도구 중심이 아닌 개발 과정에서의 개개인과의 소통을 중시한다. (　　)

정답

01. 프로토타입 모형

02. ○

빈출키워드

57

★★★

회독 ■■■

디자인 패턴

CHECK POINT

디자인 패턴의 개념, 디자인 패턴의 종류 및 기능

○ 기출 문제로 실력 확인

다음에서 설명하는 디자인 패턴으로 옳은 것은? 19. 문12

클라이언트와 서브시스템 사이에 OOO 객체를 세워놓음으로써 복잡한 관계를 구조화한 디자인 패턴이다. OOO 패턴을 사용하면 서브시스템의 복잡한 구조를 의식하지 않고, OOO에서 제공하는 단순화된 하나의 인터페이스만 사용하므로 클래스 간의 의존관계가 줄어들고 복잡성 또한 낮아지는 효과를 가져온다.

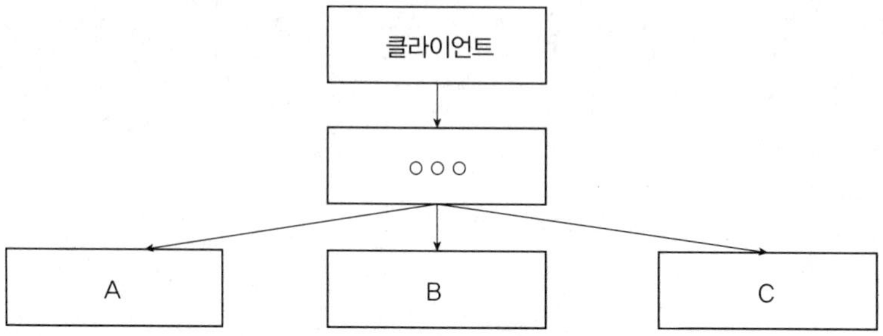

① MVC pattern

MVC pattern(모델–뷰–컨트롤러) : 사용자 인터페이스로부터 비즈니스 로직을 분리, 애플리케이션의 시각적 요소나 그 이면에서 실행되는 비즈니스 로직을 서로 영향 없이 쉽게 고칠 수 있는 애플리케이션을 만들 수 있는 패턴

❷ facade pattern

Facade pattern(퍼사드 패턴) : 객체지향 프로그래밍 분야에서 자주 사용

③ mediator pattern

④ bridge pattern

○ 핵심 정리로 개념 확인

1 디자인 패턴 18. 문4

① 소프트웨어 설계에서 자주 사용하는 설계형태를 정형화하여 유형별로 가장 적절한 설계를 만들어둔 것

② 디자인 패턴을 이용하면 효율성과 재사용성을 높임

2 GoF 디자인 패턴분류

GoF(Gang of Four) : 에릭 감마, 리처드 헬름, 랄프 존슨, 존 블리시데스가 제안한 디자인 패턴

생성 패턴	기능	• 객체 생성에 관련된 패턴 • 객체(Object) : 필요한 자료구조와 이에 수행되는 함수들을 가진 하나의 소프트웨어 모듈로 Attribute와 메소드로 구성 • 속성(Attribute) : 객체가 갖는 절대적 자료형, 속성, 데이터, 상태, 변수, 자료구조 등과 같은 말 • 메소드(Method) : 객체지향의 기본 개념 중 객체가 메시지를 받아 실행해야 할 객체의 구체적인 연산을 정의, 함수, 연산, 오퍼레이션 등과 같은 말 • 객체의 생성 · 변경이 프로그램 구조에 큰 영향이 없도록 유연성을 높이고 코드의 유지를 쉽게 함
	종류	• Factory Method : 인터페이스로 객체들을 정의, 팩토리가 인스턴스를 생성하는 패턴 인터페이스 : 객체가 정의하는 연상의 모든 시그니처, 객체가 받아서 처리할 수 있는 연산의 집합, 외부에 오픈 인스턴스(Instance) : 분류를 기반으로 추상화된 것에서 구체화된 것 • Singleton : 단 하나의 인스턴스를 생성해 사용하는 패턴 • Abstract Factory : 기존 팩토리 방식에서 상위 팩토리를 통해 구체적 팩토리 생성 • Builder : 생성인자가 많을 때, 빌더 객체를 통해 구체적 객체생성 • Prototype : 미리 만들어진 객체를 복사해서 객체를 생성하는 방식
구조 패턴	기능	• 프로그램 구조와 관련된 패턴 • 클래스나 객체를 조합해 더 큰 구조를 만드는 패턴 클래스(Class) : 공통된 속성과 (연산)행위를 갖는 개체의 집합
	종류	• Aadapter : 서로 다른 인터페이스를 가진 두 클래스를 어댑터 클래스로 인터페이스를 통일시켜 사용하는 방법 • Bridge : 구현부에서 추상층을 분리, 각자 독립적으로 변형 · 확장 가능하도록 하는 패턴 • Composite : 단일 객체와 그 객체들을 가지는 집합 객체를 같은 타입으로 취급, 트리구조로 객체들을 엮는 패턴 • Decorator : 기본 객체에 추가적인 기능을 동적으로 유연하게 첨가하는 패턴 • Facade(퍼사드 패턴) : 단순화된 인터페이스를 통해 서브시스템을 더 쉽게 사용하기 위한 것으로 클라이언트 클래스와 서브시스템 클라이언트 사이에 facade라는 객체를 세워놓아 복잡한 관계를 구조화한 패턴 • Flyweight : 메모리 사용량을 줄이기 위해 동일한 것은 공유, 객체생성을 줄이는 패턴 • Proxy : 프록시 객체를 통해 기본 객체에 접근하는 패턴

행위 패턴	기능	반복적으로 사용되는 객체들의 상호작용을 패턴화한 것
	종류	• Interpreter : 문법규칙을 클래스화한 구조로 일련의 규칙으로 정의된 문법적 언어를 해석, SQL과 같은 계층적 언어를 해석하기 위해 계층구조로 표현 가능 • Template Method : 상위 클래스가 뼈대가 되는 로직 구성, 하위 클래스들이 이 로직의 요소들을 각각 구현하는 패턴 • Strategy : 행동/전략 등 동일계열의 알고리즘들을 인터페이스 - 캡슐화하고, 알고리즘들을 컴포지션으로 가지는 패턴 • Observer : 관찰대상의 상태가 변화했을 때 관찰자에게 통지하는 패턴 • State : 상태를 객체화하여 상태가 행동을 할 수 있도록 위임하는 패턴 • Visitor : 방문자와 방문공간을 분리하여, 방문공간이 방문자를 맞이할 때, 이후에 대한 행동을 방문자에게 위임하는 패턴 • Command : 특정 객체에 대한 커맨드를 객체화하여 이 커맨드 객체를 필요에 따라 처리하는 패턴 • Iterator : 컬렉션 구현방법을 노출시키지 않으면서도 그 집합체 안에 들어 있는 모든 항목에 접근할 수 있는 방법을 제공하는 패턴 • Mediator Pattern(중재자 패턴) : 클래스 간의 상호작용을 캡슐화하여 하나의 클래스에 위임하여 처리하는 패턴 • Memento : 객체를 이전 상태로 되돌릴 수 있는 기능을 제공하는 패턴 • Chain of Responsibility : 요청을 처리하는 동일 인터페이스 객체들을 체인 형태로 연결해놓은 패턴

캡슐화 : 객체를 정의할 때 연관된 자료구조와 함수를 하나로 묶는 것

○ 한 줄 문제로 마무리 확인

01. ______________(은)는 유사한 문제를 해결하기 위해 설계들을 분류하고 각 문제유형별로 가장 적합한 설계를 일반화하여 체계적으로 정리해놓은 것으로 소프트웨어 개발에서 효율성과 재사용성을 높일 수 있다.

정답

01. 디자인 패턴

빈출키워드

58

★★★

회독 ■■■

결합도

CHECK POINT

모듈, 결합도, 응집도

○ 기출 문제로 실력 확인

보기〉는 모듈화를 중심으로 한 소프트웨어 설계방법에 대한 설명이다. 빈칸의 내용을 올바르게 나열한 것은? 12. 문4

〈보기〉

- 결합도(coupling)와 응집도(cohesion)는 모듈의 (㉠)을 판단하는 기준이다.
  서브루틴, 하부 시스템, S/W 내 프로그램, 작업의 단위
- 결합도란 모듈 (㉡)의 관련성을 의미하며, 응집도란 모듈 (㉢)의 관련성을 의미한다.
- 좋은 설계를 위해서는 결합도는 (㉣), 응집도는 (㉤) 방향으로 설계해야 한다.

	㉠	㉡	㉢	㉣	㉤
●	독립성	사이	내부	작게	큰
)	독립성	내부	사이	크게	작은
)	추상성	사이	내부	작게	큰
)	추상성	내부	사이	크게	작은

○ 핵심 정리로 개념 확인

결합도와 응집도

) 모듈의 독립성을 판단하는 기준 : 결합도, 응집도

) 결합도(Coupling) 18. 문5

- 모듈 간의 상호 의존 정도 또는 모듈 간의 연관 관계를 의미

결합도 낮음 (가장 바람직)	자료 ↔ 구조 ↔ 제어 ↔ 외부 ↔ 공통 ↔ 내용	결합도 높음 (바람직하지 않음)

- 시스템을 설계할 때 필요한 설계 지침으로 모듈 분리가 자유로움
- 낮은 결합도를 유지해야 좋은데 이를 유지하려면 불필요한 관련성을 제거하고, 인터페이스의 수를 줄임

안심Touch

③ 응집도(cohesion) : 모듈 내부에 존재하는 구성 요소들 사이의 밀접한 정도

응집도 낮음 (바람직하지 않음)	우연적 ↔ 논리적 ↔ 시간적 ↔ 절차적 ↔ 교환적 ↔ 순차적 ↔ 기능적	응집도 높음 (가장 바람직)

④ 바람직한 설계 : 결합도 ↓, 응집도 ↑

○ 한 줄 문제로 마무리 확인

01. ____________를 약한 정도에서 강한 정도 순으로 나열하면 '자료 – 구조 – 제어 – 외부 – 공통 – 내용' 순이다.

02. 바람직한 설계를 위해 결합도는 높고, 응집도는 낮은 방향으로 가야 한다. (　　)

정답

01. 결합도

02. ×

빈출키워드

59

★★★

회독 ■■■

화이트/블랙박스 테스트

CHECK POINT

소프트웨어 테스트, 화이트박스 테스트, 블랙박스 테스트

○ 기출 문제로 실력 확인

소프트웨어 테스트에 대한 설명으로 옳지 않은 것은? 16. 문9

① 베타(beta) 테스트는 고객 사이트에서 사용자에 의해서 수행된다.

② 회귀(regression) 테스트는 한 모듈의 수정이 다른 부분에 미치는 영향을 검사한다.

❸ 화이트박스(white box) 테스트는 모듈의 내부구현보다는 입력과 출력에 의해 기능을 검사한다.

- 화이트박스 테스트 : 소프트웨어 내부구현과 소스코드 분석 테스트
- 블랙박스 테스트 : 데이터 또는 입출력 위주의 테스트

④ 스트레스(stress) 테스트는 비정상적으로 과도한 분량 또는 빈도로 자원을 요청할 때의 영향을 검사한다.

- 스트레스 테스트 : 정상보다 더 많은 부하를 주는 테스트
- 부하 테스트 : 일정 시간 동안 부하를 가하여 서버가 처리할 수 있는 최대 TPS와 응답시간을 산출(가장 일반적인 성능 테스트)

○ 핵심 정리로 개념 확인

▌소프트웨어 동적 테스트

블랙박스 테스트(명세기반 테스트) 14. 문12	화이트박스 테스트(구현기반 테스트)
• 제품이 수행할 특정 기능을 알기 위해 각 기능이 완전히 작동되는 것을 입증하는 검사. 기능 검사라고도 함 • 설계된 모든 기능의 정상적 수행여부 • 기초적 모델 관점과 데이터 · 입출력 위주의 검사방법 • 소프트웨어의 기능이 의도대로 작동하고 있는지, 입력은 적절하게 받아들였는지, 출력은 정확하게 생성되는지를 보여 주는 데 사용 • 블랙박스 검사의 오류 : 성능오류, 부정확한 기능오류, 인터페이스 오류, 자료구조상의 오류, 초기화 오류, 종료오류 등 • 블랙박스 테스트의 종류 : 균등(동치)분할 테스트, 경계값 테스트, 오류예측 테스트, 원인-효과 그래프 테스트, 비교 테스트 등	• 모듈 안의 작동을 직접 관찰 가능 • 원시코드의 모든 문장을 한 번 이상 수행함으로써 수행 • 프로그램의 제어구조에 따라 선택, 반복 등을 수행함으로써 논리적 경로 제어 • Nassi-Shneiderman 도표를 사용하여 검정기준 작성 • 프로그램 원시코드의 논리적 구조를 커버하도록 테스트 케이스를 설계하는 프로그램 테스트 방법 • 화이트박스 검사의 오류 : 세부적 오류, 논리구조상의 오류, 반복문 오류, 수행경로 오류 등 • 화이트박스 테스트의 종류 : 기초경로 테스트, 조건기준 테스트, 구조 테스트, 루프 테스트, 논리위주 테스트, 데이터 흐름 테스트 등

안심Touch

2 소프트웨어 개발단계에 따른 테스트

① 단위 테스트 : 프로그램의 기본단위인 모듈 테스트

② 통합 테스트 : 모듈통합과정에서 발생하는 오류를 찾는 테스트

③ 시스템 테스트 : 시스템 전체의 정상적 작동 여부 테스트

④ 인수 테스트 : 예상대로 동작하는지, 사용자의 요구사항에 맞는지 여부 확인 테스트

- 알파 테스트 : 사용자에 의해 테스트가 수행되지만 개발자 환경에서 통제된 상태로 수행
- 베타 테스트 : 일정 수의 사용자에게 사용 후 피드백을 받음. 보통 개발자는 참여하지 않음

⑤ 회귀 테스트 : 수정된 모듈과 관련 모듈에 미치는 영향 여부 테스트

○ 한 줄 문제로 마무리 확인

01. 기초경로 테스트는 블랙박스 테스트이다. (　　)

02. 비교 테스트는 블랙박스 시험의 종류이다. (　　)

03. 동치분할 시험은 블랙박스 시험의 종류이다. (　　)

04. 원인-효과 그래프 시험은 ______________류이다.

정답

01. ×

02. ○

03. ○

04. 블랙박스 시험

제5과목

상용한자·기초영어

빈출키워드

01 한자표기

★★★★★★★

회독 ■■■

CHECK POINT

올바른 한자표기 익히기

○ 기출문제로 실력 확인

밑줄 친 단어의 한자 표기가 모두 옳은 것은? 19. 문20

① 취급과정을 기록하는 우편물은 정당(定當) 수령인으로부터 수령 사실의 확인, 곧 서명, 또는 날인(捺印)을 받고 배달하여야 한다.

❷ 기타 예금의 소멸 원인으로는 변제공탁(辨濟供託), 상계(相計), 소멸시효의 완성 등이 있다.

③ 국제 반신우표권(返信郵票卷) 제도를 이용하면 이용자가 수취인에게 회신 요금의 부담(負膽)을 지우지 아니하고 외국으로부터 편리하게 회답을 받을 수 있다.

④ 신주인수권부사채(新株引受權付社債)는 채권자에게 일정기간이 경과(徑過)한 후에 일정한 가격으로 발행 회사의 일정 수의 신주를 인수할 수 있는 권리가 부여된 사채를 말한다.

해설

② • 변제공탁(辨濟供託) : 채무 변제의 목적물을 채권자를 위해 공탁소에 맡겨서 그 채무를 면제하는 제도

• 상계(相計) : 채무자와 채권자가 같은 종류의 채무와 채권을 가지는 경우에, 일방적 의사표시로 서로의 채무와 채권을 같은 액수만큼 소멸함 또는 그런 일

① • 정당(定當) → 정당(正當) : 이치에 맞아 올바르고 마땅함 * 定 : 정할 정, 正 : 바를 정

• 날인(捺印) → 날인(捺印) : 도장을 찍음 * 捺 : 어찌 내, 捺 : 누를 날

③ • 반신우표권(返信郵票卷) → 반신우표권(返信郵票券) * 卷 : 책 권, 券 : 문서 권

• 부담(負膽) → 부담(負擔) : ㉠ 어떠한 의무나 책임을 짐 ㉡ 법률 행위의 부관(附款)의 하나로 주된 의사 표시에 덧붙여서 그 상대편에게 이에 따르는 특별한 의무를 지우는 의사 표시 * 膽 : 쓸개 담, 擔 : 멜 담

④ • 신주인수권부사채(新株引受權付社債) → 신주인수권부사채(新株引受權附社債) * 付 : 줄 부, 附 : 붙을 부

• 경과(徑過) → 경과(經過) : ㉠ 시간이 지나감 ㉡ 어떤 단계나 시기, 장소를 거침 ㉢ 일이 되어 가는 과정

* 徑 : 지름길 경, 經 : 지날 경

○ 핵심 정리로 개념 확인

■ 한자표기 기출 단어 ★08~21

假借(가차)	('있다', '없다' 따위와 함께 쓰여) 사정을 봐줌
公人(공인)	공적인 일에 종사하는 사람
物議(물의)	어떤 사람 또는 단체의 처사에 대하여 많은 사람이 이러쿵저러쿵 논평하는 상태
頻繁(빈번)	번거로울 정도로 도수(度數)가 잦음
注意(주의)	마음에 새겨 두고 조심함 또는 어떤 한 곳이나 일에 관심을 집중하여 기울임
散漫(산만)	어수선하여 질서나 통일성이 없음
銳意(예의)	어떤 일을 잘하려고 단단히 차리는 마음
注視(주시)	어떤 목표물에 주의를 집중하여 봄 또는 어떤 일에 온 정신을 모아 자세히 살핌
過怠料(과태료)	의무 이행을 태만하게 한 사람에게 벌로 물게 하는 돈
附議(부의)	토의에 부침
伯仲勢(백중세)	백중지세(伯仲之勢)의 줄임말로, 서로 우열을 가리기 힘든 형세를 뜻함
秋毫(추호)	가을철에 가늘어진 짐승의 털이란 뜻으로, 몹시 적음의 비유
優待稅率(우대세율)	특별히 잘 대우한 세율
債務證書(채무증서)	채무의 내용을 기록하여 증명하는 문서
當座預金(당좌예금)	예금자가 수표를 발행하면 은행이 어느 때나 예금액으로 그 수표에 대한 지급을 하도록 되어 있는 예금
競爭(경쟁)	같은 목적에 대하여 이기거나 앞서려고 서로 겨룸
否定的(부정적)	그렇지 아니하다고 단정하거나 옳지 아니하다고 반대하는, 또는 그런 것
關心(관심)	어떤 일이나 대상에 흥미를 가지고 마음을 쓰거나 알고 싶어하는 상태
反映(반영)	어떤 영향을 받아 사실로 나타냄
激動時代(격동시대)	급격하게 움직이며 감정의 충동이 일어나는 시대
納付金(납부금)	납부하는 돈
講義(강의)	학문이나 기술의 일정한 내용을 체계적으로 설명하여 가르침
待機命令(대기명령)	언제든지 출동할 수 있도록 준비를 하고 기다리라는 명령
司法府(사법부)	대법원 및 대법원이 관할하는 모든 기관을 통틀어 이르는 말로, 입법부 · 행정부와 더불어 삼권 분립을 이루며, 대표자는 대법원장이다.
腹案(복안)	마음속에 품고 있는 계획
休務(휴무)	집무를 보지 않고 한동안 쉼
壓卷(압권)	위의 책이 아래 책을 누른다는 뜻으로 여럿 중에서 가장 뛰어난 것
角逐(각축)	서로 이기려고 세력이나 재능을 다툼

빈출키워드
02 한자성어

★★★★★★★

회독 ■■■

CHECK POINT

올바른 한자성어 익히기

○ 기출문제로 실력 확인

다음에 제시한 글의 밑줄 친 부분과 의미가 통하는 한자성어로 옳지 않은 것은? 18. 문20

ㄱ. 인근 마을에서까지 모여들어 성시를 이루었던 하회별신굿은, 이 굿을 못 보면 죽어서 좋은 데로 못 간다고까지 일러 오던 대축제였다.

ㄴ. 물질과 부가 모든 것을 지배하게 되면, 우리는 문화를 잃게 되며, 삶의 주체인 인격의 균형을 상실하게 된다. 그 뒤를 따르는 불행은 더 말할 필요가 없다.

ㄷ. 전통은 대체로 그 사회 및 그 사회의 구성원인 개인의 몸에 배어 있는 것이다. 그러므로 스스로 깨닫지 못하는 사이에 전통은 우리의 현실에 작용하는 경우가 있다.

ㄹ. 문제를 어리석게 해결한다 함은, 오줌을 누어 언 발을 녹이는 경우와 같이, 당장의 문제는 일단 벗어났으나 다음에 더욱 어려운 문제가 생길 수 있게 처신했을 경우를 말한다.

① ㄱ : 人山人海
② ㄴ : 明若觀火
❸ ㄷ : 自激之心
④ ㄹ : 姑息之計

해설

③ 자격지심(自激之心) : 자신이 이룬 일의 결과에 대해 스스로 미흡하게 여기는 마음을 뜻하며, '스스로 깨닫지 못하는 사이'와는 무관함(스스로 자, 격할 격, 갈 지, 마음 심)

① 인산인해(人山人海) : '사람의 산과 사람의 바다'라는 뜻으로, 사람이 헤아릴 수 없이 많이 모인 모양(사람 인, 메 산, 사람 인, 바다 해)

② 명약관화(明若觀火) : 불을 보는 것 같이 밝게 보인다는 뜻으로, 더 말할 나위 없이 명백함(밝을 명, 같을 약, 볼 관, 불 화)

④ 고식지계(姑息之計) : 당장의 편한 것만을 택하는 일시적이며 임시변통의 계책을 이르는 말(시어머니 고, 쉴 식, 갈 지, 셀 계)

○ 핵심 정리로 개념 확인

■ 기출 한자성어 ★08~21

指鹿爲馬(지록위마)	모순된 것을 끝까지 우겨서 남을 속이려는 행동을 비유적으로 이르는 말
隔靴搔癢(격화소양)	신을 신고 발바닥을 긁는다는 뜻으로, 성에 차지 않거나 철저하지 못한 안타까움을 이르는 말
水滴穿石(수적천석)	물방울이 바위를 뚫는다는 뜻으로, 작은 노력(努力)이라도 끈기 있게 계속(繼續)하면 큰일을 이룰 수 있음
阿修羅場(아수라장)	싸움이나 그 밖의 다른 일로 큰 혼란에 빠진 곳 또는 그런 상태를 뜻함
康衢煙月(강구연월)	번화한 큰 길거리에서 달빛이 연기에 은은하게 비치는 모습을 나타내는 말로, 태평한 세상의 평화로운 풍경을 이르는 말
用意周到(용의주도)	주의와 준비가 완벽하여 실수가 없음을 뜻함
夏爐冬扇(하로동선)	여름의 화로와 겨울의 부채라는 뜻으로, 격(格)이나 철에 맞지 아니함을 이르는 말
苛政猛於虎 (가정맹어호)	가혹한 정치는 호랑이보다 더 사납다는 뜻으로, 혹독한 정치의 폐가 큼을 이르는 말
靑出於藍而靑於藍 (청출어람이청어람)	푸른색은 쪽빛으로부터 나왔으나 쪽빛보다 더 푸르다는 뜻으로, 제자가 스승보다 나은 것을 비유
氷水爲之而寒於水 (빙수위지이한어수)	얼음은 물이 그것을 만들었으나 물보다 더 차다는 뜻으로, 제자가 스승보다 나은 것을 비유
良藥苦於口 (양약고어구)	좋은 약은 입에 쓰다는 뜻으로, 충언은 귀에 거슬리나 자신에게 이롭다는 말
王侯將相 寧有種乎 (왕후장상 영유종호)	왕과 제후, 장수와 재상의 씨가 어찌 따로 있겠는가라는 뜻으로, 사람의 신분은 노력에 따라 달라질 수 있음을 나타내는 말
王道興而百姓寧 (왕도흥이백성녕)	왕도가 흥하면 백성이 편안해진다라는 것을 의미
寧爲鷄口 勿爲牛後 (영위계구 물위우후)	차라리 닭의 주둥이가 될지언정 소의 꼬리는 되지 말라는 뜻으로, 큰 인물을 추종하는 것보다 작은 집단의 우두머리가 낫다는 말
人不知而不慍 不亦君子乎 (인부지이불온 불역군자호)	누군가 나를 알아보지 못하더라도 화내지 않음이 군자라는 것을 의미
不患人之不己知 患不知人也 (불환인지부기지 환부지인야)	남이 나를 알아주지 않는 것을 근심하지 말고, 내가 남을 알아주지 못하는 것을 근심하라는 것을 의미
不患莫己知 求爲可知也 (불환막기지, 구위가지야)	자기를 알아주지 않음을 걱정하지 말고 알려질 수 있기를 구하라는 것을 이르는 말
溫故而知新 可以爲師矣 (온고이지신 가이위사의)	옛것을 잊지 않고 다시 생각해 봄으로써 옛것에서 새로운 것을 얻음을 뜻함
山氣日夕佳 (산기일석가)	산기운은 저녁노을로 아름답다는 것을 의미

夏雲多奇峯(하운다기봉)	여름의 구름은 많은 오묘한 봉우리를 만듦
桃花流水杳然去 (도화유수묘연거)	복사꽃(복숭아꽃) 띄워 물은 아득히 흘러가니
行百里者 半於九十 (행백리자 반어구십)	백 리를 가는 사람은 구십 리를 가서도 반 왔다고 여기라는 뜻으로, 무슨 일이나 처음은 쉽고 끝맺기가 어려움을 의미
往者不諫 來者可追 (왕자불간 내자가추)	이전에 저질렀던 수많은 실수는 어쩔 수 없지만 앞으로 올 일에 대해서는 좀 더 현명하게 대처할 수 있다는 뜻으로, 미래의 일에 충실할 필요성을 말함
江南種橘 江北爲枳 (강남종귤 강북위지)	강남 쪽에 심은 귤을 강북 쪽에 심으면 탱자가 된다는 뜻으로, 사람도 주위 환경에 따라 달라진다는 비유
己所不欲 勿施於人 (기소불욕 물시어인)	상대의 입장을 생각해서 상대에게 관용을 베푸는 마음을 가지라는 의미
杞國憂天(기국우천)	쓸데없는 걱정, 곧 기우를 가리키는 말
牽强附會(견강부회)	자기에게 유리한 쪽으로 끌고감을 이르는 말
囊中之錐(낭중지추)	뛰어난 인재는 주머니 속의 송곳처럼 두각을 나타냄을 이르는 말
守株待兎(수주대토)	고지식하고 융통성이 없어 구습과 전례를 고집한다는 뜻

빈출키워드 03

★★★★★★★

회독 ■■■

생활영어(1)

CHECK POINT

우체국 금융 관련 표현

○ 기출문제로 실력 확인

다음 두 사람의 대화에서 A가 B의 수표를 바로 현금으로 교환하여 주지 못하는 이유는? 16. 문19

A : How can I help you?

B : I received a bank draft from Malaysia. And I want to exchange it in Korean currency.

A : Which currency is the draft?

B : It is 20 US dollars.

A : Sorry, sir. We can't exchange it right now.

B : Why is that?

A : We have to mail it to the issuing bank and once they pay, we will credit the amount in your account.

B : How long does it take for me to get the money?

A : It will take a week or so.

B : All right. I'll check my account then. Thanks.

① 수표에 표시된 화폐의 잔고가 부족하기 때문이다.
❷ 발행은행에 수표를 보내서 결제받은 돈을 입금해 주기 때문이다.
③ B의 개인 신용등급이 낮아서 거래의 승인이 불가하기 때문이다.
④ 수표 금액이 적어서 우편료와 수수료의 발생으로 거래가 어렵기 때문이다.

해설

대화에서 A가 'We have to mail it to the issuing bank and once they pay, we will credit the amount in your account(저희가 수표를 개설은행에 보내야 하고, 그들이 지불하면, 그 금액만큼을 당신의 계좌에 입금할 것입니다).'라고 했으므로, 정답은 ②이다.

어휘

exchange 환전하다
currency 통화
issuing bank 신용장 개설 은행
credit 입금하다

안심Touch

1 우체국 금융 관련 주요 어휘

accrue	이자가 붙다	full coverage	종합보험
allot	배당하다	ID (Identification)	신분증
ATM (Automatic Teller Machine)	현금자동인출기	insurance agent	보험대리점
balance	잔고	insurance policy	보험증서
bank statement	예금내역서	insurance	보험
bankbook	통장	interest	이자
bond	채권	issue	발행하다
cash value	해약(만기) 환급금	joint account	공동계좌
CD (Certificate of Deposit)	양도성 정기예금증서	liability insurance	책임보험
checking account	당좌예금계좌	loan office	대출부서
claim	청구하다	mortgage (loan)	담보대출
clear	결제를 받다 (결제하다)	partial coverage	부분보상
CMA (Cash Management Account)	자산관리계좌	personal check	개인수표
collateral	담보(물)	policy statement	보험약관
comercial loan	기업 여신	policyholder	보험계약자
CP (Commercial Paper)	상업 어음	premium	보험료
compound	복합의, 복리의	remittance	송금
confidential access number	비밀번호	savings account	(미)보통예금 (영)저축예금
coverage	보상범위	signature	서명
credit	(금융) 신용도, 외상	T/C (Traveler's Check)	여행자수표
credit line	신용한도, 대출한도액	teller	은행창구직원
deposit slip	입금표	transaction	거래
deposit	입금하다	withdraw	인출하다
endorsement	(수표의)배서	withdraw slip	예금청구서

2 우체국 금융 관련 주요 표현

① I received a bank draft from Malaysia. 말레이시아에서 발행한 수표를 받았습니다.

② I want to exchange it in Korean currency. 한화로 환전하길 원합니다.

③ Which currency is the draft? 그 수표는 어떤 통화입니까?

④ How long does it take for me to get the money? 제가 돈을 받으려면 얼마나 걸리죠?

⑤ I'll check my account. 계좌를 확인해 볼게요.

⑥ Do you want large bills or small bills? 고액권으로 드릴까요, 소액권으로 드릴까요?

⑦ I want a savings account. 저축예금을 하고 싶어요.

⑧ I want to withdraw all my money and close the account. 돈을 모두 인출하고 계좌를 해지하고 싶어요.

⑨ I would like to open an account. 계좌를 개설하고 싶어요.

⑩ I'd like to apply for a loan. 대출을 신청하고 싶어요.

⑪ What' s the exchange rate today? 오늘 환율이 어떻게 되나요?

⑫ Would you endorse it on the back, please? 수표에 이서해주시겠어요?

⑬ What's the interest rate? 이율이 어떻게 되나요?

빈출키워드

04

★★★★★★★★

회독 ■■■

생활영어(2)

CHECK POINT

우체국 우편 관련 표현

○ 기출문제로 실력 확인

다음 대화를 읽고, 여성고객(W)이 결정한 일로 가장 알맞은 것은? 10. 문20

M : What can I do for you?

W : I'd like to send a parcel to Australia by EMS.

M : OK. What's inside of it?

W : Clothes, cosmetics, seaweed, and hairspray.

M : I'm sorry, but you can't send hairspray by EMS.

W : Why not?

M : Inflammable things aren't allowed into the aircraft for safety reasons.

W : Is that so? Then, is there any other way available?

M : You can mail it by sea, but it'll take 45 to 60 days.

W : It takes too long. I'd rather take out hairspray from my parcel and use EMS.

M : OK. You're all set. Thank you.

① To send her parcel by sea.

② To make a protest to the airport.

③ To check out other options available.

❹ To mail her parcel without hairspray.

해설

대화에서 남자가 배편으로 보내면 기간이 45~60일 정도 걸린다고 하자, 여자는 'I'd rather take out hairspray from my parcel and use EMS(헤어스프레이를 소포에서 빼고 국제특급우편으로 보내겠습니다).'라고 대답했으므로, 정답은 ④ '소포에서 헤어스프레이를 빼고 우편으로 보낸다.' 이다.

어휘

parcel 소포, (선물 등의) 꾸러미

EMS(Express Mail Service) 국제특급우편

inflammable 가연(인화)성의, 불에 잘 타는

available 구할(이용할) 수 있는

1 우편 관련 주요 어휘

address	수취인 주소	handle with care	취급주의
addressee	수취인	money order	우편환
advice delivery	배달 통지	limit of weigh	중량 제한
air mail	항공우편	P.O. Box	사서함
collect call	수신자부담통화	postage due	요금부족
commemorative stamp	기념우표	printed matter	인쇄물
excess weigh	초과중량	return address	반신용 주소
express delivery	속달우편	return card	왕복엽서
EMS (Express Mail Service)	국제특급우편	sea mail	선편
first class mail	제1종 우편	second class mail	제2종 우편
fragile	깨지기 쉬운	sender	발신인

2 우편 관련 주요 표현

① I'd like to send a parcel to Australia by EMS. 국제특급우편으로 호주에 소포를 보내려고 해요.

② What's inside of it? 안에 무엇이 들어있나요?

③ You can't send hairspray by EMS. 헤어스프레이는 국제특급으로 보낼 수 없습니다.

④ Inflammable things aren't allowed into the aircraft for safety reasons.
인화성 물질은 안전상의 이유로 항공기 반입이 허용되지 않습니다.

⑤ You can mail it by sea, but it'll take 45 to 60 days.
배편으로 보낼 수 있지만, 기간은 45일에서 60일 정도 걸립니다.

⑥ A telegram blank, please. 전보용지 좀 주세요.

⑦ Could you weigh this letter? 이 편지의 무게를 달아주시겠습니까?

⑧ How long will it take to reach Korea? 한국까지 며칠이면 도착합니까?

⑨ How much is the charge? 요금이 얼마에요?

⑩ How much postage do I need for this? 우표를 얼마어치 붙이면 되나요?

⑪ I'd like five commemorative stamps, please. 기념우표 5장 주세요.

⑫ I'd like to have this registered. 이것을 등기우편으로 보내고 싶어요.

⑬ I'd like to mail this letter to Korea by air mail. 이 편지를 항공우편으로 한국에 부치고 싶어요.

⑭ I'd like to send it a quicker way. 더 빠른 방법으로 보내고 싶어요.

⑮ I'd like to send this package first class mail. 이 소포를 제1종 우편으로 보내고 싶어요.

⑯ What's the rate for air mail? 항공우편 요금은 얼마입니까?

⑰ My letter has returned for unknown reasons. 내 편지는 수취인불명으로 되돌아왔어요.

⑱ Are you sending it by regular mail or express mail?
보통우편으로 하시겠어요, 아니면 속달우편으로 보내시겠어요?

⑲ Here's your change. 잔돈 여기 있어요.

⑳ How do you want to send it? 어떤 방법으로 보내드릴까요?

㉑ Is this fragile? 깨지기 쉬운 물건입니까?

㉒ It'll get there a week later. 일주일 후에 도착할 겁니다.

㉓ Let me check the package. 소포를 달아봅시다.

㉔ Ordinary or registered mail? 보통우편으로 할까요, 등기우편으로 할까요?

㉕ What are the contents? 내용물은 무엇입니까?

㉖ Would you like to insure the parcel? 소포를 보험에 드시겠습니까?

㉗ You must state the contents of the package. 소포의 내용물을 써 주세요.

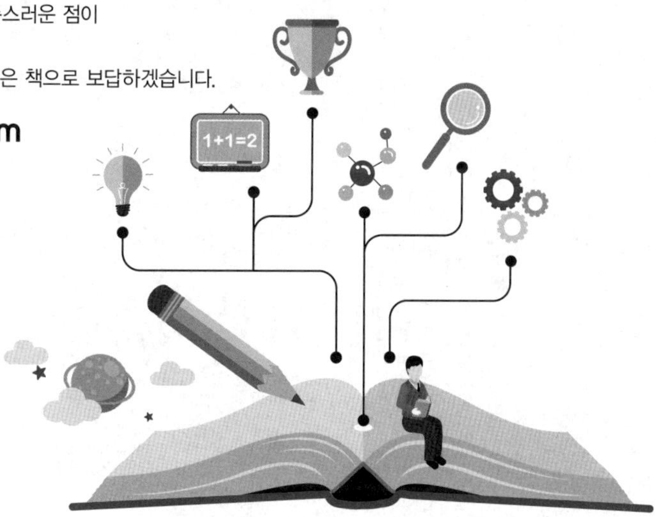

2022 유튜브와 함께하는 계리직 전과목 파이널 핵심정리

개정1판1쇄 발행	2022년 04월 07일 (인쇄 2022년 03월 11일)
초 판 발 행	2021년 02월 05일 (인쇄 2020년 11월 27일)
발 행 인	박영일
책 임 편 집	이해욱
저 자	SD 공무원시험연구소
편 집 진 행	송재병 · 정유진
표지디자인	박종우
편집디자인	채경신 · 박서희
발 행 처	(주)시대고시기획
출 판 등 록	제 10-1521호
주 소	서울시 마포구 큰우물로 75 [도화동 538 성지 B/D] 9F
전 화	1600-3600
팩 스	02-701-8823
홈 페 이 지	www.sidaegosi.com
I S B N	979-11-383-1813-6(13350)
정 가	17,000원